QINGSHAONIAN YINGGAI
ZHIDAODE SHEHUI CHANGSHI

青少年应该知道的
社会常识

万虹◎编著

内蒙古出版集团
内蒙古文化出版社

图书在版编目（CIP）数据

青少年应该知道的社会常识 / 万虹编著. —呼伦贝尔:内蒙古文化出版社，2013.4

ISBN 978-7-5521-0298-7

Ⅰ．①青… Ⅱ．①万… Ⅲ．①社会学—青年读物②社会学－少年读物 Ⅳ．① C91-49

中国版本图书馆 CIP 数据核字（2013）第 067657 号

青少年应该知道的社会常识

万虹　编著

出版发行：	内蒙古出版集团 内蒙古文化出版社
社　　址：	呼伦贝尔市海拉尔区河东新春街 4 付 3 号
邮　　编：	021008
印　　刷：	北京市通州富达印刷厂
责任编辑：	王　春
开　　本：	787×1092 毫米　1/16
印　　张：	20
字　　数：	500 千字
版　　次：	2013 年 4 月第 1 版
印　　次：	2013 年 6 月第 1 次印刷
书　　号：	ISBN 978-7-5521-0298-7
定　　价：	29.80 元

前　言

　　本丛书是为青少年量身打造的常识书系，包括社会、历史、生活、艺术、文化、法律等六册。丛书知识点言简意赅、通俗易懂，易于被读者们接受。把握青少年的心理需求和兴趣焦点，做到了课内与课外、基础与提高、知识性与趣味性的完美融合，是广大青少年必备的常识宝典。利于青少年开拓创新思维，培养创新意识，全面提高青少年的素质。

　　生活，简单的两个字，却包含着错综复杂、深不可测的东西，它像一个永不落幕的超级舞台，上演着一幕幕人生大戏——离合悲欢，苦辣酸甜，成败荣辱……我们从懵懂少年，到朝气青年，再到沉稳中年，几乎所有的时间都在这个舞台上完成，经历着精彩或不精彩的人生轨道。

　　无论生活如何变迁，我们内心对成功与幸福的渴望从不减退，总是希望自己的人生道能够走得顺畅一些，丰富一些。可我们不得不面对更加残酷的现实，它不以个人的意志为转移，需要你打起十二分的精神来应对。当然，有了勤奋和努力，有了积极的态度和向上的愿望，不一定就能适应这个纷繁复杂的大社会，还需要我们用一点智慧，花一点心思，去理解、去学习、去融入社会，才能更好地适应社会生活。

　　如果遇到不合理不合法的烦心事，应该如何维护自己权益？面对变化多端、五花八门的行骗术，我们该如何防范？在轻松假期，该如何策划自己的行程呢？日常生活中遇到的一些小麻烦，不知如何解决怎么办？聚会时朋友们高谈阔论引人注目，自己却感觉知识匮乏插不上话怎么办？

　　诸如此类的问题，看起来都是很平常很简单的，可是真让你回答起来，却真要费一番脑筋。而要真正了解、做到更不是一件容易的事情。然而，这些也正是我们身处社会，要了遇到的问题，只有了解它、懂得它，才能从容行走社会，融入其中。

　　"腹有诗书气自华"，一个人的文化知识水平往往是其综合素质和能力高低的体现。对于青少年来说，他们正处于知识积累和增长时期，更应该多了解和熟悉各方面的常识知识，在成长的道路上尽可能多地吸收文化营养、丰富自身学识、加强内在修养，去迎接未来人生的挑战。

目 录

成功励志篇

礼仪篇

权益篇

防骗篇

为人处事篇

第一节　处世先为人，为人先修身

◎ 低调做人是一种智慧

当今社会，与人相处，只要稍有点处理不当，就会招致不少麻烦。轻则，工作不愉快；重则，影响职业生涯。因此，与人相处，要学会低调！美国开国元勋之一的富兰克林年轻时，去一位老前辈的家中作客，昂首挺胸走进一座低矮的小茅屋，一进门，"嘭"的一声，他的额头撞在门框上，青肿了一大块。老前辈笑着出来迎接说："很痛吧？你知道吗？这是你今天来拜访我最大的收获。一个人要想洞明世事，练达人情，就必须时刻记住低头。"富兰克林记住了，也就成功了。

◎ 做人不需要解释

人生在世，我们常常产生想解释点什么的想法。然而，一旦解释起来，却发现任何人解释都是那样的苍白无力，甚至还会越抹越黑。因此，做人不需要解释，便成为智者的选择。那么在当今社会，与人相处，关键是要学会低调！低调做人，是一种品格，一种姿态，一种风度，一种修养，一种胸襟，一种智慧，一种谋略，是做人的最佳姿态。欲成事者必要宽容于人，进而为人们所悦纳、所赞赏、所钦佩，这正是人能立世的根基。根基既固，才有枝繁叶茂，硕果累累；倘若根基浅薄，便难免枝衰叶弱，不禁风雨。而低调做人就是在社会上加固立世根基的绝好

姿态。低调做人，不仅可以保护自己、融入人群，与人们和谐相处，也可以让人暗蓄力量、悄然潜行，在不显山不露水中成就事业。

◎ 如何才能低调做人

学会低调做人，就要不喧闹、不矫揉、不造作、不故作呻吟、不假惺惺、不卷进是非、不招人嫌、不招人嫉，即使你认为自己满腹才华，能力比别人强，也要学会藏拙。而抱怨自己怀才不遇，是肤浅的行为。

低调做人，就是用平和的心态来看待世间的一切，修炼到此种境界，为人便能善始善终，既可以让人在卑微时安贫乐道，豁达大度，也可以让人在显赫时持盈若亏，不骄不狂。

低调做人，不要小聪明，让自己始终处于冷静的状态，在"低调"的心态支配下，兢兢业业，才能做成大事业。

◎ 如何低调做人高调做事

在待人处世中要低调，当自己处于不利地位，或者危难之时，不妨先退让一步，这样做，不但能避其锋芒，脱离困境，而且还可以另辟蹊径，重新占据主动。

低调做人，并不是什么事情都退在后面，自己的利益被别人剥夺强占也不发任何声音，自己的人格被别人侮辱也不反抗，这不是低调，而是懦弱。低调做人，不要太招

摇，不要有点小本事就拿出来显摆，不要有事没事就往领导跟前凑，然后做出一副领导面前红人的模样；什么事情自己心中都要有数，要清楚，自己有本事慢慢拿出来用，在别人最需要的时候拿出来用，乐于帮助别人，为别人服务。你不帮助别人，等你需要帮助的时候就没有人来帮助你。

高调做事，不是让所有的人都知道你要做什么，而是你对自己所做的事情看得很透彻，把握其根源和关键，在自己有把握的时候以一种很高、很专业的姿态去做，做得很漂亮、很成功。高调做事绝对不等于尽自己最大努力去做事，而是应该有一个既定目标。一个人只有有了目标，才有可能全身心地投入，其成事必然顺理成章，其人生必然恢弘壮丽。

◎为人处事 精要——"六做"

1. 做人要学会感恩，做事要选准目标。
2. 做人要堂堂正正，做事要公公正正。
3. 做人要讲诚信，做事要讲规范。

◎什么是做人做事"六然"

所谓"六然"，一是"自处超然"。自己独处的时候要非常超脱，人生在世不求功名，但求功德，为社会多作贡献。

二是"处人蔼然"。与人相处的时候对人要和蔼，与人为善，天地皆宽。

三是"无事澄然"。宁静致远，没有事的时候非常清静，便于自我反思，要多思考，安心静思才有远虑。

四是"处事断然"。遇事要果断不能左右为难、拖拖拉拉、优柔寡断、决而不断、断而不行，机不可失，时不我待。

五是"得意淡然"。人们一生中都有顺利的时候，也有挫折的时候，因此要切实做到顺利时淡然处之，淡薄名利，解脱物欲，常怀律己之心。

六是"失意泰然"。人生有得意的时候，也有失意的时候。失落不失志，荣辱不惊。

◎什么是做人做事"四看"

一是"大事难事看担当"。要想成就一番事业，就要甘于干大事、揽难事。凡事要看能否担当得起，这才是一个人的本事、气魄和胆略。

二是"逆境顺境看襟怀"。看一个人的襟怀如何，就是看气度、看风范。现实生活中确实有一些人，不能正确看待自己，身处顺境飘飘然，洋洋得意；但一受到点挫折，就怨天尤人，牢骚满腹，甚至误入歧途，做出一些不应该做的事情。所以说，人一定要有胸襟，胸怀大志，虚怀若谷。

三是"临喜临怒看涵养"。这就是说作为一个人，无论面对高兴的事，还是委屈的事，都要冷静对待，这能反映一个人的意志和涵养。有的人能做到"大喜临门不张扬，无故加之而不怒"，这就是一个人宽广胸怀的体现。

四是"群行群止看习惯"。人们一起生活，一块工作，就要培养良好的从众心里，相互信任支持，以良好的行为表现，赢得大家的信任支持，用自身人格魅力创造和谐氛围。

3

◎如何正确对待荣誉

正确地对待荣誉的态度应该是：感谢、分享、谦卑。当你取得成绩时，应该做到以下几点：

1. 与人分享即使是口头上的感谢也是一种分享。你主动与人分享，这让旁人有受尊重的感觉，如果你的成绩事实上是众人协力完成，那你更不应该忘记这一点。你可以采取多种方式与人分享，如请大家分享成果，或请大家吃一顿饭。别人分享了你的荣耀，就不会和你作对了。

2. 感谢他人要感谢同仁的协助，不要认为这都是自己的功劳。尤其要感谢上司，感谢他的提拔、指导、授权。如果实情也是如此，那么你本该如此感谢。如果同事的协助有限，上司也不值得恭维，你的感谢也有必要，虽然显得有点客套，但可以使你避免成为他人的箭靶。这种感谢虽然缺乏实质意义，但听到的人心里都很愉快，也就不会妒忌你了。

◎为什么说"沉默是金"

芸芸众生，那个与你仅有一面之交便一览无余的人，你会觉得索然无味，因为他说的话太多。而那个一直保持沉默的人，你不仅仅对他印象深刻，而且产生了探寻他的愿望，因为那沉默带给女性的是典雅矜持，带给男性的是深邃练达。生活中有些东西藏在心里便是一种真实，一种深刻；说出来，反而索然无味。

◎如何培养成功人格的素质

积极，富有创造力的人格，是多种素质的综合。一个人，如果具备了良好的心理、健康、知识、经验、交往、行为等素质，那么他为人处世就没有理由不成功。为人处事成功即事业成功一大半了，因为在当今社会，为人处世的基本点就是要具备人格魅力。

人格是指人的性格、气质、能力、心理、健康、知识、经验，交往、行为等特征的总和，也指个人的道德品质和人的能作为权力、义务的主体的资格。而人格魅力则指一个人在性格、气质、能力、道德品质等方面具有的很能吸引人的力量。在今天的社会里一个人能受到别人的欢迎、容纳，他实际上就具备了一定的人格。天才是极少的，成功的人却不少，那是因为成功的人知道怎样使自己具备各方面的良好素质，即使在某方面有缺陷，他们也知道用另一方面十分突出的素质弥补缺陷带来的不足。

◎相关素质匹配非凡天赋

素质构成人格，人格决定素质，二者辩证统一，不可或缺。我们要成功、要幸福，所以面临的选择只有一个，即：培养素质，发挥素质，转化素质，从而达到一种完善的人格，实现自己的梦想。

1.培养良好的心理素质；2.避免决定性风险；3.尽量适应环境，而不是让环境适应你；4.应该与自己的个性及爱好相符；5.优先考虑自己的长处；6.参考社会需要；7.不能僵化地看问题，处理问题；8.有基本的把握；9.在对待现实的态度或处理社会关系上，表现为对他人和对集体的真诚热情、友善、富于同情心，乐于助人和交往，关心和积极参加集体活动；对待自己严格要求，有进取精神，自励而不自大，自谦而不自卑；对待学习、工作和事业，表现得勤奋认真；10.在理智上，表现为感知敏锐，具有丰富的想像能力，在思维上有较强的逻辑性，尤其是富有创新意识和创造能力；11.在情绪上，表现为善于控制和支配自己的情绪，保持乐观开朗，振奋豁达的心境，情绪稳定而平衡，与人相处时能给人带来欢乐的笑声，令人精神舒畅；12.在意志上，表现出目标明确、行为自觉、善于自制、勇敢果断、坚韧不拔、积极主动等一系列积极品质。

◎自我完善九项定律

（1）角色定位能力——认清自我价值，清晰职业定位；（2）目标管理能力——把握处世原则，明确奋斗目标；（3）时间管理能力——学会管理时间，做到关键掌控；（4）高效沟通能力——掌握沟通技巧，实现左右逢源；(5)情商管理能力——提升情绪智商，和谐人际关系；（6）生涯管理能力——理清职业路径，强化生涯管理；（7）人脉经营能力——经营人脉资源，达到贵人多助；（8）健康管理能力——促进健康和谐，保持旺盛精力;(9)学习创新能力——不断学习创新，持续发展进步。

◎什么是丛林法则

一棵伟岸的大树，长在丛林中。它的顶端极力向上，以寻求最多的阳光雨露；它粗大的枝干尽可能地占领着空间，以呼吸最新鲜的空气；它的根系极尽繁茂，以汲取大地最多的精华。然而，在大树旁边，几棵瘦弱的小树却在生存的边缘挣扎，它们枝干细弱，叶片已接近枯黄。

小树愤怒地盯着大树："你已经足够强大，为什么还要限制我的生长？"大树漠然地看了它一眼，冷淡地说："对于我来说，你的生长永远是个威胁，这就是丛林法则，弱肉强食是它最典型的特征。"

夜晚下了一场暴雨。第二天，太阳升起的时候，风住雨停了。大家惊讶地发现，大树的树干被折断了，庞大的身躯凌乱地躺在地上，而它旁边的小树却安然无恙地站在那儿。大树奇怪地问小树："这么大的风你怎么会没事？我如此强大都不能幸免遇难，而弱小的你却能逃过一劫。"小树说："正是你的高大招致了你的毁灭，难道你忘了'树大招风'、'木秀于林风必摧之'的古训了吗？"

这也是丛林法则，丛林中的强弱位置不可能永远不变。你只有抓住一切机会，磨炼意志，锻炼身体，才能在竞争中获胜。

◎丛林法则说明什么

物竞天择，适者生存。不能适应环境，就只能被环境淘汰。弱肉强食，丛林中的资源有限，只能强者才能获得最多。实力弱小的时候，采取结盟不失为一种策略。同类竞争，异类共赢。强弱是可以转换的，所以时刻要有危机意识。这也是人类社会要遵守的生存法则。大到国家间的竞争，小到企业间、人与人之间的竞争，都要遵循丛林法则，至于竞争的结束，就全看各自的实力、智慧和造化了。

◎ 如何调节和控制情绪

1. 转移法。当火气迅速上涌时，你要有意识地转移话题或做点别的事情来分散注意力，这可使情绪得到有效的缓解。在余怒未消时，不妨通过看电影、听音乐、下棋、散步等有意义的活动，让紧张的情绪即刻松弛下来。

2. 宣泄法。人在生活中不可避免地产生各种不良的情绪，假如不采取适当的方法加以宣泄和调节，将给身心带来十分不利的影响。

3. 自慰法。当一个人追求某个目标而没有得到时，为了减少内心的失望程度，常为失败寻找一个冠冕堂皇的理由，以求得到内心的安慰，就像狐狸吃不到葡萄说葡萄酸的童话那样，因此，通常称为"葡萄酸心理"。

4. 语言节制法。一旦情绪激动时，要想尽办法仰制自己的情绪，也可以针对自己的弱项预先写好"制怒""镇定"等条幅置于案头或悬挂在墙上。

5. 自我暗示法。估计到在某些特定的场合下很可能会产生较大程度的紧张情绪，事先为自己再找几条不应产生这种情绪的有力理由。

6. 愉快记忆法。回忆过去经历中碰到过的令你感到开心或自豪的事，或获得成功

时愉快满足的体验，尤其应该回忆那些与眼前不愉快体验相关的过去的愉快的体验。

7. 环境转换法。每当你处在剧烈情绪状态时，要暂时离开激起情绪的环境和有关人物。

8. 幽默化解法。增强幽默感，用寓意深长的语言、表情或动作，采用讽刺的手法，机智、巧妙地表达出自己的内心情绪。

9. 推理比较法。将困难的各个方面进行分解，把自己的经验和别人的经验相互比较，在比较中列出相同与不同的地方，从而寻觅到成功的秘密、坚定成功的信心，排除一切畏难情绪。

10. 压抑升华法。假如你不受上司重用、身处逆境、被人瞧不起、感到苦闷，等等，不妨把精力投入某一项你感兴趣的事业中，通过成功来改变自己的处境和改善自己的心境。

◎ 如何控制冲动性情绪

情商研究认为，一个人的情商高低，主要表现在对情绪控制的成败方面。对于情绪的控制，主要集中在两方面：一是控制冲动；二是调节情绪状态，以此调制平和心情，营造平稳愉快的心境。所谓冲动，是指情绪脱离了理智的缰绳，完全受本能的驱动和控制。因情绪冲动而造成的人际关系紧张、生活和事业的挫败现象，生活中更是比比皆是。中国传统的处事智慧非常强调克制和忍耐。在冲动性的情绪中以愤怒最为有害。情商研究认为，控制冲动主要是控制人的愤怒情绪，不要做愤怒情绪的奴隶和牺牲品。

对愤怒情绪的控制水平，标志着一个

人的品行水准。一个人如果容易发脾气，那是对自己和他人的双重伤害。有人说在人生这个大舞台上，最难战胜的是自己，控制情绪，驾驭情绪，是很重要的一件事。你不必"喜怒不形于色"，让人觉得你阴沉不可捉摸，但情绪的表现绝不可过度。

如果你能较好地掌握好自己的情绪，那么你将在别人心目中留下"沉稳、可信赖"的形象，虽然不一定因此获重用，或者在事业上有立竿见影的帮助，但总比不能控制自己情绪的人要好得多

◎如何才能消除自己的愤怒

愤怒是一种比较难控制但又必须得控制的消极情绪。比较有效的方法应当是"重新评价"，即自觉地用比较积极的视角去重新看待你生气的那件事。事实证明，换个角度对待使你生气的那件事，是极有效的息怒方法之一。另外一种有效的息怒方法是独自走开，去冷静一下头脑，并且默默地对自己说，我现在正在气头上，如果我意气用事，或许会带来后悔莫及的结果。这对于在盛怒之下头脑不清的人尤为有用。还有一种比较安全的做法是通过运动来转移注意力。研究者发现，当一个人盛怒的时候，如果他出去散散步或者骑骑车，就会冷静下来。因为运动分散了原来的注意力，把心理聚焦点转移到别的事情上去了。这些都是值得一试的息怒方法。愤怒是指当某人事与愿违时所做出的一种惰性情绪反应，他的心理潜意识是期望世界上的一切事都要与自己的意愿相吻合，当事与愿违时便会怒不可遏。这当然是痴人说梦式的一厢情愿。其实，一个人便是

一个世界，他有权决定他的说话和行事的方式。

◎如何接受自己的相貌

幸福快乐也是可以经营的，幸福快乐的九大法则之一便是接受自己的相貌。

每一个人都有他（她）活着的意义和必要，幸福和快乐是自己经营出来的结果。很多心理学家认为，获得快乐最重要的是接受自己的相貌。不要动辄与那些俊男美女比相貌，因为那样只会让自己情绪低落。

停止再将自己的外貌与别人做比较，不要动辄与那些国色天香的美女比相貌，因为那样只会让自己情绪低落。聪明的人应懂得欣赏自己，接受自己的容貌，即使事实上你看起来只比恐龙略好一点。聪明的人很懂得欣赏自己，发现自己的长处。只有摆正心态后，才会在交际场合中更加自信，个人的魅力也会大放光彩。

◎学会控制欲望

加拿大北英属哥伦比亚大学的政治学教授亚力克斯·迈克罗斯发现，那些脚踏实地、实事求是的人往往比那些好高骛远的人快乐得多。因此，要想生活快乐，就要学会根据自己的实际情况来调整奋斗目标，适当压制心底的欲望。

要学会助人为乐、无私奉献，因为"助人为快乐之本"这句话得到了许多科学研究的印证。研究证明，那些愿意作出无私奉献的人更容易得到快乐。来自范德比尔特大学的学者霍特斯与休伊特对3617个人进行深

入调查后发现，快乐的人往往都乐于报名担任义工，奉献爱心。

◎金钱买不来快乐

许多人为自己不能像百万富翁那样享受生活而顾影自怜。纽约康奈尔大学的经济学教授罗伯特·弗兰克安慰平民百姓说，虽然财富可以带给人幸福感，但并不代表财富越多人越快乐。根据研究结果，一旦人的基本生存需要，如衣食住行得到基本满足后，那么，每一元财富的增加对快乐本身都不再具有任何特别意义，换句话说，到了这个阶段，金钱就无法换算成幸福和快乐了。这也同样可以解释为什么有些拥有亿万家产的富豪也会整日生活郁闷，甚至想不开要自杀了。

弗兰克教授同时告诫世人，不要因为自己才华平庸而闷闷不乐。他说，对聪明人是否更快乐的实证调查做得不多，但经验显示，智慧与快乐并无联系，反倒是"聪明反被聪明误"、"傻人有傻福"的例子俯拾皆是。

◎为什么信仰使人充实

美国杜克大学医学院的哈罗德·克尔尼格认为，信仰来生的人比没有信仰的人容易快乐，因为他们更容易找到人生的意义和目标，甚少觉得孤独。克尔尼格说："尤其当人们在面对困难与压力时，信仰的力量更加明显，它可以让人很快找到平衡点，积极地应对各种不利情况。"

◎学会平和地迎接衰老

当眼角出现第一条细纹时，许多人都会大吃一惊，神情黯淡。其实老自有老的魅力，快乐法则的最后一条，就是要学会心态平和地享受衰老的过程。斯坦福大学的一个研究表明，年长者和年轻人一样容易快乐，但负面情绪出现的几率却比年轻人少很多。

不要惧怕衰老，老并不可怕，人老经验丰富，阅历资深，看待事物会有独特的眼光。我们都要经历这样的人生，从母亲十月怀胎我们呱呱坠地的那一天起，我们就注定了要在这个美丽非凡的人世间经历很多，也会学会很多，从青年壮年到老年，我们这样一步步地走来了。

我们都有勇气面对生活的挑战，迎接生活的风雨和艰辛，生活的道路还很漫长，我们都要坚强的一路走下去。

◎十四种情绪可以左右成功

在我们做的事情当中，有许多都受到情绪的影响。由于我们的情绪可为我们带来伟大的成就，也可能使我们失败，所以，我们必须了解，要控制自己的情绪，首先应该做的是，了解对我们有刺激作用的情绪有哪些？我们可将这些情绪分为七种消极和七种积极的情绪。七种消极情绪为：

1. 恐惧 2. 仇恨 3. 愤怒 4. 贪婪 5. 嫉妒 6. 报复 7. 迷信

七种积极情绪为：

1. 爱 2. 性 3. 希望 4. 信心 5. 同情 6. 乐观 7. 忠诚

以上 14 种情绪，正是你人生计划成功或失败的关键，他们的组合，既能意义非凡，又能够杂乱无章，完全由你决定。

上面每一种情绪都和心态有关，这也就是为什么我一直强调心态的原因。这些情绪实际上就是个人心态的反映，而心态是你可以组织、引导和完全掌控的对象。

◎人生十大关键时刻

1. 遇到真爱的人时，要努力争取和他（她）相伴一生的机会，因为当他（她）离去时，一切都来不及了。

2. 遇到可相信的朋友时，要好好和他（她）相处下去，因为在人的一生中，遇到知己真的不易。

3. 遇到贵人时，要记得好好感激，因为他是你人生的转折点。

4. 遇到曾经爱过的人时，记得感激他（她），因为他（她）让你更懂得爱。

5. 遇到曾经恨过的人时，要微笑向他（她）打招呼，因为他（她）让你更加坚强。

6. 遇到曾经背叛你的人时，要跟他（她）好好聊聊，因为若不是他（她），今天你不会读懂这个世界。

7. 遇到曾经偷偷喜欢的人时，要祝他（她）幸福，因为你喜欢他（她）时，不是希望他（她）幸福快乐吗?

8. 遇到匆匆离开你人生的人时，要谢谢他（她）走过你的人生，因为他（她）是你精彩回忆的一部分。

9. 遇到曾经和你有误会的人时，要解清误会，因为你可能只有这一次机会解释清楚。

10. 遇到和你相伴一生的人时，要百分

百感谢他（她）爱你，因为你们现在都得到幸福和真爱。

◎目标早确立，人生早成功

如果你想在 35 岁以前成功，你一定要在 30 岁以前确立好你的人生目标。

目标既是我们成功的起点，也是衡量是否成功的尺度。那么，怎样来设立目标呢?

"人生应当有目标，否则，你的努力将属徒然。"许多管理书籍中，你都会看到关于确定有效目标的"SMART"原则，即目标的有效性与否，必须符合以下五个条件：① Specific——具体的② Measureable——可以量化的③ Achievable——能够实现的④Result-oriented——注重结果的⑤Time-limited——有时间期限的

如果再简化一点，可以将有效目标的核心条件概括为两个：一个是量化，一个是时间限制。量化一是指数字具体化，即如果某一个目标能用数字来描述，则一定要写出精确的数字；二是指形态指标化，即如果所确定的目标不能直接用某一个数字来描述，则必须进一步分解，将其表现形态全部用数字化指标来补充描述。时间限制是指你所确定的目标，必须有一个明确的期限，可以具体到某年某月。没有时限的目标，不是一个有效的目标。

◎成名要趁早

中国有句俗语：一步赶不上，步步赶不上。35 岁前你想成富翁吗? 按照流行的说法，即 35 岁以前，属于青春"保质期"，

35 岁以后，就 Timeout（过期）了，所谓的 35 岁现象。即便是找工作，许多单位也是以 35 岁作为一道门坎。因此，如要在青春岁月里有所突破，创出一番事业来，就宜赶在青春"过期"之前。张爱玲说："成名要趁早。"，致富亦然。

◎ 起跑领先一小步，人生领先一大步

起跑领先一小步，人生领先一大步。在竞争激烈的时代，要如何在同辈之间冒出头？其方法就是要比别人多学一点点功夫，这一点点功夫常常就会在关键时刻，让你比别人多一些机会。在任何行业只要能够想到比别人领先一步，就能够抢占先机，在你的行业处于竞争优势。

现在流行的"迷你裙"就是起跑时领先了一小步，却造就了玛丽·奎恩特"迷你裙之母"的地位，也为她带来了滚滚的财富。

在中国现在这个社会中，正在完成从计划到市场经济的转变，这给了我们许多想象的空间，无数的商机。只要每个青年人能够抓住这个商机，敢于领先一步，无论小富、中富、大富，你就一定能够富起来。

◎ 君子每日三省吾身

一天做一件实事，一月做一件新事，一年做一件大事，一生做一件有意义的事。

目标越具体效果就越好。古人云：君子每日三省吾身。你是否经常检查自己制定的目标？一方面要检查自己是否实现了预期的目标，另一方面又要用目标不断地激励自己。

美国哈佛大学心理学家威廉·詹姆士研究发现，一个没有受到激励的人，仅能发挥其能力的 20% 至 30%，而当他受得激励时，其能力可以发挥至 80%。因而，即便是完善的个性，由于缺乏前进的动力，也很难实现创富的目标。

◎ 赚钱"黄金"步骤

创立"心理创富学"的希尔博士揭示出 5 个自我激励的赚钱"黄金"步骤：

1. 你要在心里确定你所希望拥有的财富数字。如果笼统地说"我需要很多、很多的钱"是没有用的，你必须确定你渴望得到的财富的具体数额。

2. 实实在在地想好，你愿意付出什么样的努力和多大的代价去换取你所需要的钱，世界上是没有不劳而获的。

3. 规定一个固定的日期，一定要在这个日期之前把你希望得到的钱赚到手。没有时间表，你的船永远不会"泊岸"。

4. 拟定一个实现理想的可行性计划，并马上进行，你要习惯"行动"，不能够只沉溺于"空想"。

5. 将以上 4 点清楚地写下，不可以单靠记忆，一定要白纸黑字。不妨每天两次地大声朗诵写下的计划的内容。

◎ 不断设立新的目标

人们都有一种倾向，即一旦实现一个目标，就会有一种泄劲的感觉，不再努力，然后坐享其成。现代社会为人的全方面发展提供了更为广阔的发展空间，所以一个积极进

取的人，应该在实现目标之后，再为自己设立新的目标。而且，你不要等到达到一个目标之后再去制定一个新目标，而应该在心中时刻充满目标。完成一个目标，你就知道下一个目标是什么，继续前进的方向在哪里，而不仅仅以第一个目标为目的地。

不断设立新的目标是一个挑战自我的过程，也是一个不断进步的过程。实现目标是一个渐进的、成长的过程。一个人需要不断地为自己设立新目标，不断地在新的目标的激励下提高自己。所以，人们确立的目标，一般有一个远景目标，即在内心要有一个总体的、大致的目标。这种远景目标，要分阶段来实现，而阶段性目标必须是具体的、明确的、可操作的。人不可能期望一下子成为亿万富翁，但当你了实现了 1000 万目标的时候，亿万目标就不是空想和幻想了。自信心就是在这种不断实现阶段性目标的基础上，逐步建立起来的。

◎ 勾画人生的蓝图

人生蓝图的核心是"我一定要成功"，人生就是不断地从成功走向更加辉煌的成功。

（1）设定好目标，每月写下你的生命计划；

（2）计划好每一天，应该每天晚上做好第二天的安排，并自我检查当天的计划实施情况；

（3）持之以恒，不能间断，即使处在人生的低谷或事业发展不顺时，也不要放弃。

第二节　为人处事要先为人，后处事

◎ 如何做一个会做事的人

不懂做人之道，就不会受人欢迎；不懂做事之道，就不能把事情做得尽善尽美。这就需要：做人讲究谋略，善于审时度势，张驰有道，才能在社会竞争中立于不败之地，在人际交往中游刃有余、左右逢源；做事必须求稳，绝不可做超能力之外和无把握性的事，不能盲目死拼，否则你只会碰得头破血流、输得个体无完肤。

因此，会做人并不等于会做事，会做事也不等于会做人，两者之间虽然有着紧密的联系，但决不能简单地画等号。会做人不会做事，是一个残缺的人；会做事而不善于做人，在做事的过程中也容易犯错误，甚至处处碰壁。所以，我们在人生的路上必须把这两个方面结合起来，互为促进，相辅相成。

◎ 说话要考虑别人的感受

直言直语是一个人致命的弱点，因为喜欢直言直语的人常常只看到现象或表面，也只考虑到自己的不吐不快，而没有考虑旁人的立场、观念、性格和感受。所以，直言直语不论是对人或对事，都会让人受不了的，于是人际关系就出现了阻碍，同事朋友会离你远远的，生怕一不小心被你的直言直语灼伤。

别以为如实相告，别人就会感激涕零。要知道，我们永远不能率性而为、无所顾忌，话语出口前，考虑一下别人的感受，是一种成熟的为人处世方法。

◎ 不成功人士失败的原因

本杰明·斯坦把不成功人士失败的原因归结为以下 7 大错误。

1. 在生活中欺骗自己和别人。不成功人士常常在生活中欺骗自己。

2. 伤害朋友。不成功人士往往有一种习性，他们会对那些对他们并无多大益处的人表示友好和感激之情，而对那些善待他们的人却表示出蔑视和不领情的态度。

3. 不注重生活中的礼节。不成功人士日常生活中还常表现出粗俗无礼。他们不会适时地对那些赠与他们礼物和给予他们帮助的人表达感激之意，也不会因为自己轻慢的态度和做错了事情而向人道歉。

4. 不合时宜的穿着打扮。不成功人士赶去参加求职面试时常常不系领带或穿着一双运动鞋。当其他人都西装革履地出席宴会时，他们却穿着牛仔服赴宴。不成功人士惯常有着不适宜的打扮。他们也许认为，他们是在显示一种风尚。而实际上他们却在形象化地告诉人们，他们不属于他们此刻所呆的地方，而且还反映出他们对在场者的一种轻视态度。

5. 令人生厌的生活态度。不成功人士往往面带一种愠怒厌世的表情。他们不喜欢他们的工作和他们生活的世界，怀疑他们周围的人都是不诚实和愚笨的。他们把一切都看得那么黑暗并用他们自己对生活的绝望态度和无所寄托的颓丧情绪影响着他们周围的人。

6. 不必要的争论。不成功人士喜欢仅仅为了争论而争论。

7. 本末倒置。不成功人士不能确定什么是应该优先考虑的事。事实是，人们从来都不可能有足够的时间去做每一件事情，哪怕是真正重要的事情。放弃不太重要的事情而去做更重要的事情并不是一种牺牲。

◎ 如何获得真正的友谊

人们在友谊方面为什么总会说："失去了才懂得珍惜。"那是因为开始时的种种心理因素使人们无法敞开心扉、融化壁垒的心与心之间的交流，因而造成许多误会。单等看清楚这个人的时候他已经离你而去，即使你们彼此还都在等待对方，但是那时你们也会因为顾及自己的面子或者害怕被拒绝而放弃，最后造成惋惜的结局。所以说，敞开心扉、消除隔膜、互相理解，打开你的心理防线，只有摘下你的面具，进行心与心之间的沟通，你才能获得真正的友谊和爱情。

◎ 什么是自我调适能力

所谓心理调适（又称心理调整），指的是当一个人在遭遇挫折或失败后，及时、自觉地改变或强化自己的人生奋斗目标、降低或强化自己的期望值，使自己的整个心理状态和行为活动适应于主、客观环境的变化，使自己的心理健康得到保证。

怎样才能提高自己的心理调适能力呢？具体方法可以有以下几种：

1. 遗忘。有意识地淡忘使自己造成创伤或使自己产生伤感的事。

2. 合理化。合理化指的是利用各种理由或借口，强调自己的行为动机，以取得他人或社会对自己的认可。最常见的合理化有两种，即酸葡萄效应和甜柠檬效应。

3. 升华。升华就是指通过转移行为的目标到另一更高的或更有价值的行为上，以此满足自己的某种欲望。

4. 补偿。补偿就是指自己因某方面的不足而无法达到某种目标所引起的挫折感或失败感，可以通过发挥自己的优势和特长，用达到另一目标的方式来消除原有的挫折感或失败感。"失之东隅，收之桑榆"、"东方不亮西方亮"、"旱路不通水路通"等就是这个道理。

5. 幻想。幻想就是指通过自己想象的虚幻情境，借以满足自己的某种欲望，以此摆脱心理上的痛苦。

◎如何建立自信心

1. 要为自己确立目标。确立目标既是人生成功的需要，也是激发人的潜力、最大化地创造价值的需要。所以，人生一定要有目标，有了目标，你就会想方设法为达到目标而努力，因而就不会为是否自信以及目标以外的事情所烦恼。

设立目标是自信心的一种表现，心中有了目标，潜意识就会调动你所有的能量，为实现目标而努力。但在制定目标时要注意，一定要使目标切合自己的实际，不要好高骛远。否则，一旦目标实现不了，你就会因此而产生挫败感，从而打击你的自信，使你丧失信心。

2. 发挥自己的长处。天之生人，千差万别，但比较而言，人是各有所长、各有所短。你在做事的时候，一定要注意发挥自己的长处，避免自己的短处。如果你总是做不适应你的事情，老拿你的短处与别人的长处比，那你很容易产生自卑感，挫伤自己的信心。

3. 做事要有计划。做好计划、按计划行事，不仅可以提高工作效率，而且可以体验工作的节奏感，使你不至于把工作当作是一种苦役，而是当作一种享受。你在工作中感受生命的脉动，把握生命的韵律。

4. 做事不拖延。在现实生活中，一些人之所以缺乏自信，是因为挫折长期积累的结果。

5. 轻易不要放弃。不要为自己找任何理由放弃你应该做和正在做的事情。

6. 学会自我激励。人的自信是一种内在的东西，需要由你个人来把握和证实。所以，在建立自信的过程中，一定要学会自我激励。

7. 不要让自己成为别人。你可以模仿别人，但千万不要让自己成为别人。你就是你自己，你一定要找到你自己的独特之处，造就自己、显示自己。

第三节　做人做事有方法

◎做人做事是一门学问

一个人要想在社会上立足，多多少少都要懂得一些处世的智慧。否则，就难免使自己在生活中磕磕绊绊、四处碰壁，影响事业的成功，影响人际关系的和谐，甚至成为一个孤立无援、不受欢迎的人。但是，如果拥有处世的智慧，则会事业成功、生活顺遂。

一个人不管有多聪明、多能干、背景条件有多好，如果不懂得如何去做人、做事，那么他最终的结局肯定是失败。

做人做事是一门艺术，更是一门学问。很多人之所以一辈子都碌碌。

无为，那是因为他活了一辈子都没有弄明白该怎样去做人做事。

◎为人处事需要智慧

每一个人生活在现实社会中，都渴望着成功，而且很多有志之士为了心中的梦想，付出了很多，然而得到的却很少，不能说他们不够努力，不够勤劳，可为什么偏偏落得个一事无成的结局呢？从表面上看，做人做事似乎很简单，有谁不会呢？其实不然，比如说你当一名教师，你的主观愿望是当好教师，但事实上却不受学生欢迎；你去做生意，你的主观愿望是赚大钱，可偏偏就赔了本。抛开这些表层现象，去发掘问题的症结，你就会发现做人做事的确是一门很难掌握的艺

术。可以这么说，做人做事是一门涉及现实生活中各个方面的学问，要掌握这门学问，抓住其本质，就必须对现实生活加以提炼总结，人们有章可循，才不至迷然无绪。

◎人生法则之一：行动才有回报

人家怎样看你，会嘉许还是惩罚你，都取决于你的行为。

换言之，行动才是最重要的。你心里想什么，人家不会在意。无论你有什么思想或大道理，假如不付诸实施，就没有任何价值。你只有切切实实改辕易辙，才能改变生活。

请行动起来，为生活做一些事。这些事可以是健身，可以是重返校园，也可以是寻找新工作。总之，行动会为你的生活带来新的动力。

你会认识新朋友，找到新机会，不久就会发现生活多姿多彩。

◎人生法则之二：对自己的行为负责

人应该为自己的行为负责。

假如某人不喜欢目前的工作，假如他活得不快乐，责任在他自己的身上。只要他承认，目前情况是他自己造成的，那么，他就可以分析，自己是怎样导致如今的局面的。他是否误信他人，或忘了提出自己的要求，

或对自己的要求过低。

明白了自己的责任，明白了解决问题要靠自己，就要行动起来改变自己的生活。

这并不是说我们每个人都该责怪自己，只是说我们要对自己的所为负责。这里的差别是很重要的。人们要明白的是：怎样选择、怎样处事都由自己决定，因而自己应该为结果负责。即使童年时我们曾经有过惨痛的经历，那时，无力抗拒；现在我们身为成年人，绝对可以自求多福。

所以，过去的事已经过去，未来的事还未来临，我们要知所取舍。

◎ 人生法则之三：正视问题才能解决

假如我们不愿意正视问题，就不可能解决问题。我们必须切实了解自己的不是，不怕质疑自己的信念与行为。我们是不是太懒惰了？太胆小了？有没有生活目标？是不是经常对自己失信？我们不能一味替自己找借口推卸责任。推卸责任会扼杀梦想，甚至会使走上绝路。

如果我们总是推委、逃避，就永远不能正视问题，也就不能解决问题。我们要承认自己不是完美的，要能够从经验中吸取教训，勇于抉择，改变不符合理想的现状。

◎ 人生法则之四：掌握行为的回报

想节食，嘴巴却忍不住；想冷静，却忍不住发脾气；完全不想让步，最终却让步了。这样的事不断发生，究竟应该怎样解决呢？

人违反自己的本意，是因为可以得到回报。最简单的例子就是饮食过度。明明知道吃得太多不利健康，但为一饱口福，还是欲罢不能。

假如想停止某种行为，就必须消除这种行为会给人带来回报的想法。假如想影响他人的行为，就该先了解他们所求的回报是什么，要他们按照所设想的行事，然后才可以得到所求的回报。

例如很多父母一听到婴儿哭叫，就抱起孩子，孩子觉得，只要哭叫，就可以有回报，于是常常用这一招，可见不经意的回报，可能鼓励了你不愿见到的行为。在家庭成员之间，在雇主和雇员之间，是否也有类似的事情？

了解并掌握行为的回报，你就可以控制自己或他人的行为。这个原则可以令你掌控事物的能力大大增加。

◎ 人生法则之五：获得别人支持

请想想商政以至其他各界的领袖人物，他们大都知道怎样使自己要做的事获得别人的支持。他们会说服别人接纳其观点，也知道别人会怎样做。

你要想获得别人的支持，你必须知道他们最重视的是什么、他们有什么信仰和恐惧、你要说什么才可以获得他们信任。你要驾驭别人，也必须尊重别人的自尊，同时要他感到"此事对我有益"。

你要向可信赖、经验丰富的人学习。例如你找到了一份新工作，就应通过老员工了解公司操作的方式。他们熟知公司的情况，可以告诉你高层的喜好，甚至告诉你晋升的秘诀。

你必须明白自己和同事"为什么"以及"怎样"做目前的工作。你要了解人类的天性，只有这样，你做的一切才能引起别人的共鸣。

◎ 人生法则之六：认定自己的目标

假设有一个精灵从瓶子里蹦出来说："请告诉我你要什么？"多数人会张口结舌，不知道要什么好。他们大概会说："不要什么。"

建议你尽快认定自己的目标。对你来说，成功是什么？成功的感觉是怎样的？你会怎样争取成功、在哪里争取、和谁一起争取？你必须大胆构思，但是不能脱离现实。如果你已45岁，既不能跳又不能跑，却想做一名职业运动员，那就太不切实际了。你可能要选择其他的目标。

假如你的目标很高或很不寻常，请不要怯于启齿。不少东西即使你提出要求，都未必得到，何况连要求都不提出呢，那就更不用说了。目标不要定得太低，否则你终生会做着自己不愿意做的工作。

切记，你的目标必须务实，更要清晰。只有当你制定了目标，你才可以为这目标努力奋斗，最终实现你心中的理想。

◎ 人生法则之七：不要认命

人生不可能没有困难和烦恼。有些人可能家庭生活一帆风顺，工作上却不顺利；有些人则相反，工作如意，家庭却一塌糊涂。

接受这个事实，你就不会把每个问题都看成是危机，也不会认为自己是人生旅途上的败将。

你就是你自己的经理人，必须讲求效率，争取丰厚回报。假如你目前不是一个好经理人，那就要振作起来，下决定解决问题，而不是逆来顺受。

你要为自己制定全盘的计划，不要任由命运摆布。要明白：你应该得到的一切不该比别人差，你要为自己努力。

如果你不求大富大贵，可能日子过得很舒服，但是这种生活暮气太重，未必真是福气。

要让自己成为一个好经理人，必须走出舒服的樊笼，为实现更高的目标而更加勤奋聪明地工作。

◎ 什么是交往中三A法则和白金法则

交往中三A法则：

第一个A，接受对方，英文词：accept。

第二个A，重视对方，英文词：appreciate。

第三个A，赞美对方，英文词：admire。

人际交往的白金法则：

按照别人希望的方式对待他或她，从别人的需要出发，站在别人的立场考虑问题，设身处地为别人着想，"投其所好"主动满足对方的需要，这样也许更容易建立并维持友谊。

如何应用全在自己的悟性，不但勇于实践，且善于实践，在实践中积累经验，不断从中受益并发展事业。

◎人与人交往的刺猬法则

许多人都有这样的经验和体会：与某人的关系越亲密，越容易经常与其发生摩擦和矛盾，反倒不及与初次见面者交往容易。家庭成员、情侣之间常常相互埋怨，正是这种情况的表现。按理说应该是交往得越深，就越容易相处，相互之间的人际关系也越好，可事实上并非如此。这其实可以用心理学上的"刺猬法则（也叫心理距离效应）"来解释。

刺猬法则说的是这样一个十分有趣的现象：在寒冷的冬季，两只困倦的刺猬因为冷而拥抱在了一起，但是由于它们各自身上都长满了刺，紧挨在一起就会刺痛对方，所以无论如何都睡不舒服。因此，两只刺猬就分开了一段距离，可是这样又实在冷得难以忍受，因此它们就又抱在了一起。折腾了好几次，它们终于找到了一个比较合适的距离，既能够相互取暖又不会被扎。这也就是我们所说的在人际交往过程中的"心理距离效应"。

◎人际关系的法则

一个人事业的成功，80％归因于与别人相处，20％才是来自于自己的心灵。人是群居动物，人的成功只能来自于他所处的人群及所在的社会，只有在这个社会中游刃有余、八面玲珑，才可为事业的成功开拓宽广的道路，没有非凡的交际能力，免不了处处碰壁。曾任美国总统的西奥多·罗斯福曾说："成功的第一要素是懂得如何搞好人际关系。"在美国，曾有人向2000多位雇主做过这样一个问卷调查："请查阅贵公司最近解雇的三名员工的资料，然后回答：解雇的理由是什么"。结果是无论什么地区、无论什么行业的雇主，2／3的答复都是："他们是因为不会与别人相处而被解雇的。"

所以，不管你做什么，你所从事的都是人际关系工作。建立良好的人际关系是一个投资的过程，经营人际关系最重要的就是要学会付出，当你帮助别人梦想成真的时候，也就是自己心想事成的时候。

◎建立人际关系的"一对一"法则

当你只邀请一个人与你共进晚餐或携手浪漫之旅的时候，通常表明这个人在你心中的位置是独一无二的，因此不要轻易破坏这样的格局。人际关系的秘密武器就是要建立"一对一"的关系。"一对一"意味着你对另一个人100％的专注。"一对一"是一种美好的微妙的能够不断赋予你生命感怀和人生力量的最高品质的人际关系。我们把"情人法则"、"二人世界"用到人际交往中是一个攻无不克的制胜法宝。因为每个人都希望自己是最重要的。

◎建立一个人际关系资料库

当你记得为朋友的生日送上一束鲜花，这对于你和你的朋友而言，都是一件十分美妙的事情。不管遇到任何一个人，都要把他放进你的资料库里，在他们的名片后面写上关于他们的故事。资料库要记录下他们的姓名、生日、爱好、职业、收入、家庭状况、生活方式等等，设法了解并满足他们的需要。我们要有克格勃精神，善于发现、追踪、调查，绝不放过任何一条资讯，直到摸准他们的一切使他们成为我们最好的朋友。资料库里是一个个鲜活的生命，我们要以人为本，精心设计诱因，满足他们个性化、差异化、希冀与众不同的渴望。记住这样一个事实，人们最关心的是"你能为我做什么？"

◎ 做一个优秀的倾听者

现代社会，每个人来自各方面的压力都很大，如果你有办法成为他人倾诉的对象，让他们在你面前滔滔不绝，那他们一定会成为你的知心朋友。如果不听他人说话，就没有任何其他方式能表示出你对他们真正感兴趣。如果你自己侃侃而谈，你又怎么去了解人家呢？让一个人谈论自己，可以给你大好的良机去挖掘共同点，赢得好感，并增加达成目标的机会。仔细倾听，做一个好的听众是发展良好人际关系的一件有力武器，它最终能打动你的朋友与你心灵互动。每个人都渴望被关心、被承认、被肯定，一个好听众即可满足人们的这一小小需求。必须记住：一个人的嗓音对他自己来说是世界上最伟大的声音，倾听比说话更重要。

◎ 多看他人的长处

人的需要是多种多样的，其中自我显示需要是最基本的需要之一。每个人都希望被人尊重与瞩目。即使是小孩子，也希望被人关注。他们在堆积木、踢足球时，通常会大喊："看我！看我！"我们要多去发现身边朋友

的长处和闪光点。有时我们容易陷入人际关系的误区，经常劈头盖脸，直指他人痛处竟浑然不觉有什么错，殊不知长此以往感情就会越走越远。我们要视朋友是一个有能力且能够勇敢担当的人，即使在他需要帮助的时候，我们也要相信他能自负其责。不要简单地代替他做，而要和他一起直面挑战。成功的时候共同分享喜悦，挫败的时候相互砥砺慰籍。有这样的同理心是深化友情的不二法则。把你的朋友视作舞台中央的明星，给他鲜花和掌声，给他鼓励和赞美。

◎ 对待任何人切记要一视同仁

生活中，我们经常会忽视那些在我们看来并非重要的人或是在特定环境与自己毫不相干的人。事实上，我们不能对任何人先下判断，任何人都有成就自己的可能，任何人都会对我们不同的成长阶段有所贡献。当我们到了有求于人的时候才想起联络，达成愿望的机率就很小。我们应当养成随时发现潜在的人际关系，习惯并着力发展一生的友谊，因此，今后帮你大忙的人可能就在你身边。我们认识形形色色的人——从上层名流到普通百姓，一个关键之处就在于"一视同仁"。记住他们的名字、他们的爱好，不管他们的地位如何，你要对每一个人都很友善。对待你周围的任何一个人，切记要一视同仁，大家才能心甘情愿地与您配合，共同达成目标。

◎ 信守承诺兑现承诺

信守承诺兑现承诺是对一个人信用的检验。一次一个承诺，说到做到，是做人做

事的基石。任何时候对待任何人、任何事都要讲诚信原则。言而无信是人际关系的大敌。凡是真正成功的人，身上都透射着一种行事敏捷和诚实守信的习惯。不能准时，也是一种不可宽恕的罪恶。我们没有权利轻视他人的时间价值，更不能因此透支自己的信用。职业道德的一个最重要的方面就是诚实。诚实最需要的是像孩童一样率直和纯真，真诚地面对自己，真诚地面对他人，只有这样，才能因尊重自己和尊重他人而赢得尊重。

◎换位思考，善解人意

所谓心理换位，即为俗话所说的"要想公道，打个颠倒"。

人们观察问题时都习惯性地从自己的角度出发，只顾及自己的利益、愿望、情绪，一厢情愿地想当然，因此，常常很难了解他人，很难和别人沟通。现实生活中，公说公理、婆说婆理，各讲各的、各忙各的，这样的现象随处可见。大到两个集团、两个民族之间也是如此。事实上，只要站在客观的立场就会发现，冲突的双方几乎完全不理解对方，完全是不互相体谅对方。想处理好自己和他人的人际关系，最需要做的就是改变从自我出发的单向观察与思维，而要从对方的角度观察对方，替对方着想，也即由彼观彼。在此基础上，善解他人之意。如此处理人际关系，就有了更多的合理方法。不能由彼观彼、善解人意，就没有别开生面的新人际关系。

换位思考的实质，就是设身处地为他人着想。希望别人怎样对你，你就怎样对待别人。"己所不欲，勿施于人。"自己不

愿做的事情，不愿接受的事情，不要强加于别人。要多了解别人，了解别人之所需，洞察别人的心理活动，切忌带着有色眼镜看人。遇事不要有"假如我是他，我会如何做"这种心理。

◎如果喜欢一个人就大胆说出来

只要肯开口赞美别人，你将会是最大的赢家。是什么改变我们的人生？一是我们读过的书籍，一是我们认识的人。过去50年，未来50年，有一件事永远不会改变，全世界任何地方都一样，人们会向你提供帮助，是因为他们喜欢你。被人喜欢与喜欢他人都是一件幸福的事，关键是我们更多的时候，无法突破心理瓶颈，没有勇气赞美别人或告诉别人我喜欢你。试试看，30秒内，电梯里，开口与你喜欢的陌生人讲话，其实朋友都是从不认识开始的。你喜欢人家，为什么不告诉他呢？如果你对自己有信心并一直努力试着去看事物明亮和光明的一面，一般而言，都会有很好的收获。

◎小事情就是一切

"勿以善小而不为，勿以恶小而为之。"成功就是简单的事重复做。细节就是一切。小事情就是一切。有多少朋友是因为我们一点小小的失误而失去的——忘回电话、约会迟到、没有说谢谢、忘记履行承诺等等。这些小事情正是成功者和失败者的差别。有的人求职失利仅仅是因为着装不当或没有擦亮皮鞋。苦心经营多年的友谊有时竟会因一句漫不经心的话而刺痛了朋友

的心。经常烙守着"体贴与照料"的信条，朋友生病或失落时或许只需要你的一声诚挚的问候就会泛起心中的涟漪与感动。所以，留心朋友和你聊天时谈到的美好愿望，并留意帮他实现的机会。

◎学会分享，推己于人

当你把快乐和别人分享时，你的快乐就变成了两份快乐；当你把你的点子和别人分享时，就会有更多思想的火花。同样，对于渴望也可以共同来满足。自己渴望的事情，要想到他人也可能渴望。当你渴望安全感时，就要理解他人对安全感的需要，甚至帮助他人实现安全感。你渴望被理解、被关切和爱，就要知道如何力所能及地给予他人理解、关切和爱。给予他人理解与关切，会在高水平上调整融洽彼此的关系，也能很好地调整自己的状态——这个好状态既来自于对方的回报，也是自己"给予"的结果。善待别人，同时就善待了自己。不妨将最希望从他人那里得到的态度一条条写下来，而后便会想到别人同样有这些希望。在这些条款上对他人慷慨大方，是处理人际关系的最正确态度。

◎宽容待人，和气生财

古人讲究和气生财。不仅在商业中，在方方面面，和气的性格都是成功的要素。两个商家卖同样的东西，一家拉长着脸，不给人好脸色，一家满脸和气，显然后者的生意做得好得多。这样看来，买一份货，外搭一份和气，要远比买一份货，还得搭一张长脸

合算得多。可见，和气也是有含金量的，是有增值的，和气也是商品。和气待人，宽容待人，同样是一种境界。当我们和气宽仁地对待所有人时，就相当于完整地和气宽容地对待整个世界了，我们的身心也就愉悦了，心胸也就开阔了。如果你原本待人不和气、不宽容，那不要紧，不需要强扭硬拽，从现在开始改变，你会在每一次对别人的和气宽容中体会心态的放松和开阔。于是，一个良性循环就渐渐改变了你，也就改善了你原本的生活。

◎持之以恒，长期培养

在处理人际关系时，不能急功近利，追求短期效应，讨好一切人，应酬好一切关系。这是拙劣低下的表现，是一种虚假。这可能奏效一时，但难以维持长久，真正和谐的人际关系不是一种应付和差事。按照正确的原则处理各种人际关系，是我们自然的流露，是我们长期的准则。相信别人总会理解和信任自己。即使有不理解不信任，也无所谓。这就是持之以恒的境界，终究你会收获成功的。

◎雪中送炭，予人温暖

这是真正的助人为乐。当别人需要帮助时，你要尽力去帮助。患难见真情，患难出真交。每个人都在内心深深地记住那些在自己困难的时候帮过自己的人。相反，那些在他人得势时如同跟帮的人，到后来都不知到哪儿去了，正所谓"人走茶凉"。那我们是不是要雪中送炭、予人温暖呢?

第四节　人际交往常识

◎赞美是人类的阳光

人类生活离不开赞美。有人说，赞扬是一小笔投资，只需片刻的思索与功夫就能得到意想不到的报酬。赞扬是沟通情感、表示理解的方式，如同微笑一样，也是照在人们心灵上的阳光。赞美使人意识到自己的价值，可以增强个人的自信心。一个人每个小的成绩都能引起别人的注意，他就会有信心去尝试更困难的工作。

生活中需要赞美的场合很多，赞美对自己、对他人的影响都是积极的。因为赞美使对方感到愉快，而因为能使对方愉快，自己也会感到愉快。

卡耐基说："赞美好比空气，人不能缺少。"莎士比亚说："赞美是照在人心灵上的阳光。没有阳光，我们就不能生长。"所以，任何人都需要尊重，需要赞美。为了获得真诚的友谊，人们需要赞美和奖励。

赞美对人类心灵的重要性，好比植物依赖于阳光，没有它，就不能生长，就不能开花结果。美国著名作家马克·吐温说："只凭一句赞美的话，我就可以多活两个月。"

赞美的方法多种多样，或真挚热情，或含蓄委婉，或自然流露，或发自肺腑，或具体确切，或顺应语势……应根据不同人的身份、年龄和层次，运用不同的赞美方法。

◎学会坦诚地欣赏别人

欣赏别人，可以建立一种健康和谐的人际关系。在节奏飞快的现代社会，在一个无暇沟通的生活环境中，学会欣赏别人尤为重要，只有这样，人与人之间才会多一分融洽，少一分隔阂。

学会欣赏别人，把握了尊敬原则、适中原则、真诚原则、自律原则这四点，会帮你成功。即使一些细节弄错了，也会得到别人的谅解。

欣赏对方欣赏的事。他欣赏自己的成就，欣赏自己的能力，欣赏自己的风度……你只要对他的成就、他的能力、他的风度或气质……表现你真诚的欣赏，对方一定会欣赏你，把你当成难得的知音。

请教对方擅长的事。自己不懂的问题、不清楚的事情，不妨向对方求教，既可增长见识，又能得到对方好感，何乐而不为？

欣赏别人，不是投其所好的精神按摩，更不是卑躬屈膝的精神行贿。要欣赏别人，必须要发现别人的长处，就像伯乐相马一样。如果没有这种能力，就无法欣赏别人。欣赏别人，需用心去体会，发出由衷的赞美。

◎赞美他人的艺术

赞美是一切人际沟通的开始，俘获人心最有效的方法。赞美也是一种让人拥有好心情的方法，同时也是对别人的优点的一种肯定。但赞美也要讲究赞美的方法，不是所有的赞美都会使人开心和接受的。

很多人也许都会认为赞美就是对别人的奉承，就是一味地讨好别人。其实不然，赞美与其正好是相反的概念，我们应该把它们区分开，让我们的生活中适当地多一些赞美之词，让生活多一份甜美。

◎赞美他人需要技巧

赞美别人，仿佛用一支火把照亮别人的生活，也照亮自己的心田，有助于发扬被赞美者的美德和推动彼此友谊健康地发展，还可以消除人际间的龃龉和怨恨。赞美是一件好事，但绝不是一件易事。赞美是一种艺术，赞美不仅有"过"和"不及"，而且还有赞美对象的正确与否，不同的人需要不同的赞美方式。赞美别人时如不审时度势，不掌握一定的赞美技巧，即使你是真诚的，也会变好事为坏事。所以，开口前我们一定要掌握技巧。

◎赞美他人要因人而异

人的素质有高低之分，年龄有长幼之别，因人而异，突出个性，有特点的赞美比一般化的赞美能收到更好的效果。老年人总希望别人不忘记他"想当年"的业绩与雄风，同其交谈时，可多称赞他引以自豪的过去；对年轻人不妨语气稍微夸张地赞扬他的创造才能和开拓精神，并举出几点实例证明他的确能够前程似锦；对于经商的人，可称赞他头脑灵活，生财有道；对于有地位的干部，

可称赞他为国为民，廉洁清正；对于知识分子，可称赞他知识渊博、宁静淡泊。但要注意，赞美要依据事实，切不可虚夸。

◎赞美他人要情真意切

虽然人都喜欢听赞美的话，但并非任何赞美都能使对方高兴。能引起对方好感的只能是那些基于事实、发自内心的赞美。相反，你若无根无据、虚情假意地赞美别人，他不仅会感到莫名其妙，更会觉得你油嘴滑舌、诡诈虚伪。例如，当你见到一位其貌不扬的小姐，却偏要对她说："你真是美极了。"对方立刻就会认定你所说的是虚伪之至的违心之言。但如果你着眼于她的服饰、谈吐、举止，发现她这些方面的出众之处并真诚地赞美，她一定会高兴地接受。

真诚的赞美不但会使被赞美者产生心理上的愉悦，还可以使你经常发现别人的优点，从而使自己对人生持有乐观、欣赏的态度。

◎赞美他人要详实具体

在日常生活中，人们有非常显著成绩的时候并不多见。因此，交往中应从具体的事件入手，善于发现别人哪怕是最微小的长处，并不失时机地予以赞美。赞美用语愈详实具体，说明你对对方愈了解，对他的长处和成绩愈看重。让对方感到你的真挚、亲切和可信，你们之间的人际距离就会越来越近。如果你只是含糊其辞地赞美对方，说一些"你工作得非常出色"或者"你是一位卓越的领导"等空泛飘浮的话语，这样就达不到赞美

对方的目的，甚至产生不必要的误解和信任危机。

◎ 赞美他人要合乎时宜

赞美的效果在于相机行事、适可而止，真正做到"美酒饮到微醉后，好花看到半开时"。当别人计划做一件有意义的事时，开头的赞扬能激励对方，中间的赞扬有益于对方再接再厉，结尾的赞扬则可以肯定成绩。

◎ 赞美他人要雪中送炭

俗话说："患难见真情。"最需要赞美的不是那些早已功成名就的人，而是那些因被埋没而产生自卑感或身处逆境的人。他们平时很难听一声赞美的话语，一旦被人当众真诚地赞美，便有可能振作精神，大展宏图。因此，最有实效的赞美不是"锦上添花"，而是"雪中送炭"。

赞美并不一定总用一些固定的词语，见人便说"好"。有时，投以赞许的目光、做一个夸奖的手势、送一个友好的微笑也能收到意想不到的效果。

◎ 如何巧妙地赞美别人

先找到一些值得赞扬的人和事，然后赞扬他们。

一要真诚。二是赞扬行为本身，而不要赞扬人。

赞扬一定要具体，要有的放矢。快乐方程式是：养成每天赞扬三个不同的人的习惯。你会感到，这么做后，你自己是多么开心！

当你看到这么做给别人带来幸福、快乐和感激时，你自己也会因此而感到幸福。

◎ 赞美要善于发现对方的优点

赞美对方要善于发现对方的优点，我们不可能凭空想出一个点来赞美对方，这个点一定是能够赞美的点，这样的赞美对方才更加容易接受，才能从内心深处感受到你的真诚，即使这是一个美丽的谎言，对方也非常喜欢。

这是对方自身所具备的一个优点，要善于发现对方身上所具备的长处。优点和长处正是我们大加赞美的地方，对方的优点可以从多个方面来寻找，例如：对方的事业、对方的长相、对方的举止、对方的语言、对方的家庭等等。

◎ 如何巧妙地影响别人

促使人们按照你的意愿去做事情的第一步，是找出促使他们这样做的原因（即他们想要什么）。和别人说他们想听的内容，他们就会感动。你只需简单地向他们说明，只要做了你要求他们做的事情之后，他们便可以获得他们想要的东西。"了解人们所想"的方法是：多询问，多观察，多聆听，再加上自己的不懈努力。

◎ 如何巧妙地说服别人

当你说一些有利于自己的事情时，人们通常会怀疑你和你所说的话，这是人的本能的一种表现；而当你以另一种方式去说有利于你自己的事情时，却可以大大消除这种怀疑。

这一更好的方式就是：不要直接阐述，而是引用他人的话，让别人来替你说话，即使那些人并不在现场。

因为人们通常很少怀疑你间接描述的事实的真实性，会认为你是站在他一边看待和分析问题的。然而，当你直接说出来时，他们就会深表怀疑。因此，要通过第三者的嘴去讲话。

在你引述别人的话时，如果还能运用一些成功的故事，或引用事实和统计数据来说话，那么，你的说服能力就会大大提高。

◎如何巧妙地使别人作决定

1. 告诉人们为何要同意你。告诉人们，按照你所说的去做他们便会受益，而不是你自己受益。

2. 问只能用"对"来回答的问题。但是，应注意，要恰当地问这些"对"的问题。也就是说，当你问此类问题时，应点头示意，并以"您"来开始你的问题。

3. 让人们在两个"好"中选择其一。这个技巧是让他们在你的两个"可以"中选择一个。

4. 期待人们对你说"好"，并让他们知道，你期待他们作出肯定的回答。

◎如何巧妙地调动别人的情绪

第一，记住，任何一个交往最初的一瞬间往往决定了整个交往过程的基调。

第二，运用人类行为的第二基本规律——人们总是对他人的反应带强烈的群体性。

因此，在最开始，你的双眼与对方接触的瞬间，在你开口说话之前，在你打破沉默之前，请露出你亲切的笑容。人们总不能意识到，有多少付出，就有多少回报。别忘了，从现在开始，请露出你的笑容，就像专业演员模特那样，并且对自己说——"笑一下！"

◎如何巧妙地批评别人

成功地批评他人的关键，在于批语的态度。如果你批评时一味地指责别人或告诉他你的看法，这样除了被别人厌恶和不满外，你将一无所获，因为没有人喜欢被批评。如若你对纠正错误及其结果感兴趣，如果你能以正确的方式批评他人，你将会获得较大成功，这里有几个原则能够帮助你。

1. 在批评别人时，必须在单独相处时提出，不要大声喝斥，不要把门打开，不要被更多的人听见，要给对方留点面子。

2. 批评别人前，必须略微地给对方一点赞扬，或说点恭维的话，在创造一个和谐的气氛后，再展开批评，也就是说先礼后兵。

3. 在批评别人时，要对事不对人，要批评别人所做的错误行为，而不要批评当事人。因为是行为本身应受到批评，并不是人本身。

4. 在批评别人时，告诉他正确的方法，在你告诉他做错了的同时，应该告诉他怎样做才是正确的，这样，会使批评产生积极的结果。

5. 要在批评中多谋求合作，而不是命令。你请求别人比你命令别人，会获得更多、更好的合作，这是个事实。命令别人，是下下之策。

6. 一次犯错，一次批评，而不要将别人的错误累积在一起算总账。

7、以友好的方式结束批评。批评之后要加以鼓励、引导，这就是批评的艺术。

◎ 如何巧妙地感谢别人

仅仅在自己心里感激、赞赏别人是远远不够的，应把你的这种感激、赞赏的感情向值得你感激的人表达出来。

1.态度要真诚；2.清晰、自然地表达；3.注视着你感激的对方；4.致谢时说出对方的名字；5.尽力地致谢。

◎ 如何巧妙地发言

假如你应用以下5条原则，你会成为一个令人感兴趣的发言者。这也是受欢迎的发言者和不受欢迎的发言者之间的区别。

1.明白你所说的内容。如果你不知道自己想说什么，就根本不要站起来，更不要开口。发言须有权威,内容丰富并充满自信，而这些只有在你明白自己所讲的内容时才办得到。2.说完该说的，就停止。简明扼要，抓住重点，没有人会因为你讲得少而批评你，如果他们需要你说得更多时，会主动地提出来。3.说话时，请注视着听众，因为眼睛只盯着讲稿的发言者永远是不受欢迎的。4.谈论一些听众感兴趣的话题。你想说什么不重要，重要的是听众想听什么，听众的兴趣是最重要的。成为一名成功的、受欢迎的发言者的最有效方法，是告诉人们他们想听的内容。5.不要试图演讲，轻松自然地说出你必须说的话就可以了。

◎ 交际场合中的交往艺术

1. 使用称呼就高不就低。在交往中，有经验的人在介绍他人时往往会用受人尊敬的衔称，这就是"就高不就低"。

2. 入乡随俗。当你去拜访人时，不能说主人的东西不好，所谓客不责主，这也是常识。

3. 摆正位置。在人际交往中，要摆正自己和别人的位置。很多人之所以在人际交往中出现问题，关键一点就是没有摆正自己的位置

4. 以对方为中心。在交往过程中，务必要记住以对方为中心，放弃自我中心论。例如，当你请客户吃饭的时候，应该首先征求客户的意见即他爱吃什么、不爱吃什么，不能凭自己的喜好，主观地为客人订餐。

交往以对方为中心，尊重自己尊重别人，恰到好处地表现出来，就能妥善地处理好人际关系。

◎ 交际交往中的沟通技巧

交际交往是一门艺术。在与人交往的过程中，同样的目的，不同的实现方式，往往会导致天壤之别的结果。为了使交际交往活动达到预期的最佳效果，在交际交往过程中，应该铭记以下几点：使用称呼就高不就低、入乡随俗、摆正位置、以对方为中心。

交际交往也是一门技巧。掌握这些技巧——语言技巧、看名片的技巧、抓住主要

矛盾、谁先挂电话、出入电梯的标准顺序，能使你避免言语、行为有失；能使你在最短的时间获得对方更多的信息；能使你在众多的矛盾中找到解决问题的突破口。

◎出入电梯的标准顺序

1. 出入有人控制的电梯

出入有人控制的电梯，陪同者应后进去后出来，让客人先进先出。把选择方向的权利让给地位高的人或客人，这是走路的一个基本规则。

2. 出入无人控制的电梯

出入无人控制的电梯时，陪同人员应先进后出并控制好开关钮。电梯设定程序一般是 30 秒或者 45 秒，时间一到，电梯就走。有时陪同的客人较多，导致后面的客人来不及进电梯，所以陪同人员应先进电梯，控制好开关钮，让电梯门保持较长的开启时间，避免给客人造成不便。

◎要注重非语言性交际技巧

如果问一个不善交际的人"为什么不会交际"？多半会回答"没有口才"。他们以为只要有了流利、幽默的言辞就可以有效地与人交往了，因而不断在语言上下功夫。其实，要有效与人交往，一方面是要具备很好的言语表达能力，另一方面也需要了解对方的姿态、眼神、手势、表情等非语言的信号。英国心理学家米谢尔·阿盖依儿等人在1970 年曾做过一个实验，信号和非语言信号所代表的意义不一致时，人们相信的是非语言信号所代表的意义，而且非语言交际对

交际的影响是语言的 43 倍。还有一些心理学家也发现，表情所传递的信息在一次交往所传递的信息中占到 55%，而语言仅占 7%。

要想有效地与人交往就必须了解非语言的信号所代表的意义。美国、英国、日本等国的学者曾对非语言交际进行了大量的研究，所有的研究都表明，非语言的信号都代表着一定的意义，掌握这些意义会增进双方的交往，使交际更有效。

◎影响交际的八大不良心理

自卑心理：有些人容易产生自卑感，甚至瞧不起自己，缺乏应有的自信心，无法发挥自己的优势和特长。

怯懦心理：主要见于涉世不深，阅历较浅，性格内向，不善辞令的人。

猜疑心理：有猜忌心理的人，往往爱用不信任的眼光去审视对方和看待外界事物，每每看到别人议论什么，就认为人家是在讲自己的坏话。

逆反心理：有些人总爱与别人抬杠，以此表明自己的标新立异。逆反心理容易模糊是非曲直的界限，常使人产生反感和厌恶。

排他心理：人类已有的知识、经验以及思维方式等，需要不断地更新，否则就会失去活力，甚至产生副效应。排他心理恰好忽视了这一点。

作戏心理：有的人把交朋友当作是逢场作戏，往往朝秦暮楚、见异思迁。这种人与人之间的交往方式只是在做表面文章，因而常常得不到真正的友谊和朋友。

贪财心理：有的人认为交朋友的目的就

是为了"互相利用"，因此他们只结交对自己有用、能给自己带来好处的人，而且常常是"过河拆桥"。

冷漠心理：有些人对与自己无关的人和事一概冷漠对待，致使别人不敢接近自己，从而失去了更多的朋友。

◎弹性交友法则一：世上没有不可交的同事

每个人做事都有自己的原则，一个人在社会上行走，做事还是有点弹性，即灵活性为好，交往也是如此。

如果你对一个人看不顺眼，或与他话不投机，但这个人并不一定是"小人"，他们也有可能成为对你有所帮助的君子，如果你一律拒绝，将来未免感到可惜。也许你会说，一个人话不投机、又看不顺眼，自己还要装出副样子去"应付"，这样做人做事未免太辛苦了。是的，这样是有一点你让你觉得委曲，但一个人要有一点这样的功夫，并且还要不让人感觉到你是在"应付"他们。要做到这样，只有敞开自己的心胸，主动去接纳他人。

◎弹性交友法则二：相逢一笑万事了

如果他人因为某事得罪了你，或者你曾得罪过别人，双方心里确实有点不愉快，但绝对没有必要结仇；如果你觉得有必要，应

主动化解僵局。俗话说，不打不相识，有了这次相交，也许你们会因此成为好朋友，或者关系不再那么僵化，至少你少了一个潜在的敌人。很多人就是难以做到这一点，因为他们就是拉不下脸！其实只要你放下自己的架子，采取主动的态度，你的这种气度会赢得对方的尊敬，因为是你先给了他面子。如果他还是故作高姿态，那是他的不对！不过化解僵局要找一个合适的场合和时机，也就是说要有个借口！

◎弹性交友法则三：不是对手就是朋友

有些人奉行一个原则——"不是朋友就是对手"，如果这样，敌人就会一直增加，朋友一直减少，最后让自己变得孤立；应该改变一个原则即"不是敌人，就是朋友"，这样朋友就会越来越多，敌人越来越少！

交友的"弹性"还要动态地看待朋友。世上的一切都处于变化的状态之中，敌人会变成朋友，朋友也会变成敌人，这是一种社会现实。当朋友因某种缘故成为你的敌人时，你不必过于忧伤感叹，因为有一天他有可能再成为你的朋友！有了这种心态，你就能以一颗平常心来交友！

此外，交友要放下你的身价，身价是交往的一大阻碍，也是树敌的一个原因，在"交朋友的弹性"这件事上，自我标榜的身价交不到真心的朋友。

第五节 人际交往要诀

◎社会交往要谦虚

为人处世要谦虚，若一味狂妄自负、骄傲自大，只会失去处世的根本，落得个孤苦伶仃、千夫所指的骂名下场。谦卑是一种智慧，是为人处世的黄金法则，懂得谦卑的人，必将得到人们的尊重，受到世人的敬仰。

作为每一名社会成员，一定要恪守良好的道德和高尚的情操，在工作生活中自觉摆正位置，时刻保持谦虚谨慎，戒骄戒躁的优良作风，不居功不自傲，不自以为是高高在上，要坚持时时高风亮节，事事严以律己，处处与人为善，以虔诚博大的胸怀和超然平和的心态对人、对事，时时刻刻做到胸怀坦荡，真诚做人。不可目中无人，得意不要忘形，有本事不必自夸，请教不择人。不把自己太当回事，坦诚而平淡地生活，没有人把你看成是卑微、怯懦和无能的。如果你老是把自己当作珍珠，那么就时时有被埋没的危险。

要诀：1.为人处世要懂得谦虚。2.摆正自己的位置。3.胸怀坦荡，真诚做人。

◎为人处世要平淡

为人处世，交朋待友，对势利纷华，似乎不必太过于苛求，当以"淡"字当头。看淡些，看开些，人生也就豁然开朗、有滋有味了。正所谓"平平淡淡才是真"。要诀：

1.君子之交淡如水。2.淡看人生，善待生命。3.淡泊明志，莫为名利遮望眼。4.减少心欲，满足心灵。

◎"俭"是为人做事的良训

不懂得"俭"字的人，不知道如何成功，任何成功的事业都在于点滴的积累；不懂得"俭"字的人，只会丧失成功。"俭以养德"，为人做事之良训。

要诀：1.从节省生活费开始。2、"穷大方"不可取。3、谨防变态的节俭——吝啬。4、欲路勿染，俭以养德。

◎给自己一点自信

做一个有个性的人，给自己一点自信！成功的道路靠自己闯，美好的前途来自于自强自立，不屈服于任何权威，用自我的努力找到属于你的自尊。男儿立世，自己拍板！要诀：1.自强自立，与成功有约。2.独品人生百态。3.用自我来挑战权威。4.保持自信。

◎有"礼"走遍天下

生在礼仪之邦，做一个彬彬有礼之人。有礼之人会做人，有人缘，多朋友。有礼之人会做事，注重形象，有教养，不树敌，成功路上事事顺。要诀：1. 以礼待人。2. 彬彬有礼，礼多人不怪。3. 注重着装礼仪，给人良好印象。

◎做一个正直的人

做一个正直的人，做一个人格健全完善的人，受人崇敬。做一个自私的人，做欺心的事，疾贤防能，与成功无缘。要诀：1. 己所不欲，勿施于人。2. 嫉妒乃方正之人之大忌。3. 不做欺心事，本身是一种愉悦。

◎给自己的人生立"志"

给自己一根足够长的杠杆，希望转动地球。给自己的人生立个志愿、树个目标、树个偶像、脚踏实地，成功的意识需要培养，先立志，再与成功约会。要诀：1. 度德量力，以志立身。2. 先立志，有志就有希望。3. 培养成功意识：立志为王。4. 树立偶像，改变自己。

◎做事要守"时"

做人要惜时，做事要守时。塑造自己的形象，现代人离不开时间观念。合理安排自己的时间，有效利用自己的时间，守时、惜时、不拖延。切记：时间就是金钱。要诀：1. 一秒值万金。2. 别漠视业余时间。3. 盗窃他人时间，等于谋财害命。4. 按重要性办事，更能有效利用时间。

◎做人要"勤"

多一些努力，便多一些成功的机会。无数事实证明：成功的最短途径是勤奋。不要光耍嘴皮子，不要好逸恶劳，勤字当头，苍天不负有心人，天道酬勤！要诀：1. 成功的最短途径：勤奋。2. 多一些努力，多一些机会。3. 勤于行动，胜于勤说。

◎踏踏实实做人

踏踏实实做人，实实在在办事。任何一个双手插在口袋里的人，都爬不上成功的梯子。给人留下一个实在的形象，给自己的成功增添一份夯实的基础，从实际出发，对自己负责。要诀：1. 敬业，实干家的成功保障。2. 把每一份工作都做好。3. 双手插在口袋里的人，爬不上成功的梯子。

◎做人做事要讲究"专"

有专才有恒，有恒才有我。生活在一个知识大爆炸的时代，如果是一个天才，不专心就成了你的不幸；如果你资质平凡，请不要悲观，只要你下定决心一辈子做好一件事，你就能成功。千万别给人留下一个朝三暮四的形象。要诀：1. 把所有的鸡蛋放入一个篮子。2. 多才多艺，莫如练就"独门暗器"。3. 专一，让劣势变成优势。

◎为人处事"慎"字为先

老成不怕多，凡事应多三思，不怕

一万，就怕万一。一旦伸错手、入错行、做错事，于名誉、于事业、于形象皆有不救之危。

言为心声，语言受思想的支配，反应一个人的品德。不负责任，胡说八道，造谣中伤，搬弄是非等等，都是不道德的。在日常工作和生活中，有许多言辞并不是我们非说不可的，因而没有必要唇枪舌剑或信口开河，有些话，说得好不见得能获得好处，弄不好还会招来许多是是非非。

要诀：1. 千万别入错行。2. 想好了你再"跳"。3. 不要草率行事。

◎做事该硬则"硬"

做人难，做事难，面对千难万阻，如果事有勉强，应该敢于说"不"；如果是正当利益，则应当仁不让；甚至，有时还得来点霸王硬上弓，要有"脸皮厚"的时候，也要有"头皮硬"的时候。要诀：1. 拒绝是一门艺术。2. 该我的，就不要客气。3. 怒发冲冠之功。4. 厚脸皮做人，硬头皮做事。

◎从"小"处做起

一家海鲜连锁餐厅的老板很可能当初是水产市场练摊儿的，而一家皮鞋连锁店的老板当初可能是擦鞋的。欲做大事，赚大钱，必先做小事，赚小钱，放下架子，舍得小利。从细微处入手，先扫一屋，再扫天下！要诀：1. 一屋不扫，何以扫天下。2. 先做小事，赚小钱。3. 一枚钉子改变一个人的一生。

◎锐气藏于胸

做人要有锐气，但锐气不代表锋芒。锐气可以展现自我的内心，但锋芒却给别人压力。

锐气藏于胸，人一定要有锐气，没有锐气就没有生命力。但是，运用锐气要有智慧，智慧就是"藏"，要把锐气藏在胸中。如果放在外面，咄咄逼人，不仅会伤别人，更容易伤自己；而藏起来，就能成为最大的生命力。

面对残酷竞争，惟有锐意进取，做一个好先锋，把下一个进球当目标，敢于冒险，敢于闯荡，守株待兔的事情毕竟很渺茫。要诀：1. 不以现有成就为满足。2. 锐意追求，绝不退缩。3. 锐气不可抛，成功是迟早。

◎做第一个吃螃蟹的人

提升自我，就要有胆有识去超越自我。何谓超越？超越就是第一个吃螃蟹的人，就是创新。同时，创新就意味着冒险，所谓"富贵险中求"。想人家想不到的，做别人不敢做的，敢为天下先，在于思维的转换。

成功者大都是那些敢为天下先的人。很多人没能成功，就因为他们怕与众不同，害怕被"枪打出头鸟"，他们安于现状，安于平稳，因此，他们远离了成功。

敢为天下先，要求一个人要有创新的精神，一个人踩着别人的足迹走，不会有成功，不会有壮举。比尔·盖茨就是一位敢为天下先的人。

要诀：1. 敢为天下先。2. 打破规则

的创意。3. 人弃我取也能创奇迹。4. 逆向思维的攻守之道。

◎ 做事要学会变通

美国商界有句格言："经营就是要以变应变。"戏法人人会变，各有巧妙不同。在急剧变化的年代，变是唯一不变的真理。

在漫长的人生经历中，每一个人都会面对不同的变化，学会变通，不仅是做人的诀窍，也是做事之诀窍。审时度势，量体裁衣，人的一生会面对许多的选择，而当面对选择执着与变通的时候，变通则需要技巧，需要方法，需要敏感的洞察力。

人们用"条条道路通罗马"来比喻达到同一目的可以有多种不同的方法和途径。"条条大路通罗马"这谚语也被许多世人用来形容做人、做事要有变通、应变能力，因为此路不通，还有他路，所以只要努力，就会成功。

要诀：1. 巧妙地以变应变。2. 条条大道通罗马。3. 成功在于通，有通才有赢。

◎ 宽容能使你赢得友谊

人际互动，应着眼于未来，不念旧恶。原谅别人，是对待自己的最好方式——为你的仇敌而怒火中烧，烧伤的是你自己。做人做事，心胸不可太狭隘。海纳百川，靠一颗宽容的心！宽容是一种博大而深邃的胸怀，是人类的最高美德之一。宽容是解除疙瘩的最佳良药，宽广胸襟是交友的基础，宽容能使你赢得友谊。

人的一生是做人、做事的一生，所有的人生体验，无论幸福与欢乐、痛苦与寂寞，全都融入其中。低调做人是一种气魄，一种待人的风格。不把自己认为"是"或"非"的东西强加给别人，尊重别人的选择，给别人以自由思考和生活的权利。在生活中我们随时都会遇到一些人说对不起自己的话或做对不起自己的事，当别人对不起我们时，不应以怨报怨，应以宽容为怀。

对于个人而言，宽容无疑会带来良好的人际关系，自己也能生活得轻松、愉快；对于一个团体而言，宽容必定会营造一种和谐的气氛，利己利人。因此，宽容是建立良好人际关系的一大法宝。

要诀：1. 宽恕你的敌人。2. 宽容做人，宽容成事。3. 乐于忘记，不念旧恶。

◎ 平和是一种心态

在人海中，如果我们不想孤立，那么就学会如何与人相处。平和是一种心态，是一种美德。秉持平和的心态做人，自然能妥善地对待世间的人和事，既尊重自己，又能迎得别人的尊敬，这也是低调做人的要义。

羽毛不丰时，要懂得让步，低调处之，不可四处张扬。低调做人，以"和"字为要，把大事化小，以求得和睦相处。中国人历来强调以和为贵，从不欣赏损人利己、踩着别人肩膀往上爬。和为贵，就要互相留台阶，大家给面子。要诀：1. 为他人着想，为自己铺路。2. 你给别人留面子，别人给你做好事。

◎做人要言而有信

有多少人信任你，你就拥有多少次成功的机会，"信"是什么东西？信是一种人格的力量，是超越金钱的友情，是了解、是欣赏、是覆水，具有不可逆转性。所以，言必行，行必果，能帮的忙则帮，但不可轻易许诺！要诀：1. 能帮则帮，不轻易许诺。2. 言而有信，做人讲原则。3. 做事先做人，做人先取信。4. 信誉基石，生死友情。

◎救落难英雄于困顿

"好风凭借力，送我上青天"。人际交往，互利互惠。帮助别人，就是在为自己的人情信用卡储蓄，特别是在人患难之际施予以援手，救落难英雄于困顿。真心助人，其回报不言而喻。为别人付出困难，为对手付出更困难。付出既有物质上的，也有精神上的。当别人有困难的时候，你的一句鼓励话就是给予；当别人成功的时候，你的掌声就是礼物。

要诀：1. 助人发财，自己沾光。2. 好风凭借力，借梯能登天。3. 掌握时机，拉人一把。

◎敬人三分，人敬三分

人要面子树要皮。人存在社会上，要扮演各种角色，特别是在互相的交往中，需要一定的尊严在支撑，这是人性的弱点。因此，成熟的人从不轻易在公开场合说别人尤其是上司的坏话，宁可高帽子一顶顶地送，既保住了别人的面子，别人也会如法炮制，给你

面子，彼此心照不宣，尽兴而散。

被击中痛处，对任何人来说，都不是件令人愉快的事。尤其是他人身上的缺陷，千万不能用侮辱性的语言加以攻击。在中国古代，有所谓"逆鳞"之说，据说在龙的喉部以下的部位上有"逆鳞"，如果不小心触摸到这一部位，必定会被激怒的龙所杀。事实上，无论人格多么高尚伟大的人，身上都有"逆鳞"存在。所谓"逆鳞"就是我们所说的"痛处"，也就是缺点、自卑感。只要我们不触及对方的"逆鳞"，就不会惹祸上身。

要诀：1. 为尊者讳，为上司讳。2. 在失意者面前不谈你的得意。3. 尊敬对方的"闪光点"。

◎交友不可急功近利

人情冷暖、世态炎凉，平常朋友平常过。交朋接友，不可急功近利；友情投资，宜走长线；拜拜冷庙，烧烧冷灶，平时多烧香，哪怕是只言片语的问候，亦是交友之道。趁自己有能力时，多结纳些潦倒英雄，使之能为己而用，这样的发展才会无穷。

平时不屑往冷庙上香，临到头再来抱佛脚也来不及了。一般人总以为冷庙的菩萨不灵，所以才成为冷庙。其实英雄落难、壮士潦倒，都是常见的事。只要一朝交泰，风云际会，仍是会一飞冲天、一鸣惊人的。

从现在起，多注意一下你周围的朋友，若有值得上香的冷庙，千万别错过了才好。

要诀：1. 闲时多烧香，急时有人帮。2. 友情投资，宜走长线。3. 拜冷庙，烧冷灶，交落难英雄。

◎执着追求成就大业

面对挫折与困难，铭记丘吉尔的名言："永远，永远，永远不要放弃！"其实世界上并没有什么幸运的事，就是有，也是坚持的结果。为了最后的胜利，应以坚毅不拔之志，面对种种暂时之屈辱，执着追求，不到黄河心不死！在做事时要不怕挫折，大刀阔斧，有不惜一切代价也要把事情做好的决心。世上没有做不成的事，只有做不成事的人。一个真正想成就一番事业的人，志存高远，不以一时一事的顺利和阻碍为念，也不会为一时的成败所困扰，面对挫折，必然会发愤图强，去实现自己的理想，成就功业，这是一种积极的人生态度。

勇于创新、敢冒风险、大胆进取、不怕艰险，既然下决心那么做，就要锲而不舍地做到底，想达到目标，没有一颗恒心是决不行的。

要诀：1. 厚积薄发，耐得寂寞。2. 谁笑到最后，谁笑得最甜。3. 执着追求，永不放弃。4. 不到黄河心不死。

◎善用你的头脑

《白豪子兵》："良将用兵，若良医疗病，病万变药亦万变。自古不谋万世者，不足谋一时；不谋全局者，不足谋一域。"做人有困惑，做事有困境，面对"山重水复"的境遇，光有坚强的毅志不行，硬闯也不行。解决难题靠的是头脑，头脑产生思考，在出人意料之处轻松解决问题。

一将功成万骨枯，倒下的不一定不比成功者勇猛、不比成功者强壮。想在勇者如林的地方争一席之地，就必须用知识武装你的头脑。

要诀：1. 巧妇能为无米之炊。2. 从"山重水复"到"柳暗花明"。3. 思考的威力。

◎ "吃亏" 是智者的智慧

要摆脱人与事的困境，就难免要求人，求人就难免要低三下四，但着眼于未来的成功，即使像蟑螂一样的生活也应在所不惜。放下架子，该屈就屈，能屈能伸，以屈为伸方为英雄！吃亏是福，乃智者的智慧。所以中国人强调不多舌、不多事、不结怨、忍者安。

要诀：1. 低人一级"屈"不死人。2. 放下身段，前方是大道。3. 你敬我一尺，我敬你一丈。

◎静待是一种功夫

"不在沉默中爆发，就在沉默中灭亡！"凡遇大事需静气，平心静气是一种境界，一种气度，一种修养。冷静之中的决定往往是摆脱困境的最佳方案，同时冷静也是一种智慧，以静待变，乱中取胜！要诀：1. 把冷板凳坐成经理椅。2. 心宁智生，智生事成。3. 沉着冷静心自怡。4. 沉得住气方为人杰。

◎自己营造快乐

世上没有绝对幸福的人，只有不肯快乐的心。人生苦短，与其事事张弓拔弩，不如"幽它一默"。记住，成功是从微笑开始的，人生不如意事常有八九，乐观一些，自己营造快乐，学会轻松解决难题。要诀：1. 成功从微笑开始。2. 学会营造快乐。3. 学会轻松愉快地解决难题。4. 世上没有绝对幸福的人，只有不肯快乐的心。

◎学会如何依靠

人生不等不靠，没错，天上不会掉馅饼，守株待兔饿死人，但一点不靠也不行，亲戚、朋友、同学、老乡，这是一种"人力资源"，谁人没个三灾六难，能靠则靠，靠不上创造条件也要靠！要诀：1. 让朋友成为你的靠山。2. 出门落难靠老乡。3. 亲戚亲戚，越走越亲。4. 恰同学少年，该靠靠一把。

◎做大智若愚的人

学学猫头鹰，睁一只眼，闭一只眼。你说我糊涂，其实我不傻！只是世事多变幻，创业难，败家快，人说"水至清则无鱼，人至察则无徒"。其实，明哲保身，大智者往往大愚，聪明者多，能过"愚"字关鲜矣！要诀：1. 糊涂人聪明一世。2. 不要以为自己比别人聪明。3. 处事不要太认真。

◎为人处事的隐忍之道

真的英雄，何必气短，善始善终，方为不败！忍能保身，忍能成事，忍是大智，大勇，更是大福！忍小人，忍豪强，忍天下难忍之事，不做性情中人，成常人难成之事。在当

今职场中有一些人抱怨成性，且不从自己身上发现问题，这就注定了他们不可能在职场里有所作为。

在职场上，你可以不去攻击别人，但要懂得保护自己。当有同事恶意攻击你时，你的最佳防卫方式就是学会"装聋作哑"。因为聋哑之人是不会和人起争斗的，因为他听不到也说不出。

要诀：1. 忍是大智大勇大福。2. 不做性情中人。3. 不败人生，忍者无敌。

◎做事要进"退"自如

久历江湖，练达人情之人都守一个"退"字。退是一种谋略，退是一种交换，更是一种维系生存的手段。哲人说得好，"不要把痰吐在井里，哪天你口渴的时候，也要来井边喝水的。"要诀：1. 用心计较般般错，退步思量事事顺。2. 拒绝妥协，就是拒绝成功。3. 惹不起，躲得起。

◎为人处事要懂得"圆"

方圆做人，八面玲珑；圆满做事，事事顺心。人心叵测，凡事最好留一手，有闲时，可研究一下"模糊哲学"，人生这套马车，如若安上方方正正的轮子，你没听说过，我也没听说过，寸步难行嘛！要诀：1. 方圆做人，圆满做事。2. 做老二，不要做老大。3. 人情练达即文章，处世圆通慎言语。

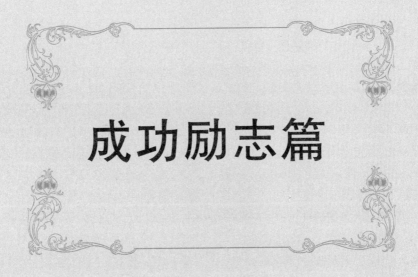

成功励志篇

第一节　职场人际关系

◎职场少走弯路的忠告

1. 买个闹钟，以便按时叫醒你。贪睡和不守时，都将成为你工作和事业上的绊脚石，任何时候都一样。不仅要学会准时，更要学会提前。就如你坐车去某地，沿途的风景很美，你忍不住下车看一看，后来虽然你还是赶到了某地，却不是准时到达。"闹钟"只是一种简单的标志和提示，真正灵活、实用的时间，掌握在每个人的心中。

2. 如果你不喜欢现在的工作，要么辞职不干，要么就闭嘴不言。初出茅庐，往往眼高手低，心高气傲，大事做不了，小事不愿做。不要养成挑三拣四的习惯。不要雨天烦打伞，不带伞又怕淋雨，处处表现出不满的情绪。记住，不做则已，要做就要做好。

3. 每个人都有孤独的时候。要学会忍受孤独，这样才会成熟起来。

4. 走运时要做好倒霉的准备。饱带干粮，晴带雨伞，点滴积累，水到渠成。有的东西今天似乎一文不值，但有朝一日也许就会身价百倍。

5. 不要像玻璃那样脆弱，而应像水晶一样透明，太阳一样辉煌，腊梅一样坚强。有的人眼睛总盯着自己，所以长不高看不远；总是喜欢怨天尤人，也使别人无比厌烦。

6. 管住自己的嘴巴。不要谈论自己，更不要议论别人。

7. 机会从不会"失掉"，你失掉了，自有别人会得到。

8. 写出你一生要做的事情，把单子放在皮夹里，经常拿出来看。人生要有目标，要有计划，要有提醒，要有紧迫感。一个又一个小目标串起来，就成了你一生的大目标。生活富足了，环境改善了，不要忘了皮夹里那张看似薄薄的单子。

◎与上司相处要知己知彼

上司也是人，自身脾气和个性有好有坏，有的以自我为中心，有的乐于关心他人或下属。你若是遇到了好的上司，是你的幸运，否则，你就很难与他（她）相处。你只有通过对上司的了解后，与他（她）相处要消除孤独感和封闭心理，友好而礼貌地对待他（她），多与其沟通，不要在意上司对你是什么样的态度，有时对你不好，只好一笑而过。

◎与上司相处要冷静客观

不管受到了怎样的不公正的待遇，你的上司如何不讲理，一定要勇于提出要求！如果隐忍不发，没有人知道你心中所想，任何利益都是自己争取来的，不是你给什么我就必须接受什么。如果你觉得他（她）对你不够公正，首先要冷静几分钟，想一想"他（她）为什么这样做？"如果你过于情绪化，或者一向对上司有成见，可能会和他（她）大吵一架，而这样只会使情况更糟。就要始终坚持"对事不对人"，了解他（她）的真实想法，顺应他（她）的思路，冷静、客观地提出要求。

◎与上司相处说话要心平气和

如果是待遇问题，或是工作上有不同意见，通过反复沟通还是无效，可以直接去找上司。不过你要知道，通常上司们都不愿接受一般员工的越层报告，"大老板"会信任他（她）选中的中层管理者。但是，当你觉得问题得不到解决，还是要敢于改变状况，那只发好对顶头上司说个"不"字！

不要自卑，要清楚你与上司的关系，做到不卑不亢，和上司相处要注意小节，做到彬彬有礼、沉着自信，不要一味地讨好上司，但是向上司提意见时要注意场合和方式。

◎立身职场要表里如一

在职场上切忌阳奉阴违，或是私下议论，传播对上司的不满。如果部门同事对上司有一致意见，只要是正确的，而且对部门及工作有利，可以联名致信"大老板"。私下议论于事无补，而且促成低效率，你若是向外传播简直是自毁形象。

遇到上司有事不开口，开了口答非所问，对上司的一个举动、一个白眼、一次教训，就把他列入"仇账"，这样是没有办法与上司相处好的。

◎如何与女老板相处

如果你的老板是位已过妙龄但风韵犹存的中年女性，切记不要犯以下的戒律：

1、不要穿得像她的"孪生姐妹"。对拥有青春的下属来说，穿得像女老板一样雍容华贵，是对她的成就感的一种侵犯。

2、情况不明之前，勿问候她的家人。别冒冒失失问候她的丈夫和孩子，许多老板的生活比人们想象的要独特得多。

3、不管女老板是否严肃，记得和她碰面时要微笑。与男老板相比，女老板更关注你与他人融洽相处的能力，而不是你单枪匹马的业绩。

4、女老板生病时，记着打电话问候。登门慰问倒不必，一些从不以"素面朝天"形象出现的女上司，或许并不愿意向你展露她病弱的形象。

5、别跟她交流柴米油盐及打毛衣的心得。人的精力有限，跟她谈持家心得会引起她的警觉：你是不是一个"半颗心留在家里"的员工？

◎如何与男老板相处

假如你的老板是位男士，以下的忠告不可不听：

1、别在他面前"发嗲"。也许男老板并不讨厌你"发嗲"，但在旁观者眼里，会认为你是心有企图，随之而起的流言可能会砸了你的饭碗。

2、空闲时彼此聊聊儿女的近况总不会错。现代成功人士总是乐于展示他们贤夫良父的形象，儿女在他的生命中占有至关重要的位置。

3、工作服一定要整洁、得体、大方。没有人愿意看到袖子或衣领脏兮兮的工作服，尤其是男人。而佩戴夸张的饰物除了会影响周围同事工作的专心程度外，更会妨碍你平时专心工作。

◎ 如何与知识型老板相处

知识型老板的水平和修养都比较高，因而和他们相处比较容易，但有些方面也需多加注意。

1、不可"不学无术"。知识型老板十分好学，所以他们比较喜欢好学上进的下属。你只有勤奋好学，刻苦钻研专业技能，他才会对你表示赞赏。当老板下达某项指示时，你要洗耳恭听，不能漫不经心，要让他知道你对他的话很注意，每字每句都记下了。当他对你提出批评时，你要勇于接受，这样他会觉得你是个能成大器的人。知识型上司最反感不愿意接受他人批评的人，如果某职员受到批评，就像被马蜂叮了一口似的暴跳如雷，他就不会对其有好印象。

2、做任何事都要适度。在知识型老板看来，一个有出息的员工应该在工作中表现出理智，知道哪些事情该做，哪些事情不该做，该做的事情做到什么程度为止才好。因此，随时保持清醒的头脑，坚持适度原则，是与知识型老板相处的重要技巧。

◎ 如何与缺乏自信的老板相处

有些老板在事业的道路上拼搏多年，终于如愿以偿拥有了自己的公司，但不可避免的一种情况就是他会因缺乏自信表现出霸道不讲理的一面。

跟这样的老板打交道，你要采取慢慢"磨"的方针，既要学习预料他的决定或意图，还要反过来培养他的自信心，多肯定他的优点。只有这样你才能获得工作中的发展和事业上的进步。

◎ 如何与气量小的老板相处

气量过小的老板凡事喜欢斤斤计较，以自我为中心，样样事情都希望你对他"坦白交待"。与这样的老板打交道，你千万不能由于小细节而疏忽，给他留下一个"瞒上"和不尊敬的印象。哪些问题他会感兴趣，哪些信息对他是不可以漏掉的，哪种工作汇报方式他易于接受……你要从一开始就仔细观察他的"兴趣爱好"，凡事想在他前面，讲在他问你之前，久而久之，你就会使他的小心眼没有用武之地。

◎ 如何与脾气暴躁的老板相处

脾气暴躁是由人的性格决定的，一般很难改变。所以，你要特别认真分析，什么事情、什么场合、什么因素使得老板特别容易表现出暴躁情绪。如果可以掌握他的规律性，则可以万事大吉。你也可以利用一些"软着陆"的方法，如主动多与老板打招呼，自觉与他多沟通，以进一步理解他的意图，防止出错。

学会和老板相处只是万里长征的第一步，要得到老板的欣赏和认可，还需运筹帷幄，巧妙地展示自己的才华、技能，恰当地接触关键人物，你出人头地的"目标"便指日可待了。

◎职场为人处世黄金法则

印第安人说过："首先要穿别人的鞋走上一段路。"不要忘了问自己："他这样做是出于什么原因？""理解一切意味着宽恕一切。"

1. 不要总是有理。可以比别人聪明，但不要告诉对方。要承认也许是自己错了——这样可以避免一切的争吵。在发生矛盾的时候，要保持镇静。首先要倾听对方的意见，努力寻找对方的一致之处，还要用批评的眼光看待自己，向对方保证考虑他的意见，并对他给予自己的启发表示谢意。

2. 学会从对方的角度要看待事物。问自己：我真正需要的是什么？我怎样做才会不伤害别人？

3. 尽快宽恕别人，不要记仇。

4. 保持积极的心态，与人为善，以诚、以礼、以宽待人，有好的心地，这样人际关系就会有理想的那么好。

◎如何在职场左右逢源

1. 相信自己。一个相信自己的人，才会在走路时神采飞扬，让老板看上去你有无穷的精力；一个相信自己的人，才会在待人接物时落落大方，这能帮助老板培养对你的信心，必要时委你以重任。

2. 与人为善。"你怎么对待别人，别人就会怎么对待你。"这就教育我们，要待人

如待己。其实，对周围最有益的生物是生存得最好的生物。在你困难的时候，你的善行会衍生出另一个善行。在职场上，尽可能地做一个与人为善的好人，这样，当你在工作上不小心出现纰漏，或当你面临加薪或升职的关键时刻，可尽可能减少别人放冷箭的危险。

3. 勤劳。如果一个人不努力，他是无法从人生中得到好处的。在职场上取胜的黄金定律之一便是要有责任心，凡事尽力而为，并且要任劳任怨。

坚持。想真正地做成一件事情，需要你有锲而不舍的精神。不管我们想在哪个领域做成一件事情，如果你已经认准了目标，那就一定坚持不懈地做下去。

4. 遇到挫折别灰心丧气。现代版"愚公移山"故事形象地告诉了我们，若遇上眼下实在克服不了的困难或者挫折，就稍微转换一下努力的方向。说不定，正是由于你今日经受的这些迂回曲折，而把你带往人生中一个更好的地方去呢。

5. 不要惧怕竞争。在职场上，遇到竞争对手是再正常不过的事情。对待竞争对手，我们要采取一种和风细雨的态度。即使他当众对你无礼，你也要抱之以友善的话语或者是笑容，你这种宽容大度的表现，会使同事们为你的职场形象加分。

6. 别轻易跳槽。当你没有百分之九十的把握或者必要性时，千万别轻易跳槽。

7. 认清自己。人一定要认清自己，能做什么和想做什么是两回事。

第二节　35岁前成功的黄金法则

◎为自己树立一个目标

1. 你为什么是穷人，第一点就是你没有立下成为富人的目标。

2、你的人生核心目标是什么？杰出人士与平庸之辈的根本差别并不是天赋、机遇，而在于有无目标。

3、起跑领先一步，人生领先一大步：成功从选定目标开始。

4、贾金斯式的人永远不会成功。为什么大多数人没有成功？真正能完成自己计划的人只有5%，大多数人不是将自己的目标舍弃，就是沦为缺乏行动的空想。

5、如果你想在35岁以前成功，你一定在25至30岁之间确立好你的人生目标。

6、每日、每月、每年都要问自己：我是否达到了自己定下的目标。

◎两个成功基点

基点一：人生定位：

1. 人怕入错行。你的核心竞争力是什么？

2、成功者找方法，失败者找借口。

3、从三百六十行中选择你的最爱。人人都可以创业，但却不是人人都能创业成功。

4、寻找自己的黄金宝地。

基点二：永恒的真理：心态决定命运，35岁以前的心态决定你一生的命运。

1. 不满现状的人才能成为富翁。

2、敢于梦想，勇于梦想，这个世界永远属于追梦的人。

3、35岁以前不要怕，35岁以后不要悔。

4、出身贫民，并非一辈子是贫民，只要你永远保持那颗进取的心。中国成功人士大多来自小地方。

5、做一个积极的思维者。

6、不要败给悲观的自己。有的人比你富有一千倍，他们也会比你聪明一千倍么？不会，他们只是年轻时心气比你高一千倍。人生的好多次失败，最后并不是败给别人，而是败给了悲观的自己。

7、成功者不过是爬起来比倒下去多一次。

◎四项安身立命的理念

35岁以前一定要形成个人风格。克服"想做大事的人太多，而愿把小事做完美的人太少"的毛病。

理念1：做人优于做事。做事失败可以重来，做人失败却不能重来。（1）做人要讲义气。（2）永不气馁。

理念2：豁达的男人有财运，豁达的女人有帮夫运。35岁以前搞定婚姻生活。

理念3：忠诚的原则：35岁以前你还没有建立起忠诚美誉，这一缺点将要困扰你的一生。

理念4：把小事做细，但不要耍小聪明。

◎ 成败五分运气

比尔·盖茨说："人生是不公平的，习惯去接受它吧。"

1. 人生的确有很多运气的人：谋事在人，成事在天。中国的古训说明各占一半。

2、机会时常意外地降临，但属于那些不应决不放弃的人。

3、抓住人生的每一次机会机会就像一只小鸟，如果你不抓住，它就会飞得无影无踪。

4、智者早一步，愚者晚一步。机会垂青有准备的头脑，欣赏冒险的精神。渴望成功的人，做好准备吧。

◎ 知识改变命运

1. 知识改变命运：善于用知识武装头脑并转化为行动力的人，一定会成功。

2、35 岁以前学会你行业中必要的一切知识，成功的机率就要大 80%。人的精力和时间是有限的，一个人要想成功，尽量要在 35 岁以前学会本行业所需要的一切知识并有所发展。要学会本行业的一切必要的知识，并不是一件简单的事，必须经过艰苦的努力才成。

3、太相信书的人，只能成为打工仔，学以致用才能成功。智力在过去被视为与一个人事业成功的直接相关的因素，甚至是一个决定性因素，然而令许多人高兴的是，这种认识现在已经改变了。

那么怎样才能学以致用呢？（1）要培养主动获取知识的自学能力；（2）培养自己研究问题的能力，开拓自己的创造性思维；（3）培养社会进入社会所需要的适应能力。

4、思考、实践、再思考、再实践。

◎ 智商很重要，情商更重要

智商很重要，情商更重要。人成功与否，20% 在于智商（IQ），80% 在于情商（EQ）。在人成功的要素中，智力因素是重要的，但更为重要的是情感因素。

"情商"大致可以概括为五个方面的内容：

（1）情绪控制力；

（2）自我认识能力，即对自己的感知力；

（3）自我激励（自我发展）能力；

（4）认知他人的能力；

（5）人际交往的能力。

在美国，人们流行一句话："智商（IQ）决定录用，情商（EQ）决定提升。"

如果到了 35 岁你仍未建立起固定的、层次分明的人际关系网，那你就离成功还有很远的距离。这个人际关系网包括你的亲人、朋友，最低限度包括所有可以互相帮助的人。这些人有的是你的同事，有的受过你的恩惠，有的你倾听过他们的心声，有的你和他有着相同的爱好。

◎ 成功必备的9大习惯

你想成功吗？那就及早培养有利于成功的好习惯。习惯的力量是惊人的，35 岁以前养成的习惯决定着你是否成功。

35岁以前成功必备的9大习惯：

（1）积极思维的好习惯。怎样才算养成了积极思维的习惯呢？当你在实现目标的过程中，面对具体的工作和任务时，你的大脑里去掉"不可能"三个字，而代之以"我能"时，你的思维就是积极思维了。

（2）高效工作的好习惯。思想决定行为，行为形成习惯，习惯决定性格，性格决定命运。你要想成功，就一定要养成高效率的工作习惯。

（3）养成锻炼身体的好习惯。增强保健意识，有计划地锻炼身体。

（4）不断学习的好习惯。每一个成功者都是有着良好阅读习惯的人。

（5）谦虚的好习惯。谦虚不仅是一种美德，更是是一种人生的智慧，是一种通过贬低自己来保护自己的计谋。

（6）自制的好习惯。任何一个成功者都有着非凡的自制力。

（7）幽默的好习惯。没有幽默感的男人不一定就差，但懂得幽默的男人一定是一个优秀的人。

（8）微笑的好习惯。微笑是大度、从容的表现。

（9）敬业、乐业的好习惯。敬业是对渴望成功的人对待工作的基本要求，一个不敬业的人很难在他所从事的工作中做出成绩。

◎七个黄金习惯

观念决定行为，行为形成习惯，而习惯左右着我们的成败。七个正确习惯带你走向成功。

习惯一：积极主动。积极的人是主动的改变者，他们依据原则作出决定，敢于为自己的决定负责；而消极的人总是轻易说出"我不行"，这种语言完全体现出一种不负责任的态度，他们永远摆脱不了环境的束缚。

习惯二：以终为始。创造总是经过两次完成的：先是思想创造，之后才有实际创造。在行动之前，想好自己要达到什么样的目标，照着这个目标去挖掘自己的潜能。

习惯三：要事第一。80％的结果是从20％的活动中产生的，所以不要让你的生活被那些"紧急但不重要"和"不紧急也不重要"的事情占据，要对"重要但不紧急"的事投入更多精力。

习惯四：双赢思维。多站在别人的角度考虑问题，找到互惠的解决办法。

习惯五：知彼知己。在还没有理解他人之前，不要指望自己被他人理解。当我们舍弃说教，以了解的心态去倾听别人时，便能开启真正的沟通。

习惯六：协同效应。既不按照我的方式，也不遵循你的方式，而是通过合作创造出更好的办法。创造性的合作能达到1+1>2的效果。

习惯七：不断更新。不要停止运动，时常涤荡心灵的尘埃，用读书磨砺心智，学习待人处世之道，在身体、精神、心智和社会情感这四方面不断更新自己。

第三节　励志成功心理

◎为什么说心态决定命运

为什么有些人就是比其他的人更成功，赚更多的钱，拥有不错的工作、良好的人际关系、健康的身体，整天快快乐乐，拥有高品质的人生，似乎他们的生活就是比别人过得好，而许多人忙忙碌碌地劳作却只能维持生计。人与人之间并没有多大的区别，为什么有许多人能够获得成功，能够克服万难去建功立业，有些人却不行？

不少心理学专家发现，这个秘密就是人的"心态"。一位哲人说："你的心态就是你真正的主人。"一位伟人说："要么你去驾驭生命，要么是生命驾驭你。你的心态决定谁是坐骑，谁是骑师。"一个人能否成功，就看他（她）的态度了。成功人士与失败者之间的差别是：成功人士始终用最积极的思考、最乐观的精神支配和控制自己的人生；失败者则刚好相反，他们的人生受过去的种种失败与疑虑所引导和支配。

◎如何掌握处理困难的诀窍

虽然困境有其令人难以接受的一面，但在人的成长及发展过程中却又不可缺少困难的磨炼。事实上，难题正是人生的标记之一，难题愈多，愈能显示你是人生的一部分。在处理难题时，你首先必须要冷静，尽量沉着应对，如果你的内心无法保持冷静，就无法有效处理它。通常我们遇到难题时总是急躁不安，我们总是想着这些问题必须立刻解决，必须采取某些行动。

当你心慌意乱时，想要找出理性的答案是不太可能的。惟有你平静下来，才能真正地面对难题，这才是理性的思考。

所以，强调学习沉默应对难题的重要性。沉默可以调整你的心灵，使你犀利睿智的见识浮现出来，主要的诀窍是让你自己能完全放松、深入信仰的静谧中，如此便能冷静思考，然后，便能掌握住大方向，困境自然会迎刃而解。

另外一个处理困难的诀窍是，绝不放弃，决不后退。只要你能明智地面对难题，最后你会发现，任何困难都会迎刃而解。

处理困难的诀窍：首先，你要看清楚这是一件什么样的事，对它分类。然后，对它进行综合分析，判断它的性质。最后，解决掉它。

◎突破困境的方法

要积极地面对困境，不要逃避。什么叫积极地面对困境呢？这个世界并没有失败，所谓失败，只不过是暂时停止成功。所以，每一个人都应知道："天无绝人之路。"

一般来说，人在遭受挫折时，常常比较冲动，情绪反应比较强烈，失望、懊丧、愤怒、羞愧等情感交织在一起，使自己无法冷静下来。更不能冷静地去分析遭受挫折时的主客观原因。正确的做法应该是，首先要冷静分析，并勇敢地正视自己的弱点，承认眼前的事实，既不文过饰非，也不诿过于人；同时还要看到自己的长处，以增强自己的信心，化挫折为动力，变环事为好事。所以应该通过锻炼、自我教育等方法培养自己坚强的性格。

◎不要活在别人的价值观里

很多人往往不知道该如何开口说"不"，其实那是我们人的本能。心理学家说，人类所学的第一个抽象概念就是用"摇头"来说"不"。譬如，一岁多的幼儿就会用摇头来拒绝大人的要求或者命令，这个象征性的动作，就是"自我"概念的起步。

"不"固然代表"拒绝"，但也代表"选择"，一个人通过不断的选择来形成自我，界定自己。因此，当你说"不"的时候，就等于说"是"，你是一个不想成为什么样子的人。

勇敢说"不"，这并不一定会给你带来麻烦，反而是给你减轻压力。如果你现在不愿说"不"，继续积压你的不快，有一天忍耐到了极限，你失控地大吼："不！"，面对难以收拾的残局，别人可能会反过头来不谅解地问你："你为什么不早说？"

如果你想活得自在一点，有时候，你可以勇敢地站出来说"不"。记住，你不必内疚，因为那是你的基本权利。

◎如何找到自己的正确位置

人生最重要的是找到自己的位置。只有认清了自己的正确位置，人们才会不被外界事物所迷惑。人生一世，谁都不甘平庸，谁都想成就一番大业，不虚此生。可是，由于社会背景、机遇、智商、文化、修养等不同，一个人的理想或愿望，并不一定能一一实现。在自己的目标没有达成时，就要学会承认和接受现实，寻找自己心理的平衡点。这样才能在滚滚的社会大潮中，坚守信自我，不张狂、不自满，才能有所获益。

人生在世，位置每个人都占着一个，你有了位置占得好不好，那就看你如何努力了。

如果你想得到好位置，那你要抓住时机。真正属于自己的位置，是那种不需要付出太多的勉强、不需要承受太多的压抑的地方，是那种可以实现自己的人生价值、可以实现自己的梦想的地方。

◎如何主动性地创造生活

自己的生活要靠自己创造，只有自己创造的生活，才是有意义的。为了在别人面前挣面子，或者炫耀，而寻求各种机会来"制造"生活，那是毫无意义的。不要把自己的眼光集中在某些人的一时一事上，而要从较长的时间去看待人世的起伏、世态的沉浮及沧桑的变化。要用时间的观点去评价自己的行为和追求。

人处在贫贱地位时，眼中不看重权势、富贵，而是安于贫贱，自我修养到家，培养出高贵的品质，以后一旦时机成熟，必然能够发挥自己的才干。一个人光说不做或只会说而不付诸行动，久而久之，就会让人生厌。不要做夸夸其谈的人，少说大话，多做实事，给人以勤奋踏实的感觉，就容易取得别人的信任。

生命的意义，在于积极地去快乐，而不是仅仅的被动地等待着时间的淘汰，每一天都拥有一份好心情，那么生活之与我们每个人来讲，都是快乐的。

◎ 小窍门实现快乐

1. 把快乐具体化。想象你的将来，至少在情绪上对未来的事做好准备。如果你把这一窍门用到明确的目标上，就会找到快乐。

2. 空出时间。加强掌握自己的时间，优化对时间的利用。试试在日程表里空出两个晚上，集中做你愿意花时间做的事。

3. 让期望现实一点。期望越高，失望越大。

4. 平衡工作和家庭。知道工作和家庭之间的适当边界可能关系到你的快乐，改善你的快乐感受。

5. 尝试新事物。如果你经常做一件让你快乐的事，那么试试另一件也能让你快乐的事。

6. 快乐记忆。学习在记忆里搜索你的力量、天分、热情、兴趣、实用技巧和早些时候的潜力，不论它们是否已实现。记忆里的这些东西可以重新塑造你自己，让你更加快乐。

7. 活动身体。活动身体有助释放大脑内的一种积极激素，它能让你感觉良好。

8. 为他人做点好事。不论是小事还是大事，对朋友还是对陌生人，为他人做好事使你和他们在一起时更加快乐。

9. 数数你的幸运事。别忘了数一下你的幸运事，但不要每天都数。每周记下 5 件幸运事要比每周记 3 次更让人感觉快乐。

◎ 如何开阔心胸自我解脱

人活大千世界之中，难免有各种的压力和痛苦，心胸开阔的可以自我解脱，放得下各种压力与烦恼，重新面对生活；而心境不甚开阔的人则必须寻求解脱的方法。

每个人都可能有面对困难、接受失败挑战的时候，如何将压力化为动力、重新树立信心与勇气呢？面对问题，能真正拿得起放得下的人却为数不多。而在这些关键的转折时期，可能是别人的一句话、一个鼓励的眼神都会让你心感安慰，但自己想要真正地想得开，得以解脱就要将压力与痛苦从自己的心灵上转移，彻底地让自己释放回归到最初的自然平和，应该是一种好方法。

如果转移对象找到了，那么意味着你的压力也就开始真正释放了，或许在释放的同时可以找到更好应对未来压力与挑战的绝妙方法呢！

◎ 如何保持心理上的平衡

要保持健康的心态，豁达的心胸，不过分苛求。人应该有抱负，但有些人的抱负不切实际，凭自己的能力无法做到，几经努力不能看到回报后就容易感到挫折，产生不良情绪。为了消除挫折感，应把目标定在自己的能力范围之内，经过努力达到后，心情就会非常舒畅。

对他人的期望不要过高。很多人把希望寄托在他人身上，假如对方达不到自己的要求，便会大失所望。

人生的道路是曲折坎坷的，对于荣辱、富贵、贫穷、诽谤、嫉妒等一笑置之，那么你就得到解脱了，心理就平衡了。要忘却有害无益的人和事，保持心理的平衡。

◎成大事的九种手段

1. 敢于决断——克服犹豫不定的习性。很多人之所以一事无成，最大的毛病就是缺乏敢于决断的手段，总是左顾右盼、思前想后，从而错失成功的最佳时机。

2、挑战弱点——彻底改变自己的缺陷。能成大事者总是善于从自己的弱点上开刀，去把自己变成一个能力超强的人。一个连自己的缺陷都不能纠正的人，只能是失败者！

3、突破困境——从失败中寻找成功的资本。成大事者能把困境变为成功的有力跳板。

4、抓住机遇——善于选择、善于创造。机遇是人生最大的财富。

5、发挥强项——做自己最擅长的事情。成大事者在自己要做的事情上，充分施展才智，一步一步地拓宽成功之路。

6、调整心态——切忌让情绪伤害自己。心态消极的人，无论如何都挑不起生活和重担，因为他们无法直面一个个人生挫折。

7、立即行动——只说不做，徒劳无益。一次行动胜过百遍心想。

8、善于交往——巧妙利用人力资源。

一个人不懂得交往，必然会推动人际关系的力量。

9、重新规划——站到更高的起点上。人生是一个过程，成功也是一个过程。成大事者懂得从小到大的艰辛过程。

◎成大事必备的心态

1. 积极向上。立志向上是成大事者的人生主题，这种价值取向会影响一个人一生的成就。

2. 勤勉谦恭。功到阔深处，天教勤苦成，一生大事业，惟一勤字而己，求学，治世，功业无不如此。千金唾手得，一勤最难求。

3. 诚实守信。如果大家都公认一个人绝对值得信任，那么这个人的事业一定会成功。

4. 敢于挑战。立大事者，不惟有超世之才，亦必有挑战之心态。

5. 善于合作。一个人的能力总是有限的，不会与人合作难以把事业做大。成大事者善于合作，以求借势发挥，成就自己的事业。

6. 知足平衡。知足常乐，随遇而安，是成大事者的平衡心态。

7. 乐观豁达。法国一位著名作家曾说：我们不应该为一些自己看似重大的事而心情郁闷，它除了使你意志消沉外，不会给你带来任何帮助。"

8. 宽厚容人。能容忍是成大事的首要条件之一。

9. 永远自信。一个人的自信心有多大，就能成就多大的事业。

◎ 成大事不应有的五种心态

1投机的心态——后患无穷。2侥幸的心态——利用别人的心态，掩耳盗铃。3试试看的心态——必定失败。4依赖的心态——最终会被人当包袱甩掉，所以要相互合作，不要依赖。5回本的心态——当你的回本目标完成的时候，你自然就会停下来。

第四节　生活潜规则

◎ 什么是生活潜规则

"潜规则"这个词，来自作家吴思对当代中国的观察和揣摩。它指的是明文规定的背后往往隐藏着一套不明说的规矩，一种可以称为内部章程的东西。支配生活运行的经常是这套规矩，而不是冠冕堂皇的正式制度，不明白这一点就难免要吃亏。等到钉子碰多了，感觉到潜规则的存在了，尊重这套不明说的规矩了，人就算懂事了、成熟了、世故了。

◎ 潜规则有哪些特点

1. 潜规则是人们私下认可的行为约束；2、这种行为约束，依据当事人双方（各方）给对方带来利益或者给对方带来的伤害能力，在社会行为主体的互动中自发形成，可以使互动各方的冲突减少，降低交易成本；3、所谓约束，就是行为越界必将招致报复，对这种利害后果的共识，强化了互动各方对彼此行为的预期的稳定性；4、这种在实际上得到遵从的规矩，背离了正义观念或正式制度规定，侵犯了主流意识形态或正式制度所维护的利益，因此不得不以隐蔽的形式存在，当事人对隐蔽形式本身也有明确的认可；5、通过这种隐蔽，当事人将正式规则的代表屏蔽于局部互动之外，或者，将代表拉入私下交易之中，凭借着私下的规则替换，获取正式规则所不能提供的利益。

潜规则的"潜"本身是一种生存策略，另一方面也表明了更高层次的正式制度和规则的存在。

◎ 应知道的生活潜规则

规则一：不要盘算太多，要顺其自然。

不要拼命求人，有时想得越多、心越急，越得不到回报。等你不想的时候，它就会意想不到地属于你；感觉把握不大时，要顺其自然。人的进步与发展是相对的，该是你的东西，终归是你的，不要强求。

规则二：压抑自己没必要，奉承巴结也没必要。

乡下与城里、下属与上司、穷人与富人不可能对等。对于趾高气扬的人，你再怎么尊重他，他也不会平等对待你。不管出身低微，还是处境艰难，都不要寄希望于他人的礼遇，唯有保持应有的人格力量，直面人生，当说时就说，当做时就做，别畏首畏尾，就不会轻易让人看不起，反而会赢得他人的尊重。

规则三：不要对谁特好，也不要对谁不好。

"拼命三郎"值得肯定，但要掌握好火候。因为有个基本现实是，多数人并不愿意看着你进步。不论你怎么做，最终还是难逃论资排辈、打钩画圈的命运。个中缘由不言而喻，我们无需埋怨谁，关键是要学会随机应变。

规则四：相信自己比依赖别人重要。

不同的人做事肯定不一样，上司一般都会看出来的。只要尽心做事，就不会被埋没，除非你对自己的能力有怀疑，关键是要摆正心态。有机会时，为社会多做点什么；没有机会时，要记住"为自己打工"，积累更多的有形资本和无形资本。为自己做再多的事情也不过分，不论人生机遇如何，及时努力都不会错。

◎职场潜规则一：某类岗位不招应届生

一些应届生认为，企业招聘非常看重经验，因此很难找到工作。其实这样的理解并不完全准确。职场并不歧视应届生，但不同的岗位招聘各有规则。

通常情况下，公司的业务模块无外乎两大块。一大块是商务性的业务模块，包括了销售、市场、客户管理等，有的公司把项目管理也划到这一块。除了商务性的业务模块

之外，剩下的就是生产、研发两类业务性模块。比如系统开发、测试、项目实施、项目管理、系统集成等都在其内。

应届毕业生尽管缺少经验，但却有着得天独厚的优势，那就是好塑造、好改造。大多数公司，特别是大型制造业企业的生产型、研发型部门都愿意招聘应届毕业生。但有些岗位，比如市场部、销售部，需要一定的阅历和年纪，相对较少招聘应届生，除非应届生能展示在这方面很强的能力。

知道了这一点，毕业生找工作就能知己知彼少做无用功。

◎职场潜规则二：女生找工作受歧视

凡有过求职经历的女性都会说这么一句话："企业喜欢招聘男的，不要女的，女性找工作比较难。企业歧视女性。"认为女的总是没男的好找工作。"

这话只说对了一半。女性找工作的确难，但不是因为歧视，而是源于工作实际。简单地说，很多公司中层都是男性一统天下，招聘男性员工相对便于管理。同样是犯错误，对男职工即使批评重了，大不了事后喝顿酒，问题都好解决。而对女下属说重了，对方受不了，说轻了，不管用。一些经常需要出差的岗位，就更得要男生了，出差住宿都比较方便。除非部门领导是女性，招聘时可能会考虑男女平衡。从某种角度上说，企业倾向于招聘男生并非对女性工作能力的歧视。行政职能管理、媒介公关等部门女生的录用机会较多。

◎职场潜规则三：太靓太丑的女生都不能要

相貌姣好的女生应聘时有优势，此话不假，部分 HR 见递简历的是美女就愿意多看两眼，多问两句，给予特殊优待。

但凡事都有度，如果你的相貌过于靓丽，就有可能适得其反，HR 会从企业和谐工作环境的角度考虑，拒绝你的申请。过于漂亮的女性，有时易造成上下级管理混乱，同事之间相处不和谐，以及工作分配不公等而引发办公室"政治问题"。

应聘时在简历上贴上一张端庄的报名照，是很有必要的，但简历后附上艺术照或生活风景照，大可不必。

◎职场潜规则四：企业不会招锋芒毕露的人

在求职时，求职者往往都会尽力表现出自身的优秀和与众不同。其实，企业一般是不会招聘特别优秀和锋芒毕露的人，原因得从招聘原理和流程说起。

中小民营企业，一般不会有专门的人力资源部门，只有一个行政专员，负责社保、医疗等，同时负责招聘。招聘会上，专员会陪同需要招聘的部门负责人一起招聘。部门负责人每天手上压了一堆事情，他最在乎的，是他能不能把其中一部分工作分派给你，然后相对解脱，而对你如何有个性、如何与众不同，并不太在意。

从一个相对"私心"的角度来说，如果你过于优秀，一方面公司可能不能长久地留住你；另一方面，你的才干很可能受到大领导的赏识，那么部门经理就会有危机感。

部门经理希望你是个听话的好帮手，但同时你的能力经验应在他之下，不对他构成威胁。让招聘官感觉你是一个好下属，这点对成功应聘很关键。

◎职场潜规则五：晋升，忠诚比能力更重要

晋升是每个人梦寐以求的职业目标。职场人为此忙着花钱去充电、培训、深造，努力提升自己的能力。

但能力是晋升的唯一标准么？在公司里，你的上司需要的人包括两类：一类是能干活的，一类是忠诚于他的。如果你是个只干活、而看不出对他多忠诚的人，你一定没有太大的晋升机会；如果你只有忠诚而没有很强的业务能力，没关系，晋升机会也会有，有时候，忠诚比能力更稀缺；如果你能力太强了，即使你很忠诚，你的上司也许会留个心眼，谁知道明天你会不会取而代之呢？

你需要有能力，但不一定必须有很强的能力，同时对于上司要体现忠诚，苦力你来承受，功劳归他拥有，这才是晋升的最快途径。

◎职场潜规则六：你只有一个老板

记住在公司里，你只有一个老板。也许有人会说，老板上头还有老板呢！但是，能指挥你工作的人只有一个，这个人常常拥有对你工作的评议权、甚至直接决定发给你多少工资。

你必须要对你的直接老板负责。你所要做的，就是绝对支持你的老板，成为老板的亲信。

第五节 人生法则

◎马太效应

《新约马太福音》中有这样一个故事，一个国王远行前，交给3个仆人每人一锭银子，吩咐他们："你们去做生意，等我回来时，再来见我。"国王回来时，第一个仆人说："主人，你交给我们的一锭银子，我已赚了10锭。"于是国王奖励他10座城邑。第二个仆人报告说："主人，你给我的一锭银子，我已赚了5锭。"于是国王例奖励了他5座城邑。第三个仆人报告说："主人，你给我的一锭银子，我一直包在手巾里存着，我怕丢失，一直没有拿出来。"于是国王命令将第三个仆人的一锭银子也赏给第一个仆人，并且说："凡是少的，就连他所有的也要夺过来。凡是多的，还要给他，叫他多多益善。"这就是"马太效应"。

马太效应，是指"好的愈好，坏的愈坏，多的愈多，少的愈少"的一种现象。社会心理学上也经常借用这一名词。

◎鲶鱼效应

挪威人喜欢吃沙丁鱼，尤其是活鱼。市场上活沙丁鱼的价格要比死鱼高许多。所以渔民总是千方百计地想法让沙丁鱼活着回到渔港。可是虽然经过种种努力，绝大部分沙丁鱼还是在中途因窒息而死亡。但却有一条渔船总能让大部分沙丁鱼活着回到渔港。船长严格保守着秘密。直到船长去世，谜底才揭开。原来是船长在装满沙丁鱼的鱼槽里放进了一条以鱼为主要食物的鲶鱼。鲶鱼进入鱼槽后，由于环境陌生，便四处游动。沙丁鱼见了鲶鱼十分紧张，左冲右突，四处躲避，加速游动。这样一来，一条条沙丁鱼欢蹦乱跳地回到了渔港。这就是著名的"鲶鱼效应"。

鲶鱼效应即采取一种手段或措施，刺激一些企业活跃起来投入到市场中积极参与竞争，从而激活市场中的同行业企业。其实质是一种负激励，是激活员工队伍之奥秘。

◎ 首因效应

人与人第一次交往中给人留下的印象，在对方的头脑中形成并占据着主导地位，这种效应即为"首因效应"。

首因效应也叫首次效应、优先效应或"第一印象"效应。它是指当人们第一次与某物或某人相接触时会留下深刻印象。第一印象作用最强，持续的时间也长，比以后得到的信息对于事物整个印象产生的作用更强。首因，是指首次认知客体而在脑中留下的"第一印象"。首因效应，是指个体在社会认知过程中，通过"第一印象"最先输入的信息对客体以后的认知产生的影响作用。

◎ 晕轮效应

许多青少年因崇拜某位明星的某些特征，比如长相、歌声，于是就不顾一切模仿明星的行为，搜集他们用过的一切东西。这其实就是晕轮效应在作怪。晕轮效应就是一种以偏概全的倾向，即人们在对一个人的某种特征形成好的或坏的印象后，倾向于据此推论该人的其他方面的特征。平时说的"爱屋及乌"就是晕轮效应的一个突出表现。

◎ 期望效应

皮格马利翁是古代塞浦路斯的一位善于雕刻的国王，由于他把全部热情和希望放在自己雕刻的少女雕像身上，后来竟使这座雕像活了起来。这个故事蕴含了一个非常深刻的哲理：期待是一种力量。这种期待的力量就被心理学家称为"皮革马利翁效应"。

心理学家要求教师们对他们所教的小学生进行智力测验。他们告诉教师们说，班上有些学生属于大器晚成者，并把这些学生的名字念给老师听。心理学家认为，这些学生的学习成绩可望得到改善。自从心理学家宣布大器晚成者的名单之后，心理学家就再也没有和这些学生接触过，老师们也再没有提起过这件事。事实上所有大器晚成者的名单，是从一个班级的学生中随机挑选出来的，他们与班上其他学生没有显著不同。可是当学期之末，再次对这些学生进行智力测验时，他们的成绩显著优于第一次测得的结果。

"皮格马利翁效应"和"罗森塔尔效应"都反映了期望的作用，所以又称为"期望"效应。

◎ 安慰剂效应

所谓安慰剂，是指既无药效、又无毒副作用的中性物质构成的、形似药的制剂。安慰剂多由葡萄糖、淀粉等无药理作用的惰性物质构成。安慰剂对那些渴求治疗、对医务人员充分信任的病人能产生良好的积极反应，出现希望达到的药效，这种反应就称为安慰剂效应。

使用安慰剂时容易出现相应的心理和生理反应的人，称为"安慰剂反应者"。这种人的特点是：好与人交往、有依赖性、易受暗示、自信心不足，经常注意自身的各种生理变化和不适感，有疑病倾向和神经质。

◎毛毛虫效应

毛毛虫习惯于固守原有的本能、习惯、先例和经验，而无法破除尾随习惯而转向去觅食。

法国心理学家约翰·法伯曾经做过一个著名的实验，称之为"毛毛虫实验"：把许多毛毛虫放在一个花盆的边缘上，使其首尾相接，围成一圈，在花盆周围不远的地方，撒了一些毛毛虫喜欢吃的松叶。

毛毛虫开始一个跟着一个，绕着花盆的边缘一圈一圈地走，一小时过去了，一天过去了，又一天过去了，这些毛毛虫还是夜以继日地绕着花盆的边缘在转圈，一连走了七天七夜，它们最终因为饥饿和精疲力竭而相继死去。

后来，科学家把这种喜欢跟着前面的路线走的习惯称之为"跟随者"的习惯，把因跟随而导致失败的现象称为"毛毛虫效应"。

◎暗示效应

暗示效应是指在无对抗的条件下，用含蓄、抽象诱导的间接方法对人们的心理和行为产生影响，从而诱导人们按照一定的方式去行动或接受一定的意见，使其思想、行为与暗示者期望的目标相符合。

所谓的暗示是指：人或环境以非常自然的方式向个体发出信息，个体无意中接受了这种信息，从而做出相应的反应的一种心理现象。巴甫洛夫认为：暗示是人类最简化、最典型曲条件反射。然而随着研究的深入，人们发现暗示就像一把"双刃剑"，它可以救治一个人，也可以毁掉一个人，关键在于接受心理暗示的个体自身如何运用并把握暗示的意义。

◎空白效应

"空白"是关于艺术作品审美欣赏的概念。它指的是作品留给读者想象和再创造的空间，读者可以凭借自身的文化素养，展开思维羽翼去思考，从而获得对作品更深层次的理解和把握。在书法作品中，一幅画如能适当地留下不着色彩的空白，会收到"恰是未曾着墨处，烟波浩渺满目前"的艺术效果；诗歌语言的跳跃，电影艺术的空镜头，也都能收到"此时无声胜有声"的艺术感染力。

中国有个诗句说："此时无声胜有声"。它是指在特定的环境中，语言变得苍白无力，人们早已从作者描绘的场景，人物的心理活动、行为举止了解作者所表达的思想感情。在演讲的过程中，适当地留一些空白，会取得良好的演讲效果，这就是"空白效应"。

◎高空跳远效应

这是一个纯心理学效应。我们在平地上可以轻松地跳越1.3米，但若在高空中架起两个平直的木板，其间隔也为1.3米，每个被试者都会感到恐惧，其中肯定有很多人根本不敢跳，这就是"高空跳远效应"。其心理实质是人站在高处已产生了恐怖（有恐高症者根本不能攀登），被试者会感到晕眩，再加上跳过一段空隙，下面是十多米"深"的空间，会愈加恐怖。这些因素干扰了被试者的感知觉，使他们生怕一不小心掉下去，于是心理紧张度增高，缩首不前。其实，若一开始就蒙上被试者的眼，暗示他这是平整的木板地，让他自如地往前跳，尽量跳得远些，被试者心理不紧张，就肯定能顺利地完成。

◎登门坎效应

是指一个一旦接受了他人的一个微不足道的要求，为了避免认知上的不协调，或想给他人以前后一致的印象，就有可能接受更大的要求。这种现象，犹如登门坎时要一级台阶一级台阶地登，这样能更容易更顺利地登上高处。

心理学家认为，在一般情况下，人们都不愿接受较高较难的要求，因为它费时费力又难以成功，相反，人们却乐于接受较小的、较易完成的要求，在实现了较小的要求后，人们才慢慢地接受较大的要求，这就是"登门坎效应"对人的影响。

◎命令效应

米尔格拉姆做过一个有名的实验，并由此发现了"命令效应"。即：在特定的境遇中，人们会消除感情色彩而盲目按权威命令行事的效应。

米尔格拉姆的实验是这样的：由穿白大褂的高大的权威人士当实验者，他事先教助手充当一个"受难人"被电击得无法忍受，在地上打滚呻吟，并称自己受不了啦（实际上压根儿没有受到电击）。让多名被试者（皆选取成年男人）隔玻璃窗看着"受难人"的痛苦样子。此时，权威人命令被试者启动电纽，对"受难人"施行电击。结果有62%的被试者服从命令，猛击"受难人"，既无异议，也不反对。

这表明，人对权威人士的命令服从已近乎本能行为。此时，由于权威的命令，人们固有的同情心受到抑制，而盲目服从命令。

◎权威效应

又称为权威暗示效应，是指一个人要是地位高、有威信、受人敬重，那他所说的话及所做的事就容易引起别人重视，并让他们相信其正确性，即"人微言轻，人贵言重"。

"权威效应"的普遍存在，首先是由于人们有"安全心理"，即人们总认为权威人物往往是正确的楷模，服从他们会使自己具备安全感，增加不会出错的"保险系数"；其次是由于人们有"赞许心理"，即人们总认为权威人物的要求往往和社会规范相一致，按照权威人物的要求去做，会得到各方面的赞许和奖励。因此，这两种心理就诞生了权威效应。

在现实生活中，利用"权威效应"的例子很多：做广告时请权威人物赞誉某种产品，在辩论说理时引用权威人物的话作为论据等等。在人际交往中，利用"权威效应"，还能够达到引导或改变对方的态度和行为的目的。

◎近因效应

近因效应是指交往中最后一次见面给人留下的印象，这个印象在对方的脑海中也会存留很长时间。多年不见的朋友，在自己的脑海中的印象最深的，其实就是临别时的情景；一个朋友总是让你生气，可是谈起生气的原因，大概只能说上两、三条，这也是一种近因效应的表现。利用近因效应，在与朋友分别时，给予他良好的祝福，你的形象会在他的心中美化起来。有可能这种美化将会影响你的生活，因为，你有可能成为一种"光环"人物，这就是"光环效应"。

◎定型效应

生活中，人们都会不自觉地把人按年龄、性别、外貌、衣着、言谈、职业等外部特征归为各种类型，并认为每一类型的人有共同特点。在交往观察中，若对象属一类，便用这一类人的共同特点去理解他们。在概括偏颇或忽略个体差异时，就会出现认知错觉。这种错觉称之为"定型效应"。

根据定型效应，良好的推销自己要注意自己扮演的角色，虽然都是推销员，但形象可以是千差万别。不同的形象就会留给对方不同的印象。

◎认同心理效应

认同心理效应是指人们在情感及认知

方面对事件所要表达的意义的认同程度，明显地影响他们对这一事件的评价、态度和行为，即心理认同制约人们对特定事件的态度和行为。例如教师上课时提问学生，如果学生认为是教师器重自己才让自己起来回答问题，他就会以积极的态度配合教师；有的学生可能认为是教师惩罚自己、出自己的洋相才让自己起来回答问题的，他就会以消极的态度对待教师的提问。

学生的心理认同存在问题往往是教育工作者在教育教学过程中"出力不讨好"的实际原因。事实上，教师总认为是为了学生好而结果往往把学生搞得"痛不欲生"；父母总是为了子女好而可能常常把子女弄得"死去活来"！心理认同作用也提示我们：要想在思想上或行为上影响某个人或某个群体，首先要尽量取得他们心理上的认同。

◎囚徒困境

"囚徒困境"说的是两个囚犯的故事。这两个囚徒一起做坏事，结果被警察发现抓了起来，分别关在两个独立的不能互通信息的牢房里进行审讯。在这种情形下，两个囚犯都可以做出自己的选择。这两个囚犯都知道，如果他俩都能保持沉默的话，就都会被释放，因为只要他们拒不承认，警方无法给他们定罪。但警方也明白这一点，所以他们就给了这两个囚犯一点儿刺激：如果他们中的一个人背叛，即告发他的同伙，那么他就可以被无罪释放，同时还可以得到一笔奖金。而他的同伙就会被按照最重的罪来判决，并且为了加重惩罚，还要对他施以罚款，作为对告发者的奖赏。当然，如果这两个囚犯互相背叛的话，两个人都会被按照最重的罪来判决，谁也不会得到奖赏。

从表面上看，他们应该互相合作，保持沉默，因为这样他俩都能得到最好的结果：自由。但他们不得不仔细考虑对方可能采取什么选择。所以其结果就是，这两个囚犯按照不顾一切的逻辑得到了最糟糕的报应：坐牢。

◎多米诺骨牌效应

这种效应的物理道理是：骨牌竖着时，重心较高，倒下时重心下降，倒下过程中，将其重力势能转化为动能，它倒在第二张牌上，这个动能就转移到第二张牌上，第二张牌将第一张牌转移来的动能和自己倒下过程中由本身具有的重力势能转化来的动能之和，再传到第三张牌上……所以每张牌倒下的时候，具有的动能都比前一块牌大，因此它们的速度一个比一个快，也就是说，它们依次推倒的能量一个比一个大。可见多米诺骨牌效应产生的能量的确令人瞠目。

◎第一印象的效应

一位心理学家曾做过这样一个实验：他让两个学生都做对 30 道题中的一半，但是让学生 A 做对的题目尽量出现在前 15 题，而让学生 B 做对的题目尽量出现在后 15 道题，然后让一些被试对两个学生进行评价：两相比较，谁更聪明一些？结果发现，多数被试都认为学生 A 更聪明。这就是第一印象效应。

第一印象效应是指最初接触到的信息所形成的印象对我们以后的行为活动和评价的影响，实际上指的就是"第一印象"的影响。第一印象效应是一个妇孺皆知的道理，为官者总是很注意烧好上任之初的"三把火"，平民百姓也深知"下马威"的妙用，每个人都力图给别人留下良好的"第一印象"！

◎禁果效应

禁果效应也叫做"罗密欧与朱丽叶效应"，越是禁止的东西，人们越要得到手。这与人们的好奇心与逆反心理有关。

在生活中常常会遇到这样的情况：你越想把一些事情或信息隐瞒住不让别人知道，越会引来他人更大的兴趣和关注，人们对你隐瞒的东西充满好奇和窥探的欲望，甚至千方百计通过别的渠道试图获得这些信息。而一旦这些信息突破你的掌握，进入了传播领域，会因为它所具有的"神秘"色彩被许多人争相获取，并产生一传十、十传百的效果，从而与你隐瞒该信息的愿望背道而驰。这一现象被称作传播中的"禁果效应"。所谓禁果效应，指一些事物因为被禁止，反而更加吸引人们的注意力，使更多地人参与或关注。有一句谚语"禁果格外甜"，就是这个道理。

◎罗密欧与朱丽叶效应

密欧与朱丽叶相爱，但由于双方世仇，他们的爱情遭到了极力阻碍。但压迫并没有使他们分手，反而使他们爱得更深，直到殉情。这样的现象我们叫它"罗密欧与朱丽叶效应"。所谓"罗密欧与朱丽叶效应"，就是当出现干扰恋爱双方爱情关系的外在力量时，恋爱双方的情感反而会加强，恋爱关系也因此更加牢固。

◎ 詹森效应

有一名运动员叫詹森，平时训练有素，实力雄厚，但在体育赛场上却连连失利。人们借此把那种平时表现良好，但由于缺乏应有的心理素质而导致竞技场上失败的现象称为"詹森效应"。

在日常生活中，有些名列前茅，实力雄厚与赛场失误之间的惟一解释只能是心理素质问题，主要原因是得失心过重和自信心不足造成。有些人平时"战绩累累"，卓然出众，众星捧月，造成一种心理定势：只能成功不能失败，再加上赛场的特殊性，社会、国家、家庭等方面的厚望，使得其患得患失的心理加剧，心理包袱过重，如此强烈的心理得失困扰自己，怎么能够发挥出应有的水平呢！另一方面是缺乏自信心，产生怯场心理，束缚了自己潜能的发挥。

◎ 南风效应

法国作家拉封丹曾写过一则寓言，讲的是北风和南风比威力，看谁能把行人身上的大衣脱掉。北风首先来一个冷风凛凛寒冷刺骨，结果行人为了抵御北风的侵袭，便把衣裹得紧紧的。南风则徐徐吹动，顿时风和日丽，行人因为觉得很暖和，所以开始解

钮扣，继而脱掉大衣。结果很明显，南风获得了胜利。这就是"南风效应"这一社会心理学概念的出处。

"南风效应"给人们的启示是：在处理人与人之间关系时，要特别注意讲究方法。北风和南风都要使行人脱掉大衣，但由于方法不一样，结果大相径庭。

◎ 迁移效应

在学习心理学中，先行学习对后继学习的影响，称为"迁移效应"。它有三种效应方式：

先行学习 A 促进了后继学习 B 的效应，称为正效应；先行学习 A 干扰和阻碍了后继学习 B 的效应，称为负效应；先行学习 A 促进了后继学习 B 无任何影响，称为零效应。

在日常生活和学习中，不注意有关迁移条件产生的条件，就会发生不必要的迁移现象，如，日本司机在美国开车，常发生困难，甚至出现车祸。这主要是因为在日本是"车左、人右"，而在美国却恰好相反。当然，如果运用好迁移效应就可能产生下面的效果。如，在棒球队员中选拔出高尔夫球的集训队员；让会英语的人去突击学习法语、德语、西班牙语一般都会取得较为理想的效果。

◎ 反馈效应

反馈原来是物理学中的一个概念，是指放大器的输出电路中的一部分能量送回输电路中，以增强或减弱输入讯号的效应。理学借用这一概念，以说明学习者对自己

学习结果的了解，而这种对结果的了解又起到了强化作用，促进了学习者更加努力学习，从而提高学习效率。这一心理现象称做"反馈效应"。

◎齐加尼克效应

法国心理学家齐加尼克曾作过一次颇有意义的实验：他将自愿受试者分为两组，让他们去完成20项工作。其间，齐加尼克对一组受试者进行干预，使他们无法继续工作而未能完成任务，而对另一组则让他们顺利完成全部工作。实验得到不同的结果。虽然所有受试者接受任务时都显现一种紧张状态，但顺利完成任务者，紧张状态随之消失；而未能完成任务者，紧张状态持续存在，他们的思绪总是被那些未能完成的工作所困扰，心理上的紧张压力难以消失。这种因工作压力所致的心理上的紧张状态即被称为"齐加尼克效应"。

◎得寸进尺效应

美国社会心理学家弗里得曼做了一个有趣的实验：他让助手去访问一些家庭主妇，请求被访问者答应将一个小招牌挂在窗户上，她们答应了。过了半个月，实验者再次登门，要求将一个大招牌放在庭院内，这个牌子不仅大，而且很不美观。同时，实验者也向以前没有放过小招牌的家庭主妇提出同样的要求。结果前者有55%的人同意，而后者只有不到17%的人同意，前者比后者高3倍。后来人们把这种心理现象叫作"得寸进尺效应"。

◎过度理由效应

在日常生活中我们常有这样的体验：亲朋好友帮助我们，我们不觉得奇怪，因为"他是我的亲戚"、"他是我的朋友"，理所当然他们会帮助我们；但是如果一个陌生人向我们伸出援手，我们却会认为"这个人乐于助人"。

为什么会有这么大的区别呢？这就是由于社会心理学上所说的"过度理由效应"。每个人都力图使自己和别人的行为看起来合理，因而总是为行为寻找原因，一旦找到足够的原因，人们就很少再继续找下去。而且，在寻找原因时，总是先找那些显而易见的外在原因，因此，如果外部原因足以对行为做出解释时，人们一般就不再去寻找内部原因了。

行为如果只用外在理由来解释，那么，一旦外在理由不再存在，这种行为也将趋于终止，因此，如果我们希望某种行为得以保持，就不要给它足够的外部理由。

公司老板如果希望自己的职员努力工作，就不要给予职员太多的物质奖励，而要让职员认为他自己勤奋、上进，喜欢这份工作，喜欢这家公司；希望孩子努力学习的家长，也不能用太多的金钱和奖品去奖励孩子的好成绩，而要让孩子觉得自己喜欢学习，学习是有趣的事。

◎懒蚂蚁效应

生物学家研究发现，成群的蚂蚁中，大部分蚂蚁很勤劳，寻找、搬运食物争先恐后，少数蚂蚁却东张西望不干活。当食物来源断绝或蚁窝被破坏时，那些勤快的蚂蚁一筹莫展。"懒蚂蚁"则"挺身而出"，带领众伙伴向它早已侦察到的新的食物源转移。这就是所谓的"懒蚂蚁效应"。

勤与懒相辅相成，"懒"未必不是一种生存的智慧。懒于杂务，才能勤于思考。在激烈的市场竞争中，如果所有的人都很忙碌，没有人能静下心来思考、观察市场环境和内部经营状况，就永远不能跳出狭窄的视野，找到发现问题、解决问题的关键，看到企业未来的发展方向并作出一个长远的战略规划。在一个分工协作的组织内部，勤者与懒者都是不可或缺的。大量勤者的存在，是一个组织赖以生存的必要条件。但是一个组织的生存和发展，还需要有必要懒于具体事务，却勤于思考创新的决策、计划、组织、协调、指挥者。没有了这样的懒者，勤者极易无所适从，乱了头绪，多会作无谓劳作，往往事倍功半。

◎手表定理

手表定理是指一个人有一只表时，可以知道现在是几点钟，而当他同时拥有两只表时却无法确定。两只表并不能告诉一个人更准确的时间，反而会让看表的人失去对准确时间的信心。你要做的就是选择其中较信赖的一只，尽力校准它，并以此作为你的标准，听从它的指引行事。记住尼采的话："兄弟，如果你是幸运的，你只需有一种道德而不要贪多，这样，你过桥更容易些。"如果每个人都"选择你所爱，爱你所选择"，无论成败都可以心安理得。然而，困扰很多人的是：

他们被"两只表"弄得无所，心身交瘁，不知自己该信仰哪一个，还有人在环境、他人的压力下，违心选择了自己并不喜欢的道路，为此而郁郁终生，即使取得了受人瞩目的成就，也体会不到成功的快乐。

◎250定律

美国著名推销员乔·吉拉德在商战中总结出了"250定律"。他认为每一位顾客身后，大体有250名亲朋好友。如果您赢得了一位顾客的好感，就意味着赢得了250个人的好感；反之，如果你得罪了一名顾客，也就意味着得罪了250名顾客。这一定律有力地论证了"顾客就是上帝"的真谛。由此，我们可以得到如下启示：必须认真对待身边的每一个人，因为每一个人的身后都有一个相对稳定的、数量不小的群体。善待一个人，就像拨亮一盏灯，照亮一大片。

◎墨菲定律

缘于美国一位名叫墨菲的上尉，他认为他的某位同事是个倒霉蛋，不经意说了句笑话："如果一件事情有可能被弄糟，让他去做就一定会弄糟。"

墨菲定律的原话是这样说的：如果有两种选择，其中一种将导致灾难，则必定有人会做出这种选择。

根据"墨菲定律"：

一、任何事都没有表面看起来那么简单；

二、所有的事都会比你预计的时间长；

三、会出错的事总会出错；

四、如果你担心某种情况发生，那么它就更有可能发生。

五、越不可能发生的事情越有可能发生，这就是人生。

◎不值得定律

不值得定律最直观的表述是：不值得做的事情，就不值得做好，这个定律似乎再简单不过了，但它的重要性却时时被人们疏忘。不值得定律反映出人们的一种心理，一个人如果从事的是一份自认为不值得做的事情，往往会保持冷嘲热讽，敷衍了事的态度。不仅成功率小，而且即使成功，也不会觉得有多大的成就感。哪些事值得做呢？一般而言，这取决于三个因素。a、价值观。只有符合我们价值观的事，我们才会满怀热情去做。b、个性和气质。一个人如果做一份与他的个性气质完全背离的工作，他是很难做好的，如一个好交往的人成了档案员，或一个害羞者不得不每天和不同的人打交道。c、现实的处境。同样一份工作，在不同的处境下去做，给我们感受也是不同的。例如，在一家大公司，如果你最初做的是打杂跑腿的工作，你很可能认为是不值得的，可是，一旦你被提升为领班或部门经理，你就不会这样认为了。

◎彼得原理

彼得原理是美国学者劳伦斯·彼得在对企业中人员晋升的相关现象研究后得出的一个结论；在各种组织中，由于习惯于对在某个等级上称职的人员进行晋升提拔，因而雇员总是趋向于晋升到其不称职的地位。彼得原理有时也被称为"向上爬"原理。这种现象在现实生活中无处不在：一名称职的教授被提升为大学校长后无法胜任；一个优秀的运动员被提升为主管体育的官员，而无所作为。

对一个企业而言，一旦企业中的相当部分人员被推到了其不称职的级别，就会造成企业的人浮于事，效率低下，导致平庸者出人头地，发展停滞。对个人而言，虽然我们每个人都期待著不停地升职，但不要将往上爬作为自己的惟一动力。与其在一个无法完全胜任的岗位勉力支撑、无所适从，还不如找一个自己能游刃有余的岗位好好发挥自己的专长。

◎零和游戏原理

游戏者有输有赢，一方所赢正是另一方所输，游戏的总成绩永远是零。零和游戏原理之所以广受关注，主要是因为人们发现在社会的方方面面都能发现与"零和游戏"类似的局面，胜利者的光荣后面往往隐藏著失败者的辛酸和苦涩。从个人到国家，从政治到经济，似乎无不验证了世界正是一个巨大的"零和游戏"场。这种理论认为，世界是一个封闭的系统，财富、资源、机遇都是有限的，个别人、个别地区和个别国家财富的增加必然意味著对其他人、其他地区和国家的掠夺，这是一个"邪恶进化论"式的弱肉强食的世界。但20世纪人类在经历了两次世界大战，经济的高速增长、科技进步、全球化以及日益严重的环境污染之后，"零和游戏"观念正逐渐被"双赢"观念所取代。人们开始认识到"利己"不一定要建立在"损人"的基础上。通过有效合作，皆大欢喜的结局是可能出现的。但从"零和游戏"走向"双赢"，要求各方要有真诚合作的精神和勇气，在合作中不要耍小聪明，不要总想占别人的小便宜，要遵守游戏规则，否则"双赢"的局面就不可能出现，最终吃亏的还是自己。

◎华盛顿合作规律

华盛顿合作规律说的是：一个人敷衍了事，两个人互相推诿，三个人则永无成事之日。多少有点类似于我们"三个和尚"的故事。人与人的合作不是人力的简单相加，而是要复杂和微妙得多。在人与人的合作中，假定每个人的能力都为 1，那么 10 个人的合作结果就有时比 10 大得多，有时甚至比 1 还要小。因为人不是静止的动物，而更像方向各异的能量，相推动时自然事半功倍，相互抵触时则一事无成。

还有一个邦尼人力定律：一个人一分钟可以挖一个洞，60 个人一秒种却挖不了一个洞。合作是一个问题，如何合作也是一个问题。

◎酒与污水定律

酒与污水定律是指，如果把一匙酒倒进一桶污水中，你得到的是一桶污水；如果把一匙污水倒进一桶酒中，你得到的还是一桶污水。几乎在任何企业里，都存在几个难弄的人物，他们存在的目的似乎就是为了把事情搞糟。他们到处搬弄是非，传播流言、破

坏企业内部的和谐。最糟糕的是，他们像果箱里的烂苹果，如果你不及时处理，它会迅速传染，把果箱里其它苹果也弄烂，"烂苹果"的可怕之处在于它那惊人的破坏力。一个正直能干的人进入一个混乱的部门可能会被吞没，而一个人无德无才者能很快将一个高效的部门变成一盘散沙。破坏者能力非凡的另一个重要原因在于，破坏总比建设容易。一个能工巧匠花费时日精心制作的陶瓷器，一头驴子一秒钟就能毁坏掉。如果拥有再多的能工巧匠，也不会有多少像样的工作成果。

◎水桶定律

水桶定律是讲一只水桶能装多少水，这完全取决于它最短的那块木板。这就是说任何一个组织，可能面临的一个共同问题，即构成组织的各个部分往往是优劣不齐的，而劣势部分往往决定整个组织的水平。

如果你在一个企业中，你应该：

1. 确保你不是最薄弱的部分；2、避免或减少这一薄弱环节对你成功的影响；3、如果不幸，你正处在这一环节中，你还可以采取有效的方法改进，或者转职去谋另一份工作。

◎蘑菇管理

蘑菇管理是许多上司对待初出茅庐者的一种管理方法，初学者被置于阴暗的角落（不受重视的部门，或打杂跑腿的工作），浇上一头大粪（无端的批评、指责、代人受过），任其自生自灭（得不到必要的指导和提携）。相信很多人都有这样一段"蘑菇"的经历，

但这不一定是什么坏事，尤其是当一切都刚刚开始的时候，当上几天"蘑菇"，能够消除我们很多不切实际的幻想，让我们更加接近现实，看问题也更加实际。无论你是多么优秀的人才，在刚开始的时候都只能从最简单的事情做起，"蘑菇"的经历对于成长中的年轻人来说，是羽化前必须经历的一步。所以，如何高效率地走过生命中的这一段，从中尽可能吸取经验，成熟起来，并树立良好的值得信赖的个人形象，是每个刚入社会的年轻人必须面对的课题。

◎奥卡姆剃刀定律

奥卡姆剃刀：如无必要，勿增实体。12世纪，英国奥卡姆的威廉对无休无止的关于"共相"、"本质"之类的争吵感到厌倦，主张唯名论，只承认确实存在的东西，认为那些空洞无物的普遍性要领都是无用的累赘，应当被无情地"剃除"。他主张："如无必要，勿增实体。"这就是常说的"奥卡姆剃刀"。

奥卡姆剃刀定律在企业管理中可进一步深化为简单与复杂定律：把事情变复杂很简单，把事情变简单很复杂。这个定律要求我们在处理事情时，要把握事情的主要实质，把握主流，解决最根本的问题。尤其要顺应自然，不要把事情人为地复杂化，这样才能把事情处理好。

◎二八法则

也叫"巴莱多定律"，是19世纪末20世纪初意大利经济学家巴莱多发明的。他认为，在任何一组东西中，最重要的只占其中一小部分，约20%，其余80%的尽管是多数，却是次要的，因此又称二八法则。

你所完成的工作里80%的成果，来自于你20%的付出；而80%的付出，只换来20%的成果。

◎贝勃规律

"贝勃规律"第一次刺激能缓解第二次的小刺激。人们一开始受到的刺激越强，对以后的刺激也就越迟钝。

"贝勃规律"经常应用于经营中的人事变动或机构改组等。一家公司要想赶走被视为眼中钉的人，应该先对与这些人无关的部门进行大规模的人事变动或裁员，使其他职员习惯于这种冲击。然后在第三或第四次的人事变动和裁员时再把矛头指向原定目标。很多人受到第一次冲击后，对后来的冲击已经麻木了。

从一开始就提出令人难以拒绝的优厚条件，等谈判基本结束后再指出一些不好的细节并使对方接受的"诱敌深入法"基本上也是以"贝勃规律"为基础的。对方被一开始的优厚条件所诱惑，对后来才知道的不好的部分也就会较轻易地接受了。

◎3对1规律

说服别人或提出令人为难的要求时，最好的办法是由几个人同时给对方施加压力。

那么为了引发对方的求同行为，至少需要几个人才能奏效呢？前面的实验结果表明，能够引发同步行为的人数至少为

3 ~ 4名。

当两个人统一口径诱使某人采取求同行为时，几乎没有人会作出错误选择。如果人数增加到3人，求同率就迅速上升。效果最好的是5个人中有4人意见一致。人数增至8名或15名，求同率也几乎保持不变。

◎ 相貌与心理

美国总统林肯的好朋友曾向其推荐一个人来任职，受到拒绝后不解地问道："怎么能凭相貌来判定人的好坏呢？"林肯则回答："四十岁以后每个人得对自己相貌负责。"不难判断，一个性格丑陋的人不可能相貌堂堂，反而会加速丑化速度，导致由美变丑。

一位美国科学家所做的有趣实验也给人们提供启示。这位科学家发现，把人呼出的气体伸入一种液体，平静时液体无显著变化，伤心时则产生白色沉淀，而生气时液体浑浊；进一步实验就发现人生气时的分泌物甚至可以毒死一只老鼠，他还据此计算出一个人如果生十分钟的气不亚于三公里长跑所消耗的体能。

科学家因此得出结论：人很大程度上不是老死的，而是被气死的，由此可见人们拥有健康的心理是何等重要！应该像珍惜自己青春美貌一样去培养我们的心理素质，使之泰然自若，平静如水，那种处在外界巨风恶浪而仍然水波如镜的心理乃是世间最高的境界。

◎ 从众现象

一则笑话这样说到：一日闲逛街头，忽见一长队绵延，赶紧站到队后排队，唯恐错过什么购买紧缺必需品的机会。等到队伍拐过墙角，发现大家原来是排队上厕所，才不禁哑然失笑。这就是从众闹出的笑话。从众指个人的观念与行为由于群体的引导或压力，而向与多数人一致的方向变化的现象。用通俗的话说，从众就是"随大流"。可以表现为在临时的特定情境中对占优势的行为方式的采纳，也可以表现为长期性的对占优势的观念与行为方式的接受。

◎ "酸葡萄"心理和"甜柠檬"心理

"酸葡萄"心理是指自己努力去做而得不到的东西就说是"酸"的，是不好的，这种方法可以缓解我们的一些压力。比如：别人有一样好东西，我没有，我很想要，但实际上我不可能得到。这时不妨利用"酸葡萄"心理，在心中努力找到那样东西不好的地方，说那样东西的"坏话"，克服自己不合理的需求。"甜柠檬"心理就是认为自己的柠檬就是甜的，"甜柠檬"是指自己所有而摆脱不掉的东西就是好的，要学会接纳自己。每个人都有自己的优点，都有自己的优势，每个人也都有自己的特点，千万不要轻易说自己这不好，那不如人，不妨试试"甜柠檬"心理学会接纳自己，逐渐增强自信。

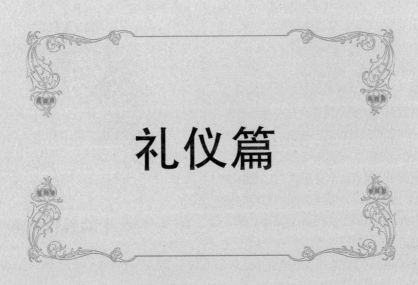

礼仪篇

第一节　个人礼仪

◎礼仪着装穿出你的品味

　　着装，即指服装的穿着。严格地说，它既是一门技巧，更是一门艺术。站在礼仪的角度上来看，着装不仅仅单指穿衣戴帽，更指的是由此而折射出的人们的教养与品位。

　　从本质上讲，着装与穿衣并非是一回事。穿衣，往往所看重的是服装的实用性。它仅仅是马马虎虎地将服装穿在身上遮羞、蔽体、御寒或防暑而已，而无须考虑其他。着装则大不相同，着装实际上是一个人基于自身的阅历、修养或审美品位，在对服装搭配技巧、流行时尚、所处场合、自身特点进行综合考虑的基础上，在力所能及的前提下，对服装所进行的精心选择、搭配和组合。在各种正式场合，不注意个人着装者往往会遭人非议，而注意个人着装的人则会给他人以良好的印象。

◎着装有什么技巧

　　不同的服装，有不同的搭配和约定俗成的穿法。例如，穿单排扣西装上衣时，两粒钮扣的要系上面一粒，三粒钮扣的要系中间一粒或是上面两粒。女士穿裙子时，所穿丝袜的袜口应被裙子下摆所遮掩，而不宜露于裙摆之外。穿西装不打领带时，内穿的衬衫应当不系领扣，等等。这些，都属于着装的技巧。着装的技巧性，主要是要求在着装时

要依照其成法而行，要学会穿法，遵守穿法。不可以不知，也不可以另搞一套，贻笑大方。

　　正确的着装，还应基于统筹的考虑和精心的搭配。其各个部分不仅要"自成一体"，而且要相互呼应、配合，在整体上尽可能地显得完美、和谐。若是着装的各个部分之间缺乏联系，"各自为政"，它哪怕再完美也毫无意义。着装要坚持整体性，重点是要注意两个方面。其一，是要恪守服装本身约定俗成的搭配。例如，穿西装时，应配皮鞋，而不能穿布鞋、凉鞋、拖鞋、运动鞋。其二，是要使服装各个部分相互适应，局部服从于整体，力求展现着装的整体之美、全局之美。

◎女士的礼仪修养

　　第一，女士要庄重、沉稳，切不可轻浮、随便。这是有教养、有知识的女性共有的特点，也是礼仪修养的要求。不管与什么样的男士交往，这一点是绝对需要的。有些女性见到男士后，说起话来滔滔不绝、手舞足蹈、眉飞色舞的样子，是不可取的。

　　第二，女士与男士交往分寸感要强。这里所说的分寸感就是指要掌握一定的度，以合适为好，不要太热情，也不要太冷淡。

　　第三，女士得到男士的照顾是很自然的事情，但是一定要明察秋毫，弄明白男士是出于礼仪还是有其他什么用意，然后根据具体情况恰当处理。

　　第四，一般不要随便与男士一起进餐，

更不要让男士掏钱请客，俗话说"好吃难消化"谨防出现不良后果。

第五，要不断提高自身的素养，培养事业心和责任感，与可信赖的男士多交往，在交往中相互学习，取长补短。

第六，青年女性，或大中专女学生与异性交往要保持自己的年龄特征，即纯朴、自然、大方、活泼的本性，切忌弄虚作假和装腔作势。

◎男士的礼仪修养

第一，男性一定要正直、正派，使人感到你是一位一身充满正气的人，这样就会自然、大方地和女士交往，如果是照顾女士就必须从礼仪出发。当然具体做法还要根据当时当地的客观情况恰当处理，我国与外国不同，美国和阿拉伯国家也很不一样。就国内来说，大城市与小城市不同，城市与农村就更不相同了。因此，在原则上，要把国际通行的礼仪要求和中华民族的文化传统、风俗习惯结合起来，在具体实施上要区别对待，例如进出门，要把女士让在前面，上下车为女士打开车门，在使用体力的情况下把轻活让给女士等，都要根据当时的环境而恰当处理。

第二，男士要把信誉放在第一位，说话算数，办事负责，工作认真，与女士交往要谦虚、和气、有礼貌、有责任感，这样就会取得女士的信任。不仅说话必须讲信用，而且任何时候都不得有诈与妄的行为。交待事情必须说得清清楚楚，便于女士理解和帮忙。

第三，大度是男性最突出、最重要的特征之一，从大处着眼，目光远大，胸怀大志，不计较小是小非，宽厚待人，这样就很能赢得周围人们的好感，更会获得女性的赞赏和亲近。

第四，男性要刚柔相济，根据具体情况和环境，该刚则刚，该柔则柔，大事清楚，小事糊涂，尤其与女性交往和接触，必须善于体察其实际情况和需要，以礼相待，给与必要的关心、照顾。

第二节 生活礼仪

◎男女交往的礼仪

男女异性间的交往，首要问题是要有一个正常的心态。和比自己年纪大些的异性交往，就如同是自己的师长、兄长、大姐；同自己年纪相当的异性交往，就如同是自己的同学、同事、战友、兄弟、姊妹；和比自己年纪小些的异性交往，就如同是自己的弟弟、妹妹。不论是与什么样的异性交往都要大方、自然、有礼貌和有分寸的热情。有些人与异性交往就表现出拘谨的样子，有些人与异性交往则表现出冷淡的样子，有些人与异性交往表现得过于热情，这些都是不恰当的，既不符合我们中华民族的文化传统和习惯，也不符合现代国际间通行的礼仪要求。

◎男女约会的礼仪

第一，不论是什么性质的约会都要事先商定好，把约会的时间和地点确定下来，最后在约会前夕再互通电话确认一下时间和地点，并且问明白行走路线。

第二，如果是对方提出的约会要求，目的和内容不清楚时，就要问一下，要不要事先准备些什么东西。如果是自己主动提出来的约会，就要向对方说明白约会的用意，请对方事先做些什么准备。如果对方有拒绝之意，就不要勉强为难对方，可以有礼貌地问问以后什么时候方便再进行约会，并表示歉意。

第三，赴约时，必须准时到达约会地点，最好能提前几分钟，如果有什么特殊情况迟到了，就要向对方说明原因并表示歉意，请对方谅解。

第四，赴约时，服饰必须整洁合体。

◎通信礼仪

1. 电话、书信、短信成为人们之间沟通的桥梁。不过，一般工作电话每次通话时间不要超过三分钟。

2. 问候短信不转发。如今节假日短信满天飞，人们常收到很多相同短信。给不太熟悉的人发短信最好署名，短信的内容应文明、礼貌，节日问候短信最好不要随便转载抄袭。开会时与人交谈和接发短信都是不恰当的。

◎邻里相处的礼仪

第一，常言道：远亲不如近邻。由于邻里靠近，免不了你来他往，这就需要以礼相待、以礼相交、相互关照、相互谦让、和善相处。

第二，邻里之间每次相遇都要亲切地打招呼，相互尊重生活习惯，防止互相干扰。邻居家的一草一木、小动物、小孩子等都要如同自己家的一样爱护。离家外出时要招呼一声，请邻居帮忙照看一下家，回来时可以买点纪念品作为礼物送上。

第三，借东西要及时归还，如有损坏要说明情况，最好不借贵重的东西。邻里有事要相互帮忙，如送病人去医院，搬运较重的东西等都要相互帮助，应酬、祝贺，多说些祝福和安慰的话。

第四，不要说邻居的坏话，即使看到一些事情，也不能对其他人讲，只要不是什么原则性的大问题，就只当没看见。

第五，邻居之间如果发生了什么事，产生了矛盾和冲突，一定要相互谦让。

邻里礼仪的基本要求是：在自己说话、办事、乃至一举一动之前，首先要考虑到别人，最低限度是要做到不妨碍别人。

◎居家的礼仪

家庭生活的和谐，是社会安定的基石。家人相处，应以真诚的态度互相沟通、包容、尊重，协助成长，始能和乐共处。

居家礼仪应注意以下几点：

（1）家人之间应分工合作，共同承担

家务，尊卑长幼彼此亲爱敬重。早晚应对父母、尊亲问安。（2）父母召唤，应立即答应，并趋前承命，不可虚诺。（3）出门说去处，回家报平安。（4）做错事要勇于承认。（5）常说"请"、"谢谢"、"对不起"，脸上经常带微笑。（6）物品用后应归回原处。（7）保持居家内外环境整洁。

◎尊老敬老的礼仪

孝敬老人是我们中华民族的优良传统之一，对待老年人的态度是社会文明程度和社会风气好坏的一个显著标志。

第一，见到老年人以后要说敬语。有一些人见了老年人不使用敬语，有的人就直呼"老头儿"、"老太婆"。这是很不礼貌的表现，更不要说什么礼仪修养了。

第二，对待老年人必须从心底里要有一种尊敬的感情。例如在公共汽车上、地铁里主动让个座位，上下车时主动让老年人先上下，或帮拿一下东西、扶一下等；遇到老年人时，根据当时的具体情况，或起立、或下车、或行礼、或问候、或谦让、或主动为其服务等。这些事情看起来虽然很微小，但是却能表现一个人的精神风貌和内在涵养。如果能这样对待外国客人，就表现了我们中华民族的优良传统和整个社会的文明进步。

第三，常怀感恩之心，要不断向老年人学习。

◎婆媳之间的礼仪

婆婆不要过分地挑剔儿媳的毛病，要像对待自己的儿女一样疼爱。儿媳对待公婆要像对待自己的父母一样周到。婆婆要注意尊重儿媳的人格，对儿媳不要心存芥蒂。媳妇到婆家之后，要克制自己，入乡随俗，凡事不能由着性子来。婆媳相处，要相互理解、相互宽容、相互尊重。婆媳间遇事要多商量、多考虑对方，以心换心。发生不愉快的事情，双方都要克制，不要因一时之愤而当面争吵，要避免背后说三道四。婆媳双方要互敬互爱，儿媳不仅要在物质上帮助老人，还要注意多给老人一些精神安慰。婆婆要关心儿媳，尤其要关心她的健康。

◎夫妻间的礼仪

1. 互敬。夫妻要"相敬如宾"，既尊重对方的人格与劳动，又尊重对方的志趣和意愿，还要尊重对方的亲朋好友，不可盛气凌人。

2. 互爱。夫妻间要互爱至关重要。请时时"记得对方的好"。

3. 互信。夫妻间要互相信任，不要胡思乱想。应该允许对方有一定的社交空间。

4. 互帮。无论在事业、生活上，还是在处理亲友问题上，一方遇到麻烦事，另一方都应当豁达大度，尽可能地给予帮助，家庭幸福的根本才能巩固。

5. 互慰。人生不如意的事常有，夫妻间应多多交流，常常倾听对方的心声，遇到挫折时彼此安慰，共度难关。

6. 互勉。面临竞争激烈的社会，终身学习的时代，夫妻双方都在追求进步，需要互相勉励以增强信心，坚强地面对事业和生活。

7. 互让。夫妻间矛盾难以避免。一方

动怒时，另一方要谦让些，不可针锋相对，切忌互相揭短、冷酷无情，从而使矛盾加剧。

8. 互谅。夫妻一方出现错误，另一方要认真分析错误的性质与产生的原因，只要不是原则问题，就应该宽容、体谅，不能揪住不放、不依不饶。

◎关爱孩子的礼仪

父母是孩子的首任教师，大人的礼仪教养、处事作风，对孩子的影响深远，因此，做父母的应该注意：

1. 率先垂范，言传身教。重承诺、守信义，对孩子提出的问题，父母要给以明确答复；对满足不了孩子要求的事，大可不必勉为其难，但要及时解释清楚。

2. 多与孩子沟通，做到有礼有节。对子女既民主亲切，又注意身份距离；既关心孩子的学习生活，又不随意翻阅子女的日记、信件。

3. 维护孩子的人格自尊，讲究教育方法。对孩子也不能主观武断，强人所难。不可不顾孩子的兴趣和精力，强迫子女参加各种各样的培训班，揠苗助长。孩子的同学、朋友来家做客，父母要表示欢迎和尊重；在客人面前，不要讲孩子的过错；注意发现并适当表扬孩子的优点。

◎亲戚间的礼仪

重亲缘人伦是中华文化的一大特色，我们要珍惜亲戚之间自然存在的宝贵缘分，即使再忙，也别忘了沟通感情。

1. "亲戚亲戚，不走不亲。"说明亲戚关系需要走动沟通才能巩固。但走亲戚要看时机：亲戚家有喜当贺，有难当帮，尤其是婚丧场合，最好到场祝贺或凭吊；万一实在不能亲临也要通过电话等方式予以致意、解释并寄上人情仪礼。

2. 亲戚不能走动太频繁，特别是当今社会生活节奏快、工作压力大，非喜庆等特殊日子去走亲戚往往会干扰对方正常工作、生活，不但不能增进情谊，反而令人尴尬、反感。

◎迎客礼仪

有朋友来拜访时，要使房间尽量整洁，备好待客的简单用品，像茶叶、糖果、饮料之类，如果预先约好留客人吃饭，也要将饭菜等准备好。男女主人虽不用着意打扮，但应仪容整洁、自然、大方，以表现出做主人的认真态度。如果客人是初次来访，主人应亲自迎候客人，否则会使客人有被怠慢的感觉，即使不外出迎候，只要客人一敲门或按响门铃，就应立即起身开门迎接。迎客时主人要先向客人握手，并致问候，如果客人脱下外套、帽子等，或随身携带有包袋，主人一定要帮助代为放好。客人进入客厅后，主人要让客人在适当的位置就座，如果遇到有家人或朋友也在，应请他们出来与客人见面，并逐一进行介绍。在接待客人时，最好不要去做与待客毫不相干的事。客人告辞时，主人应婉言相留。如客人执意要走，也要等客人起身告辞时，主人再站起来相送，不能客人刚说走，主人就先站起来相送，这是不合乎礼仪的。

第三节　公共礼仪

◎赛场礼仪

到体育馆或体育场观看体育比赛，应提前入场，对号入座。有些比赛存在一定的危险性，所以一定要按照赛场的要求到指定地点就座，不要到禁区走动，以免发生危险。要遵守公共道德，自觉维护秩序，注意自己的言行举止。体育场内一般不许吸烟。拍照时不要使用闪光灯。

运动员比赛时，观众要保持安静，不能任意走动。鼓掌和喝彩要选择合适的时机，一般应在选手完成了高难度动作之后。鼓掌的时间要适可而止。主场观众应体现东道主的风度和公平精神，为双方鼓掌，表现出公道和友好。

◎舞会礼仪

参加舞会时仪表、仪容要整洁大方，尽量不吃带强烈刺激气味的食品，不喝烈性酒，不大汗淋漓或疲惫不堪地进入舞场。患有感冒者不宜进入舞场。尚不会跳舞者最好不在舞场现学现跳，待学会后再进舞池。

一般情况下，男士应主动有礼貌地邀请女士；如果是上下级的关系，不论男女，下级都应主动邀请上级跳舞。跳舞时舞姿要端庄，身体保持平、直、正、稳，切忌轻浮鲁莽；男士动作要轻柔文雅，不宜将女士拢得

过紧、过近；万一触碰了舞伴的脚部或冲撞了别人，要有礼貌地向对方颔首致歉。一曲终了了，方可停舞。男舞伴应送女舞伴至席位，并致谢意，女舞伴则应点头还礼。除此之外，还应讲究文明礼貌，维护舞场秩序，不吸烟，不乱扔果皮，不高声谈笑，不随意喧哗，杜绝一切粗野行为。

◎商场礼仪

在商场购物时不要大声喧哗，自觉维护公共卫生，爱护公共设施。对男女营业员可统称为"同志"，不要以"喂"代表礼貌称呼。在自选商场购物时，要爱护商品，对挑选过的商品如果不中意，应物归原处。采购完毕离开柜台时，应对营业员的优质服务表示谢意

◎办公室礼仪

与同事交往应注意使用礼貌用语，始终保持谦虚、合作的态度。同事外出时有客来访，要代为礼貌接待并将详情转告。注意个人仪表，主动打扫办公室的卫生。非经他人同意，不随意动用他人办公桌上的物品。在办公室不做私活、不谈私事，非必要不打私人电话。

◎阅览室礼仪

到图书馆、阅览室学习，要衣着整洁，不能穿汗衫和拖鞋入内。进入图书馆应将通讯工具关闭或调节至振动，接听手机应悄然走出室外轻声通话。就座时，不要为别人预占位置。阅读时要默读，不能出声或窃窃私语。不能在阅览室内交谈、聊天，更不能大声喧哗。在图书馆、阅览室走路脚步要轻，物品要轻拿轻放，不能发出声响。要爱护图书，有事需要帮助，不能大声呼喊，要走到工作人员身边求助。

◎影剧院礼仪

观众应尽早入座。如果自己的座位在中间，应当有礼貌地向已就座者示意，请其让自己通过。通过让座者时要与之正面相对，切勿让自己的臀部正对着人家的脸，这是很失礼的。应注意衣着整洁，即使天气炎热，袒胸露腹也是不雅观的。在影剧院万不可大呼小叫、笑语喧哗，也不可把影院当成小吃店大吃大喝。演出结束后，观众应有秩序地离开。

◎乘车礼仪

乘客乘车、船时应依次排队，对妇幼、弱及病残者要照顾谦让。不携带易燃易爆危险品或有碍安全的物品上车。上车后不要抢占座位，遇到老弱病残孕及怀抱婴儿的乘客应主动让座。乘车时不要吃东西、大声喊叫或把头伸出窗外。不随地吐痰、乱丢纸屑果

皮，不要让小孩随地大小便。乘坐飞机时要自觉接受和配合安全检查，登机后不要乱摸乱动，不使用手机、手提电脑等可能干扰无线电信号的物品。

◎旅游观光礼仪

1. 游览观光。凡旅游观光者应爱护旅游观光地区的公共财物。对公共建筑、设施和文物古迹，甚至花草树木，都不能随意破坏；不能在柱、墙、碑等建筑物上乱写、乱画、乱刻；不要随地吐痰、随地大小便、污染环境；不要乱扔果皮纸屑、杂物。

2. 宾馆住宿。旅客在任何宾馆居住都不要在房间里大声喧哗，以免影响其他客人。对服务员要以礼相待，对他们所提供的服务表示感谢。

3. 饭店进餐。尊重服务员的劳动，对服务员应谦和有礼，当服务员忙不过来时，应耐心等待，不可敲击桌碗或喊叫。对于服务员工作上的失误，要善意提出，不可冷言冷语，加以讽刺。

◎使用手机要文明

（1）不宜旁若无人地大声通话。信号不良时，可改换通话位置或改用其他通讯方式，不能大声呼叫。

（2）在会场、影院、剧场、音乐厅、图书馆、展览馆等需要保持安静的场所，主动关机或置于振动、静音状态；如接到来电，应到不妨碍他人的地方接听。

（3）不在驾驶汽车时或飞行过程中使用手机。不在加油站使用手机。

第四节　公务礼仪

◎当面接待礼仪

　　上级来访，接待要周到。对领导交待的工作要认真听、记；领导了解情况，要如实回答；如领导是来慰问，要表示诚挚的谢意。领导告辞时，要起身相送，互道"再见"。

　　下级来访，接待要亲切热情。除遵照一般来客礼节接待外，对反映的问题要认真听取，一时解答不了的要客气地回复。来访结束时，要起身相送。

◎电话接待礼仪

　　电话接待的基本要求：

　　1. 电话铃响，拿起电话机首先自报家门，然后再询问对方来电的意图等。

　　2. 电话交流要认真理解对方意图，并对对方的谈话作必要的重复和附和，以示对对方的积极反馈。

　　3. 应备有电话记录本，重要的电话应做记录。

　　4. 电话内容讲完，应等对方结束谈话再以"再见"为结束语。对方放下话筒之后，自己再轻轻放下，以示对对方的尊敬。

◎引见时的礼仪

　　到办公室来的客人与领导见面，通常由办公室的工作人员引见、介绍。在引导客人去领导办公室的路途中，工作人员要走在客人左前方数步远的位置，忌把背影留给客人。在陪同客人去见领导的这段时间内，不要只顾闷头走路，可以随机讲一些得体的话或介绍一下本单位的大概情况。

　　在进领导办公室之前，要先轻轻叩门，得到允许后方可进入，切不可冒然闯入。进入房间后，应先向领导点头致意，再把客人介绍给领导，介绍时要注意措词，应用手示意，但不可用手指指着对方。介绍的顺序一般是把身份低、年纪轻的介绍给身份高、年纪大的；把男同志介绍给女同志。如果有好几位客人同时来访，就要按照职务的高低，按顺序介绍。介绍完毕走出房间时应自然、大方，保持较好的行姿，出门后应回身轻轻把门带上。

◎陪同乘车行路礼仪

　　办公室的工作人员在陪同领导及客人乘车外出时要注意：

　　1. 让领导和客人先上，自己后上。

　　2. 要主动打开车门，并以手示意，待领导和客人坐稳后再关门，一般车的右门为上、为先、为尊，所以应先开右门，关门时切忌用力过猛。

　　3. 乘车时座位很有讲究，我国一般是右为上，左为下。陪同客人时，要坐在客人的左边。

倒茶有哪些讲究

古人云"鞭长不及马腹"，倒茶也是如此，倒在茶杯里的茶水并不是加得越满越好。为访客准备的茶水，大都是在茶水间倒好再端到会客室里去的。到会客室的距离越长，茶水溢出来的可能性就越大。

如果将茶水加得满满的，在端到会客室途中，托盘可能会溅湿。所以，应注意使茶水保持大约七分满。

此外，在泡茶以前，应将陶质小茶壶和茶杯烫一下。当有多个茶杯时，为了使茶水的浓度均等，应提着茶壶绕着圈，将茶水分别注入茶杯里。

如果主人端出温凉的、泡乏了的茶，任何客人都会感到不满意。尤其是在年长的男性之中有很多喜欢喝茶的人。因此细心周到，尽可能将茶泡得好喝，就显得格外重要了。

◎电梯有上下座之分

正如会客室与会议室存在席次差别一样，在电梯内也有上座与下座之分。

在电梯内，操作按键的位置是最次的下座，因为站在这个位置上的人，必须按控制电梯开闭和楼层的按键，扮演电梯女郎的角色。

相反，被看作最尊贵的上座位置，是位于操作按键位置的里面，其次是它旁边的位置，再其次是在有按键位置的旁边。在有四人以上乘电梯时，大致也以此为准。

当你的上司站在电梯里面的位置时，如果正巧你站在按键的前面，虽然把上司的前

面堵住了，乍看显得失礼，但实际上这才是正确的座次。

◎不要将对方的名片置于桌上

有些人在交换名片结束后，常会将名片放在桌上就开始会谈。有时客人多达 4 至 5人时，要将他们的姓名一一记住是件很伤脑筋的事，因此这样做也是别无良策的权宜之计。不过，当客人只有一位时，就应该将名字牢记，然后收在名片夹或口袋中，不可放在桌上置之不理。

此外，即使客人有多位，也应尽可能当场记住他们各自的姓名，并且养成在记住之后放入名片夹收好的习惯。弄洒茶水而将名片弄脏，是对对方的不敬，请务必谨慎地对待。

◎介绍时应职称在前姓名在后

在做介绍时，同时有自己公司和其他公司的人员在场，应从自己公司人员开始介绍，首先先介绍自己的上司，然后再介绍客人。

进行介绍时，要先介绍职称，再介绍姓氏。例如，"这位是我们公司的 C 经理"就错了，因为 C 经理是敬称。所以要改说为"这位是我们的经理，姓 C"。而另一方面，将客人介绍给上司时，要说成是"这位是 D公司的经理，E 先生"。

请记住：无论介绍自己公司还是其他公司的人，都应将职称放在前面，姓名放在后面。

第五节　日常交际礼仪

◎交谈应注意哪些细节

第一点：坚持三不选。一是有倾向性错误、令人反感、格调不高的主题不选；二是涉及国家或行业秘密以及个人隐私的主题不选；三是捉弄对方或非议他人的主题不选。

第二点：注意两不要。谈话坚持实事求是，不要自吹自擂、自我标榜和一味抬高自己；不要妄自菲薄、自我贬低、自轻自贱、过度谦虚客套，也就是不吹不贬。

第三点：要学会聆听。不随意打断对方谈话，不要老是插话、抢话。具体要注意四种情况的处理：对正确的意见表示赞同；无原则问题不必细究；有原则问题婉转相告；不合礼要求婉言谢绝。

第四点：不独白抬扛。要礼让对方，不独白抬扛（就是不把交谈搞成报告会和辩论会），不能冷场，保持谈话距离。

◎常用交际用语有哪些

初次见面应说：幸会；看望别人应说：拜访；等候别人应说：恭候；请人勿送应用：留步；对方来信应称：惠书；麻烦别人应说：打扰；请人帮忙应说：烦请；求给方便应说：借光；托人办事应说：拜托；请人指教应说：请教；他人指点应称：赐教；请人解答应用：请问；赞人见解应用：高见；归还原物应说：奉还；求人原谅应说：包涵；欢迎顾客应叫：光顾；老人年龄应叫：高寿；好久不见应说：久违；客人来到应用：光临；中途先走应说：失陪；与人分别应说：告辞；赠送作品应说：雅正。

◎如何说"不"——拒绝礼仪

工作生活中，难免会遇到一些不合理的要求，应掌握拒绝技巧，做到婉拒他人而又不失礼貌。

1. 位置置换：遇到难以满足的要求时，可以讲明自己不能做到的环境和条件限制，请对方设身处地站在自己的角度换位思考，从而谅解自己的难处。

2. 态度委婉：对方提出的要求肯定不能答应时，为避免一下子拒绝显得生硬，可以就对方要求的内容中的某一部分表示理解，但最终对要求的主要部分给予否定，给对方一个台阶，使对方比较容易接受。

3. 缓和气氛：对别人的要求表示拒绝时，为使对方易于接受，不宜马上表态"不行"，可以就事论事地进行一些分析类比；如果属于暂时性"不行"的问题，应让对方了解怎么样的情况和条件才能达到"可行"的要求，给对方讲明方向，使对方感到被拒绝得有理有据，让对方能够心服口服。

◎拜访要注意什么

1. 拜访前不论因公还是因私而访，都要事前与被访者电话联系。

2、拜访中的举止礼仪要注意以下几点：

（1）要守时守约。

（2）讲究敲门的艺术。要用食指敲门，力度适中，间隔有序敲三下，等待回音。如无应声，可再稍加力度，再敲三下，如有应声，再侧身隐立于右门框一侧，待门开时再向前迈半步，与主人相对。

（3）主人不让座不能随便坐下。如果主人是年长者或上级，主人不坐，自己不能先坐。主人让座之后，要口称"谢谢"，然后采用规矩的礼仪坐姿坐下。主人递上烟茶要双手接过并表示谢意。如果主人没有吸烟的习惯，要克制自己的烟瘾，尽量不吸，以示对主人习惯的尊重。主人献上果品，要等年长者或其他客人动手后，自己再取用。即使在最熟悉的朋友家里，也不要过于随便。

（4）跟主人谈话，语言要客气。

（5）谈话时间不宜过长。起身告辞时，要向主人表示打扰之歉意。出门后，回身主动伸手与主人握别，说"请留步"。待主人留步后，走几步，再回首挥手致意"再见"。

◎拜访友人须事先约好

当我们经过很好的同事家附近时，有时会想顺便去拜访一下。而此时不事先联系就直接上门访问，是很失礼的。必须先打电话，询问对方自己能不能去拜访、对方是否方便。

连电话也不打就直接前去拜访，要是遇到对方正好在接待客人，对方和这位客人都会感到不自在。因此，突然前去拜访，会为对方带来麻烦。

◎拜访应避开用餐时间

去别人家里拜访时，必须注意时间，特别是留意吃饭时间。

早上的访问应在 11 点之前结束。如果太早，就会和早餐发生冲突；如果太晚，又会涉及到吃午饭的问题。如果临近中午，最好应选在 10 点半至 11 点之间。超过 11 点半的访问，是绝对应当避免的。在此时访问，好像是要对方为自己准备午饭似的。

傍晚过了 5 点，一般家庭都会开始准备晚饭。最迟应在下午 4 点左右访问，并在 5 点之前离去。突然要去访问时，应在考虑到时间因素的前提下，和对方约好，同时应告诉对方，让对方打消要为自己预备饭菜的顾虑。

◎按对讲机，不宜太多次

只凭按对讲机这一个动作，就能看出此人的性格，要是多次不停地按，让对讲机响得令人心烦，只会让别人认为不懂事或缺乏常识。

对讲机只能按一次，这才是正确的按法。通常一名受过正规训练、表现优秀的业务员，面对对讲机，他一定只会按一次。

按一次后等待二、三分钟，如果没有应答，就再试一次，再等待数分钟，如果还是没有回应就要想到可能对方不在家，此时应回去。因为没有应答，而以不达目的誓不罢休的架势，多次按响对讲机，是没有意义的。

如果对方门上安装的是门环，叩响时应将两次算作一次。只需"叩叩"地叩响就行了，并不需要连续不断地叩。

◎家庭拜访时应将大衣脱掉

家庭拜访时，也是同样道理，应先在门口将大衣、围巾和帽子脱掉，然后再去按门铃。

如果认为对方不会马上出来，而先去按门铃，恐怕会造成尴尬的局面。自己正脱大衣的时候，门打开了，对方探出头来冲着你打招呼"啊！你好！"是一件令人不好意思的事。

为了避免出现这种情况发生，应先将大衣之类的衣物脱掉，整理一下服装，然后再按门铃。此外，脱下来的大衣等不要拿进室内，而要叠起来放在大门旁边。当访问地点的人想要替你保管时，应整齐地叠起来交给他。将大衣弄得绉巴巴的，或将围巾弄成一团递过去，都是失礼的。

离开对方的房子时与此相反，要在走出大门之后再穿上大衣，这样才合乎礼节。

◎坐着时不要翘起二郎腿

被主人请进客厅后，应先确定上座和下座。

而坐在沙发上时，不能因为感觉坐在坐垫上舒服，而将身体倚在靠背上，并深陷地坐进去。应使臀部挨着靠近沙发前端的地方，并浅浅地坐着。如果是女生应挺直脊背，并扰双脚并偏向一侧，显得较为雅观。

再者，最好不要翘起二郎腿。如果拜访的人地位较高，恐怕会让人感觉傲慢。

如果带有皮包，既不能将它放在沙发上自己的身边，也不能放在桌子上，应将它放在沙发靠近自己脚边的位置。

◎先喝茶再吃点心

对方端出茶和点心后，应不要客气，趁它们还没有变冷时食用，才合乎礼仪。

有些人会有先喝茶的习惯，其实先吃点心才是正式的礼貌。当茶杯带有盖子时，先要轻轻地打开盖子并放在茶杯右侧，以免让水珠滴下来。接着，不要端起茶碟，只将茶杯端在手上，即用双手拿起来。

将茶杯放在左手的手掌上，并用右手轻轻托着，将它送到嘴边。

喝过茶后，要用指尖轻轻将嘴唇接触的部分擦干净。如果口红沾在茶杯上，会有失礼仪。最后再若无其事地检查一下。

◎道别寒暄语应简短

从访问地点告辞时，应先在房间内寒暄，到了大门口再简单地致谢，一共进行两次。

大衣、围巾、披肩和手套等，在走出大门之前，不应穿戴在身上。当主人说出"请慢走"时，再将大衣穿起。

有些人道别时耗时过久，一直在大门口喋喋不休地交谈，会浪费对方的时间。

由于临别时的寒暄语已在房间里说过了，因此在大门口的寒暄应简短地结束，然后尽快离去。走出大门之后，面对要将自己送到路上或电梯的对方，应说"您用不着特意送出来了，到这里就可以了"，以谢绝主人的相送。

◎用餐时举止要优雅

在格调高雅的餐厅里用餐时，要求举止优雅。当你就坐时，应从左边坐下，否则会与邻座的人发生碰撞。

女性不要自己去拉椅子，拉开椅子并让女性坐下，是男性的事。如果同伴当中没有男性，就应等待侍者为自己拉开。并且应当在将位置安放好之后再落坐。坐下后多次咯嗒咯嗒地挪动椅子，不断调整位置，是很不礼貌的。再者，坐下时脚翘成二郎腿或用膝盖顶着桌子，都是违反礼仪的举动，请多注意。

◎用餐与喝酒有什么讲究

吃法国菜时，酒是必不可少的。从用餐之前直到饭后，对应不同的情形，在进餐的同时享受美酒，是品味法国美食之道。

雪利酒和鸡尾酒等餐前酒，是为了唤起食欲而预备的，因此不能喝得太多。一般说来，吃红肉类时配红葡萄酒，吃白肉类时配白葡萄酒。

葡萄酒的种类繁多，时常会不知该选哪种好。此时，可以让餐厅里的人去决定。这里一定会有选择葡萄酒的专家，因此他会为你选出与所吃菜肴相配的酒。

白葡萄酒要在冰镇以后喝，因此应拿着高脚杯的细脚，不宜握着杯身（主要是为了不让手的热度传导给酒，让冰凉的葡萄酒加热），趁着它还冰凉的时候喝；而红葡萄酒在室温下喝即可，因此可以不必太在意。再者，喝红葡萄酒之前，必须先用餐巾抿一下嘴唇。

◎敬酒的礼仪与小细节

俗话说，酒是越喝越厚，但在酒桌上也有很多学问讲究的。

细节一：领导相互喝完才轮到自己敬酒。敬酒一定要站起来，双手举杯。

细节二：可以多人敬一人，决不可一人敬多人，除非你是领导。

细节三：自己敬别人，如果不碰杯，自己喝多少可视乎情况而定，比如对方酒量、对方喝酒态度，切不可比对方喝得少。

细节四：自己敬别人，如果碰杯，说一句："我喝完，你随意。"这样显得大度。

细节五：记得多给领导或客人添酒，不要随便给领导代酒。

细节六：端起酒杯（啤酒杯），右手扼杯，左手垫杯底，记着自己的杯子永远低于别人。自己如果是领导或是长辈，不要放太低，这是喝酒的礼节。

细节七：如果没有特殊人物在场，碰酒最好按时针顺序，不要厚此薄彼。

细节八：碰杯，敬酒，要注意有说词，别闷着喝。

细节九：桌面上不谈生意，喝好了，生意也就差不多了。

细节十：遇到酒不够的情况，酒瓶放在桌子中间，让人自己添，不要去一个一个倒酒。

◎中餐点菜的"三优四忌"指什么

一顿标准的中式大餐，通常，先上冷盘，接下来是热炒，随后是主菜，然后上点心和汤，可以点一些餐后甜品，最后是上果盘。在点菜中要顾及到各个程序的菜式。

"三优"指优先考虑的菜肴。

（1）有中餐特色的菜肴。宴请外宾的时候，这一条更要重视。（2）有本地特色的菜肴。比如西安的羊肉泡馍，湖南的毛家红烧肉，上海的红烧狮子头，北京的涮羊肉，在那里宴请外地客人时，上这些特色菜，恐怕要比千篇一律的生猛海鲜更受好评。（3）本餐馆的特色菜。很多餐馆都有自己的特色菜。上一份本餐馆的特色菜，能说明主人的细心和对被请者的尊重。

"四忌"指在安排菜单时，还必须考虑来宾的饮食禁忌。

（1）宗教的饮食禁忌，一点也不能疏忽大意。（2）出于健康的原因，对于某些食品，也有所禁忌。（3）不同地区，人们的饮食偏好往往不同。（4）有些职业，出于某种原因，在餐饮方面往往也有各自不同的特殊禁忌。如驾驶员工作期间不得喝酒。要是忽略了这一点，还有可能使对方犯错误。

◎如何正确使用餐巾

放在桌子上的餐巾，应在食物送上来的那一瞬间再摊开。坐下后立刻就将餐巾打开铺在膝盖上，是错误的。

手拿折成两叠的餐巾时，应将折痕朝着自己，放在膝盖上。常看到有人将餐巾系到脖子上！其实，放在膝盖上才是正式的做法。

餐巾是在吃饭当中用来擦嘴的。有些人会特意拿出手帕，而这样一来准备好的餐巾就失去意义了。不过，若餐巾上沾有口红、饭菜的痕迹，也不好看，所以应注意不要弄得太脏。

中途有事离开时，应将餐巾轻轻叠起来放在椅子上，表示尚未用餐完毕。吃完之后退席时，就放在桌子上。此时，有些人会精心地将它叠回原样，而这表示饭菜还没有入口。因此，只需略微叠一下就可以了。

◎婚礼宴席上要注意分寸

婚宴总是散播着热闹的气氛，因此心情也变得格外兴奋。有些人一旦出席与自己关系亲密的朋友或同事的婚宴，不知不觉中就会尽情地欢闹，而失去分寸。

有些年轻女性爱聚在一起，跑进新娘所在的休息室，并哇哇地吵嚷，或在为出席者准备的休息室高声说笑。

其中甚至还有些人在结婚宴开始之前，就已经在商量等宴会结束后，要如何闹洞房。如果说得小声还好，若在新郎、新娘的亲戚和父母面前毫无顾忌地喧哗，则很令人头痛。

请别忘记：在婚宴上，也有许多你不认识的参加者。毕竟，婚宴是为新郎和新娘举办的，千万别喧宾夺主。婚宴的气氛有时也会因少数群体的吵闹，而乌烟瘴气。如果意犹未尽，就等宴会结束后，换个地方再继续。在此之前，还是多克制自己的行为。

第六节　商务礼仪

◎商务礼仪中的自我介绍礼仪

自我介绍，一般指的是主动向他人介绍自己，也可以是应他人的请求而对自己的情况进行一定程度的介绍。

自我介绍通常需要注意以下两个方面的问题。其一，是要注意进行自我介绍的具体时间。它又包括两层含意。一是进行自我介绍时，首先要在具体时间上于已于人彼此方便，这样才会发挥正常，并且易于为对方所倾听。二是进行自我介绍时，一定要把握好所用时间的长度。最好宁短勿长，将一次自我介绍的时间限定在一分钟甚至是半分钟以内。其二，要注意进行自我介绍的主要内容。在不同的场合，自我介绍在内容上有一定的差别。在商务活动中自我介绍可分为两种。一种是应酬型的自我介绍，其内容仅包括本人姓名这一项内容。它多用于应付泛泛之交；另一种则是公务型的自我介绍，其内容包括本人的姓名、工作单位、所在部门、具体职务等四项内容构成。因公进行涉外交往时，只宜采用这一类型的自我介绍。

◎商务礼仪中的介绍他人礼仪

介绍他人，通常指的是由某人为彼此素不相识的双方相互介绍、引见。在商务交往中介绍他人时，一般应注意以下四个方面的

问题。

第一，要注意介绍者的身份。在正式交往之中，对介绍者的身份有着一定的讲究。在外事访问中，介绍者一般应为东道主一方的礼宾人员。在社交活动里，介绍者通常应当是女主人。在多方参与的正式活动中，可由各方负责人将己方人员一一介绍给其他各方人士。

第二，要尊重被介绍者的意愿。介绍者在有意为他人相互引见时，最好先征求一下被介绍者双方的个人意愿。如果贸然行事，会好心办坏事。

第三，要遵守介绍时的先后次序。正规的做法，是要先介绍身份较低的一方，然后再介绍身份较高的一方。即先介绍主人，后介绍客人；先介绍职务低者，后介绍职务高者；先介绍男士、后介绍女士；先介绍晚辈、后介绍长辈；先介绍个人，后介绍集体。

第四，要重视介绍时的表达方式。在介绍双方时的主要内容应基本对称，大体相似。切勿只介绍一方而忘记另一方；或者在介绍一方时不厌其详，而在人介绍另一方时则过分简单。

◎交往中问候应注意什么

在交往应酬之中，与外国人相见时，尤其是与之发生正面接触应酬时，往往要向对方行礼致意。商务活动的对外交往，与外国友人互行见面礼时，特别要注意问候的进行

与礼节的选择。问候，又称问好、问安或打招呼。它是以语言或动作向他人询问安好，进行致意，是向对方表示关切或友好的一种常规方式。

向外宾进行问候时，有三点要注意：

一是要慎选问候的具体内容。一般而言，在问候外国人时，可问候对方"你好"，或者说"很高兴认识你"、"见到你很高兴"。具体问候对方"早安"、"午安"、"晚安"，也是可以的。

二是要注意问候的先后次序。在交往双方相见时，通常应由身份较低的一方首先向身份较高的一方问候。若同时需要问候许多人时，要以由尊而卑或者由近而远，依次而行。当他人率先问候自己时，应立即予以回应。

三是要重视问候的态度表现。要主动而热情地问候对方。

◎ 商务交往中的见面礼节

在商务交往中，选择何种具体的见面礼节，颇有讲究。对中国人而言，既可以沿用自己的习惯做法，也可以比照交往对象的特殊做法，对其加以模仿。当前，中国人在日常生活中所采用的见面礼节，主要有握手礼、拱手礼、举手礼、脱帽礼、注目礼、起身礼等。其中尤以握手礼适用于商务交往活动。

◎ 商务交往中握手要注意哪些

第一，要专心致志。在一般情况下握手时应当面含笑意，起身站立，用右手与对方右手完全相握后，上下晃动两三下，用力不重不轻，时间大约要三至五秒钟。最重要的

是握手时务必要正视对方的双眼，并与对方稍事寒暄。

第二，要留意次序。基本规则是：应由握手双方之中身份为尊的一方首先伸出手来。即职务高者与职务低者握手时，应由职务高者首先伸手；女士与男士握手时，应由女士首先伸手；长辈与晚辈握手时，应由长辈首先伸手。当来宾抵达时，应由主人首先伸手；而当来宾告辞时，应由来宾首先伸手。

第三，要回避禁忌。一是不要戴着手套握手，二是不要戴着墨镜握手，三是不要用左手握手，四是尽量不要用双手与初次相识的异性握手，五是不要在多人握手时交叉握手。

◎ 商务交往互换名片时注意哪些

1. 参加商务交往时，应随身必备名片。按照惯例，在外事活动中，一般不宜主动向外国友人索取名片。参加活动前，即应将本人的名片装入专用的名片包，或是放在上衣口袋之中，以供随时取用。

2. 递送本人名片时，应当彬彬有礼。需要将本人名片递交给商务友人时，应当起身站立，走向对方，面含笑意，以右手或双手捧着或拿着正面面对对方的名片，以齐胸的高度，不紧不慢地递送过去。同时向多人递送本人名片时，可由尊而卑或近而远，依次而行。

3. 接受他人名片时，应当毕恭毕敬。当他人主动将名片递给自己时，一定要表现出自己的恭敬、重视之意。首先要起身站立，迎上前去，称"谢谢"。然后，务必要用右手或双手并用将对方的名片郑重其事地接过

来，捧到面前，仔细默念一遍。

4. 在国际交往中，私人名片还可以发挥下列几种特殊作用。第一，可以代替私人书信。第二，可以代为引荐他人。第三，可以代替送礼时专用的礼单。第四，可以在拜访时代为通报或代替留言。第五，可以向亲朋好友通知本人的有关变动。

◎商务活动的座次如何排列

座次排列的方法，主要有以下三种。

一是相对式。指宾主双方会见时面对面而坐，便于进行交流。一般应以会客室的正门为准。面对正门的一方为上，应请来宾就座。背对正门的一方应是东道主就座。若宾主双方俱不止一个人，则除主人与主宾之外，双方其他人员均应按照具体身份的高低，由尊而卑，自右而左依次排列在主人或主宾两侧。

二是并列式。指宾主双方会见时面对会客室或会见厅的正门并排而坐，可显示双方的平等与亲密。它的具体排列是主人在左，主宾在右。宾主双方的其他人员按照具体身份的高低，依次在主人、主宾的一侧排开。

三是自由式。请宾主自由就座。在举行多边会见时，此种方法尤为适用。谈判，亦称会谈。它指的是有关各方为了各自的利益，通过接触与磋商，就某些实质性的问题达成协议或者妥协。

◎我国所采用的位次排列方法

各类谈判，都有很高的礼仪要求，目前，我国所采用的谈判的位次的排列方法，主要有三种。

其一，是相对式。它主要适用于双边谈判。具体又分为两种情况。一是谈判桌横放，客方面对正门而坐，主方背对正门而坐。二是谈判桌竖放，以进门时方向为准，右侧为上，请客方就座；左侧为下，请主方就座。在谈判时，双方的主谈者应居中而坐，其他人员应遵循右高左低的惯例，依照各自实际身份的高低，自右而左分别就座于主谈者的两侧。按惯例，各方的译员应就座于主谈者的右侧，并与之相邻。

其二，是主席式。它主要适用于多边谈判。届时，可在谈判厅内面对正门设置一主席台，其他各方人员均应背对正门，就座于主席台的对面。在谈判进行中，各方发言者须依次走上主席台，面对大家，阐述自己的见解。其状况，有如大会发言。

其三，是圆桌式。它也适用于多边谈判。在谈判现场仅设置一张圆桌，由各方人员不分座次，自由就座。举行签字仪式，是条约、协议生效的必经步骤，也是礼仪性极强的一项活动。

◎签字仪式位次如何排列

举行签字仪式时位次排列的讲究是，签字桌横放，客方签字者面对正门居右而坐，主方签字人则应面对正门居左而坐。双方的助签者应站立于各自一方签字人外侧。其他人员则按职务高低，自左至右（客方）或自右至左（主方）排列成一行，站立于己方签字人的身后。也可以一定的顺序就座于己方签字人的正对面。在会见外宾时如安排中外双方人员合影留念，一般应请双方人员列成一行，客方人员按其身份自自左至右居于右侧，主方人员按其身份自右而左居于左侧。若一行站不完人时，则可参照"前高后低"的规则，排成两行或三行。

◎国际商务礼仪要点

国际商务礼仪包含的内容很多，如何请客吃饭，如何握手，如何打招呼等，这些都大有讲究。这么多内容我们一时也难以掌握，下面是礼仪专家总结的国际商务礼仪要点。

1. 交流方式要注意。在国外几乎所有的会谈都是英语，如果语言上有障疑，可随团自带或在当地聘请一位翻译。此外，在多数会谈中，开场白都非常简短，交流也都很快进入正题；切忌在会议中斜靠在椅子上，或把手放在头后面，或无精打采等，这些都是对交谈双方的不尊重并会引致反感。

2. 见面要有礼有节。一般在做自我介绍时要先讲自己的身份，然后请教对方。此外，国际上往往在互相介绍时有互相交换名片的习惯。

3. 参加商务活动要守时，因为出席商务活动抵达时间的迟早在一定程度上反映了对主人的尊重程度。

4. 参加宴请活动要有礼节。出席宴会应正点或提前二、三分钟抵达，告辞时要等主宾退席后才能退席。确实有事需提早退席，应向主人道歉后悄悄离去。

5. 选择适当的称呼方式。在国际交流中，一般在招呼上均称"先生"、"女士"和"小姐"。但要注意在称呼地位高的官方人士时，要选用"阁下"或称呼其"职衔"方式。

6. 带备适当之礼品。适当的友谊礼品，如国产的一些很有特色且花销不大的纪念品会有独到的作用。

7. 穿着服饰要合适。参加商务活动或宴请，正统的西服和领带是必要的，对女士来说一般也应着礼服或西服。

8. 要了解和尊重各国的特殊习俗。出国前最好是多查阅些有关访问国资料，了解其特殊的风俗习惯和礼节；否则会使访问国的主人误以为对他们不尊重，以致整个商务访问活动宾主双方的不愉快，甚而彻底失败。

◎商务电话礼仪基本要点

1. 接电话的时间。接电话最完美、最专业的时间是在电话铃响的第三声接起来！如果你在电话铃声的第一声响的间隙中接起来，一些客户会认为你太忧虑了；如果你在电话铃响了六到十多次，客户会认为你不在意生意。

2. 接电话的声音。接电话用有点兴奋的声音。对方的声音有些快乐的讯息，有些热诚。如果你的声音听起来像晚期病人的声音，客户便不想和你见面。这也是为什么要在第三声电话铃响响接起电话的理由之一。因为在第一响时，打断了你正在做的事情，把你的心绪理清，把你自己的意识提高起来。这是简单的小计谋。

3. 承认他人的兴趣。让给你来电的人告诉你他为什么打电话来。

4. 尽量得到对方的名字。如果你能在电话中叫出对方的名字，对方会非常高兴，这样非常有助于与来电的人建立联系。得到名字的方法很简单，但正确的话语十分重要。

5. 用问句回答他大部分问题。

◎商务电话应注意哪些

在商务活动中，必须了解的电话礼仪有如下几条：

别轻易说出上司在场或有空，也不要轻易让上司接听电话，先弄清对方的身份和用意；

尽量不要使上司受无意义的电话打扰；但对于自己不了解的人或事情不能轻易表态，尤其是否定，应有不拒绝任何可能的机会的意识；

上司如果不在场，要有礼貌地请对方留言，不要简单地回绝对方；

上司如不接电话，应该设法圆场，不让对方感到难堪和不安；

通话时如果有他人进来，不得目中无人，应该点头致意。如果需要与同事讲话，应讲"请您稍等"，然后捂住话筒，小声交谈；

重要会议（特别是会见客户时）应关闭手机或改为震动方式；

商务交谈中尽量不要接听电话。如有必要接听的手机电话，一定要离位。但有一点要注意，与客户谈话做此举动往往会引起客户的不满，尽管他并不表示出来；

不要借用客户的手机打电话。

◎商务中餐礼仪

对于中餐礼仪，我们可能已经掌握得很多了，但是，商务活动时中餐礼仪与平时又有所不同：

（1）将餐巾放在膝盖上，不可用餐巾擦脸或嘴。完餐后，将餐巾叠好，不可揉成一团；（2）照顾他人时，要使用公共筷子和汤匙；（3）传染病毒携带者应自觉谢绝参加餐会；（4）喝汤用汤匙，不出声；（5）嘴里有食物时，不张口与人交谈，嘴角和脸上不可留有食物残余；（6）剔牙时用手挡住嘴，咳嗽、打喷嚏或打哈欠时，应转身低头用手绢或餐巾纸捂着，转回身时说声"抱歉"；（7）说话时不可喷出唾沫，嘴角不可留有白沫；不可高声谈话，影响他人；（8）不要用筷子敲打桌面或餐饮器具；（9）不要往桌子对面的客人扔筷子或其他餐具；（10）不要把筷子架在或杯子上，不要把筷子插在饭碗或菜盘里；（11）不要将筷子交叉放置、放反了、一头大一头小；（12）谈话时不要挥舞筷子，也不要把筷子当牙签用；（13）不要把筷子伸到他人面前，也不要插入菜盘深处；（14）不要翻覆挑拣，也不要使筷子在菜盘上游动，不知夹什么菜；（15）夹菜时不要一路滴汤，筷子不要粘满了食物，也不要用嘴吮吸筷子；（16）用双手举杯敬酒，眼睛注视对方，喝完后再举杯表示谢意；（17）碰杯时，杯子不要高于对方的杯子；（18）尊重对方的饮酒习惯和意愿，不以各种理由逼迫对方喝酒；（19）不抽烟，不往地上和桌子底下扔东西，不慎摔碎餐具，应道歉并赔偿；（20）用完餐离座时，将椅子往内紧靠着边；（21）原则上按照生菜、色拉、主食、甜点、水果顺序取菜，一次取2至3样；盘子如果堆得太满，既不雅观，又混淆原味；选用牛排、猪排、鱼排等食物时，须遵照西餐的礼仪食用；（22）不要混用专用菜夹，用过的餐盘不可再用；（23）既不可浪费，又不可抱着"捞本"和"不吃白不吃"的心态，暴饮暴食。

第七节　涉外礼仪

◎涉外礼仪应注意什么

在国际交际中，许多外事活动，往往是通过各种交际礼仪活动进行的。一般来说，各种交际活动，国际上都有一定惯例，但各国往往又根据本国的特点和风俗习惯，有自己独特的做法，我们在对外交往中除应发扬我国礼仪之邦的优良传统，注意礼貌、礼节之外，还应尊重各国、各民族的风俗习惯，了解它们不同的礼节、礼貌的作法，从而使得我们在对外活动中真正做到不卑不亢，以礼相待。

在涉外交往中，遵守国际惯例和一定的礼节，有利于我国的对外开放，有利于展现中国礼仪之邦的风貌，健康、必要的礼仪可以赢得人们的尊敬和爱戴，广交朋友，避免隔阂和怨恨。如果一个人在日常生活、工作中，彬彬有礼，待人接物恰如其分，诚恳、谦恭、和善，就必定受到人们的尊重。

◎个人隐私"八不问"指什么

中国人在涉外交往中，务必要严格遵守"尊重隐私"这一涉外礼仪的主要原则。一般而论，在国际交往中，下列八个方面的私人问题，均被海外人士视为个人隐私问题。

其一，是收入支出。

其二，是年龄大小。

其三，是恋爱婚姻。

其四，是身体健康。

其五，是家庭住址。

其六，是个人经历。

其七，是信仰政见。

其八，是所忙何事。

要尊重外国友人的个人隐私权，首先就必须自觉地避免在对方交谈时，主动涉及这八个方面的问题。为了便于记忆，它们亦可简称为"个人隐私八不问"。

◎涉外礼仪中的言谈举止

在与外宾交谈时，表情要自然，态度要诚恳，用语要文明，表达要得体。别人在与他人个别交谈时，不要凑前旁听。若有事需与某人谈话，应待别人说完。交谈中若有急事而要离开时，应向对方打招呼，表示歉意。

在外事活动中，举止要落落大方、端庄稳重，表情要自然诚恳、和蔼可亲，不能不拘小节。站时，身体不要东歪西靠，不要斜靠在桌面或倚靠；坐时，姿势要端正，不要翘脚、摇腿，也不要显出懒散的样子，女同志不要支开双腿；走时，脚步要轻，如遇急事可加快脚步，但不要慌张奔跑；说话时，手势不要过多，也不要放声大笑或高声喊人。

◎与外宾交谈的基本原则和技巧

语言是内心世界的表现，一个人的教养和为人在交谈中会自然流露出来。

1. 基本规则。一要委婉含蓄，表达巧妙。在外交场合，以"遗憾"代替"不满"、以"无可奉告"作"拒绝回答"的婉词；在社交场合，以"去洗手间"代替"厕所在哪儿"，都是委婉含蓄的表达方式。二要善于倾听，给别人以说话的机会。这样才能在听取别人谈话的同时，获得对方的好感。三要坦率诚恳，切忌过分客气。四要诙谐幽默，避开矛盾的锋芒。幽默风趣的话语不仅令人愉快，还能化解因各种原因引起的紧张情绪和尴尬气氛。

2. 忌谈话题。与人交谈时，一般不要涉及不愉快的事，更要注意回避对方的隐私；对妇女一般不询问她的年龄和婚姻情况；对一般人，不径直询问私生活方面的问题。对方不愿意回答的问题不要刨根问底，对方反感的问题一旦提出则应表示歉意或立即转移话题。谈话时还应注意不要批评长辈和身份高的人，对宗教问题也应持慎重态度。

3. 控制声调。如果在与人交谈时你试着把自己的声音降低，会收到意想不到的效果，一个低沉的声音更能吸引人们的注意力并博得信任和尊敬。

◎涉外交往中交谈的礼仪

涉外交往中，在与外商谈话时表情要自然，语言和气亲切，表达得体。谈话时可适当做些手势，但动作不要过大，更不要手舞足蹈，用手指点人。谈话时的距离要适中，太远太近均不适合，不要拖拖拉拉、拍拍打打。

参加别人谈话要先打招呼，当别人在进行个别谈话时，不要凑前旁听；有事需与某人谈话，可待别人谈完；有人主动与自己说话，应乐于交谈；发现有人欲与自己谈话，可主动询问；第三者参与谈话，应以握手、点头或微笑表示欢迎；若谈话中有急事需离开，应向对方打招呼，表示歉意。谈话时不要唾沫四溅。

在交际场合，自己讲话要给别人发表意见的机会，另一方面、在别人讲话时，也应适时发表个人的看法。对于对方谈到的不便谈论的问题，不应轻易表态，可转移话题。要善于聆听对方的讲话，不要轻易打断，不提与谈话内容无关的问题。在相互交谈时，应目光注视对方，以示专心。别人讲话不要左顾右盼、心不在焉、或注视别处、老看手表等做出不耐烦的样子，或做伸懒腰、玩东西等漫不经心的动作。

◎涉外礼仪中的通用称呼

在涉外交往中，因国家不同、民族不同，习惯不一样，称呼上有一些差异。

在涉外交往中，对行政职务、社会地位比较高的人，我们可以用"阁下"这个称呼，例如"总统阁下"、"大使阁下"这样的称呼。但有些国家不行，比如美国、联邦德国、墨西哥这样的国家不大喜欢讲"阁下"这个词。

一般而论，在涉外交往中，以下三种称呼最为通用：

其一，称行政职务。这个一般是在正式的官方交往中使用的，"董事长先生"、"尊敬的经理先生"、"部长阁下"，这是称行政职务。

第二，称技术职称。见了专家学者，或者学术方面比较有造诣的人士，称学术职称。

第三，泛尊称。广泛的泛，泛尊称，例

如"先生"、"夫人"、"女士",这样的一些称呼。

◎怎样使用礼貌用语

"谢谢你"、"对不起"和"请"是常用的礼貌用语,如使用恰当,对调和及融洽人际关系会起到意想不到的作用。

"谢谢"——在西方国家,无论别人给予你的帮助是多么微不足道,你都应该诚恳地说声"谢谢"。正确地运用"谢谢"一词,会使你的语言充满魅力,使对方备感温暖。对他人的道谢要答谢,答谢可以"没什么,别客气"、"我很乐意帮忙"、"应该的"来回答。

"对不起"——社交场合学会向人道歉。道歉时最重要的是有诚意,切忌道歉时先辩解,好似推脱责任;同时要注意及时道歉,犹豫不决会失去道歉的良机。在涉外场合需要烦人帮忙时,说句"对不起,你能替我把茶水递过来吗",则能体现一个人的谦和及修养。

"请"——在西方国家,几乎在任何需要麻烦他人的时候,"请"都是必须挂在嘴边的礼貌语。如"请问"、"请原谅"、"请留步"、"请用餐"、"请指教"、"请稍候"、"请关照"等等。

◎着装应遵守哪些礼仪规则

20世纪60年代,日本人提出了场合着装的"TPO(Time、Place、Object 的缩写)"原则,其基本含义就是穿衣打扮要有章法,搞清楚穿衣的时间、地点及目的,直到今天它仍是各国人士在着装时所遵循的基本规则。

穿着整洁。整洁并不完全为了自己,更是尊重他人的需要,因此这是良好仪态的第一要件。

着装要与身份、年龄相符。在社交场合,如果忽略自己的社会角色而着装不当,很容易造成别人对你的错误判断,甚至会引来误解。

注意衣着与场合的协调。无论穿戴多么亮丽,如果不考虑场合,也会被人耻笑。如果大家都穿便装,你却穿礼服就欠妥当。

遵守不同时段着装的规则。这对女士尤其重要。

◎社交场合着装礼仪要点

在社交场合,涉外人员的着装应当重点突出"时尚个性"的风格。既不必过于保守从众,也不宜过分地随便邋遢。

目前的做法是,在需要穿着礼服的场合,男士穿着黑色的中山套装或西装套装,女士则穿着单色的旗袍或下摆长于膝部的连衣裙。其中,尤其以黑色中山装套装与单色旗袍最具有中国特色,并且应用最为广泛。在社交场合,最好不要穿制服或便装。

在休闲场合,涉外人员的着装应当重点突出"舒适自然"的风格。衣着没有必要过于正式,尤其应当注意,不要穿套装或套裙,也不必穿制服。那样穿,既没有任何必要,也与所处的具体环境不符。

◎涉外交往握手应注意什么

在交际场合中,一般是在相互介绍和会面时握手;关系亲切的则边握手边问候,甚至两人双手长时间握在一起;在一般情况下,握一下即可,不必用力。双手握住对方的手,以示尊敬。年轻者对年长者、身份低者对身份高者时应稍稍欠身。男子与妇女握手时,只轻轻握一下妇女的手指部分。

多人同时握手,切忌交叉进行,应等别人握手完毕后再伸手。男子在握手前应先脱下手套,摘下帽子。握手时应双目注视对方,微笑致意。

此外,有些国家还有一些传统的见面礼节,如在东南亚信仰佛教的国家见面时双手合十致意、日本人行鞠躬礼、我国传统的拱手行礼。这些礼节在一些场合也可使用。

公共场合远距离遇到相识的人,一般举起右手打招呼并点头致意,也可脱帽致意。与相识者在同一场合多次见面,只点头致意即可;对一面之交的朋友或不相识者,在社交场合均可点头或微笑致意。

◎涉外礼仪介绍应注意什么

在交际场合结识朋友,可由第三者介绍,也可自我介绍。为他人介绍,要先了解双方是否有结识的愿望,不要贸然行事。无论自我介绍或为他人介绍,都要做到自然。例如,正在交谈的人中,有你所熟知的,便可趋前打招呼,这位熟人便将你介绍给其他客人。

自我介绍时,要主动讲清自己的姓名、身份、单位(国家),对方则会随后自我介绍。为他人介绍时还应说明与自己的关系,以便于新结识的人相互了解与信任。介绍其他人时,要有礼貌地以手示意,而不要用手指指点别人。

介绍时,除妇女和年纪长者外,一般应起立。但在宴会桌上、会谈桌上可不必起立,被介绍者只要微笑点头有所表示即可。

◎坐车有什么礼仪

1. 座次安排。轿车座次安排通常有几种情况:

第一种,双排、三排座的小型轿车。如果由主人亲自驾驶,一般前排为上,后排为下。

如果由专职司机驾驶,通常后排为上,前排为下;以右为"尊",以左为"卑"。

第二种,多排座的中型轿车。无论由何人驾驶,均以前排为上,后排为下;右高左低;

第三种,轻型越野车,简称吉普车。不管由谁驾驶,其座次尊卑依次为:副驾驶座,后排右座,后排左座下。

2. 上下顺序。上下轿车的先后顺序通常为:尊长、来宾先上后下,秘书或其他陪同人员后上先下。即请尊长、来宾从右侧车门先上,秘书再从车后绕到左侧车门上车。下车时,秘书人员应先下,并协助尊长、来宾开启车门。

◎礼宾次序的学问

一是就位次客体而言,即位次本身的大小、上下及前后。一般情况下,以右为大、为长、为尊,以左为小、为次、为偏。二人同行前者为大,右者为尊;三人并行中者为尊,三人前、后行,前者为大;二人并坐,右者为尊;三人并坐,中者为大。乘坐小轿车时,尊者由右边上车,位低者由左边上车;车内二排席,后排中间为尊位,右边次之,左边再次之,前排司机旁位为最次。但当主人亲自驾车时,司机旁位为尊位。上楼时,前者为尊,下楼时,特别是楼梯陡时,尊者在后。室内就坐时,以对门的座位为尊。

二是就位次的主体而言,即位次对象的大小先后。位次本身是固定的,但位次的对象却是随着活动内容的不同而有所变动。

◎ 位次对象的排定方法

一般在重要的礼仪场合位次对象的排定有以下三种方法:

第一,按身分和职务的高低排列。这是礼宾次序排列的主要依据,绝不能教条化。

第二,按字母或笔画顺序排列。多边活动的各方或参加者不便按身份与职务的高低排列的,可采用按字母顺序或笔画顺序排列的方法。

第三,按通知和抵达时间的先后排列。这种排列方法多见于对团体的排次。常有按派遣方通知代表团组成的日期先后排列、按代表团抵达活动地点的时间先后排列、按派遣方决定应邀派遣代表团参加活动的答复时间的先后排列三种排法。

◎ 宴会分为哪几类

宴会是正餐,出席的人员应按主人排好的席位入座,由服务员按专门设计的菜单依次上菜。宴会又可分为国宴、正式宴会、便宴和家宴。国宴规格最高,是国家元首或政府首脑为国家庆典或外国元首来访而举行的正式宴会。宴会厅内悬挂国旗,乐队奏国歌和席间乐,席间有祝辞或祝酒。正式宴会,除不挂国旗、不奏国歌及宴席规格不同外,其余安排与国宴相似。有些正式宴会极为讲究,对餐具、酒水、菜肴及陈设等均作严格要求。便宴作为非正式的宴会,形式简单,不排座位,不安排讲话,菜肴亦可酌减。便宴气氛比较随便、亲切。家宴,在家中设宴招待客人,是一种表示更加亲切友好的形式。宴会按时间的不同又分为早宴、午宴和晚宴。一般来说,晚上举行的宴会要比白天举行的宴会更为隆重。

◎ 祝酒礼仪

祝酒是礼仪行为,目的是增进了解,加深友谊。无论是设宴接待外宾还是作为主宾参加外国举行的宴请,应了解对方祝酒习惯,即为何人祝酒、何时祝酒等等,以便作必要的准备。碰杯时,主人和主宾先碰,人多可同时举杯示意,不一定碰杯。祝酒时注意不要交叉碰杯。在主人和主宾致辞、祝酒时,应暂停进餐,停止交谈,注意倾听,也不要借此机会抽烟。奏国歌时应肃立。主人和主宾讲完话与贵宾席人员碰杯后,往往到其他各桌敬酒,遇此情况应起立举杯。碰杯时,要目视对方致意。

宴会上相互敬酒表示友好,活跃气氛,但切忌喝酒过量。喝酒过量容易失言,甚至失态,因此必须控制在本人酒量的三分之一以内。敬酒不劝酒,"感情深一口闷,感情浅舔一舔"的倡导是不足取的。

◎参加宴会有哪些礼仪

在西方国家，用正餐的时间比中国要晚。请柬上注明两个时间：晚7∶30到场，8∶00用餐（7∶30for8∶00p.m.），意即7∶30到场，8∶00晚宴开始。在此情况下，可在上述两个时间之间到场。如果请柬上只写一个时间，便应在该时到场。晚宴开始前通常备有淡酒，一般是鸡尾酒或雪梨酒。这时，应邀的宾客边饮酒，边走动，与人交谈，等到宣布晚宴开始时便步入餐厅入座。

1. 感恩祷告。千万注意！在正式晚餐上，而且有时在家庭晚宴上，要做饭前感恩祷告，为所用饭食而感谢上帝。这种祷告可用任何语言进行，而时常用拉丁文。在此场合，如果其他客人起立，则应起立，否则不用起立，仍坐原位。如果你不信仰宗教，你就目光向下，双手合十。感恩祷告时间不长。

2. 用餐器皿（刀、叉、勺、盘、杯）。在正式晚餐上，用餐器皿为数甚多。如果餐桌上有你不喜欢的食物，可以拒绝食用。将盘中的食物全部用光被视为有礼貌；除非你要求再加一些食物，否则不会添加。在正式宴会上，从不给添加食物。在这方面，应当很注意中国和西方礼仪上的差距：在中国，主人自然认为客人的菜盘应当盛满菜肴，在西方则不然。

食物由侍者端上，总是从左方摆上，空盘于每道菜肴用毕后自左方撤下。

3. 菜肴和酒的顺序。记住菜肴和酒的顺序是重要的，因为，如果是非正式的自助餐要依同样顺序用餐。与有的人的想法相反，

在宴会上，菜肴的顺序与中餐宴会一样严格，但原则有所不同。

◎鸡尾酒会及冷餐会

在西方国家，一种典型的社交聚会是鸡尾酒会。这种招待会有几个有利之处，它举办起来花费较少，而且能比请吃一次饭邀到更多的人。宾客到场后即从大盘中取酒饮用，然后在厅中走动，相互交谈。这种社交方式使许多人得以相聚并进行谈话。在鸡尾酒会上，总会有不含酒精的饮料，比如果汁之类可供饮用，而且有小食品。时间以18∶30为典型，有时甚至在白天举行，否则来宾将会去别处用餐。鸡尾酒会将仅持续一或二小时。

冷餐会与此有些类似，只是食物（常为冷餐）是摆放在房间一侧的桌上，来客自取菜盘、自取饭菜。如果设有座位，则位次的安排是非正式的。

◎涉外礼仪要注意爱护环境

作为涉外礼仪的主要原则之一，"爱护环境"的主要含意是：在日常生活里，每一个人都有义务对人类所赖以生存的环境，自觉地加以爱惜和保护。

第一，光有"爱护环境"的意识还是远远不够的，更为重要的是要有实际行动。

第二，与外国人打交道时，在"爱护环境"的具体问题上要好自为之，严于自律。具体而言，中国人在涉外交往中特别需要在"爱护环境"方面备加注意的细节问题，又可分为下列八个方面。

其一，不可毁损自然环境。

其二，不可虐待动物。

其三，不可损坏公物。

其四，不可乱堆乱挂私人物品。

其五，不可乱扔乱丢废弃物品。

其六，不可随地吐痰。

其七，不可到处随意吸烟。

其八，不可任意制造噪声。

◎涉外活动言行忌

举止忌：忌姿势歪斜，手舞足蹈，以手指人，拉拉扯扯，相距过近，左顾右盼，目视远处，频频看表，舒伸懒腰，玩弄东西，抓耳挠腮。

忌话忌：忌荒唐淫秽，他人履历，女子私事，工资收入，私人财产，衣饰价值，批评尊长，非议宗教，嘲弄异俗。

语气忌：忌大声辩论，高谈阔论，恶言恶语，寻根问底，争吵辱骂，出言不逊。

礼遇忌：忌冷落他人，独谈到底，轻易表态，打断异议，纠缠不止，随意插话，随意辞别。

◎涉外活动拍照忌

在涉外活动中，人们在拍照时，必须不能冒犯特定国家、地区、民族的禁忌。凡在边境口岸、机场、博物馆、住宅私室、新产品与新科技展览会、珍贵文物展览馆等处，严忌随意拍照。在被允许情况下，对古画及其它古文物进行拍照时，严忌使用闪光灯。凡在"禁止拍照"标志的地方或地区，人们应自觉忌讳拍照。通常情况下，应忌讳给不相识的人（特别是女子）拍照。

◎欧美礼忌

1. 握手忌。对长者、女子或生人，忌主动而随便地握手。

2. 行走忌。在行进中，忌醉步摇斜、随地吐痰或乱扔废物。

3. 路谈忌。路遇熟人时，忌在路中央交谈或在路旁久谈；与女子路谈，应边走边谈，忌在路边立谈。

4. 作客忌。到亲友家作客，进门后切忌不脱帽和带雨具；与女子对坐，切忌吸烟。

5. 会客忌。会见客人时，忌坐姿歪斜和小动作，忌家人吵骂或看表询问时间。

6. 慰问忌。探病时，忌久谈；吊唁时，忌先提及死者。

◎礼品的赠送和接受

1. 赠送礼品是礼仪行为，目的是表示双方友好，增进友谊。

2、赠送礼品，不是为满足某人的欲望，也不是显示自己的富有，而是为表示对别人的祝贺、慰问、感谢的心意。常言道"礼轻情意重"。因此在选择礼品时，往往是挑选一些物美价廉，具有一定纪念意义、民族特色，或具有某些艺术价值，或为受礼人所喜爱的小艺术品、小纪念品、食品、花束、书籍、画册、一般日用品等。

3、赠送的礼品要用礼品纸（花色、彩色纸）包装。即使礼品本身装在盒子里，也要另加包装。然后用彩带系成漂亮的蝴蝶结、梅花结。

4、当面受礼时，应双手接受礼品，握手并感谢对方。西方人的习惯是当面打开包装，欣赏一下礼品。有时送礼人还可对礼品作一些介绍说明。收到送来的或邮寄的礼品，应回复一张名片或亲笔信表示感谢。

◎乘坐交通工具的礼仪

应自觉遵守秩序，设身处地为他人着想。在飞机上，要遵守规章制度。飞行途中需躺下休息时，要先向后座的乘客打声招呼，再把座椅放倒。用餐时，要将座椅复原，吃东西时声音要轻。机舱内特别要注意不与人大声聊天，以免打搅别人。下机前须将阅后的报刊整理好。

乘电梯时，如看到有人赶来时，要用手挡住电梯门，防止它关上。电梯中不准吸烟。乘自动扶梯的规矩是左边上下，右边站立，空出左边让有急事的人赶路，绝不可双双对对挡路。

入住宾馆的礼仪

对待你租用的客房的态度，可以反映出一个人的文化修养和基本素质。请注意维护房间卫生，爱护房内的家具和设备。离开时，可带走浴液、牙刷、香皂、信纸等小用品，但不能拿走毛巾或烟灰缸等物品。在宾馆里，客房以外都是公共场所，不要穿睡衣或浴衣在走廊或大厅中转来转去，不要在大厅内高声说话和吵闹。早晨遇到任何人都应道一声"Good morning"。

◎观看演出的礼仪

在西方国家观看演出衣着要考究，男士最好穿深色西装，女士则以雍容华贵、典雅大方的裙装为最佳选择。但是如果去听摇滚音乐会或爵士音乐会，则可以穿着任何服装。听音乐会应提前或准时到达，如果迟到，通常要等到一首曲子结束或幕间时方能入座。演出进行中，应保持肃静，不要离座外出，也不要谈话或打瞌睡。鼓掌通常在戏剧的一幕或全剧结束时，如果是歌剧，通常应在一曲咏叹调唱完时鼓掌，如果是音乐会，则应在乐队指挥站到谱架后时鼓掌。有时，当主要演员在演出之前走上舞台时也应报以掌声。出于对演员辛勤劳动的尊重，应尽可能看完整场演出后再退席。

◎女士优先的礼规

受中世纪骑士之风的影响，西方国家至今在社会活动及社交场合仍奉行"女士优先"的原则，给妇女各种特权，以表示对女性的尊重。谁不遵守这一成规，谁就被认作失礼。

所谓"女士优先"，是国际社会公认的一条重要的礼仪原则，它主要适用于成年的异性进行社交活动之时。"女士优先"的含意是：在一切社交场合，每一名成年男子都有义务主动自觉地以自己实际行动，去尊重妇女、照顾妇女、体谅妇女、关心妇女、保护妇女，并且还要想方设法、尽心竭力地去为妇女排忧解难。倘若因为男士的不慎，而使妇女陷于尴尬、困难的处境，便意味着男士的失职。

"女士优先"原则还要求,在尊重、照顾、体谅、关心、保护妇女方面,男士们对所有的妇女都一视同仁。

◎女士优先的具体做法

男士陪女士上车,应先开门,并且用手挡在女士头顶与车门顶之间,协助上车后自己再上车。上下电梯、楼梯或进房间时,女士先行。进入剧场或电影院,也是女士在先,男士在后。只有当需要男士去排除故障或有利于照顾女士时,男士才走在前面。按照西方"以右为尊"的礼节,在一般情况下,男士与女士坐在一起,应让女士在右边;在人行道上,男士应走在靠车道的一边来保护女士。在正式场合,这一礼仪更要一丝不苟地遵守。凡重要会见,都是夫人走在前面,丈夫跟在后面;宴请进餐,也都是先给女士上菜;拜访时,先向女主人致意,告别时,先向女主人道谢。

无论何种场合,有风度的男士都应尽可能地帮助女士。就餐时,男士要为女士拉椅子;与女士同行,男士要帮她拿手包以外的物品;下雨时,男士要主动撑伞;到衣帽间存放衣物,男士要帮女士脱下大衣。

◎遵守时间的礼仪

世界上时间观念最强的是日本人、德国人、斯堪的那维亚人和英国人,他们在正式交往中都严守时间。在与西方人交往时可遵循下列原则:

(1)集会、约会按时到达。西方国家的会议和演出都是准时开始的,在活动开始前就坐才符合礼节。(2)参加宴会提前几分钟。西方人的宴会也是准时开始的。可在宴会开始前几分钟到达,提前太多会打乱主人的计划,而迟到则显得对其他客人很不礼貌。(3)沙龙、舞会可迟到几分钟。这是被西方人公认的"守时行为",因为到了预定时间,一切工作已准备就绪,主人这时可以专门恭候客人了。

◎怎样付小费

在欧美国家,付小费已成为一种规矩。其原则是:对为你服务的行李搬运工、旅行团的导游、司机、宾馆门口为你叫出租车的服务生以及客房清洁工,都应该付给一定数量的小费。小费的计算方法有三种:一是按账单金额的10%—15%左右计算,二是按件数计算,三是按服务次数计算。

小费的给付要适当,过多或太少都会被认为失礼。如果你无法确定账单里是否包括服务费,可以问清楚后再决定付与不付。在英国,付给机场、饭店行李搬运工的小费一般在每件30便士左右。在法国,对出租车司机、博物馆解说员等付1欧元就够了。但是在日本、澳大利亚、韩国和新加坡等国则没有付小费的传统。

为了方便付小费,无论去哪个国家,都最好备上一些小面额的美元和当地国家的货币。付小费大多在私下进行。一般将小费放在菜盘或酒杯底下,也可在感谢服务人员时塞进其手中,还可以在付款时只将找回的整款拿走,零钱算作小费,或者多付款,余钱不要。如果几个人同时帮你搬运行李,应将小费交给最后把行李送进你房间的人。

◎如何向外国人赠送礼品

在国际交往中，人们经常通过赠送礼品来表达谢意和祝贺，以增进友谊。由于各国习俗不同，赠礼的种类和方式也有差异。

礼品。馈赠礼品时要尽可能考虑受礼人的喜好，"投其所好"是赠送礼品最基本的原则。礼不在重而在于合适，正所谓"千里送鹅毛，礼轻情意重"，有时送太贵重的礼品反而会使受礼者不安。

方式。赠礼的方式一般以面交为好。西方人在送礼时十分看重礼品的包装，多数国家的人习惯用彩色包装纸和丝带包扎，西欧国家则喜欢用淡色包装纸。与中国人的习俗不同，在西方国家接受礼物后应即刻表示感谢，并当面拆看，不论其价值大小，都应对礼物表示赞赏。

时间。赠礼要适时。在英国，合适的送礼时机是请别人用完晚餐或在剧院看完演出之后。在法国，不能向初次结识的朋友送礼，应等下次相逢的适当时机再送。

地点。赠礼要分清场合。出席酒会、招待会不必送礼，必要时可送花篮或花束等。

◎日本赠礼习俗

日本人将送礼看作是向对方表示心意的物质体现。礼不在厚，赠送得当便会给对方留下深刻印象。送日本人礼品要选择适当，中国的文房四宝、名人字画、工艺品等最受欢迎，但字画的尺寸不宜过大。所送礼品的包装不能草率，哪怕是一盒茶叶也应精心打理。中国人送礼成双，日本人则避偶就奇，通常用1、3、5、7等奇数，但又忌讳其中的"9"，因为在日语中"9"的读音与"苦"相同。按日本习俗，向个人赠礼须在私下进行，不宜当众送出。

◎美国赠礼习俗

与美国人交往，有两种场合可通过赠礼来自然地表达祝贺和友情，一是每年的圣诞节期间，二是当你抵达和离开美国的时候。如是工作关系可送些办公用品，也可选一些具有民族特色的精美工艺品。在美国，请客人吃顿饭，喝杯酒，或到别墅去共度周末，被视为较普遍的"赠礼"形式，你只要对此表示感谢即可，不必再作其他报答。去美国人家中作客一般不必备厚礼，带些小礼品如鲜花、美酒和工艺品即可，如果空手赴宴，则表示你将回请。

◎欧洲国家赠礼习俗

送礼在欧洲不大盛行，即使是重大节日和喜庆场合，这种馈赠也仅限于家人或亲密朋友之间。来访者不必为送礼而劳神，主人绝不会因为对方未送礼或礼太轻而产生不快。德国人不注重礼品价格，只要送其喜欢的礼品就行，包装则要尽善尽美；法国人将香槟酒、白兰地、糖果、香水等视为好礼品，体现文化修养的书籍、画册等也深受欢迎；英国人喜欢鲜花、名酒、小工艺品和巧克力，但对饰有客人所属公司标记的礼品不大欣赏。

第八节　送礼常识

◎有"礼"走遍天下

我们生活在一个讲"礼"的环境里，如果你不讲"礼"，简直就是寸步难行，被人唾弃。求人要送礼，联络关系要送礼，"以礼服人"、"礼多人不怪"，这是古老的中国格言，它在今天仍十分实用。

调查研究指出，日本产品之所以能成功地打入美国市场，其中最秘密的武器是日本人的小礼品。换句话说，日本人是用小礼品打开美国市场的，小礼品在商务交际中起到了不可估量的作用。

如今商品社会，"利"和"礼"是连在一起的，往往是"利"、"礼"相关，先"礼"后"利"，有"礼"才有"利"，这已经成了商务交际的一般规则。在这方面道理不难懂，难就难在操作上，你送礼的功夫是否到家，能否做到既不显山露水，又能够打动人心。这是商务送礼的关键。

◎带来成功的商务送礼

商务活动中互赠礼品本身就是一笔大生意。礼品的选择传递着权势、世故知识和兴趣等信息。它既可改善公司的形象，也可损害公司的形象。从赠送给董事会主席的礼品到广告用礼品，这类商业礼品的选择和赠送并不是件轻松的事，美国的公司每年花在商务往来上送礼的费用高达四十亿美元。

赠送商业礼品，礼品不在大小，贵在让客户明白你心中有他。要既使公司表达了谢意，又不至于使接受礼品者尴尬。人们最常买的商务往来礼品是钢笔、台历、袖珍计算器、公事包等，这类礼品上均要有公司的标记。其它一些选择有钟表、酒类、日记本、小刀、玻璃杯、水果、茄克衫等。

◎商务送礼四个规矩

1. 礼轻情义重。赠送礼品应考虑具体情况和场合。一般在赴私人家宴时，应为女主人带些小礼品，如花束、水果、土特产等。有小孩的，可送玩具、糖果。应邀参加婚礼，除艺术装饰品外，还可赠送花束及实用物品，新年、圣诞节时，一般可送日历、酒、茶、糖果、烟等。

2. 把握送礼的时机与方式。礼物一般应当面赠送。但有时参加婚礼，也可事先送去。通常情况下，当众只给一群人中的某一个人赠礼是不合适的。给关系密切的人送礼也不宜在公开场合进行。

3. 态度友善，言辞勿失。送礼时要注意态度、动作和语言表达。平和友善、落落大方的动作并伴有礼节性的语言表达，才是受礼方乐于接受的。那种做贼式的悄悄地将礼品置于桌下或房某个角落的做法，不仅达不到馈赠的目的，甚至会恰得其反。

4. 顾及习俗礼俗。因人因事因地施礼，是社交礼仪的规范之一，对于礼品的选择，也应符合这一规范要求。

◎送礼通常的方法

送礼最头疼的事，莫过于对方不愿接受或严辞拒绝，或婉言推却，或事后回礼，都令送礼者十分尴尬。那么，怎样才能防患于然、一"送"中的呢？

1. 借花献佛。如果你送土特产品，可以说是老家来人捎来的，分一些给对方尝尝鲜，东西不多，自己又没花钱，不是特意买的。一般来说，受礼者害怕你目的性太强，这样，对方便会收下你的礼物。

2. 暗渡陈仓。如果你送的是酒一类的东西，不妨假借说是别人送你两瓶酒，来和对方对饮共酌。

3. 借马引路。邀上熟人同去送礼祝贺，那样受礼者便不好拒收了。

4. 先说是借。你若送的是物，不妨说，这东西我家搁着也是搁着，让他拿去先用，日后买了再还；如送的是钱，可以说拿些先花，以后有了再还。这样可减少受礼者的心理负担，你送礼的目的就达到了。

此外，还有"借机生蛋"、"借路搭桥"等等。

◎怎样还礼有学问

在许多时候，接受别人礼品后，应该铭记在心；在适当的时候，向对方还礼。我们要注意还礼的时间和还礼的方式。

如果还礼过早别人不是以为"等价交换"，就是怀疑"划清界限"；如果拖延太久，等事情完全冷淡了再还礼反而效果不好。

选择还礼的时间，要讲"后会有期"。一是和对方赠送自己的相同的机会。二是在对方或家人的某个喜庆活动。三是在此后登门拜访时。

那么我们在还礼的时候就要选择得体的还礼形式。如果还礼的形式不对路，"还"不如不"还"。

还礼方法一：可以选择和对方相赠礼品价格差不多的物品作为还礼。

方法二：赠送所送的同类物品。比如，你送我书刊，我可以给你影碟。

◎男女赠送礼物的含义

一、围巾————我永远爱你。

二、信————我想念你。

三、花儿————我希望把我的名字放在你的心上。

四、书————我相信你很聪明。

五、口香糖————我希望跟你交往得很久。

六、香烟————我讨厌你。

七、本子————我希望看你的天真的爱情。

八、戒指————你永远属于我的。

九、伞————我在任何情况下都要保护你。

十、发夹————希望你的成功。

十一、镜子————你别忘记我。

十二、项链————我要你在我身边。

十三、巧克力————我爱你。

十四、打火机————你是我的初

恋，你和他的感情一触即燃。

十五、圆珠笔————我给你我的心的一半儿。

十六、钥匙装饰品————我希望你的幸运。

十七、粘贴补————把我们的爱情珍藏在我的心。

十八、钢笔————把我们的爱情珍藏在我的心。

十九、触觉娃娃————希望你真实一点。

二十、吉物————我想跟你做个朋友。

二十一、手套————希望你真实。

二十二、手帕————我等待分手以后再相遇。

二十三、睡衣————我给你我的全部。

二十四、日记本————我希望把我们两个人的回忆珍藏在心。

二十五、钱包————代表你愿永伴他身旁。

二十六、皮带————代表栓住他一辈子。

二十七、剃须刀————代表他在你心中是优秀的成熟男性。

二十八、相册————永远珍藏你和我的回忆。

◎ 送礼物语

1. 送男士香水。表示你在她心目中是有品位的，她渴望和你进一步接触。

2. 送男士钱夹、钥匙连随身小物。情

侣之间爱意的表达，希望时时伴你左右，让你每时每刻想起她。

3. 送男士剃须刀代表你在她心中是优秀的成熟男性。

4. 送男士喜爱的特殊礼品（篮球，动漫模型，书）。代表她对你有好感，希望博得男士的好感。

◎ 新婚夫妇互赠礼品

新婚夫妇通常在婚礼前夕交换礼品，这些礼品往往带有永久的价值。传统的选择有一块手表、一件刻有对方姓名首字母和结婚日期的心形饰品、祖传的珠宝、一串珍珠、精致的衬衣袖口链扣或镶进镜框的对方的相片。这也是你送给对方一直希望得到的特殊礼物的时候，如一件乐器、一套将树叶等直接压成印版的自然印刷品或一只专用手提箱。值得注意的是某一方不要赠送太奢侈的礼品以免使另一方相形见绌。

◎ 结婚送礼

作为参加喜宴的朋友，应事先选购一份礼物前往，礼物最好有意义，如送99朵玫瑰代表"天长地久"，或送具有纪念价值的金贺卡及结婚蛋糕，向新郎新娘表示感激之情和祝福之心。也可以挑选一件特殊的礼物送给他们，可以自己设计一样礼品。比如你可以做一条绣上夫妇姓名的床单或是做一只结婚纪念章。其它不甚昂贵而富有人情味的礼物还有结婚照用的镜框、相等。了解新婚夫妇的爱好和生活方式也许可以启发你挑选一些特殊的工艺品、体育用品、古董、茶具、双人座椅等。像古董或是传家宝之类的礼物若附上其历史掌故就更加意味深长了。

钱也是常见的礼物。支票、现钞、证券、债券都是可送的礼物。结婚前送去的支票可以以新郎或新娘的名义开出，接受请柬后或是婚后送去的要以双方的名义开出。

◎ 祝寿送礼

祝寿其实是庆贺生日。在给长辈祝寿时，"礼数"稍多一些。给同辈朋友过生日，则不必拘于形式送礼品最容易。给长辈祝寿，除了衣服要讲究之外，还必须带有一份含有健康长寿意义的物品，如设计精美的蛋糕，或有纪念性的金贺卡。给老人祝寿传统的寿品有"寿桃"，有的用鲜桃，多数是用面粉制成；"寿酒"（祝寿时用酒）；寿面，寿面要长3尺，每束须百根以上，盘成塔形。罩上红绿纸的拉花，敬献寿星要备双份；寿烛，蜡面上印有金色的"寿"或"福如东海"等字，作庆贺之用，增添热烈的气氛；寿屏，上面题有吉祥贺辞或寿星老人、仙桃、八仙画之类，并列联挂在壁上。座屏或插屏则可陈设在案几上。还有"福禄寿图"，图中一老寿星捧桃伴鹿，上有飞蝠。鹿谐音"禄"作官升迁之意；蝠谐音"福"，寓幸福常伴之意。

◎ 习俗送礼

送礼是一件令人感到愉快的事，无论从送礼者和受礼都的角度考虑都应如此。要真正做到这一点并不是一件简单的事。几千年流传下来的送礼习俗和人们对事理的认识，逐渐形成了一套独特的送礼艺术，有其约定俗成的规矩，送给谁、送什么、怎么送都有原则，绝不能胡送、滥送。

礼品的选择，要针对不同的受礼对象区别对待。一般说来，对家贫者，以实惠为佳；对富裕者，以精巧为佳；对恋人、爱人、情人，以纪念性为佳；对朋友，以趣味性为佳；对老人，以实用为佳；对孩子，以启智新颖为佳；对外宾，以特色为佳。

◎ 送礼的禁忌

中国普遍有"好事成双"的说法，因而凡是大贺大喜之事，所送之礼，均好双忌单，但广东人则忌讳"4"这个偶数，因为在广东话中，"4"听起来就像是"死"，是不吉利的。再如，白色虽有纯洁无瑕之意，但中国人比较忌讳，因为在中国，白色常是大悲之色和贫穷之色。同样，黑色也被视为不吉利、是凶灾之色，哀丧之色。而红色，则是喜庆、祥和、欢庆的象征，受到人们的普遍喜爱。另外，我国人民还常常讲究给老人不能送钟表，给夫妻或情人不能送梨，因为"送钟"与"送终"、"梨"与"离"谐音，是不吉利的。还有，如不能给健康人送药品，不能给异性朋友送贴身的用品等。

还有，西方人收到礼品，一定要马上打开，当着送礼人的面欣赏或品尝礼品，并立即向送礼者道谢。而中国人非常含蓄，要直到客人离去才私下查看礼品，否则会引起客人的不快。

第九节　鲜花礼仪

◎鲜花，是一种高雅的礼品

鲜花是世间最美，最艳、最香的，它在人们的日常生活中，美化生活，赠送友人，是一种情调比较高雅的馈赠礼品。但是各国送花的风俗习惯有所不同，应该尊重所在国的赠花礼节，择善而从。根据场合选择赠花的方式鲜花是情调高雅的馈赠礼品，是人们情感交流的信使，所以根据不同场合和礼节要求选择不同的赠花方式是应该注意的。

◎什么是花语

所谓花语，是指借用花卉来表达的人类某种情感、愿望或象征的语言。

鲜花在人们眼里之所以美丽可爱，除了它们自身的先天条件比较优越而外，还有一个重要的因素，那就是人们往往借助于鲜花来抒发情怀，并且在鲜花身上附加了种种美好的寓意。如春日的兰花高雅不俗，夏季的荷花自尊自爱，秋天的菊花坚贞顽强，冬时的梅花无私无畏。南宋诗人陆游与唐琬的爱情故事中，称秋海棠为"断肠红"、"相思红"，故秋海棠表示苦恋、苦苦追求。鲜花的寓意，是送花者特别要注意的一个问题，它的本意是指按照人们的一般看法，某一种鲜花依其品种、色彩、数目、搭配的不同而表示的含义不同，若不了解则可能会有失礼的情况发生。

◎常用花语

荷花——纯洁；红玫瑰——爱情；百合——圣洁、幸福；康乃馨——健康长寿；毋忘我——永志不忘；菊花——长寿高洁；万年青——友谊；兰花——优雅；剑兰——步步高升；松柏——坚强；橄榄枝——和平；梅花——刚毅不屈；竹子——正直；红茶花——质朴、美德；牵牛花——爱情；丁香花——谦逊。

◎情人节送什么花

每年 2 月 14 日，通常在情人节中，以赠送一支红玫瑰来表达情人之间的感情。将一支半开的红玫瑰衬上一片形色漂亮的绿叶，然后装在一个透明的单支花的胶袋中，在花柄的下半部用彩带系上一个漂亮的蝴蝶结，形成一个精美秀丽的小型花束，以此作为情人节的最佳礼物。

玫瑰是世界主要的礼品花之一，表明专一、情感和活力。玫瑰一般有深红、粉红、黄色、白色等颜色。著名品种有伊里莎白女王（红色）、初恋（黄色）等。情人节以送红玫瑰的最多。

给情人送玫瑰以几枝为宜呢？一枝取情有独钟之意；三枝则代表"我爱你"；送 6 枝、8 枝代表吉祥数；送 11 枝，是将 10 枝送给最心爱的人，另一枝代表自己；至于送 24 枝则是国际性的常例，12 枝为一打，代表一年中的 12 个月，有追求圆满、年年月月献爱心之意。

◎母亲节送什么花

每年 5 月的第二个星期日。通常以大朵粉色的香石竹作为母亲节的用花。粉色是女性的颜色，香石竹的层层花瓣代表母亲对子女绵绵不断的感情。送花时既可送单支，也可送数支组成的花束，或插作成造型优美别致的插花。

红色康乃馨：用来祝愿母亲健康长寿

黄色康乃馨：代表对母亲的感激之情

粉色康乃馨：祈祝母亲永远美丽年轻

白色康乃馨：除具有以上各色花的意思外，还可寄托对已故母亲的哀悼思念之情。

◎父亲节送什么花

每年 6 月的第三个星期日。通常以送黄色的玫瑰花为主。在有的国家，把黄色视为男性的颜色。在日本，父亲节时必须送白色的玫瑰花。枝数和造型不限。

◎圣诞节送什么花

定在 12 月 25 日，纪念耶稣基督的诞生，同时也是普遍庆祝的世俗节日。现在的圣诞节，通常以一品红作为圣诞花，花色有红、粉、白色，状似星星，好象下凡的天使，含有祝福之意。在这个节日里，可用一品红鲜花或人造花插做成各种形式的插花作品，伴以蜡烛，用来装点环境，增加节日的喜庆气氛。

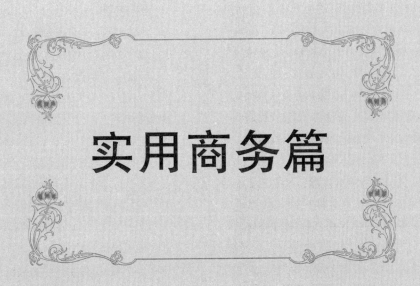

实用商务篇

第一节　各地商人性格特征和经商技巧

◎北京商人

北京人非常实际，不论他们做什么，都给人一种务实的感觉。在生意场上，北京人恪守一条格言："骗朋友仅是一次，害自己却是终身。"在企业产品推销上，北京人的观念是："货好不用吹。"北京人进的货，常常是二三手的价格。北京的生意人深知人们有"跟着哄"的特点，于是千方百计加以利用。

特点：1. 带有政治味。2. 幽默感。要读懂北京人的幽默，有如下几个诀窍：（1）熟悉北京人常用的惯用幽默，体会出其侃的特点。（2）多接近一些善于京味幽默的北京朋友，领会其幽默风格。3. 以诚相待。4. 注重人际交往。5. 迎合"贵族梦"的消费欲。

注意：1. 北京人的广告要注意。2. 花架子要气派。3. 要注意文化味。4. 要注意官商。5. 防托儿。

◎上海商人

上海人做生意的目的十分明确，经济利益是惟一准则。在生意场上，没有利益的事，上海人决不干。上海人只求得到应得的部分，非分之想不多。与上海人做生意，常常会因个别小问题争论不休，时间拖得很长，使人们常会感到跟上海人做生意很累，因此，与其做生意时必须要有充分的耐心。上海人守规矩，一旦签订了合同，如无不可抗拒的外

力影响，上海人大多会严格按合同办事，决不含糊。和上海人做生意，在金融领域的合作容易成功。

特点：1. 上海是商家的必争之地。

2. 参与竞争。

3. 不讲别的，只讲经济利益。

4. 淡化感情，少义气。

5. 挣钱只得自已的一份。

注意：在与上海人做生意进行请客送礼时，尤其要把握上海人的交往原则：

1. 礼尚往来。

2. 不要轻易接受上海人的礼。

◎广东商人

在广东人眼中，有了钱，也就有了地位，有了面子。广东人给有知识、有能力、工作卓有成效的人的"面子"就是金钱。在广东，人人都忙忙碌碌，为生计而忙碌，为挣钱而忙碌。为了钱，广东人可以放弃一切。广东商人总是以最能显示其实力的一面与你接触，他的服装一定是名牌，他的手提包一定是精美昂贵的密码式手提箱，他的手表一定是世界名表。他们敢闯敢干，在商场上最善于借鸡生蛋。他们很迷信，尤其是生意人更是这样。

特点：1. 做生意不可不到广东。广东人的性格（1）开拓。广东人大多具有开拓精神。（2）变通。（3）广东人很实在。（4）政治淡泊，厌恶斗争。广东人努力营造平和

安定的社会环境，久而久之，广东人性格平和，广东文化没有政治文化的气氛，而是一种实用的农耕文化、大众文化、市民文化和经济文化。（5）开放。因广东对外交流历史悠久，与外联系甚广，这种不同民族的交融与眼界的开阔，使广东人富有开放的因子。2. 利益交往，少空谈情义。3. 少谈政治。4. 开展富有新意和风险性的合作。5. 注重在销售服务上的竞争。6. 要发财，忙起来。

注意：1. 注意手脚要快。2. 注意外表要气派。3. 小心他利用你的钱办他的事。4. 小心"王婆卖瓜"。5. 讲究避讳，投其所好。6. 小心黑道。

◎天津商人

天津商人没有太多的"王婆"意识，他们的主要精力全放在商品的质量上。坚信忠厚不折本，刻薄难赚钱。与天津商人做生意，很少有坑、蒙、拐、骗的现象发生。天津商人重信誉、讲实干的良好作风以及与国际惯例接轨的经营原则，使其具备了良好的投资软环境。

特点：1. 认识天津人的生意经。天津人的商业精神主要有如下方面：（1）苦干，实干，敬业乐群。（2）推崇科学，注重人才。（3）重利守义。2. 放心购买天津货。3. 重视其创造性的商业思路。4. 精卖傻买。（1）在购买天津的产品时，可以放心大胆，不用多有后顾多忧。（2）在向天津人出售原料或其他产品时，都要十分注意讲求质量，不可以次充好，以假充真。5. 把做生意与修身治国平天下联系起来。（1）为人要正直、清廉，肯吃苦实干。（2）不能做有损国家民族尊严的事情，不能见利忘义。

◎东北商人

与东北人做生意，只要做出些感情投资，没有办不成的事。首先要对东北人的脾气有所认识。这是与东北人做生意的基础。与东北人做生意决不可小气，该出手时就出手，这样，你才能与他们洽谈生意成功，赚足他们的钱。与东北人做生意，一定要摸透他们要面子的心态。要想到东北做生意，没有惊人的酒量是很难在商界立足的。

特点：1. 讲义气，重朋友。2. 摸准东北人的地域特性。3. 不欺"东北虎"。4. "霸气"。面对东北人的无理霸道时，不与他进行正面冲突，先让他把火气熄下来。如果不管用，不妨先回避他一阵。5. 要豪爽大方。6. 推销产品，要加"大"字。7. 顾全面子。要尊敬他，不小瞧他，看得起他，多付出一些感情投资。伤其面子，跌他的格的事儿不能做。8. 无酒不成商，做生意没有惊人的酒量很难立足。9. 东北人多开饭馆。10. 善于挣小钱。

注意：小心受骗。他们诈骗伎俩大致有以下几种：（一）证件齐全，口出狂言。（二）由熟人介绍，拉关系搞行骗。（三）专购滞销产品，要货量还很大。（四）利用参加各种会议诈骗。

◎安徽商人

安徽人有尚文的传统，培育了徽商"贾而好儒"的品格。安徽商人也重视把企业的成功希望寄托于官场上。淮北人在做生意时，重信义，办事爽快，但契约观念不强，因而容易引起法律纠纷。淮南人具有商业头脑，安徽大商人大多出于此地。徽州商人在长期经营中相信"财自道生，利缘义取"，逐渐形成了"诚"、"信"、"义"、"仁"的商业道德。

特点：1. 注意多打文化牌。

2. 要有儒商气质。

3. 给点政治利益。（1）围绕政治活动出点子，做买卖。（2）利用政治名人效应。（3）给予商人多一些政治上的利益或名誉。

4. 淮南淮北皖东皖西，要区别对待：（1）在与淮北人做生意时，要注意合同的签订履行。（2）在与淮南人做生意时，要精明，完全按生意规矩办事。（3）在与皖西人做生意时，要讲意气，重义轻利。（4）在与皖东人做生意时，应该学习他的勤恳和务实。

注意：1. 徽商的传统经商之道。

2. 提防其小农意识。徽州商人中从商而终的少，多数人无论是发了家或是赔了本，最终还是叶落归根，返回到以农为本的老路上来。在安徽，有巨富之称的盐商们于其商名之外一般都有别名，物质的富翁却是精神上的贫困户，财富并没有使其摆脱对商人身份的卑微感觉。

◎山西商人

山西商人大多白手起家，一步一步走向成功。他们靠的是勤俭吃苦的创业精神。山西人经商以信以诚为本，人们也"莫不以为诚而信之"，这就招徕更多的顾客，生意也就越做越好。山西人做生意一个重要的特点是薄利多销，产销结合。

特点：1. 以勤俭吃苦的面貌出现。

2. 讲究信用和质量。

3. 与山西人可以公平竞争。

4. 薄利多销。在山西做生意，必须重视学习山西商人的这一做法。

5. 多用股份制。与他们做生意多采取合作的方式。在合作时，多用股份制形式，利益共享，风险共担。

6. 注意其"酌盈济虚"的经营方式。（1）学习他们整个行业或企业一盘棋的做法，及时盘活资金。（2）要敏锐捕捉市场信息，迅捷做出反应，否则山西商人就要抢先而行了。

7. 重视其注重信息的特点。（1）在信息战中，除了捕捉对方的竞争实力外，还有其竞争的态势（如产品的市场占有率、知名度、销售走势等），竞争的策略等。（2）对于信息，要求真、全、快，即准确、全面、及时，只有这样，才能使信息产生巨大的经济效益。

注意：防止他们利用行政机构。

（1）他们可能会运用行政机构的权力对生意合作进行干预，若发生纠纷时，你可能处于劣势。

（2）在合作时，他们的行政关系为相互合作创造有利条件，营造好的外部环境，这在做生意时，可以充分利用。

◎陕西商人

与陕西人做生意，可以着重在旅游业的合作和产品开发上进行合作。在发展旅游业方面突出"古"字。在与陕西人做生意时，可以在发掘他们的传统产品上动脑筋做文章。制药贩药，是陕西商人的拿手好戏。

特点：1. 利用其自负心态做文章。（1）能满足其优越感的商贸活动容易成功。（2）能满足其优越感的商品会吃香,销路好。（3）在自负的陕西人前卑谦一些,容易博得他们的好感。（4）多夸陕西好,不可"王婆卖瓜"。

2. 抓住商机。

3. 注重陕西的吃文化。

4. 注重在"古"字上的文章,发展旅游业。（1）积极开发新的有巨大潜力的人文景观和自然景观。（2）创办"旅游特区"。

5. 注重发掘传统产品。

6. 制药买药到陕西。

注意：1. 凡事预则立,对陕西商人孤注一掷的做法须早有心理准备。

2. 当竞争白热化时,防备他们背水一战,孤注一掷所产生的后果。

3. 采取先发制人的策略,主动进攻。

◎西安商人

在西北商人中,西安商人是很有份量的。相对于中国沿海地区,西安商人朴实厚道。但是,相对西北商人来说,西安商人是很自负的商人群体。因此,有人说,自负是西安商人骨子中的东西。秦中自古帝王都。西安商人的自负根源于祖宗辉煌的历史。

西安商人很自负,他们瞧不起外地人,甚至看不上外地货。因此,做生意时,西安人爱夸西安好,对自己的产品善于王婆卖瓜式进行吆喝。在与西安商人做生意时,能满足其优越感的商贸活动容易成功。

特点：1.善于抓住商机。在做生意过程中,西安人最突出的特长是很善于从各种事件、场合和时间上挖掘商机。

2.孤注一掷,敢做敢为。历史上的陕西商人敢于冒险,他们曾为追逐商利,走遍了大半个中国,开银号、当铺,放高利贷,贩运川丝、夏布、药材,以敢做敢为著称。这一敢做敢为的传统在现在的西安人中仍然是一个巨大的人文传统,体现在商场上,他们往往敢于孤注一掷。

◎四川商人

针对四川人不愿经商的心态,与他们做生意最好的办法就是主动上门,充分利用四川人的巨大消费市场,创造商机。四川人很少干损人利己的事。生意场上的四川人视信誉为生命,四川人是一副谦谦君子风度。和四川人做生意,在挣钱的情况下,虽说清楚道理,不可赤裸裸地谈钱而不顾他人的利益。他们讲道理,讲道德,不愿伤害别人。

特点：1. 有不愿经商的心态。

2. 利用其资源优势。（1）合作开发,互利互惠。（2）重视其原料地作用,进行投资办厂。（3）着重在产品深加工上做文章。

3. 利用其人才优势。

4. 心平气和,公平合作。（1）只要心平气和,按道理公平做生意,四川人是极易合作的。（2）要想长久合作,千万不能"宰"四川人。（3）与四川人合作可以放心、大胆。四川人讲信用,不会骗人诈人。

5. 善于折中。

6. 主动发动进攻。

7. 相信和利用四川人的韧性。（1）充分相信四川人吃苦耐劳的品性,在生意买卖中,只要价格合适,最艰难的事情,他们都能完成。（2）在做生意竞争中,遇上困难不要以为四川人会轻易妥协，他们愈挫愈奋，不达目的，是不会罢休的。

注意：小心四川人的胆略。

◎ 河南商人

在生意场上，河南人做生意似乎总在等着别人求上门去，等着人家把钱送上门来。因此，与河南人做生意，可以轻而易举地将其击败。河南人谈生意，往往是外似木讷，实则精明，但某些河南人的精明常常是只顾眼前利益，斤斤计较的"小聪明"，所以，人称一些河南人"办事像猴子"，爱耍小聪明。某些河南人做生意，总是以保本为前提，小富即安，见好就收，没有长远的经营战略。

特点：1. 夺取商机。

2. 充分利用河南的媒体，打入市场。

3. 把生意送上门。

4. 利用他们保本的心态。

5. 不要让他们去冒险。

6. "商战"策略。（1）杀价竞争。为了压倒对方，保持自己全市最低价的声誉，有人会不惜报出"跳楼价"。（2）撕破脸公开向对方叫板。做生意不讲究"和气生财"，将同行关系搞得剑拔弩张。（3）河南商人保持更好的生意关系。

7. 要敢于迎接河南人的挑战。注意：1. 河南商人的小精明。（1）要慧眼识奸，隐而不露，将计就计，为我所用。（2）以其人之道还治其人之身。（3）在疑阵中再布疑阵，混淆视听，最后叫小奸小滑的人用自己的拳头打自己的眼睛。（4）防奸识奸，利用他们的储蓄心态和保守思想，给予小便宜做成大生意。

2. 防止地头蛇。

3. 防止假货。注意打假，努力保持自己的产品信誉。

4. 小心奸商。要多思多想，防止折财送物。

5. 警惕他们的深藏不露。

◎ 湖南商人

湖南人做事认真，肯吃苦，并且他们大都天生多才干，一旦他们投入市场之中，就会大有作为。在与湖南人做生意时，一般来说，在质量上是大可放心的。湖南商人多实行薄利多销的策略，加速资金周转。

特点：1. 要正视湖南人。

2. 要重视质量。湖南产品大多质量可靠，少有假伪产品。产品的一般价格也不高，可以说是物美价廉。

3. 做生意喜欢大手笔。

4. 重视其经营手段。

5. 敢说"不"。

6. 跟上其急性子。（1）事先做好准备，不打没准备之仗，免得与湖南谈商人生意时跟不上他的快节奏。（2）决策要稳当，又要讲究效率。（3）谈妥的事情不要反复，一锤定音。（4）履行合同要在规定的时间内完成。

注意：提防他们的小聪明。

◎ 西北商人

有些西北人可谓是懒得出奇。因此，要与他们做生意，只有把生意送上门，把物品放到他们的手里，你才能赚钱。在生意场中，精明的商人做生意，往往不会因岸边有几尾小鱼,就放弃到深水中捉大鱼的目标,而某些西北人却不管臭鱼烂虾抓上一把就跑。

特点:1. 把生意送上门去。

2. 立足新疆边贸,做好中介经纪。

3. 注意互补。

注意:小心他们见利忘义。

◎山东商人

山东商人在做生意时讲究一不能亏良心,二不能对不起朋友。传统的中国商人具有许多优秀的精神品质,其中最为重要的就是"诚信"——诚实,讲信用。这一点在山东商人身上体现得尤为明显。与山东人谈生意,没有酒,谈话就索然无味。在商业谈判中,山东人往往把双方的友谊看得很重,宁肯自己吃点小亏,但不允许对方欺诈、不"仁义"。山东人可以吃苦,但绝不可以冒险。

特点:1. 保全信誉。以诚相待,实打实地打交道,做买卖。不玩欺诈,相互信任,讲究信誉。

2. 货真价实。

3. 讲义气。一定要有好汉的风度,讲义气,有信用,够朋友,重义轻利,只有不看重金钱财物,他们才能把你当朋友,才能相互合作。

4. 承诺制让你放心。

5. 做假要挨打。恪守商业道德,做到君子爱财,取之有道。不能假冒伪劣他们的产品,做假要挨打。

6. 尊重、利用其苦干精神。

7. 学习山东的农村意识。

8. 务实肯干。

9. 要会喝酒。

10. 要豪爽。要充分领会他们的豪爽,并且,相信他们是好汉英雄一个。在进行谈判时,直率坦诚,少拐弯儿。山东人有性子急、口直心快的弱点。

11. 利用老乡关系。利用山东人重乡情的特点,可以大创商机。

12. 利用他们四平八稳的心态。

13. 大做包装,巧用其资源。

注意:1. 小心山东的广告战。

2. 不能与其签订长期合同。与山东人做生意不能签订长期合同,防止其质量滑坡和新产品出现。

◎浙江商人

在经商这一点上,杭州人认为面子是第一重要的,面子丢了,是最了不得的事。生性勤俭的杭州人,总还时不时地摆一摆阔,保全面子。

特点:1. 充分考虑其商业人文传统。

2. 要透过现象看本质。(1)透过其甜言蜜语、讨人欢喜的现象,看到其头脑灵活、见风使舵的商场老手本质。(2)在浙江人赞美声中,应保持清醒头脑,防止自己无意中把商业秘密泄露出去。(3)利用其善于交际的特点,与他们保持良好人际关系。

3. 小心"胡雪岩"。清末奇商胡雪岩,白手起家,由一名杭州普通的钱庄伙计,一跃而成为同治光绪年间全国最大的钱庄——"阜康钱庄"的主人,周旋于纷繁复杂的官场,成为正二品红顶商人。因此,与浙江商人做生意,必须小心善于机变、审时度势的"胡雪岩"

◎杭州商人

杭州商人面子心太强，少有大商人。因为太爱面子，杭州商人有不少有碍面子的事不去做。他们做生意多是些体面的行当，开厂办公司会干，如果去摆个地摊之类，就是打死也不会去。在杭州人眼里，做官很风光。因此杭州生意人也多和做官的联系起来。在做生意时，商人们以结识官员为荣，爱走上层路线，在赚了大钱之后往往思考的不是如何去在商界发展，而是一门心思往政界挤。历史上胡雪岩的成功就是杭州人官商结合的典范。

特点：心气平和，儒雅有礼。杭州"世风温和"，是文明之地。杭州商人做生意时比较注重讲道理，讲究商业道德。

杭州商人的风格很像北方商人。因此有人说，杭州商人是南国商人中的北人。因此，与杭州人做生意是值得放心的。

◎宁波商人

宁波商人捕捉商机，及时调整经营方针的能力特强，仿佛这是他们与生俱来的天赋。聪明的宁波商人不做无谓的冒险，当其事业有了一定根基之后，多坚持稳健的经营作风。

特点：1. 四海为家，冒险犯难。在与宁波人做生意时，应注意以下几点：首先，要学习他们的敢为天下先的进取精神。其次，要学习他们耻于安家守业，勇于拼搏的精神。再次，要大胆开拓新领域，经营新兴行业。

2. 审时度势，灵活善变。（1）先了解市场。（2）根据市场变化及时调整经营策略，才可先发制人。（3）必须做到人变我变，人未变，我先变，以待其变。

3. 便利方便，大胆合作。

4. 给他们可靠印象，不做投机生意。（1）不要引诱他们去做投机的事情，力求给他们稳妥可靠的印象。（2）当进行风险投资时，与他们合作，他们的稳健作风可以减少风险性。（3）与他们进行长期合作，可以减少风险性。

◎温州商人

温州人是天生的生意人。在温州人眼里，职业没有高低贵贱之分，能否赚钱才是最主要的。正因为如此，温州人才四处闯荡，占据了外地人不屑一顾的那些领域，不声不响地富了起来。温州人追求自主、自立，人人都想当老板，且敢冒当老板的风险。做生意先从小处着手是温州商人起家的拿手好戏，也是他们走向成功的奥秘。浙江的温州人不仅具有中国人聪明的脑袋，而且还以善贾闻名，被人称为"中国的犹太人"。

特点：1. 做生意，先从小处着手。

2. 善于推销。温州人最善于推销。温州人"脸皮厚"。他们不怕碰壁，又不怕人不给好脸色看，他们只有一个念头，不管你怎么看我待我，我就是要赚你的钱！

3. 认识温州人，小心他赚你的钱。（1）学习温州人的超前意识，勇于实践，投身商海。（2）正视温州人的务实、苦干精神，少空谈，多实惠。（3）注意他们的胆大和灵活性，小心他们的惊人举动，做好生意场变化的准备和对策。

注意：1. 保守商业秘密，小心他们占地盘。虽然你可能有天时地利的优势，温州商人一旦发现你这里有钱可赚，他们会四处出击，进攻你的地盘。

2. 小心他的购销大军。

3. 小心他们假冒伪劣产品和走私的"水货"。

◎河北商人

河北人是朴实的，平凡的。在生意聚会中，河北商人不吵闹，很少激动，他们话不多，总在一旁抽烟静听。这并不是河北人没话可讲，而是他们在细心地品味谈论者的话意，河北人不愿在高谈阔论中出什么风头。河北人民风淳朴、心地善良，重义轻利，生性豪爽、勤劳朴实、自强不息。

特点：1. 朴实平淡，不欺诈。

2. 民风淳朴，市场意识差。

3. 懒是河北人生命中不动的血液。

4. 以"土气"迎合"土气"。（1）会说河北土语，用方言与他们去打交道。（2）不要讲究花架子，以朴实的"土气"迎合他们的生意观。可以不讲究穿着打份，但是人要实在。（3）商品要实用耐用，可以在包装上忽略些也没关系。

5. 利用其保守，抢占商机。

6. 打京津牌，可以增强自身的魅力。

◎江苏商人

江苏商人最大的特点就是扬长避短，与他们合作生意，可以更好地发挥自己的长处，避免劣势。同时，他们这一经商之道可以减少风险，尤其是在风险投资中，与他们合作，可以把风险降到最少，稳中求胜。江苏人最大的特点是稳中取胜。江苏商人多实行薄利多销的策略，加速资金周转。做生意要礼貌待客，这是江苏商人普遍遵循的准则，也是许多江苏商人在外地大赚其钱的决窍之一。但是在礼貌待客的前提下，他们不会忘记做生意是要赚钱的目的，在好言好语下，他们唯一的企图是把生意做下来。

特点：1. 扬长避短。

2. 稳中取胜。

3. 独立经营，直接经营。（1）在具体经营过程中，资本所有者与经营者多是同一个人。（2）因江苏商人多是小本经营者，并且多是直接经营，他们的资金有限，经营规模较小。（3）江苏商人从商多是一家人进行，外人合伙不多。

4. 薄利多销的策略。

5. 务实不好远。

6. 礼貌待客。（1）学习他们礼貌待客、和气生财的做法。（2）小心其笑脸下宰客。

◎江西商人

江西人好安稳，知足常乐，生活过得去的一般不愿从商做生意。注重"商德"，讲究"贾道"，建立商业信誉，是江西商人致富的一个成功之道。江西商人中的大商人，在注重经营方面也很有心得，他们注意市场信息，看准行情进行投资。江西商人的经营方式是个体经营。

特点：1. 做生意，到江西。

2. 江西商人的素质构成。（1）早熟。他们一般从商年龄小，早操劳。（2）文化不高，家贫读书少，从商年龄早。（3）见多识广。他们由于经商走南闯北往往见识多。（4）吃苦耐劳。江西多丘陵山区，较贫。（5）观念守旧。历史上的江西商人受程朱理学的束缚，受正统宗法思想和宗族制度的压抑。

3. 注重商德，讲究贾道。

4. 注重经商技巧。

5. 防备其攥不住钱。

6. 个体经营。

◎湖北商人

湖北人不服输，在与他们做生意时，应该正视他们的这种精神。利用湖北人不服输的上进精神，使湖北人的聪明才智在商场中得以充分发挥，为我所用。小心湖北商人的盗牌和水货。湖北商人死要面子。在与他们做生意时，对方不能失去面子，而一旦他们失去面子，就不会与你做生意了。湖北商人很迷信，他们喜欢"6"和"8"，"6"为顺，"8"为发，他们开张要挑吉日，卖货要卖6、8。

特点：1. 小心不服输。湖北人不服输的上进精神，使湖北人的聪明才智在商场中得以充分地发挥。小心其不服输的较劲儿，适时进退。

2. 以名牌打开湖北市场。

3. 头脑灵活，花样翻新快。

4. 给予面子。

注意：1. 小心湖北商人的盗牌和水货。

2. 不要听他们做当头人。（1）不要叫他们去做当头人，他们不会做。（2）不要让他们去冒险，做风险投资。（3）在合伙生意

中，要防备他们逃避责任。

3. 注意其迷信的心态。（1）不讲晦气话。（2）选一些"良辰吉时"去与他们洽谈生意，做生意。（3）做生意时，如果显示一下自己在这方面有所"研究"，可以有意地与他们接近。

◎云南商人

云南商人特别不愿意任人去驱使。云南人做生意，一般做的是诚实买卖，赚的是明白钱。云南人不会耍小聪明，说话不拐弯抹角，而是坦荡、直率，心里想什么嘴里就讲什么。在与云南人做生意时，应该以礼相待，不小气，不去斤斤计较。这是明智的商人和明智做法。云南商人好客，待人热情，在生意场上与他们做生意也容易做，一般来说很少舌枪唇战地讨价还价，也少争执，与他们做生意，会觉得很轻松，就像在他们家作客一样愉快。

特点：1. 诚实买卖，不可刁钻。生意人之间以气节相尚，以诚信相待。少来欺诈。

2. 行骗要吃亏。

3. 不小气，不斤斤计较。

4. 待客热情，生意易做。

5. 尊重其劳动，费力项目多合作。要尊重他们的劳动，与他们真诚合作，做到互利互助。如果是比较艰难费力的项目，与云南商人合作，容易成功，他们本人能够吃苦，不怕困难和辛劳。

6. 有酒便是宴。云南傈僳族商人有喝"同心酒"的风俗，无论性别年龄，两人同饮，唇口相依，亲密无间，肝胆相照。

7. 不要强迫他们做不愿做的事情。尊重他们，不要对他们自由散漫的性格进行指责，不要强迫他们做不愿做的事情。

8. 小心其小富即安。合作时，要防备他们小富后不再去进取。

9. 注重他们要安稳太平的心态。与云南商人做生意时，不可让他冒险太多，否则，小心他中断合作。

◎ 海南商人

海南人有很强的保守主义。在与他们合作时，应注意新思想、新观念的灌输。

海南商人喜欢投机。由于投机，海南商人多形成目光短浅的思维定势。在商场中，对事物的看法，他们往往是非此即彼。海南人受得了穷，但是吃不得苦的。利用其保守，瞄准海南的市场。小心其投机行为。

特点：1. 受得穷，但吃不得苦。

2. 崇尚自由，崇拜英雄。（1）在守法的基础上，要学习他们做生意没限制的做法。（2）做生意时，要注意与其商界大哥大搞好关系。（3）注重其较强的模仿能力，并且在模仿中创新。

注意：小心其投机行为。要打开海南市场，可以多用一些带有投机的营销策略。小心海南商人的赌命行为。

◎ 福建商人

在与闽南人做生意时，对他们敢拼敢赢的特性应给予认真的重视，认真对待。如何与闽南人做生意呢？要认识闽南人，发挥他们强烈的市场经济意识。

特点：开拓进取，敢拼敢赢。

（1）学习他们的经商观念和商业智慧。

（2）理解他们的艰苦奋斗的精神，真诚进行合作。

（3）尊重他们的宗教信仰，取得他们的信任。

（4）利用侨乡优势，把生意做向海外。

石狮人什么都不怕，就怕不让做生意。因此，石狮人不仅善于做生意，而且乐于做生意。因此与石狮人做生意要投其所好。如何与石狮人做生意呢？要认识石狮人，打好"侨"牌。

特点：买服装到石狮。

（1）利用其海外关系，内引外联，做好进出口贸易生意。

（2）充分利用其侨汇多，资金雄厚的优势，与他们联合办厂，共同开发。

（3）充分利用其侨胞多的优势，发挥其中介作用，通过石狮人把自己的产品推上国际市场。

（4）要防止他们的水货和假洋货。

◎ 香港商人

香港人的灿灿黄金是在巨大的生存压力下"搏"出来的。香港商人喜欢说"搏一下"，大概就是争取一下的意思。这比"试一下"程度要重，不像"试"那样轻描淡写。搏，就是要整顿精神，全力以赴。搏，多少带有一点冒险的精神。小心香港人的"搏命"和"搏乱"。

特点：1. 要利字当头。（1）与他们可以大胆讲价谈钱，也不要谦让，能赚则赚，把利己入在首位。（2）少来情感色彩，他们不会吃你这一套。（3）所有的行业都有商机，可以大胆去发掘。

2. 利用他们的迷信心态。（1）要非常

注意择吉，摸清他们生辰八字和幸运方向和幸运数字，投中其怀。（2）要了解他们的风水忌讳，千万不要触及他们的忌讳之处。

注意：1. 注意香港人传统的中国人经商之道。

2. 注意他们的迷信心态。

3. 小心香港人的"搏乱"。（1）忌不问对方情况。要了解对方底细，不与情况不明的香港人做生意。（2）在交往过程中，重视对方的一言一行，仔细判明对方的真实身份和做生意的诚实。

◎ 澳门商人

澳门的商品经济非常成熟，澳门商人非常讲究商业道德和信誉。赌和博也融化到澳门人的性格上去，敢于赌命可以说是澳门人一大特点。澳门商人是最大胆、最敢冒风险的，究其原因，他们就是具有赌徒的心理，敢于去赌一把。澳门是自由港，澳门海关对样品无特殊规定。

特点：1. 讲究商业道德和信誉。

2. 防范其商场赌博做法。（1）做好其资质调查，了解其真正实力。（2）做好风险防范，免得同归于尽。（3）在投资的项目上，与其合作风险投资。

◎ 台湾商人

忍耐和固执，是台湾商人经商的特点，不仅表现在经商上，还表现在他们的人生态度上。在生意场上做事，台湾商人信奉的是说一句算一句，答应了人家的事，不能反悔，

不然叫人看不起，以后就吃不开了。台湾人民普遍忌讳"4"这个数，因为"4"与"死"音近似，他们平时无论干什么总是设法避开"4"这个数，或通过改"4"数为"两双"来表达。

特点：1. 认识其耐心坚韧。

2. 诚信为本。

3. 注意台湾商场避讳。②台湾人不愿意别人过问他们的私事，因此切忌向台湾人打听他们的工资、年龄以及家庭住址。③切忌向台湾人眨眼，他们认为这是一种极不礼貌的行为。④谈判中，说话不要拖泥带水，以致给对方留下虚伪、狡诈的印象，因台湾商人办事一般都喜欢一言为定。⑤宴请禁忌。台湾人的祖籍绝大部分是福建人和广东人。饮食习惯基本上与福建、广东人相似。他们不喜欢吃油重、过辣、偏咸的食品。

5. 商场送礼应注意的方面。（1）台湾人忌讳以雨伞当作礼物送人，因台湾方言中，"伞"与"散"谐音，"雨伞"与"给散"音同，非常容易引起对方的误解。（2）台湾人忌讳把剪刀送人，因其有"一切两断"之说，送这种物品难免使人产生一种威胁之感。（3）台湾人也忌讳以扇子送人，因他们有"送扇无相见"之说。（4）台湾还忌讳以毛巾送人，因他们有"送巾断根"之说。（5）不要把粽子当作礼品送人，因其会被误解为把对方当作丧家。（6）不要把甜果作为礼物送人，因台湾人逢年过节常以甜果祭神拜祖，以甜果送人容易使对方感到不祥之兆。

（7）送礼时应注意避开"4"这个数，如不宜送"4"个杯子、4张唱片等。

第二节　外国商人特征与谈判技巧

◎日本商人特征

买和卖的关系是十分明确的。他们将"倾客至上"变成了一种原则，将严格的质量管理和完善的售后服务，视为能获得成功的经营之道。尊重其团队精神，注重其集体的力量。一定要绝对服从。在日本，商界是最注重谦恭的。一个有耐心的人会散发出成功的芳香。

特点：1. 顾客至上。2. 团队意识强。3. 等级森严，各守本位。4. 理解和信任胜于法律。5. 妙用谦恭。6. 注重面子。7. 谙熟其"以心传心"，碰碰心。8. 善于忍耐，有耐心。9. 要有感情，但是不可失礼。10. 沉默和微笑。11. 重视商人的义务感。12. 有感恩图报的心理。14. 偏狭和自大。15. 有爱美的心态。16. 重视产品的质量。17. 注重开发新产品，领先一步占领市场。18. 善钻空子。

◎如何与日本人进行商务谈判

实战要点：

（1）寻找引荐途径。（2）不宜"舌战群儒"。（3）切忌轻视日本人的开场白。（4）在与日本人谈生意，切忌说"不"。（5）与日本人谈生意，切忌不了解。（6）切忌只顾自己发言而冷落了对方，应不时地请求日本

人发言。（7）在同日本公司打交道时，切忌提起与之竞争的对方的名字，这会被认为是最无礼的冒犯。（8）商谈时切忌忽略细节。（9）同日本人谈生意，还必须注意日本人注重相信人而不信任契约。（10）出访日本期间，谈判代表切忌让日本对手知道自己离开的日期，至少要尽可能地把离开日期说含糊些。（11）应尽量少派或不派女性或年轻人但任谈判代表。

◎日本商务中禁忌

（1）数字禁忌：忌讳"4"字，也忌讳"9"这个数字，"9"意味着会带来苦难，还忌讳"6"。

（2）颜色禁忌：日本人态忌讳绿色，认为绿色是不祥之色。也不喜欢紫色、白色、黑色和灰色。

◎韩、朝商人特征

尊重其长辈可以获得其好感。在做生意时可以注意问候其长辈情况，甚至送些小礼品。给他们看到商业利润的希望，他们会想尽办法与你进行商贸合作。韩国商人喜怒哀乐溢于言表，仔细观察，可以了解他们的心里真实想法。韩国商人也很性急，表现出急于求成的特点。

特点：1. 尽忠，尽孝。2. 争强好胜

对目标执着追求。3. 等级泾渭分明，讲究礼节。4. 热情奔放，乐观豁达。5. 性急冲动，急于求成。6. 幽默，爱开玩笑。7. 斤斤计较。

◎韩国商人常用的谈判方法

韩国商人常用的谈判方法有两种：

（1）横向协议法。即在进入实质性谈判时，先把需要讨论的条款统统罗列出来，然后逐款磋商。

（2）纵向协商法。即对共同提出的条款，逐项进行磋商，在出现的问题或争议得到解决后，才转入下一条款的磋商。

韩国商人常用的技巧与策略是：

（1）声东击西。即在谈判中利用对自己不太重要的问题吸引和分散对方注意力。

（2）先"苦"后乐。即在谈判中以率先忍让的假象换取对方最终让步。此外，韩国商人还针对不同的谈判对象，经常使用"疲劳战术"、"限期战术"等。

◎印度商人特征

神比钱更重要，与印度人做生意要讲究平和、自我约束。不要打乱他们有规律的生活习惯。与他们交往之前，应对他们的生活习惯有了解。要利用中间商做成生意。小心中间商获取高额利润。

特点：1. 神比钱更重要。2. 自我约束，有效竞争。3. 以静制动，后发制人。4. 靠聪明，做一锤买卖。5. 节俭、朴素。6. 功夫在谈判外。

◎中亚商人特征

以物换物交换为主，可以进行互补性贸易。中亚人生活用品较为缺乏，而资源丰富，并且除蒙古外多是原苏联国家。提防他们这种争强好胜的心理和勇于冒险的精神，既正视它在商场中的作用，又防止它对做生意的潜在破坏力。既要看到他们冷漠、顽固、粗野简朴的一面，又要看到他们慷慨、易动感情的一面。

特点：1. 马背上的民族。2. 好胜斗勇。3. 自命不凡，死不认错。4. 性格复杂。

◎越南商人特征

在做生意时，越南商人真正的意图和想法时常秘而不宣，他们与外国人交往时尤其如此，因为他们相信外国人也在耍同样的伎俩。多进行感情投资，即与决策人员多接触建立感情，疏通关系。

特点：1. 商场上的口是心非。在越南做生意，若是对越南的背景一无所知，情况将非常不利。2. 偏重个人感情。3. 天生的企业家。

◎新加坡商人特征

与新加坡人做生意应注意建立良好的人际关系。举止态度应以优雅、庄重为宜。即使是一件极度困难的事，也要做得尽善尽美，获得了新加坡人的赞许，但仍应记得谦虚以对，如果谦虚为怀，对方一定对你更加敬畏。绝对不要在新加坡同僚面前纠正某人，而应采取私下沟通的方式。

特点：1. 儒学是新加坡企业的主导精神。2. 信佛崇道。3. 家族企业多。4. 不要忽视耐心的重要性。待人处事应注意礼节。

◎其他东南亚商人特征

泰国以佛教为国教，绝大多数人信奉佛教，与他们交往须特别注意尊重泰国的宗教习俗。

印度尼西亚商人特别注重互送名片，初次打交道时，就应把自己的名片送给对方，否则会受到他们长时间的冷遇。

不要与马来西亚人谈论政治问题、宗教问题等可能引起麻烦的问题。

菲律宾商人善交际，作风大方，言语含蓄，即使对某事有批评意见，也往往说得非常得体。

切忌触摸老挝人的头。他们认为头是最神圣的部位，任何人都不能随意触摸。

与孟加拉国商人进行交往，切忌以名字称呼客户，除非相互之间非常熟悉并十分友好。

缅甸人认为鞋是最肮脏的物品，进入寺庙或是进入供奉了佛像的人家时，务必脱掉鞋子，否则是玷污圣像，会招致抗议。

尼泊尔人点头、摇头的含意与我国习俗正好相反。他们惯于用摇头表示同意，点头表示不同意。

◎阿拉伯商人特征

家族经营是阿拉伯商业的显著特点。所有的阿拉伯商人都视自己的信誉和声望为生命。混乱的财物管理，没有严格的财务制度。官商一体，行贿不违法。阿联酋普遍轻视妇女，因此，在与其做生意时派往该国的商务代表，最好不要选派女性。在与阿曼商人做生意时，切忌急于求成。不要希望接触一两次就能谈成生意。科威特人并不守时。让有求于你的人，包括外国商人等待，这是当地人的习惯做法。到沙特阿拉伯之前，你需要在沙特找一担保人。作为中间人，他会安排你同适合的人见面。

特点：1. 公司像杂货铺。2. 以诚实创造信誉。3. 把钱花出响声。4. 混乱的财物管理，没有严格的财务制度。5. 官商一体，行贿不违法。6. 向男人推销女人的消费品。7. 赚钱要讲道德。8. 笑脸"斩"客。

◎犹太商人特征

犹太民族有"钱的民族"的称谓。犹太商人做买卖，是以现金为标准的，不愿意放账。

犹太人重视契约，他们认为契约是人和神的约定。学习他们共同得利的经营方法，独吞利润是最愚蠢的。犹太人办事特别认真，一丝不苟，他们不会轻易相信对方许下的诺言，他们唯一信任的人便是自己。犹太商人很懂得时间的价值，认为时间就是商品。"赚女人手中的钱"成为犹太人生意经的圣言和公理。

特点：1. 重信守约。2. 生意上没有禁区。3. 共同得利。4. 厚利适销。5. 不轻信人。6. 善找财源。

美国商人特征

赚钱是这个国家的主要目标。美国人看重金钱，与其说是为了生存，不如说是作为一生成就的证明。

特点：1. 赚钱是商人的职业道德。2. 积极竞争，努力奋斗。3. 注重法治，合乎法律规范。4. 注重实效。5. 敢于梦想，敢于闯。6. 敢于冒险和进取。7. 营销策略独树一帜。8. 顾客是上帝。9. 喜好大的企业，做大产品，做大买卖。10. 重视科学决策。11. 对不同地区的人，区别对待。12. 善于搜集商业情报。

◎如何与美国人进行商务交往

同美国人进行商务活动，要深入了解和掌握美国有关贸易进出口的法律法规和常规做法。如对哪些范围限制与外国人合作，哪些范围的商品必须得到政府有关部门特别许可，哪些商品市场有可能触及反倾销税法，以及美国的反托拉斯、反行贿等等法规，和商户谈判时要特别提及。此外，如商品的广告及代理，批发和零售商，价格和包装等常规做法和特别事项也要了解透一些；要进行市场调查，慎重选择合作对象和合作领域。考察时要重点突出，如纺织品的质地、花色图案、设计样式等，是否在市场受顾客欢迎，代理商的意向是否明显和迫切；要了解美国商户的特点，有针对性地进行洽谈。美国商人在商务活动中总有一种富国强国的自信和自豪，处处流露出优越感，谈吐较直率大方，显得轻松和好打交道。他们讲究高效，不愿

拖泥带水，所以谈判时要直截了当，时间安排要紧凑。同美国人做生意请律师行的律师做顾问是不可缺少的。

◎加拿大商人特征

加拿大人生活习性包含英、法、美三国人的综合特点，他们既有英国人那种含蓄，又有法国人那种开朗，还有美国人那种无拘无束的特点。他们热情好客，待人诚恳。加拿大人比较讲实惠，与朋友相处和来往不讲究过多的礼仪。

加拿大商人谦逊友善、乐于助人、的性格多属开朗型，与他们交往让人觉得自然、没有压力。在商场上，加拿大商人的竞争意识是非常强烈的，但是由于加拿大劳动力成本高、税收重，加拿大商人又养成了一种懂法投资的商业特性。

特点：1. 经济依赖性强，受外影响大。2. 有着山姆大叔的阴影。加拿大人和美国人一样，吃的是全国性登广告的那些食物，谈的是同样的报纸新闻，说的是同样类型的体育节目，穿衣和谈话的方式也大体相同。加拿大的年轻一代都热衷于"美国热"，都以美国"西部牛仔"式的"英雄"为楷模。可以说山姆大叔的阴影浓重地笼罩着加拿大的文化。

◎与加拿大商人的谈判技巧

加拿大商人崇尚办事立竿见影。与加拿大人谈判时，切忌洽谈时绕圈子、讲套话。谈判时应注意如下方面：

谈话时，切忌把加拿大和美国进行比

较，尤其是拿美国的优越方面与他们相比。

切忌询问加拿大客户的政治倾向、工资待遇、年龄以及买东西的价钱等诸如此类的事情，他们认为这些都属于个人的私事。

切忌对加拿大客户说"你长胖了"、"你长得胖"。由于加拿大商人没闲心锻炼身体，所以偏胖，因而说上面那样的话自然带有贬意。

◎墨西哥商人特征

墨西哥民族一向以热情、友好和开朗的品性著称于世。墨西哥商人在小心谨慎、墨守礼仪的背后，隐藏着巨大的热情和仁爱。

特点：1. 热情、友好、开朗。2. 乐天好客。3. 健谈。4. 重社会地位。5. 推销员多。6. 会花钱，善花钱。

◎性情活泼的墨西哥人

墨西哥人性情活泼，能歌善舞。视仙人掌为自己民族的象征，并奉为国花。以嗜酒闻名于世，宾客上门先以酒招待。墨西哥商人十分功利现实，精打细算。不能送紫色类物品或以紫色包装的礼品。穿此色衣服会客或招摇过市，亦不受欢迎。在墨西哥，黄色花表示死亡，红色花表示诅咒。墨西哥人在正式场合穿制服、打领带，着装整洁，谈吐庄重，彬彬有礼。问候方式是微笑和握手。男子绝对不能吻一位不熟悉女子的面颊和手。除7、8、12月不宜拜访外，其他时间均可。圣诞节及复活节前后两周最好不要去。交谈时应避开政治性和历史性话题。

◎其他美洲商人特征

巴西人不愿议论与巴西有关的政治问题。他们人人喜爱足球运动，与他们谈论足球方面的话题有助于密切与他们的关系。

如跟阿根廷人打交道，切忌衣着随便马虎，否则，会在他们脑子里留下你为人不正派的形象。

阿根廷商人做生意的态度偏于保守谨慎，因此，在和阿根廷商人打交道时，切忌出现浮夸的推销作风。

因古巴客户是国营公司，因此，无论双方宴请谁，出席的人必然是一大堆人，对此，应有思想准备。

◎俄罗斯、乌克兰，白俄罗斯商人特征

要正视其傲视一切的大国心态，不要为其吓倒，在生意场上讲究利益第一，也不可被其蔑视。产品外型要高大。与俄罗斯商人交往要有酒量，不要斤斤计较，慷慨大度些，他们会对你有好感，对你更大度慷慨。

特点：1. 傲慢无礼，不可一世。2. 追求"高大"，不重轻巧。3. 不拘性情，注重"真我"4. 心胸坦荡开阔，大度慷慨。

◎德国商人特征

德意志民族是一个讲究程序的民族。按照规章办事，不可乱来。注意事情的计划性。不要为他们严肃的外表所吓住。诚恳仍然是他们内在的性格，要多与他们接触，多文流。

与德国商人合作,最重要的是迈出第一步。因为他们厌恶所有华而不实的东西,在与其接触了解时,一定要有严谨认真的态度,要有务实进取的精神。

特点:1.讲究秩序,有计划。2.办事认真,不苟言笑。3.遵纪守法,为了最高伦理原则。4.公务是公务,烧酒是烧酒。

◎如何与德国人进行商务交往

德国经济发达,商户的素质较高,所以同德国人进行商务活动时首先应注意对产品的技术标准要求要高,出口商品一定要把好质量关;其次,德国的企业融资时,一般都要通过银行进行,在资金问题上风险意识很强,所以在谈判时要有详细的准备,解除对方的风险疑虑;德国人工作严肃认真,信守合同,讲究信誉,所以在同德国人接触时要特别认真,不得马虎从事;善于讨价还价。德国人擅长谈判,所以要抓住对方心理进行商谈,待其有购买欲望或决定时,果敢出击。

◎法国商人特征

法国商人的最高目标,是个人性格的充分表现,是自我灵性的充分抒发。他们不为赚钱而赚钱,而把赚钱当成满足自己生活欲望的方式和动力。

对金钱的认识不同,导致法国商人赚钱的具体方式和行为选择,他们对浪漫情调的尊崇和追求,对个性性格的抒发和表现,使其行为本身常常脱离理性思维的控制,变得激情四射和自由奔放。

与法国商人合作,最忌过于计较,应尽

力避免生硬死板,缺乏生气。轻松和幽默是法国人最为欣赏的。

特点:1.宽以待人。2.强调个性。3.喜欢参加沙龙。法国人崇尚浪漫,对新鲜的人和事物,怀有很强烈的热情。4.骑士的爱。"骑士风度",即是由法国宫廷衍生,逐步向全法国延展的独特产物,是法国贵族化倾向的文明标准。

◎如何与法国人进行商务交往

同法国人进行商务活动时应注意严格按事先预订的时间地点和交谈内容进行,不要迟到,穿着要讲究;提供给对方的材料和相关的实物样品要翔实、完备和讲究质量;合同条款要细致周到,一旦签订合同后,要严格按照双方预订的条款执行;法国人喜欢在晚餐时约会,用餐时间长,喜欢喝名酒。

◎英国商人特征

英国商人喜欢做一些新奇商品的习卖。以新奇产品与他们进行交易。注重英国商人眼前的实用,可以使他放弃长远的利益。不要指望他会专心于一项生意。小心其经营手法的变化。

特点:1.善于追求。2.注重合伙、合资经营。3.讲究实用主义。4.注意务实,重行动。5.多理性,少人情。6.商人和绅士一样高尚。7.商业全才,知识丰富。

◎如何与英国人进行商务交往

同英国人进行商务活动时要了解英国

人的传统习惯和生活特点。如在正式洽谈时，以穿轻便衣服为好，而在其他正式场合，则穿考究的服装，在休假（一般在七八月）和圣诞节、复活节等重大节日时间一般不进行商务活动。英国人爱好名酒和名贵鲜花，送礼一般喜欢在晚餐后进行；有资料和样品在谈判前要准备妥当，在介绍时要重点突出，不可占用太长时间，回答问题也要有较强的针对性；进行商务活动时不要涉及其他政治问题，如北爱尔兰等问题。

◎欧洲其他国家特征

欧洲商人一般都有自已的技术专业特长，有的精于机械，有的精于电子，有的精于医药，有的精于化工，他们一般不会三天两头工作。

要有较长时间联系的打算。要注意建立信任感。不能做一锤子买卖。

欧共体市场的消费特点：

（1）欧洲人的消费结构已从20世纪50年代的主要购买生必需品，60年代购买耐用消费品，70年代的追求住宅的舒适，室内陈设的讲究、旅游独家度假的休闲，80年代增加了反映个性的远动、娱乐、家庭设备的自动化与电脑控制等等，又发生了新变化。

（2）欧洲进口商品结构已从五六十年代６０％是食品、饮料及原材料，变成了现在６０％上进口机器与运输设备、能源产品及化工产品。

◎大洋洲商人特征

实战要点：

1．不要仗势瞧不起人，更不能进行不公平买卖。否则，澳洲商人就会觉得你不是真正的朋友，对你没有好感，甚至拂袖而去。

2．在商务活动中，对每个人都要平等以待，不管是总理还是一般职员都要一视同仁，不能分等分级。

3．要学习他们商场中平等竞争的观念。

针对澳大利亚人的享乐特点，在与他们做生意时，应注意如下几点：

1．投资娱乐和旅游业，可以获取高额利润。

2．与澳洲商人进行商务往时，应多进行一些娱乐或享受型的活动

3．在合作中，防止他们追求享受，投资用于娱乐，和不思进取的做法。

◎非洲商人特征

实战要点：

1.拜会酋长，是做好生意的关键

2.与埃及客户洽谈生意切忌急于求成。

3.与赞比亚商人打交道要有思想准备。

4.刚果商人非常缺乏商业上的知识和技巧。

5.摩洛哥外汇管制十分严格，与摩洛哥客户交易，一开始最好用现金。

6.尼日利亚商人在商务中采用的文书图表大多是英国模式。

7.首次与苏丹客户做生意时，务必要求对方开具不可撤销的信用证。

第三节　商务技巧

◎中国人的谈判风格

中华民族历史悠久，儒家文化的影响根深蒂固。中国人待人注意礼节，重人情，讲关系，素有"礼仪之邦"的美称。中国人吃苦耐劳，具有很强的韧性，谈吐含蓄，不轻易直接表露真实思想，工作节奏总体不快，比较保守，不轻易冒险，工于心计，足智多谋。中国内地的谈判人员多具有奉献精神，而港澳台地区的谈判人员多注重实利，包括个人利益。

◎中国商人谈判注重礼节

中国人接待客人非常殷勤和慷慨，中国商人在谈判时，习惯于以礼相待。在洽谈生意时，中国商人常常要求在本国进行谈判，以控制议事日程，掌握谈判进展；并在此过程中仔细观察对方，让客人相信他们的诚意，期待着建立起信任和友谊。与中国人谈判，无论其年纪大小，均要注意礼节，不可因小失大，以免最后造成被动。在中国人认为，作为谈判代表，他代表的是一个集体，在一定意义上甚至代表的是一个国家和民族，而不是一个单一的个人。对其个人可以有失礼之处，但绝不可以轻视他身后的集体组织和社会背景与文化传承。对于讲究面子的中国人来说，礼节常与威信和尊严联系在一起。在商务谈判中，中国人常给对方留有余地，很少直截了当地拒绝对方的建议，同时他们也需要对方给自己留有余地。如果你能帮助他们，你就会得到许多；反之，任何当众侮辱或轻蔑的行为，即使是无意的，仍会造成很大损失。因此，不论对待年龄大小或地位高低的谈判人员，都应该始终注意自己言行中的礼仪。中国商人习惯于"先礼后兵"。

◎中国商人善于把握原则性和灵活性

中国人对问题的原则性和灵活性把握得很有分寸。他们在谈判时注重利益均衡。当谈判进入实质性阶段，中国商人往往会要求首先以意向书的形式达成一个原则框架，然后才洽谈具体细节。中国商人在原则问题上寸步不让，表现得非常固执。谈判中如果发现原则框架中的某条原则受到了挑战，或谈判内容不符合长期目标，或提出的建议与计划不适合，中国人的态度就会严肃起来并表现出不屈不挠的决心。同时，在具体事务上，他们则表现出极大的灵活性。

理财篇

家庭理财常识

◎ 你不理财，财不理你

理财是一辈子的功课，它并不像市面上很多广告上形容的那样轻松。事实上，世上界很多富有的人，并不是那些拼命赚钱的人，而是最精于管理金钱的人。他们除了懂得生财之道外，还懂得金钱的运作规律，借着不停的资金流动，创造出更多的财富。所以，谁懂得管理金钱，谁就可能成为富有的人。那么什么是财富呢？在很多人眼中，财富就是金钱，即从发钞银行印制的一张张五颜六色、色彩夺目的钞票；一旦你拥有它，就可以买到心爱的东西，带来无穷的喜悦。1995 年世界银行公布的广义的财富概念中，包含了"自然资本"、"生产资本"、"人力资本"、"社会资本"四大组要素。对家庭来说，财富是指各种能给其所有者带来实际价值利益的有形或无形的资产，如现金、债券、股票、基金、外汇、房产、车辆、贵重金属（黄金等）、文物、珠宝以及专利技术、版权等。

面对当前股市"井喷"、基金热炒等金融市场和房价节节走高风吹草动的楼市行情，这对每个家庭提出了更高的理财要求，计划经济时代那种"敲钟吃饭，签字领钱，按月存款"的理财方式，已绝对不能满足新的财富积累的要求。家庭需要规划，钱财需要打理，把手里仅有的钱变多，把富余的钱"炒"大，让我们不再为生计发愁，让我们的生活衣食无忧，这就是"你不理财，财不理你"。不要以为自己没有多少资产就不需要进行投资理财，真正的投资理财与资金大小没有关系。股神巴菲特是一位靠股市成为亿万富翁的美国人，也是世界排名第二的超级大富豪，想当初，巴菲特初出茅庐的时候也就只有 200 美元。巴菲特靠这么二百美元起家，我们为什么就不行呢？可以说，我们现在大部分人都已经站在比当初巴菲特更高的起点了。因此，大钱有大钱的理财方法，小财也有小财的投资方式，关键不在于钱有多少而是在于你的理财观点和投资方法是否正确。

◎ 什么是家庭理财

所谓家庭理财，从概念上讲，就是学会有效、合理地处理和运用钱财，让自己的花费发挥最大的效用，以达到最大限度地满足日常生活需要的目的。简而言之，家庭理财就是利用企业理财和金融的方法对家庭经济（主要指家庭收入和支出）进行计划和管理，增强家庭经济实力，提高抗风险能力，增大家庭效用。从广义的角度来讲，合理的家庭理财也会节省社会资源，提高社会福利，促进社会的稳定发展。

从技术的角度讲，家庭理财就是利用开源节流的原则，增加收入，节省支出，用最合理的方式来达到一个家庭所希望达到的经济目标。这样的目标小到增添家电设备、外出旅游，大到买车、购屋、储备子女的教育经费，直至安排退休后的晚年生活等等。

◎家庭理财的必要性

就家庭理财规划的整体来看，它包含三个层面的内容：首先是设定家庭理财目标；其次是掌握现时收支及资产债务状况；最后是如何利用投资渠道来增加家庭财富。

随着家庭收入和财富的增长以及市场的各种不确定性越来越大并且越来越影响到家庭的各种行为，家庭理财（储蓄与投资）变得受重视了。而且，人人都知道，在现代社会里要维持一个家庭并不容易，尤其是能使一个家庭过上好日子更不容易。因为过日子不可避免地要涉及必要的经济负担，一个家庭若没有起码的经济能力以负担各种家庭的需求，家庭势必解体，家庭成员也无法在家庭内生存下去。

如何管理好家庭经济，是维系一个家庭及过好日子的至关重要的问题，因此，家庭理财是摆在每个家庭面前不可忽视的重要课题。谈到家庭理财，有人会认为，我们国家还不富裕，多数人的家庭收入还不算高，没有什么闲钱能省下来，哪里还谈得上什么家庭理财。其实，这是一种不正确的看法。可能你的一些和自己收入相差不大的亲友日子却过得却更富裕并能小有积蓄，相比之下，你自己有时还捉襟见肘，这就说明每个家庭都应该好好重视一下家庭理财问题。

◎家庭理财包括哪些方面

一般来说，一个完备的家庭理财计划包括八个方面：

1. 职业计划。选择职业首先应该正确评价自己的性格、能力、爱好、人生观，其次要收集大量有关工作机会、招聘条件等信息，最后要确定工作目标和实现这个目标的计划。

2. 消费和储蓄计划。你必须决定一年的收入里多少用于当前消费，多少用于储蓄。与此计划有关的任务是编制资产负债表、年度收支表和预算表。

3. 债务计划。我们对债务必须加以管理，使其控制在一个适当的水平上，并且债务成本要尽可能降低。

4. 保险计划。随着你事业的成功，你拥有越来越多的固定资产，你需要财产保险和个人信用保险。为了你的子女在你离开后仍能生活幸福，你需要人寿保险。更重要的是，为了应付疾病和其他意外伤害，你需要医疗保险，因为住院医疗费用有可能将你的积蓄一扫而光。

5. 投资计划。当我们的储蓄一天天增加的时候，最迫切的就是寻找一种投资组合，能够把收益性、安全性和流动性三者兼得。

6. 退休计划。退休计划主要包括退休后的消费和其他需求及如何在不工作的情况下满足这些需求。光靠社会养老保险是不够的，必须在有工作能力时积累一笔退休基金作为补充。

7. 遗产计划。遗产计划的主要目的是使人们在将财产留给继承人时缴税最低，主要内容是一份适当的遗嘱和一整套避税措施，比如提前将一部分财产作为礼物赠予继承人。

8. 所得税计划个人所得税是政府对个人成功的分享，在合法的基础上，你完全可以通过调整自己的行为达到合法避税的效果。

◎家庭理财重点

刚步入社会的人可将理财目标放在充实、吸收理财知识和强制储蓄两方面。稍有积累之后，则可选一些较激进的理财工具，如偏股型基金及股票等，以期获得更高回报。有关专家从房产、教育金和养老金三个方面谈了如何实现家庭理财的目标。

房产

"买房子是人生理财目标中最重要、最复杂的大事。"首先要设定目标并计算所需资金，如5年后希望买一套总价100万元的房子，若预计贷款八成，须先准备约20万元的自备款。其次对于如何准备20万元，建议采用定期定额投资基金的方式，每个月投资的金额约2583元，假设以年平均报酬率10%来计算，投资60个月（5年），就可以攒够20万元。至于贷款部分，可视本身条件或能力而定，以免日后为了房贷支出过度而影响生活质量。

教育金

据调查，目前在一些大城市，培养一个孩子至大学毕业，至少需20万至30万元。若善用投资的复利效果及早规划，让子女去理想学校的梦想并非遥不可及。虽然实际教育金随时间膨胀，但另一方面，时间愈久，投资的复利效果也愈大，可帮助投资者累积财富，所以储备金应及早开始。此外，除了定期存款、教育保险等风险较低相应收益也较小的投资工具，有能力承受一定风险的投资者也可以考虑基金等投资工具。基金定期定额方式积累教育基金是一个好办法，

有强制储蓄的作用，又可分散入市时点，减少风险。

养老金

面对中国日趋老龄化，社会日益关注退休养老问题，做好养老理财计划必须考虑六大因素：负担与责任（有无尚须偿付的贷款、是否需要抚养亲属或养育子女等）、住房条件（涉及生活费用的高低）、收入状况、劳保给付、通货膨胀、健康情形等。对退休人士而言，投资最好避免高风险，重在保值、稳健。当然，每个人在投资时，都应该选择适合自己的投资组合。投资组合也并非一成不变，可根据市场的变动做相应的调整。

◎投资理财有区别

理财活动包括投资行为，投资是理财的一个组成部分。二者的不同之处是：

1. 目标不同。投资的目的就是为了获得利润，投资关注的是这笔钱的安全性、流动性与收益率。而理财不一样，理财的目标是实现个人的人生目标与理想。

2. 分析方法与依据不同。目标的不同，也就决定了分析的方法与依据不同。理财是为了实现人生的目标与理想，因此在理财方案的分析与设计过程中，非常关注个人的实际情况，例如关注个人的目标、风险偏好、职业生涯、健康状况、人生安排（买房、结婚、生子、养老、遗产安排等人生事件）等等。投资是为了实现资产的保值与增值，在分析时更加关注投资标的的本身（例如市场的机会与风险、投资工具的选择等等），但很少关注人的因素。

3. 结果不同。目标的不同注定了结果

的不同，投资的结果是资产的保值增值，而理财的目标是人生理想的实现。

4. 涵盖的范围不同。目标的不同也决定了其涵盖范围的不同。例如购买纯消费型的意外保险与医疗保险，是为了增加家庭整体的抵御风险能力，但由于不产生任何收益，不能算是投资，但这的确是家庭理财的一部分。

◎钱不是省出来而是挣出来的

"谁动了我们的存款？"专家测算了 20 年时间 1 万元的实际价值后，这个问题引起了人们的普遍关注。经过测算，1984 年的 1 万元现金到 2004 年实际只能买到价值 2100 元左右的商品。其中的关键因素是通货膨胀。即便是很节俭的人，不随便花钱，但是随着时间的推移，他的存款也会无形"缩水"。而"钱越来越值钱"在历史上是很少见的。

当前处在低利率时代，扣除居民消费物价指数来计算，人们的存款仍处于"负利率"时代。因此，选择长期存款是不合适的，而应选择短期存款，并利用其他理财工具获得收益，转移通货膨胀的压力。年轻人同时要注意努力工作争取加薪，否则多年后会不得不加"辛"。

◎投资风险在先收益在后

专家提醒，理财产品的收益大部分都是预期收益率（除了储蓄、国债产品是固定收益），其中有多种无法预知的风险，到期后才能算出真实的收益水平。而普通人买理财产品一般都是先瞄准收益率，然后才考虑风险，这样考虑有失主次顺序。不可能有"诱人高收益和非常低风险"的完美理财产品，一些广告中的"预期"收益不要当成是"保底"收益。

◎选择适合自己的投资组合

理财专家指出，要注意未雨绸缪，从自身特点和需要出发，选择适合自己的投资组合。投资切不可拿急用的钱，要做好人生养老、医疗等方面的家庭规划，全面考虑好投资不同产品而进行取舍的"机会成本"。简单说，就是一笔钱的投资必然影响另一笔钱的占用，需要通盘考虑。

其次，人们可以给自己的投资特点分类：如果具有进取型特点，可以选择房产和股票型基金；保守型选择货币市场基金和分红保险；介于两者之间的选择偏股票型混合基金、债券和信托产品。

◎确定理财目标

每个人都会有不同的愿望，有人希望去国外旅行，有人希望买一所更大的房子等等，而这些愿望都是一些很模糊的概念，并不是周密而详细的计划。那么，家庭理财第一步，就是将愿望转化为一个合理的理财目标，首先要明白自己具有多少愿望，和家人一起，一一列举出这些愿望。有些愿望是不可能实现的，比如我在一年内要成为中国首富之类。像这类显然是一个遥不可及的愿望，我们排列愿望时，就应当把它排除，而只列举出具有可能实现的那一部分。下一步就把这些愿望逐步量化，比如我想更换一处更宽敞的住房，那么在确定其地段、面积等参数之后，就大致上可以得到一个具体化的金额。这样，将所有的愿望都进行具体化以后，那么实现你全部愿望的总金额就明确了。

实现全部的理财目标是一个长期的过程，甚至可能要花掉整整一生的时间来完成，我们必须分阶段来逐步完成所确立的各个目标，然后围绕每一个具体的目标，制定详细的理财计划，使其具有实现的可能性和行动的方向性，比如计划每月储蓄的金额，预测每年投资的收益等。同时，理财目标的确立必须与家庭的经济状况与风险承受能力相适应，才能确保目标的可行性。

◎理财小定律帮您科学理财

如果您手里有了一些余钱时，您就会想办法投资，以赚取更高的收益。但是当您有比较多的余钱时，您就会为怎么分配投资发愁了：我该买多少股票？该存多少款？该买多少保险？人们在长期的理财规划中总结出一些一般化的理财规则。

"4321定律"：，这个定律是针对收入较高的家庭，这些家庭比较合理的支出比例是：40％用于买房及股票、基金等方面的投资；30％用于家庭生活开支；20％用于银行存款，以备不时之需；10％用于保险。当然这只是一个一般的小定律，按照这个小定律来安排资产，既可以满足家庭生活的日常需要，又可以通过投资保值增值，还能够为家庭提供基本的保险保障。

"72定律"：如果您存一笔款，利率是X%（不考虑征收利息税），每年的利息不取出来，利滚利——也就是复利计算，那么经过"72

／x"年后，本金和利息之和就会翻一番。举个例子，如果现在存入银行10万元，利率是每年2%，每年利滚利，36（＝72／2）年后，银行存款总额会变成20万元。

"80定律"：众所周知，投资股票收益较高，但风险也大。您在不同的年龄段，收入、财富水平不同，风险承受能力和盈利目标也不同，投资股票的比例也不一样。一般而言，随着年龄的增长，进行风险投资的比例应该逐步降低。"80定律"讲的就是随着年龄的增长，应该把总资产的多少比例投资于股票。这个比例等于80减去您的年龄再乘以1%。比如，如果您现年30岁，那么您应该把总资产的50％［50％＝（80－30）×1%］投资于股票；当您50岁时，这个比例应该是30％。

家庭保险"双十定律"：购买家庭保险是必要的，这可以为您提供基本保障，防止家庭经济因突然事故而遭到重大破坏。但是应该花多少钱买保险，买多少额度的保险比较合适呢？"双十定律"告诉我们，家庭保险设定的合理额度应该是家庭年收入的10倍，年保费支出应该是年家庭收入的10%。例如，您的家庭收入有12万元，那么总保险额度应该为120万元，年保费支出应该为12000元。

房贷"三一定律"：现代社会，贷款买房已经成为惯例，那么贷多少款买房比较合适？房贷"三一定律"的回答是，每月的房贷金额以不超过家庭当月总收入的三分之一为宜，否则您会觉得手头很紧，一旦碰到意外支出，就会捉襟见肘。

需要说明的是，这些小定律都是生活经验的总结，并非放之四海而皆准的真理，还是要根据您的实际情况灵活运用。

规划是理财的基础

当今社会，随着金融产品的丰富多彩，可供选择的个人理财工具也日益复杂多样。但错误的理财思路仍比比皆是，例如：有的青年白领的全部积蓄都躺在银行里吃低息、有的退休人士用生活费投资股票等等。究其原因，在于大多数投资者缺乏适合自身实际情况的综合理财规划，以至于无法总体把握存款、证券、保险等多门类理财工具的特点及相互关系。根据人的一生制定理财计划。

每个人要根据自己的资产负债情况、年龄、家庭负担状况、职业特点等，使投资理财的风险与收益组合达到最佳，而这个最佳组合可以根据实际情况随时调整。所以，在人生的不同阶段，家庭理财的内容和侧重点也大不相同。

◎青年期理财规划

聚沙成塔是青年期（35岁以下）的理财规划。

从正式参加工作到结婚的2－5年里，年轻人多处于单身期，这段时期收入低、花销大，最重要的是努力寻找收入高的工作，开源节流。

这个阶段人生的历程刚刚开始，由于收入增长快，加上年轻人承受风险能力强，在完备基础层后，要敢于承担风险，积极追求财富。可以把节余的资金更多地投资于收益和风险都比较高的股票等金融产品上。

这个时期，由于收入不高，保险要着重选保费低廉、保额较高的短期保障型品种。

在投资方面，可尝试"理财金字塔"中的全部品种，以较大风险追求较大利润。但应切忌分散投资、分散风险，且投资只能以闲置资金进行，这样即使投资失败，还有东山再起的机会。正确的教育投资可以说是"一本万利"，也需要重点关注。

◎壮年期理财规划

稳中求胜是壮年期（35至55岁）的理财规划。

这一时期，家庭应当以子女的教育费用和生活费用为理财重点，建议将可投资资本的40％用于股票或成长型基金，但要注意严格控制风险；40％用于银行子女教育金或国债，以应付子女的教育费用；10％用于保险；10％用于家庭紧急备用金。

在子女参加工作到自己退休的这段时期，一般15年左右，也是家庭的巅峰时期。子女自立，父母年富力强，事业和经济状况达到顶峰，正是积累财富的最好时期，家庭理财应扩大投资，并选择稳健方式，同时储备退休养老基金。投资建议是：50％用于股票或同类基金；40％用于定期存款、债券及保险；10％用于活期储蓄。随着年龄的增大，应逐渐注重固定收益类投资，保险投资应偏重养老险、健康险、重大疾病险，制定合适的养老计划。

这阶段理财要多使用理财金字塔中较低风险的或自己较有把握的投资品种。保险方面宜多投资于健康型和养老型。

股票投资

◎股票投资的风险

股市中的风险无时不在、无处不在，股民们应该具备风险意识，时时刻刻保持警惕。当然，也不要畏惧风险，毕竟它是可以防范和控制的。应对风险的第一步是认识风险、了解风险。总体来说，股票市场上存在着三类风险：

第一类是市场价格波动风险。无论是在成熟的股票市场，还是在新兴的股票市场，股票价格总在频繁波动，这是股市的基本特征，不可避免。

第二类是上市公司经营风险。股票价格与上市公司的经营业绩密切相关，而上市公司未来的经营状况总有些不确定性。在我国，每年有许多上市公司因各种原因出现亏损，这些公司公布业绩后，股票价格随后就下跌。

第三类是政策风险。国家有关部门出台或调整一些直接与股市相关的法规、政策，对股市会产生影响，有时甚至是巨大波动。

◎股票常用术语

1. 什么是开盘价？开盘是指某种证券在证券交易所每个营业日的第一笔交易，第一笔交易的成交价即为当日开盘价。按上海证券交易所规定，如开市后半小时内某证券无成交，则以前一天的盘价为当日开盘价。

2. 什么是收盘价？收盘价是指某种证券在证券交易所一天交易活动结束前最后一笔交易的成交价格。如当日没有成交，则采用最近一次的成交价格作为收盘价，因为收盘价是当日行情的标准，又是下一个交易日开盘价的依据，可据以预测未来证券市场行情；所以投资者对行情分析时，一般采用收盘价作为计算依据。

3. 什么是多头？多头是指投资者对股市看好，预计股价将会看涨，于是趁低价时买进股票，待股票上涨至某一价位时再卖出，以获取差额收益。一般来说，人们通常把股价长期保持上涨势头的股票市场称为多头市场。多头市场股价变化的主要特征是一连串的大涨小跌。

4. 什么是空头？空头是投资者和股票商认为现时股价虽然较高，但对股市前景看坏，预计股价将会下跌，于是把借来的股票及时卖出，待股价跌至某一价位时再买进，以获取差额收益。采用这种先卖出后买进、从中赚取差价的交易方式称为空头。

5. 什么是套牢？是指进行股票交易时所遭遇的交易风险。例如投资者预计股价将上涨，但在买进后股价却一直呈下跌趋势，这种现象称为套牢。

6. 什么是趋势？股价在一段时间内朝同一方向运动，即为趋势。

7.什么是盘整？股价在有限幅度内波动。

8.什么是底部？股价长期趋势线的最低部分。

9.什么是头部？股价长期趋势线的最高部分。

10.什么是超买？股价持续上升到一定高度，买方力量基本用劲，股价即将下跌。

11.什么是超卖？股价持续下跌到一定低点，卖方力量基本用劲，股价即将回升。

12.什么是牛市？股票市场上买入者多于卖出者，股市行情看涨称为牛市。形成牛市的因素很多，主要包括以下几个方面：A经济因素：股份企业盈利增多、经济处于繁荣时期、利率下降、新兴产业发展、温和的通货膨胀等都可能推动股市价格上涨。B政治因素：政府政策、法令颁行或发生了突变的政治事件都可引起股票价格上涨。C股票市场本身的因素：如发行抢购风潮、投机者的卖空交易、大户大量购进股票都可引发牛市发生。

13.什么是熊市？熊市与牛市相反。股票市场上卖出者多于买入者，股市行情看跌称为熊市。引发熊市的因素与引发牛市的因素差不多，不过是向相反方向变动。

14.什么是利多？利多是指刺激股价上涨的信息，如股票上市公司经营业绩好转、银行利率降低、社会资金充足、银行信贷资金放宽、市场繁荣等，以及其他政治、经济、军事、外交等方面对股价上涨有利的信息。

15.什么是利空？利空是指能够促使股价下跌的信息，如股票上市公司经营业绩恶化、银行紧缩、银行利率调高、经济衰退、通货膨胀、天灾人祸等，以及其他政治、经济军事、外交等方面促使股价下跌的不利消息。

16.什么是洗盘？投机者先把股价大幅度杀低，使大批小额股票投资者（散户）产生恐慌而抛售股票，然后再把股价抬高，以便乘机渔利。

17.什么是反弹？在股市上，股价呈不断下跌趋势，终因股价下跌速度过快而反转回升到某一价位的调整现象称为反弹。

一般来说，股票的反弹幅度要比下跌幅度小，通常是反弹到前一次下跌幅度的三分之一左右时，又恢复原来的下跌趋势。

18.什么是每股净资产值净资产收益率？净资产收益率每股税后利润又称每股盈利，可用公司税收后利润除以公司总股数来计算。

◎股票的投资成本

投资者进行证券交易时，需要向有关机构缴纳一定的费用，大致上分为开户费、佣金、印花税、过户费四类。

开户费：个人投资者，如果要投资上海证券交易所挂牌的A股，开户费为每户40元；如果要投资深圳证券交易所挂牌的A股，开户费为每户50元。

佣金：这是投资者在委托买卖成交后需要支付给证券公司的费用。目前，两个证券交易所A股、基金和权证的佣金费用标准是一致的：起点为5元，最高不超过成交额的3‰。可转换债券、国债和企业债券的佣金不超过成交金额的1‰。

印花税：这是投资者在买卖成交后支

付给财税部门的税款。经国务院批准，财政部决定从 2007 年 5 月 30 日起，调整证券（股票）交易印花税税率，由现行 1‰调整为 3‰。即对买卖、继承、赠与所书立的 A 股、B 股股权转让书据，由立据双方当事人分别按 3‰的税率缴纳证券（股票）交易印花税。债券与基金交易均免交此项税金。

过户费：这是股票成交后，更换户名所需支付的费用。投资者投资上海证券交易所挂牌的 A 股、基金才有此项费用，按成交金额（以每股为单位）的 1‰支付。

◎哪些股票值得投资

蓝筹股，又叫潜力股、优质股，是指那些有长期稳定盈余记录、定期分红派息、信誉良好或者发展潜力巨大、未来成长性好的公司股票。蓝筹股一般是"股民"们竞相购买的股票，因为这类股票基础牢，股价波动幅度较小，比较安全，而且收益比较稳定。当然，您在选择蓝筹股的时候，必须对公司的内外环境、发展趋势作深入的分析和准确的判断。

热门股是指成交量大、买卖活跃、价格波动幅度较大但一般不会暴涨暴跌的股票。股票之所以成为"热门"，部分原因是公司近几年利润增长很快，但也有人们"追涨"心理的原因，甚至有时候是由于庄家的操纵。所以购买热门股不可盲目跟进，要保持冷静、理智的心态，见好就收。

投机股是指价格频繁变动且变动幅度大的股票，常常由于发展前景不明朗，成为大户、庄家投机热炒的对象，散户投资者往往会深受其害。

成长股是指公司销售额和利润增长迅速，快于整个经济发展速度的股票。一些高科技股常常表现出这样的特点，但这类股票也常常成为大户和庄家投机的对象，所以散户投资者一定要谨慎购买。

◎股票投资分析

股票投资首先要对股票进行分析。股票投资分析一般包括基本面分析和技术分析。

基本面分析是指对企业的宏观经济环境以及企业自身的经营情况进行分析，判断哪些因素会影响股票价格变动，以及会发生怎样的变动；技术分析则是希望通过股票价格的历史波动情况，推断出未来的股价走势。基本面分析是股票分析的主流，您应该以基本面分析为主，辅之以技术分析。

◎技术分析的含义

所谓股价的技术分析，是相对于基本分析而言的。基本分析法着重于对一般经济情况以及各个公司的经营管理状况、行业动态等因素进行分析，以此来研究股票的价值，衡量股价的高低。而技术分析则是透过图表或技术指标的记录，研究市场过去及现在的行为反应，以推测未来价格的变动趋势。其依据的技术指标的主要内容是由股价、成交量或涨跌指数等数据计算而得的，我们也由此可知，技术分析只关心证券市场本身的变化，而不考虑会对其产生某种影响的经济方面、政治方面的等各种外部的因素。

基金理财

◎ "巧借高人"的理财方式

"钱是自己的，交给别人不放心"，这是很多普通人理财的心得。但是，理财专家认为这种"自力更生"的做法不可绝对化。以股市为例，调查显示，在股市搏击多年仍有盈利的散户的数额在不断下降，而有多年投资实战经验的专业机构人士的优势不断上升。如果没有过硬的投资能力，普通人可以依托一些专业机构委托理财，例如购买开放式基金和信托产品等，利用基金经理和信托专家的能力进行直接投资。当然，人们也要注意识别受托人是否值得信赖，例如查看资质证明、了解项目具体运行特点和专业人员素质，对相关信息披露保持高度警觉。

◎基金的类型和特点？

基金主要有开放式基金和封闭式基金。封闭式基金是指有固定的存续期，在存续期间基金的总体规模固定，投资者通过二级市场买卖的基金。该类基金虽然长期持有静态投资价值较高，但流动性差，中短线投资机会往往不佳。开放式基金是指基金发行总额不固定，基金单位总数随时增减，投资者可以按基金的净值在基金管理人确定的营业场所进行申购或者赎回的一种基金。

开放式基金大致包括以下几种：货币基金、债券基金与股票基金。

（1）货币基金是以货币市场为投资对象的一种基金。由于货币市场一般是供大额投资者参与，所以货币基金的出现为小额投资者进入货币市场提供了机会。货币基金具有投资成本低、流动性强、风险小等特点。投资者常常在股票基金业绩表现不佳时，将股票基金转换为货币基金，以避开"风浪"，等待时机再选择认购股票基金或别的基金品种，因此货币基金也称为"停泊基金"。

（2）债券基金是指将基金资产投资于债券，通过对债券进行组合投资，寻求较为稳定的收益。由于债券收益稳定，风险也较小，因而债券基金的风险性较低，适于不愿过多冒险的稳健型投资者。但债券基金的价格也受到市场利率、汇率、债券本身等因素影响，其波动程度比股票基金低。

（3）股票基金是指以股票为投资对象的投资基金，这是所有基金品种中最广泛流行的一种。与投资者直接投资于股票市场相比，股票基金具有流动性强、分散风险等特点。虽然股票价格会在短时间内上下波动，但其提供的长线回报会比现金存款或债券投资为高，因此，从长期来看，股票基金收益可观，但风险也比债券基金、货币基金要高。

◎如何投资基金

基金是一种大众化的信托投资工具，这种投资工具由基金管理公司或其它发起人发起，通过向投资者发行受益凭证，将大众手中的零散资金集中起来，委托具有专业知识和投资经验的专家进行管理和运作，由信誉良好的金融机构充当所募集资金的信托人或托管人。基金经理人通过多元化的投资组合，将基金投资于股票、债券、可转换证券等各种金融工具，努力降低投资风险，谋求资本长期、稳定的增值。投资者按出资比例分享投资收益与承担投资风险。

◎什么样的基金适合你

不同的投资者，具有不同的性格特点，处在不同的年龄阶段上，承担着不同的消费需求，从而产生了不同的投资兴趣和偏好。投资者在选择基金产品时，一定要从自己的实际情况出发，选择适己的基金产品。为此，还需要投资者遵循七大标准。

第一，适合自己的兴趣和偏好。对于基金投资而言，选择了适合自身兴趣特点的基金产品，投资者就会学会专注，保持耐心和毅力，尤其是能够承受相应的风险和压力。

第二，适合自己的经济条件。投资者在进行基金产品投资时，资金较少的投资者可以选择定期定额投资法，通过"积少成多、摊低风险"的办法，而对于具有一定投资积累的投资者来讲，在把握良好投资机会的同时，可以选择一次性投资。

第三，适合自己的年龄。中青年人处于事业发展期或者鼎盛期，有较多的收入可以支配。而对于老年投资者，面临退休生活，收入渠道相对狭窄，此时不适宜进行高风险产品的投资，在基金产品的选择上也应当有所区别。

第四，适合自己的目标。追求资本的长期增值，应当优选股票型基金，而对于追求收益稳定性的投资者，可以将债券型基金产品做为目标，此外，对资金流动性需求强烈的投资者可以选择货币市场基金。

第五，适合自己的抗风险能力。不同的基金产品具有不同的风险收益特征，投资者在进行基金产品选择时，应当着重考虑基金产品的风险收益特征与自身风险承受能力的匹配性。

第六，适合自己的组合。激进型的投资者，在核心资产的配置上应当侧重于股票型基金的配置，保守型投资者则应当在债券型基金及货币市场基金等方面加强配置的比例，从而起到稳定投资组合风险的目的。

第七，适合自己的操作习惯。不同操作习惯和投资理念的投资者，应当在选择基金产品方面有所区别。

◎买基金切忌不闻不问

在投资基金前多投入一点时间和精力，你就会比别人多一分成功的几率，投入和回报永远是成正比的。所以，理财前的调研环节万万不能少，不能让别人的推荐代替你自己的决策。投资前，应该调查基金。

首先，你应该了解这家基金的背景，它是哪家基金管理公司的，曾经推出过哪些产品，其他产品的收益水平如何。其实，买基金就是买基金公司，公司的整体业绩尤其重要。

其次，你必须知道这只基金的"年龄"，它诞生于牛市还是熊市。只有牛市里赚钱、熊市里抗跌的基金，才能证明其投资能力和抗风险能力，才值得长期拥有。

其三，也是最重要，你必须得知道这个基金的类型，具有哪些特点和风格。基金的分类有很多种，一般来说，按照基金的基准资产配置比例，可分为股票型、偏股型、配置型等等；从投资理念上，可划分为价值型基金、成长型基金；从投资目标上，可分为成长型、收益型、平衡型。把你的基金对号入座，看看它大致属于哪个阵营，同一阵营的其他公司的基金表现如何，这样更具有可比性。

◎ 基金理财要注重组合

"组合投资"是基金运作中主要的风险防范措施之一。首先，基金管理人根据基金合同约定，结合对宏观经济形势与资本市场供求关系变化的科学判断，把基金资产合理配置在不同风险收益特征的大类金融资产中（股票、债券等）。其次，基金管理人依托深入的基本面分析，发掘出较高潜在投资价值的股票构建投资组合，减少"错选"的风险；同时，根据市场变化及时对投资组合进行更新，不断保持基金投资组合的成长性。正是通过上述对风险"分散"与"过滤"的专业化运作，优秀的基金可以在市场低迷时表现抗跌而在牛市中获得超额回报，基金累计净值能够长期保持持续向上的趋势。

年龄是影响基金投资组合风格的重要因素。青年人虽然积蓄不丰，但拥有年龄与健康优势，可以选择风险收益较高的基金品种（或组合）。步入中年后，家庭积蓄增加了，理财需求和规模加大了，但由于年龄优势逐渐消失，风险承受力反而降低了。因此中年人应该选择稳健或偏保守风格的基金理财组合，理财目标有需要时才适量兼顾进取风格的品种。年过 50 以后，面临退休和健康状况下降，风险承受能力更是趋于消失，保守风格的基金组合是最适合的。

◎ 长期持有的基金的几个特征

首先是投资组合的平均市盈率较低，低市盈率代表了市场的低预期，如果基金经理能够在低预期的公司中发现增长亮点，将会给持有人带来超预期的回报。反之，长期投资者应该远离那些追逐市场热点的基金。虽然这些基金可能在短期内取得高收益，但历史已经证明，所有这一类的"概念"都不值得投资者付出那样的高价格。

第二是挑选组合换手率低的基金。这不单单是出于交易成本的考虑，也是因为继续持有备受冷落、增长预期较低因而估值也较低的老公司，在长期投资收益率上未必跑不过被市场追捧、估值较高的同行业新公司。

第三是适当挑选主要投资于红利型公司的基金。

对于价值投资者来说，他同时也应该是一个逆向投资者，在安全边际的条件下买入股票，是价值投资的第一步。

◎ 基金定投的五大误区

基金定投业务以其"长期投资摊低成本、积少成多复利增值、定时扣款省心省力"三大独特优势得到广大投资者的认同。此投资方式不但能平均成本、分散风险，而且类似于"零存整取"储蓄存款，只要去银行或证券营业部签约，就可实现自动投资，方便快捷，坐享收益。然而，基金定投不是万能的"赚钱"工具，作为一名投资者，有必要了解基金定投的一些误区，以免操作不当遭受损失。

误区一：任何基金均可做定投。误区二：基金定投不赚钱。误区三：只要市场波动就停止投资。误区四：定投之后可以不闻不问。误区五：任何一天都可当作扣款日。

◎如何避免长期投资的误区

"长期投资"这个词虽然正在被越来越多的国内投资者所接受，但是，市场上真正理解长期投资的本质的投资者并不多，不少投资者应该避免长期投资的4大误区。

误区一：不考虑宏观经济基本面变化

一般来说，只要时间足够长，股票指数总是会创出新高的，这其实一点也不神秘，有时仅仅是通货膨胀的作用就可以轻易做到这一点。但是因此不考虑一个国家或者地区的经济基本面而盲目地长期持有，这是长期投资的一大误区。

误区二：不考虑企业质地

市场上有一类我们称之为"买股票买成股东"的投资者，他们往往盲目推崇或者错误理解长期投资理念，以为只要捂着手上的股票迟早会赚钱。其实这是一个极大的谬误。

误区三：不考虑基本面变化

一直维持高速增长的公司更是不可能的。今天的绩优股很有可能就变成明天的垃圾股，所以选择一支好股票，以为就可以一劳永逸地一直持有下去就是长期投资，这是另一种误区。

误区四：不考虑估值水平

长期投资的前提是持有那些长期价值低估而且具有竞争优势的好公司；如果股价已经充分反映而且透支合理价值，就不值得长期投资了，在这个时候，投资者应该做的是卖出而不是继续持有，更不应该买入。以为只要是好企业的股票，不问价格就买入持有，也是国内投资者对于长期投资的常见误区。

◎基金投资策略之一：买入并持有策略

买入并持有策略适合于有着优秀管理能力的基金产品，无论熊市还是牛市，这种基金都能带来稳定的收益。贯彻买入并持有策略要求投资者有强健的心理，同时投资者要对所持有的对象非常了解，才能做到在市场的波动中始终对该基金信任如一。

优点：把握长期上涨大趋势，不因为短期波动改变长期目标。

缺点：有些平淡，少了些交易的刺激和乐趣；会错过可能非常不错的波段机会。

◎基金投资策略之二：定期定投策略

定期投资是一种投资策略，在基金投资中的应用就是定期定额投资，简称定投，这已经形成了标准化的金融产品。定期投资就是选定某种具有长期投资价值且价格波动较大的基金，在一定的期间内，不论股价是上涨还是下跌，都坚持定期以相同的资金购入该种基金。这种方式比较适合平时无暇关注股市的投资者。选择这种方式需注意三点：

一要选择绩优的开放式基金；二要有一个较长的投资期间，如果期限较短，效果将不很明显；三要该基金的净值波动幅度相对较大。

在海外成熟的金融市场上，有超过半数的家庭购买基金，而他们投资基金的方式通常都采用定期定额投资。从投资学角度看，资金经过长时间的复利投资，累积的效果会非常惊人。由此可见，单笔投资和基金定投在功能上有一定区别，前者以投资为主，后者兼具储蓄与投资双重功能，可以让人养成理财好习惯。

优点：分散投资时点，平均化投资成本；不需要过多关心市场变化，投资变得简单；投资起点低，本金逐渐投入积累，长期收益可观。

缺点：在持续上涨的牛市中收益不如一次性投资。

◎基金投资策略之三：分批买卖策略

分批买卖策略是指在不同的价位平均投入资金的策略，即在满足固定条件（如股市涨跌50个点或净值下跌10%）的情况下不断增加投资。这意味着在股市上涨时，投资者可以即时获得收益；而当股市下跌时，可以摊平成本，逢低加码。采取这种策略的投资者需要经常了解大势，至少要经常关心一下自己的基金净值。

具体来看，分批投资有两种操作方法，一种称为正金字塔，一种是倒金字塔。

正金字塔方法适应于股市上涨情况。投资者如果认为时机成熟，打算买某一基金，可以先用1/3的资金申购，如果买入后该基金净值出现上升，再在某价位（比如上涨

10%之后）买进1/4的基金，如此在上涨中不断追加买入，直到某一价位建仓完毕。特点是，低价时买的多，高价时买的少，综合购买成本较低，盈利能力自然也就较强。

倒金字塔比较适合市场偏弱的情况。投资者先选择以1/4的资金申购，如果由于股市走弱，该基金净值不涨反跌，那么跌到某价位（比如下跌10%之后）买进1/3的基金，如此在下跌中不断追加买入，直至在低点"建仓"完毕。特点是，开始买的不多，越跌买的越多，这样可以拉低总体的申购成本。在市场中长期走牛，但短期风险较大情况下，采用"倒金字塔"法投资具有较好的市场适应性。

优点：在市场波动中可以把握投资的主动权，同时持有现金和基金，进可攻退可守；降低误判行情方向对收益造成的负面影响。

缺点：无法将收益最大化，掌握起来比较复杂。

◎基金投资策略之四：固定目标收益率策略

投资人自己设定一个固定目标收益率（如10%）的涨幅为获利目标，只要所购基金的涨幅超过10%，就立即予以卖出而不去考虑其它相关情况的变化。因此，投资者只要选择好基金公司和基金，有效地把握固定目标收益率的上下限，在恰当的时候购进，便很容易获取利润而无需考虑选时的难题。自然，这种策略对于强调落袋为安的投资者要相对适合些。

优点：自己设定目标，收益达到目标则让自己满意。

缺点：往往变化比计划快。

保险理财指南

◎ 选择适合您的险种

人活一辈子不容易，饱经风霜，历尽艰辛。一生平安当然是最好的，但谁能保证未来就没有什么疾病灾祸？未雨绸缪，还是买点保险、先有个准备为好。不同年龄段的人，对保险的需求也有所不向。买保险时，请注意挑选最适合的保险品种。

儿童：儿童最需要健康和教育这两方面的保障，家长们可以考虑为他们购买健康险和教育金险。健康险是以被保险人的健康状况为基础，以补偿被保险人的医疗费用为目的的一类保险，包括疾病保险、医疗保险、护理保险等。教育金险具有储蓄功能，相当于为短期的大笔教育支出做长期准备。

年轻人：年轻人应当首先考虑充足的疾病保障与意外保障。疾病险和意外险的费用都不高，这对于没有多少积蓄而开支却很大的年轻人来说，是比较实惠的选择。如果收入还有些节余，也可以为自己的养老或为支持家庭作准备，适当购买养老金保险和人寿保险。

中年人：中年人关心自己现在以及退休以后的生活保障，优先考虑的险种应当是健康险、人寿保险和养老金保险。除此以外，还可以适当考虑规划自己的财富，购买一些具有投资功能的保险，如分红保险、投资连结保险和万能保险。

老年人：随着年龄的增长，疾病慢慢找

上门来，老年人更需要健康和生活方面的保障。退休后，尽管可以享受年轻时为自己保险的成果（如养老金保险），但也还需要再购买一些保险，如疾病保险、看护保险、意外保险等。

购买保险时，应当先明确保险目的，有针对性地选择相应的保险品种，尽量将多个险种搭配起来，既可以节省部分费用，也能够获得周全的保障。

◎ 看清保险合同的条款

买保险时，投保人要和保险公司签订保险合同，这是一份很重要的法律文书，它记载了投保人和保险公司各自的权利和义务，直接关系到保险所能给予的保障程度。在签订保险合同之前，投保人一定要准确理解保险合同中的每一条款。一般来说，保险合同有如下一些基本内容：

当事人的姓名和住所。保险合同中涉及四种人：投保人和保险人、被保险人和受益人，四种人各自的权利和义务大不相同。

保险标的。通俗地讲，就是为什么保险，保险的对象既可以是财产，也可以是人的寿命和身体，它是确定保险金额的重要依据。

保险责任与责任免除（也称除外责任）。不是任何险都能保的，保险合同中通常明确了保险公司的赔付范围，只有在此范围以内，保险公司才承担赔偿责任。

保险期间和保险责任开始时间。保险期

限涉及未交纳保险费的数量和频率，所以您得大致估量未来的收入和支出。保险期间如果在这一期限内发生保险事故，保险公司才会予以赔付。保险期间是计算保险费的重要依据。保险责任开始时间则是指保险公司开始承担赔偿责任或给付保险金的时间。

保险价值率。保险价值就是保险标的的价值，它是确定保险金额和损失赔偿额的重要依据。

保险金额。通俗地说，保险金额就是指保险公司最多赔付多少钱。

保险费。保险费率是保险的价格，是保险费占保险金额的比率，也就是购买保险的价格。

保险金赔偿给付办法。保险合同中需要明确保险公司支付保险金的办法、标准和方式。

违约责任和争议处理。当事人如果出现违约，应当承担什么样的法律责任？如果出现争议，应采用何种处理争议的方式？保险合同也要对这两个问题提前做出明确的规定。

◎如何投保家庭财产保险

买一份家庭财产保险，如果财产受损，可以从保险公司获得经济补偿。为了保障自己的利益，购买家庭财产保险时，您需要多留心、多注意。

应当清楚为哪些财产投保财产险。因为并不是所有的财产都能投保财产险，保险公司对可承保的财产和不保的财产都有明确的规定。像房屋、家具、家用电器、文化娱乐用品等可以投保财产险，而金银、珠宝、字画、古玩等财产的实际价值不易确定，这类家庭财产必须由专门的鉴定人员作出鉴定，经投保人和保险公司特别约定后才能作为保险标的。另外，保险公司通常还对一些家庭财产不予承保财产险，具体包括：损失发生后无法确定具体价值的财产，如票证、现金、有价证券、邮票等；日用消费品，如食品、药品、化妆品之类。

要注意家庭财产险的保险责任。一般的家庭财产综合险只承担两种情形造成的损失，一种是自然灾害，另一种是意外事故。如果财产被偷，这不是财产综合险的责任范围，保险公司不会给您赔偿，所以您最好给财产投保盗窃附加险。

确定保险金额，避免超额投保和重复投保。按照保险公司的赔付原则，如果财产的实际损失超过保险金额，最多只能按保险金额赔偿；如果实际损失少于保险金额，则按实际损失赔偿。所以，在确定保险金额时，保险金额不要超出财产的实际价值，不然您就得白白地多交保险费。

仔细填写保单，办好投保手续，及时按约定交保险费。

出险后的注意事项。财产一旦出险，应当积极抢救，避免损失扩大。与此同时，应保护好现场，及时向公安、消防等部门报案，向他们索取事故证明。还要尽快向保险公司报案，向保险公司提供保险单、事故证明等必要单证。

◎如何投保人身保险

投保前做好保险规划。家庭成员处于不同的年龄阶段，对保险的需求会有所不同，所以请事先做好规划，为被保险人量身选择合适的人身保险。而且，随着时间的推移，还要不断灵活地调整保险种类和保险金额，以确保被保险人能够获得最佳的保障。

投保前的咨询、调查与分析。选择最适合的保险品种，选择经营稳健、服务优良的保险公司，选择专业可靠的保险代理人。对于具体的保险产品，您需要仔细阅读相关的条款。

填写保单。投保时，要如实告知被保险人的情况，这是投保人的义务，如果隐瞒真相，一旦发生保险事故，保险公司有权解除保险合同，拒绝赔付。填写保单时，要如实填写所要求的各项内容，如果有特别约定或特别条款，请予以慎重考虑。最后，投保人和被保险人要在投保单等书面材料上亲笔签字，表示对材料内容的认可，签字后具有法律效力，所以在签字之前一定要仔细阅读并且准确理解材料的内容。

◎购买分红险不可盲从

分红险是指保险公司将其实际经营成果优于定价假设的盈余，按一定比例向保单持有人进行分配的人寿保险产品。与投连险不同的是，从投资收益来讲，分红险总收益保本但不固定，是在给保户一定保底收益的基础上，通过分红功能来实现浮动收益的功能，使整体收益水平与相应的存款利率水平相适应。而分红险在收益上最大的吸引力，在于其每年的红利。

在购买分红险前，先要明确主要用途，是为子女储备教育金、是为自己养老做准备，还是为了做一个现金规划，在未来一段时间每隔若干年获得稳定收益。不同的分红险，保障周期和现金流安排都不同，而不同的需求则需不同的分红险产品。因此投保者在选择分红险前，首先就要审视此款分红险的保障水平。

其次，要看清楚添加哪些附加险，此外，要关注额外保障，并非仅仅是身故、全残等方面的理赔。有些看似不起眼的小条款，却可为投保者带来许多额外的贴心保障。

分红险比较适合家庭较富裕、有稳定收入，且不太急于用此部分资金的人群，可以为未来资产保值或给孩子储备未来的生活资金。在购买分红险前，绝大多数投保者是看中它的稳定和保障。但需提醒的是，不同险种的作用不一样，普通家庭购买分红险不一定合算，购买分红险不要盲从。

科学的保险规划，应先从意外、健康险做起，有了最基本的保障，再去考虑其他险种，也就是说如果没有任何商业保险，买保险一般应按此顺序：意外险（寿险）→健康险（含重大疾病、医疗险）→教育险→养老险→分红险等投资型险种。从这一点上说，普通家庭因为购买了分红险而占据过多保费，导致其他基本保障不足，那就显得舍本逐末，得不偿失。

◎退保要三思

保险合同里已经约定好交费方式，如果您没有遵照约定，保险公司是可以不承担赔付责任的。

对于财产保险，按照我国保险法的规定，如果在保险责任开始前退保，保险公司在扣除手续费后要向投保人归还保险费。如果在保险责任开始后退保，保险公司就要扣除自保险责任开始之日起至保险合同解除之日止期间的保险费，剩余部分才退还给投保人，这时对投保人就有损失。还需要注意的是，对于货物运输保险合同和运输工具航程保险合同，保险责任开始后投保人就不能解除合同了。

一年期以上的人身保险产品都规定有犹豫期（也叫冷静期），这是为了防止投保人一时冲动而买保险，在此期间投保人可以充分考虑所买的保险是否符合实际需要，如果不满意可以选择退保，全部取回所交纳的保险费，保险公司仅扣除一定的工本费。如果过了犹豫期再退保，保险公司通常要扣除较多手续费，所以要慎重决定。

◎保险理赔不糊涂

把握索赔时效

发生保险事故后，如果在保险公司的保险责任范围内，被保险人或受益人有权利向保险公司请求赔付保险金，保险公司有义务受理索赔申请，承担赔付责任。不过保险公司的这项义务并非一直存在，有一个有效期限。如果在有效期内索赔，保险公司必须予以受理，如果超过期限，保险公司可以认为被保险人或受益人放弃索赔权利，从而拒绝受理索赔。理论上将这一期限称为索赔时效。按照我国《保险法》的规定，人寿保险的索赔时效为两年，其他保险的索赔时效为五年。索赔时效的起算日不一定是发生保险事故的当天，而是被保险人或受益人是哪一天知道保险事故发生的，那一天就作为起算日。

备齐申请理赔手续

索赔时需要提供的单证主要包括：保险单或保险凭证的正本、已交纳保险费的凭证、能证明保险标的或者当事人身份的有关原始文本、索赔清单、出险检验证明，还有根据保险合同规定需要提供的其他文件。

◎保险的日常管理

签订保险合同后并不是万事大吉了，您还有一些事项需要注意。

1. 保管好保单资料

这是重要的家庭财务档案。在许多方面都需用到它，如索赔、分红、续保，或者保险抵押贷款等。如果遗失，就需立即挂失补办。

2. 按期缴纳保费

如果是分期缴纳保费，需注意按期缴纳保费。一般保险公司会提前通知您，注意备足资金即可。否则逾期可能会罚息，甚至可能解除合同，这样损失就大了。

3. 注意保险期限

随时掌握每份保险的到期日，以决定是否需要续保，或即时退还保费；另外就是在发生事故时需及时索赔，不要因为超期而失去索赔机会，因为索赔是有时间限制的。

4. 调整保险组合

附着时间的流逝，家庭会发生变化，财务状况也会改变，面临的风险也会不同。相应地，家庭保险的组合就需进行调整。如果变化比较大，需回头重新评估，以确保保险计划跟上实际的需要。

外汇、债券理财

◎投资外汇的优势

近年来，外汇市场逐渐发达，交投旺盛，吸引了不少人参与，买卖外汇已成为一种重要的投资工具。能够吸引大量人参与外汇投资活动的原因，是因为投资外汇具有八大优势：

* 投资目标是国家经济，而不是某个单一的上市公司业绩。

* 外汇是双边买卖，可买升可卖跌，可避免其中之规限。

* 保证金交易，投资成本低。

* 交易量大，不容易为大户所操控。

*T+0 交易：双向操作机制，无交割期限制，即当天买入股票可当天卖出，当天卖出股票又可当天买入的一种交易。

* 能够掌握亏损的幅度（设定止损点），不会因为没有买家或卖家承接而招致更大的损失。

* 二十四小时交易，买卖可随时进行。

* 利息回报率高（股票每年最多只派息四次，而外汇则每天均可享有利息）。

◎外汇交易方式

投资者可以到银行柜台交易，也可以通过电话交易，或个人理财终端进行自助式交易。通常，如果进行柜面交易，只需将个人身份证、外汇现金、存折或存单交柜面服务人员即可办理。如果进行电话交易或自助交易，则要带上相关资料，到银行网点办理电话交易和自助交易的开户手续后，才可进行交易。

◎适合居民的外汇投资理财方式

（1）定期外币储蓄。这是目前投资者最普遍选择的方式。它风险低，收益稳定，具有一定的流动性和收益性。而且它与人民币储蓄不同，由于外汇之间可以自由兑换，不同的外币储蓄利率不一样，汇率又时刻在变化，所以有选择哪种外币进行储蓄的优势。

（2 外汇理财产品。相对国际市场利率，国内的美元存款利率仍然很低，但外汇理财产品的收益率能随国际市场利率的上升而稳定上升。另外，如今国内很多外汇理财产品大都期限较短，又能保持较高的收益率，投资者在稳定获利的同时还能保持资金一定的流动性。目前，许多银行都推出了类似的产品，投资者可以根据自己的偏好选择，不需要外汇专家的帮助。

（3）期权型存款（含与汇率挂钩的外币存款）。期权型存款的年收益率通常能达到 10% 左右，如果对汇率变化趋势的判断基本准确，操作时机恰当，是一种期限短、收益高且风险有限的理想外汇投资方式。但需要外汇专家帮助理财。目前，深圳已有外资银行推出这类业务。

（4）外汇汇率投资。汇率上下波动均

可获利，目前，国内很多银行都推出了外汇汇率投资业务，手中拥有外汇的人士可以考虑参与外汇汇率投资交易获利，但一些在境外拥有外汇账户的人在外汇汇率投资时，很需要外汇专家帮助理财。

针对以上外汇理财方法，要切实制定理财方案，确定理财目标，认真研究各类外汇理财工具，比较不同理财方法的风险和收益，制定适合自己的外汇理财方案组合，谋求外汇资产的最优增长。

◎适合普通投资者的外汇理财方式

办法一：买固定收益理财产品

购买固定收益的外汇理财产品就如同将美元存入银行一样，客户承受的风险相对较小。随着美联储连续十二次加息，美元理财产品的收益也是水涨船高。

需要提醒投资者的是，购买这类外汇理财产品的客户一般不得提前赎回，谨慎选择三个月、半年期或一年期的产品。

办法二：挂钩收益的外汇理财产品

这类理财产品是通过挂钩国际间汇率、利率、黄金价格以及各种国际市场指数来获得收益，如中国银行推出的"金易求金"产品收益与国际金价挂钩、交通银行推出的"亚洲货币篮子"产品收益与亚洲货币汇率挂钩、荷兰银行推出的"国际商品指数挂钩结构性存款"回报与罗氏国际商品指数挂钩等等。这类产品挂钩的市场表现不一，因此客户购买这类理财产品并不能确定固定的回报，有时可能会获得上不封顶的收益，但是也会因国际市场表现不佳而受到损失。

办法三：尝试外汇买卖

如果持有美元的市民对美元的流动性要求较高，在短期内经常需要使用的话，投资者不妨尝试做做外汇交易。

外汇交易是通过币种间的汇率差价获得收益。但外汇行情一旦不如预期，投资外汇买卖仍然存在损失本金的风险。

◎债券投资的策略与技巧

第一，迟买早兑，提高资金利用率

一般债券发行都有一个发行期，如半个月的时间。如在此段时期内买进，则最好在最后一天购买；同样，在到期兑付时也有一个兑付期，则最好在兑付的第一天去兑现。这样，可减少资金占用的时间，相对提高债券投资的收益率。

第二，卖旧换新获取更高的收益

在新国债发行时，提前卖出旧国债，再连本带利买入新国债，所得收益可能比旧国债到期才兑付的收益高。这种方式有个条件：必须比较卖出前后的利率高低，估算是否合算。

第三，选择高收益债券

债券的收益是介于储蓄和股票、基金之间的一种投资工具，相对安全性比较高。所以，在债券投资的选择上，不防大胆地选购一些收益较高的债券，如企业债券、可转让债券等。个人投资者可以买卖在交易所挂牌的记帐式国债、企业债、可转债。目前上市国债的认购和交易都采用证券帐户或基金帐户，因此，沪市证券投资者在对股票帐户指定交易的同时，也办理了对国债的指定交易。

第四，如果在同期限情况下（如3年、5年），可选择储蓄或国债时，最好购买国债。

债券市场虽不像股票市场那样波动频繁，但它也有自身的一些风险，如违约风险、利率风险和通货膨胀风险。除了这三种常见的风险外，债券还有其他一些风险，如赎回风险、流动性风险等，每种风险都有自己的特性，投资者要采取相应的防范措施。

房地产投资

◎ 房地产投资的基本常识

房地产产权：是指房地产所有者对其所有的房地产享有的占有、使用、收益、处分的权利。

房地产登记：是指国家依法确认房地产产权的法定手续，经审查确认产权后，可以给《房地产产权证》，它是进行房地产交易的重要凭证。

使用年限：国家法定最高年限不超过70年。

建筑面积：是指建筑物外墙外围所围成空间的水平面积。

套内面积：指室内可实际使用的面积。也就是直接测量室内的面积总和。

使用率：住宅套内面积和建筑面积的比为使用率。使用率比较：多层高于高层，85%左右；高层住宅楼由于有电梯、电梯前室等，需分摊的公用面积较多，高层塔楼使用率72-75%，板楼在78-80%。

根据国家有关政策对民用建筑高度与层数的设计规定：4-6层为多层住宅；7-10层为小高层住宅（也称中高层住宅）；10层以上则为高层住宅，有高层塔楼、高层板楼，板式住宅多是正南北方向，进深在15米左右，南北通透，便于采光与通风，而且户型方正，平面布局合理，各功能空间尺度适宜。塔楼每层的住户多为6户以上，甚至高达12户，数百户人家挤在一栋大塔楼里，居住环境当然不如板楼优越。而且，塔楼每层都有部分住户的采光、通风、景观等条件比较落后，且不可改变。

实用率：套内建筑面积与住宅面积的比，大于使用率，因为实用面积含了墙体、柱的面积（也叫结构面积）。

建筑容积率：是指项目规划建设用地范围内全部建筑面积与规划建设用地面积之比。附属建筑物也计算在内，但应注明不计算面积的附属建筑物除外。

建筑密度：即建筑覆盖率，指项目用地范围内所有基底面积之和与规划建设用地之比。

绿化率：是指规划建设用地范围内的绿地面积与规划建设用地面积之比。

房价组成：由地价、税费、建筑成本、资本成本、开发利润等所组成。

房产转让：须通过房屋所在地的房地产交易部门办理房产变更登记，才合法有效，否则是无效转让。

房地产买卖中的税费：营业税、契税、印花税等。如果申请按揭贷款，还有律师费

（公证费）、保险费、备案费等。

◎投资房产如何判断房产价值

判断或测算房产的价值主要有市场比较法、成本法、收益法、假设开发法等几种方法。一般地说，作为个人投资而言作判断操作性最强的则有市场比较法、成本法等。

市场比较法是将需比较房产类似的近期有过交易的房产交易进行比较，对这些类似房产的成交价格做适当的修正来求取房产的客观合理价格或价值，是可直接应用于住宅房产估价的最直观、适用性也最广、也最易把握的一种方法。

在应用该方法时，主要需考虑几个方面的数据：一是折旧，一般说来，混合一等结构房屋的折旧期限是 50 年，那么每年的折旧率约扣减 2%；二是户型因素，旧房往往因户型不合理、功能太落后而无法与新房进行比较，户型价值一般需扣减约 5%–10%；三是房子楼层因素，以七层多层住宅为例，五层是基准价，六层约扣减 5%，七层楼顶约扣减 12%，而一至四层则加 3%–6%（作为电梯住宅不符合这一规律）；四是内外环境因素，如小区内外物业管理、绿化环境、小区内及周边居住人员素质、周边商业氛围、配套等；五是装修及维护因素，一般情况下装修会因购房人偏好有贬值，个性化的装修贬值更严重，房屋长期空置或管理不善较易加速房屋装修及设施的老化；六是心理因素方面，充分了解买房人或卖房人是否有急买或急卖心态，是否存在对旧房有心理抵触等因素。

成本法：在缺乏成交案例可供选择时，可考虑使用成本法来判断房产价值以及对未来房产价值走势的判断。成本法，是求取房产的重新购建价格，然后扣除折旧，以估算其客观合理价格或价值的方法。测算的主要步骤为：查询获取开发商取得土地的价格（可查询公开挂牌、拍卖的土地信息）获取其楼面土地成本；查询获取报建税费、维修基金等费用；调查开发建设过程的建筑工程、绿化工程及配套费用、管理费用等；计算开发利息，收集开发商贷款利率资料；测算折旧，折旧的测算可参见市场比较法；再将上述成本费用累加并考虑折旧后，可近似认为它就是房产的成本价格了。

◎投资策略之一：对城市的判断

一线城市：热点区域选热点

对于想投资全国一线城市的投资者来说，首先要对长三角、珠三角、环渤海等大的经济圈有比较正确的预期，然后对单一城市的发展有客观的认识，再结合两者对意欲投资的城市在区域经济中的地位作出判断。若这个区域是全国的热点，这个城市又是热点区域中的热点，那投资就更具潜力。例如长三角处于中国经济的焦点地带，上海为长三角经济圈的核心，同时又面临大开发，所以其楼价的走高与稳定也就不难理解。同时因为上海的带动，杭嘉湖一带房价也一路走高。

二三线城市：收入年限相结合

对于想投资全国二三线城市的投资者来说，地区发展水平参差不齐，在判断城市投资潜力非常重要，影响房地产价格走势的因素是多种多样的，有政策因素，也有市场供求因素，而居民收入和支付年限相结合是判断城市的投资潜力的基本依据。一个城市居民购房支付年限普遍较短，说明该地区购房潜力大，但该地的投资价值却不大。根据经验，该地区的房价可能非常低，而居民的收入并不高，购房支付年限短主要是因为需求的短期释放有一定的积蓄支撑，因此该地区房地产投资价值也就不大。相反一个城市居民普遍购房支付年限很长，根据经验，居民收入水平一般也会很高，但投资的潜力也不一定大。原因很简单，购房支付年限长，一方面可能是该地区房地产发展出现过热，房价太高所致；另一方面可能是该地区的市场需求已经过很长时间的消化，市场出现的更多的是新生的需求。在缺少多年积蓄的情况下，购房只能靠更长的支付期限来支持。一般来说，购房支付年限处于全国平均水平以下的中等水平的地区，房地产投资潜力最大，这些地区房价不太高，还有上升空间，区位经济又很发达，人民收入水平较高，购房支出较大，非常有利于房地产的发展，其投资潜力相当可观。

◎投资策略之二：对区域的判断

由于城市内部经济发展不平衡，同一城市的不同区域投资潜力也存在较大差异。如北京的丰台区、西城区和海淀区存在着不同的经济增长率和发展前景；上海的浦东、松江和黄浦区也存在着非常大的差异。这就需要了解城市发展方向，抢占区域先机；或者在城市未来中心区、目前开发区购置房产，

或者在目前繁华地区购置新开发楼盘。只要投资者注意城市规划和各个区的发展特点，就能判断和发现相对价值。这里的相对价值又可以一分为二地理解。

◎投资策略之三：对地段的判断

地段区位的优劣是决定房地产价值的首要条件，对于投资型物业尤甚。投资者购买的不仅仅是这个项目本身的价值，更是项目所处区位的未来发展前景和空间。如果对区位的发展判断失误，无论开发商承诺能给你带来多丰厚的回报，投资者的收益最终都未必能得到保障。不过选择一个好的区位和地段的确很难。能立刻见效的成熟地段价位高、升值慢，而能升值的地段风险大、见效慢。

地理位置和区位，是城市经济发展中长期形成的特定的区域。好的地段常具备优越的地理位置、区位经济优势明显、有一定的历史文化传统、在公众心目中特殊的地位具有无可替代性等因素，故常有"旺地"、"黄金地段"一说，来衡量物业升值与否。在选择房产时，首先要考虑所在位置地段是否有发展，是否有政府支持政策，是否已具备较好的基础配套设施。大凡具备上述几条特征的区域，往往能成为热点，人气会比较旺。整个地段如果能够热起来，自然容易带动房产的升值。

◎投资策略之四：确定投资策略

有些房产易于出租，但是不会有太大

的升值潜力，而另外一些房产恰好相反。因此，在决定投资以前，必须确定投资策略，应该估计所投资的房产将会带来何种收入。为此，可以研究一下房产过去的升值情况和潜在的出租前景。当策略决定后，再来选择投资标的。

以博差价为主的投资者，时机的掌握比以房租收益为主的投资者更为重要。若时机看得准，购入后宁可闲置数个月，也要在有一定的差价利润时再卖出，此时租金收益为零，但差价收入完全可以弥补。而一旦出租，想转卖时会受到限制。若想以投资房产的租金收入作为退休养老的资金来源，则重要的是能否维持稳定的房租收入，与是否容易租出去相比，短期内是否会有较大的涨幅并不重要。

◎投资策略之五：判断投资前景

如果想投资一处房屋，需要考虑的因素很多，例如，房产类别、所在地区、贷款、抵押财产、税收问题以及房屋维修等。但在投资房产时，应该意识到这是出于商业的目的，因此，不要根据自己的喜好来买，而要根据投资前景来买。许多人在投资时，通常犯的错误是，总是购买居家型的房产或本地的房产，以便可以随时在自己的看管之中。其实，寻找各种投资方案时，应扩大视野，甚至可以到其他更有潜力的城市投资，才能找到更多有利的投资机会。

在区位方面，应关注市区、市郊或郊外等不同区位的房产，浏览都市计划图。

市区房产供给量有限，价位虽高，但即使房产市场不景气，也不容易下跌。从类型来看，景气上扬时投资期房，一交房就出售，不用考虑出租问题；景气持平时投资现房，先出租一段时间，保持一定的投资收益，等待更好的时机再转手；景气下滑时，投资地点佳但价格低的二手房，投入装修后不管出租或转售，都可能有一定的市场需求与合理利润。

当投资居住型房产时，有三点很重要：街道外观要简单，过于复杂的结构会降低其吸引力；房子离购物中心、公共交通近；区域有发展前途。

◎投资策略之六：寻求专业服务

投资需要自己的判断，但也要善于利用专业人员，比如在与卖主协商价格时，专业人员的谈判技巧能让您省钱，专业房产代理可以让您不必为租客问题而烦恼。

◎投资策略之七：确定贷款方式

找到合适的贷款提供者与选择房产一样重要，对博差价的房产投资者，可利用较低利率的短期抵押贷款，以房租收益为主的长期投资者，租金收入高于房贷月供额是投资的必要条件。随着国家贷款利率的逐步放开，有些股份制银行的短期资金来源，利率与额度有比较大的弹性，投资者应多加比较。

◎投资策略之八：购买房屋保险

这对出租房产的业主尤其重要，房东有义务提供居住安全，购买房屋保险，一旦发生意外可以挽回经济损失，保证投资收益，一般情况下，业主可投保火险或居家综合责任险。

◎投资技巧之一：拍卖房——该出手时就出手

时下，拍卖房正在兴起，目前，银行正在进行企业化改革，其中重要的一环就是尽快处置、盘活不良信贷资产，为了加快清理速度，银行对一些属于不良贷款的抵押房产进行集中拍卖，因此，从拍卖房的市场供给上看，还是有许多拍卖房可供投资者选择的。并且，二手按揭业务近期开始参与到了抵押房产拍卖的领域中，只要具备按揭条件的普通市民皆可以申请该业务，这使得更多的人可以参与到房产的拍卖，使得投资拍卖房的门槛和成本降低。以拍卖的形式购买二手房的最大优点就是投资者可以自己定价，自主定价意味着投资者可以对自己的投资成本、投资决策拥有主动权，而这正是成功投资的基础。

具体来说，在拍卖会开始之前，可以详细调查一下意向房屋及其所在区域，了解一下周边的社区环境、配套设施、物业管理成熟程度等综合情况，提前拟定自己的心理价位，在此基础上"该出手时就出手"。通常情况下，由于银行急于清理不良资产，希望尽快将抵押物变现以消除流动性风险，所以，

通过拍卖取得的二手房产价格都比市场价格低 10% 左右，对于置业者来说，差价本来就是一项可观的收益，或者说由于投资之初便获取了差价，使得投资的风险大大降低。通过拍卖形式投资置业，在短短时间内就赚了好几万，以后还有源源不断的租金收入和升值空间，投资回报率是很高的。所以，置业投资者可以到拍卖市场去了解一下，熟悉一下拍卖程序。目前，拍卖市场置业竞争不是很激烈，这对置业投资者来讲是个利好，况且由于二手按揭业务才刚刚开始参与到了抵押房产拍卖的领域中，现金支付还是主流，对于手头有富余现金的投资者来说是个好机会。

◎投资技巧之二：慧眼挑选清盘房

清盘房就是楼房卖到最后剩下的少数几套房，给人的直观感觉是"被人挑选到最后剩下的"，一般都认为，剩下的就是不好的，开发商都不卖，进入二级市场作为二手房来卖，肯定是无利可图的。但是，市场专业人士认为，事实恰恰相反，只要用投资的眼光仔细打量和挑选，清盘房还是很有投资价值的。因为：首先，房屋已经建成，没有晚交楼和烂尾的风险，并且这样的交易一般通过经纪公司来进行代理，在产权、交易资金安全上都有了基本的保障，对于置业投资者来说这就回避了最大的风险；其次，清盘房价格基本回落到了实处，开盘售楼前期的轰轰烈烈的炒作造成的价格虚高已经不复存在了，在价格泡沫被挤掉后，这时购买不仅能够降低投资资金的总量，还避免了"刚买

就贬值"的尴尬，同时获得的是房产升值的巨大空间。况且，有一些清盘房所处地段还是比较优越的，将来出租或者出售应该都不成问题。其实，对于想要将房屋出租的投资者，只要房屋所处的区域社区成熟，居住氛围浓厚，投资客自己再投入一定的资金进行简易装修即可吸引广大租客，而房子的质量、品位并不见得非得无可挑剔，过得去就行了。

◎ 投资技巧之三：急转房——投资机遇不容错过

急转房是指业主由于某种特殊原因需要在极短时间内出手的房屋。根据"链家"市场研究中心近期的一项二手房消费者的调查显示，由于急需用钱等目的而出售手中房产的业主占到了9%，在今年北京市二手房成交量大增的背景下，这一比例意味着有很多数量的急转房可供投资者进行投资。"链家"市场专业人士指出，如果能够碰上有业主急于出售房产的话，千万不要错过机会，应该尽量在第一时间抓住成交机会，急转房的投资机遇不容错过。因为在一般情况下，由于业主急于融资，不得不在考虑融资的时间机会成本和变现的难易程度上将自己的房产价值打折，所以急转房的价格要比市场价格低一些，可以说，买下急转房的时刻就是投资者开始盈利的时刻。

◎ 如何发现具有升值潜力的房子

第一、社区周边具有改造潜力

地处有改造潜力区域的项目是可以

作为投资候选的。投资买的是未来。买什么地方的未来？肯定应该是有潜质的地方。已经开发改造结束的区域，卖价已经很高，升值的潜力不大，这种项目作为投资就不合适。而有些社区，地处的周边区域正待开发，基础设施如公交、城铁、轻轨、道路等正在建设，虽然基础设施建设的快慢速度决定了房产增值的快慢和大小，可以肯定的是，房价肯定能够上行。这相当于成品与半成品的关系，成品的价格已经不变，而半成品到成品还有一段利润空间。

第二、项目具备优秀素质

理论上说，越大、越综合的项目，增值的可能性越大。人的居住习惯是喜欢扎堆的，写字楼、住宅、商场喜欢扎堆，就是开饭馆也喜欢扎堆，饭馆开得越多的地方，租金也越贵。这可能就是所谓的"人气"。

第三、位置具备自然增值能力

既没有规模，也不在未来会升值区域里的房子，以投资为目的的购房者，基本上可以放弃。但有一种情况例外，就是虽然项目本身升值的可能性不大，但房子位处市区，即使规模只有两栋楼，也会增值。因为它的地理位置会增值，这属于自然增值，不属于人文增值。这样的房子，楼好坏与否已不再重要、配套是否齐全也退而居其次，应该买下来。

就房子本身探讨它究竟能升值还是贬值，是不科学的。如果这个区域都不增值、这个项目都不增值，你的房子增值的可能性就不大。所以选择保值和增值，看的是项目而非房子本身。

收藏理财

◎黄金和金币投资

黄金由于自身具有的保值避险功能，历来深受百姓喜爱，加上我国有"藏金于民"的优良传统，尤其是四大国有商业银行在纷纷开拓着自己的黄金理财品种，电子交易平台也已开通。个人投资者如果把一部分资金转入风险较低、收益相对稳定的黄金市场，也许不失为一个明智的选择。但黄金投资并不是没有风险，但是它的风险透明度很高。首先，黄金只是一种商品，一种自然物质，它不是企业，没有利润，也不配发股利，更不能扩大市场占有率或开发新产品。其次，黄金并没有很大的用途，它的主要价值在于装饰和稀有。

黄金投资的最大特点是具有保值功能，但升值的幅度一般不会太大。如果想获得比较高的收益，它不是一种理想的工具。

◎黄金投资的方式

1. 投资金条。我国目前个人投资黄金的主要方式是投资金条，金条分为两种：普通金条、纪念金条。

2. 投资金币。金币有两种，即纯金币和纪念性金币。纯金币的价值基本与黄金含量一致，价格也基本随国际金价波动。纯金币主要为满足集币爱好者收藏，投资增值功能不大，但其具有美观、鉴赏、流通变现能

力强和保值功能，所以仍对一些收藏者有吸引力。

3. 黄金管理账户。黄金管理账户是指经纪人全权处理投资者的黄金账户，属于风险较大的投资方式，关键在于经纪人的专业知识和操作水平及信誉。

4. 黄金凭证。这是国际上比较流行的投资方式，银行和黄金销售商提供的黄金凭证，为投资者避免了储存黄金的风险。国内的"中华纸黄金"等都属于黄金凭证。

5. 黄金期货。一般而言，黄金期货的购买、销售者，都在合同到期日前出售和购回与先前合同相同数量的合约，也就是平仓，无需真正交割实金。所以，黄金期货买卖又称"定金交易"。

6. 黄金期权。期权是买卖双方在未来约定的价位，具有购买一定数量标的的权利而非义务。如果价格走势对期权买卖者有利，会行使其权利而获利。如果价格走势对其不利，则放弃购买的权利，损失只有当时购买期权时的费用。

◎琳琅满目的珠宝

珠宝是一种价值弹性更大的收藏和投资品种。俗话说：黄金有价，珠宝无价。这就体现珠宝的价值有时难以用货币来衡量。之所以珍贵，是因为它颜色艳丽、耐久不坏、体小稀有等。

世上珠宝种类繁多，基本上分成以下三

类：

宝石：宝石是一种单晶矿物质，简单来说就是一种石头，特殊的石头。具有颜色艳、硬度高、透明、稀有等特性。根据其价值，宝石又分珍贵宝石和普通宝石两种。珍贵宝石公认的五大类：钻石、祖母绿、猫眼石、红宝石、蓝宝石；其他的都是普通宝石，如蓝晶、水晶、大红宝石等。

玉石：玉石一般指制作成工艺品的玉器类。其特点是色美、块大。衡量其价值不但考察材质，还品评其工艺。玉石包括翡翠、珊瑚、玛瑙、琥珀等。

珍珠：是蚌内自然生成的有光泽的圆形物，有白、黄、粉红、青等色。主要作装饰品，也可入药。

珠宝投资的特点是专业性比较强，要求投资者具有相应的知识、鉴赏能力、艺术水准等，所以投资珠宝，不但可获得收益，还可培养人们的修养。

◎钱币收藏五忌

一忌不懂装懂，长期当外行。了解掌握一定的钱币知识是钱币收藏者的必修课和基本功。隔行如隔山，如果你对钱币常识一知半解或道听途说，就犹如盲人摸象，在收藏过程中就会常交"学费"。

二忌头脑发热，感情冲动。购买古钱币一看真假；二看品相；三问价格。要学习掌握购买钱币的交易技巧。三忌听卖者讲"故事"。经不住诱惑、靠听"故事"而盲目买入，事后发现上当受骗者不乏其人。四忌随心所欲，见啥买啥。钱币收藏要有目标、有计划。古今钱币纷繁浩翰，品种

极多，必须有选择地加以收藏，最好是少而精、成系列收藏。五忌急功近利。钱币市场的暴利时代已经过去，企盼自己的钱币藏品快速升值只是一种不切实际的奢望。钱币收藏是一种志趣高雅的活动，收藏之道，贵在赏鉴。古人谈收藏的益处：一是可以养性悦心，陶冶性情；二是可以广见博览，增长知识；三是却病延年，怡生安寿。钱币收藏者要有一个平常心态，养成宁静、淡泊的操守，摆脱铜臭的困挠和烦恼，感悟收藏真谛。

◎古玩收藏慎介入

古玩的范围很广，种类繁多。只要是各个历史时期所遗留下来的物品都可称为古董或古玩，如青铜器、秦砖汉瓦、浮雕造像、陶瓷钱币、雕漆镶嵌、丝绣、旧汽车等，国家统一称古玩为文物，并将其分为21大类。

投资古玩要掌握的四个要领：真、精、新、稀。

真：真就是指必须是真品。只有真品才有价值，赝品就算价格再低，也没有什么收藏价值，更谈不上保值和增值了。

精：指精致。做工精细、巧妙精致，则可体现其艺术性，也就更具价值，如果粗制滥造，则价值就低多了。

新：指保持完整如新。包括先天（生产制造）和后天（收藏保护）的完整，品相完美是古玩的重要指标之一。

稀：指稀有。物以稀为贵，如果是孤品，则可价值连城。

人们之所以看重古玩收藏，除了它的文化价值以外，收藏的过程就是一个保值

和不断增值的过程。对古玩的投资，既能美化生活又能投资获利；但入行障碍较大，套现难度也较大。古玩市场做假历来有之，如果一不小心看走眼就可能连老本都赔上，因此，古玩比其他投资品种更需要专业知识，特别是古董，如果没有专业知识是不可轻易介入的。

◎字画收藏须有较高的素养

字画包括字和画两种艺术品。字主要是指中国的书法作品，而画则分西方系统和东方系统。西方系统就是欧美为代表的各种艺术品，以油画为主；东方系统则为中国的美术作品。投资字画的一些基本要领：

第一，刚开始时从小做起。尺寸适中，金额偏小。培养兴趣、积累经验。

第二，选购现代名家作品，风险较小。真伪易辨，容易脱手。

第三，选购年轻画家作品，风险较大。如果画家一举成名，则其作品可能价值倍增。

第四，选择名家宜精品。名家作品之间差别也很大，只有精品才具较好的增值潜力。

第五，注意防伪。不要买假货。

字画投资的特点是要求投资者必须具有较高的艺术素养，具有较强的艺术鉴赏能力，同时也需对字画市场（包括国内、国际上）的动态与状况有所了解。字画投资具有欣赏收藏、投资增值的双重功能。但其流动性可能就不太好，如果急需资金变现，则不能保证以适合的价格出手，以致收益受损。

◎邮票收藏的好处

邮票是一种特殊的商品，一次性生产，印数和发行量限定不变，时间越久，数量越少，价格也就越高。另外，邮票还与一个国家的形势密切相关，又被称为"国家名片"。邮票主要有国家邮政机构、集邮公司、拍卖行、集市、邮寄等发行和买卖。

邮票投资的特点是门槛比较低，且几乎不用成本就可开始，但收益不稳定，价格波动较大。集邮除了具有一定的投资价值，它还具有知识性、趣味性、文化品位等，可陶冶人们的性情。同收藏字画、古玩相比较，邮票收藏是一项很平民化的收藏，每个人尽可以根据自己的财力进行投资。

新票：新发行未使用过的邮票。价格最高。

盖销票：盖章使用过的邮票。价格次之。

信销票：邮资凭证，有一定的邮政史料价值。价格最低。

成套票：一个完整的系统邮票。价格较高。

散票：不成套的单张邮票。价格较低。

单票、方连票、全张票：主要指新票中成套未分开的邮票。

纪念邮票、特种邮票：J字头小型张邮票、T字头小型张邮票。

错、变体票：设计、印刷等错误造成的邮票。这种邮票极为珍贵。

家庭理财新渠道

◎券商集合理财如何运作

券商理财是指券商集合理财计划,是证券公司为投资者提供的一种增值理财服务,由证券公司募集资产并投资运作,实行第三方托管。对普通公众而言,就是把公众的钱募集起来进行投资理财。集合理财产品是证券公司针对高端客户开发的理财服务创新产品,在产品运作上与证券投资基金相近,但不能在市场上流通交易,而且起点比基金高,一般5-10万起,同时集合理财有期限,一般2-5年为限。

◎购买信托投资产品注意的事项

信托投资产品在最近两年发展较快,逐渐成为投资理财的一个新渠道。由于特有的制度优势,使得信托公司可以横跨货币市场、资本市场及实业投资等多个领域进行投资,是目前国内市场上理财手段最为灵活多样的金融机构。目前,各家信托公司推出的产品大都简明易懂,容易被投资者理解接受。同时由于信托公司属于非银行金融机构,信誉等级较高,风险性较低。不过信托投资起点目前都很高,至少在5万元以上,有的信托产品甚至达到50万元。投资者在购买信托时,不但应该详细阅读资金信托计划书,而且还要看该信托的可行性研究报告等材料,因为在信托合同中,风险说得很明白,投资者千万不要把信托合同当成银行存款,也不能把预计收益当成实际收益。另外,资金投向哪个领域,是地产还是市政工程等,都应该事前了解。

◎购买投资型保险注意的事项

投资型家庭财产保险可以使购买者在稳健享受投资收益的同时,将家财损害所带来的影响降至最低,加上具备收益性,投资型财险可以成为家庭理财的一个重要手段。

投资型险种属于中长线投资,长期持有才比较划算,适合有准备的人。保险理财是合理避税的有效途径,投资连结保险及万能寿险是集保障、投资、收益保底三种功能于一身的创新型保险理财产品,可以规避通胀风险及利率风险,兼具保值增值的双重功能。

投资型保险对公司的资金运用能力要求较高,购买时要注意:

* 保险公司的经营的稳健程度,毕竟保障您投资的安全是最重要的;

* 保险公司的资金运用能力;

* 保险公司信息披露的透明度;

* 保险公司的管理费、手续费提取的计算方法和比例;

* 保险费的缴纳和保险金的提取的限制程度。

家庭贷款

◎如何选择信用卡

信用消费就是你在刷信用卡买东西时，银行"即时"地帮你付帐，你只要在月底接到帐单后，统一把钱付给银行就可以了。

如何选择银行卡？挑选银行卡前，您应当先了解银行卡的种类，各类银行卡具有哪些功能，自己的需求是什么，综合考虑这些因素之后再作挑选。如果是信用卡，，还需要考虑相应的利率、年费、延期付款等一些细节。要特别注意仔细阅读发卡机构的信用卡领用合约。

◎如何巧用信用卡

首先，多刷卡可以免年费。在目前国内的信用卡市场，各大银行都有推出一年中刷卡若干次，即可免年费的优惠政策。

其次，学会计算和使用免息期。使用信用卡一般都可以享受 50–60 天的免息期，免息期是指贷款日（也就是银行记帐日）至到期还款日之间的时间。

第三，尽情享受信用卡的增值服务。对于银行的各类促销手段，持卡人可以善加利用，尽情享受。银行的信用卡促销活动是没有单独的通知的，都是随每月的对账单一起寄到持卡人手中。

第四，信用卡是商旅好帮手。经常出差或是喜欢出去旅游的人，会对信用卡更为钟爱。习惯用信用卡通过各大旅行网来订机票，手续简便而且可以享受免息的优惠。更多的，也避免了携带大量现金出行的麻烦。此外，信用卡在异地刷卡使用是免手续费的。

第五，还可以用信用卡理财。

◎什么是住房组合贷款

凡是满足住房商业贷款条件的借款人，同时缴存了住房公积金，在申请住房商业贷款的同时，可向银行申请公积金贷款。这种贷款就叫组合贷款。

一般是借款人申请住房公积金贷款额度不够时，再申请住房商业贷款。但两项贷款的总额不得超过房价的 70%。

◎如何办理汽车贷款

个人汽车贷款是指贷款人向借款人发放的用于购买汽车的贷款。在一般情况下，申请个人汽车贷款需要提供担保。可以拿定期储蓄存单、国债、个人寿险保单等权利凭证作质押，也可以用所购车辆甚至是房地产作抵押，也可以由第三方提供保证。对每一种担保方式，银行都有一些细节上的要求，办理前应当事先了解清楚。

汽车贷款的还款方式常见的是两种：一种是等额本息还款，另一种是等额本金还款。可以申请提前归还贷款本息，也可申请贷款展期，不过只能申请一次展期，展期期限不超过一年，并且要重新落实担保程序。

休闲篇

第一节　时尚健康运动

◎户外运动有什么特点

户外活动指户外登山、露营、穿越、攀岩、蹦极、漂流、冲浪、滑翔、滑水、攀冰、定向、远足、滑雪、潜水、滑草、高山速降自行车、越野山地车、热气球、溯溪、拓展、飞行滑索等运动。

户外多数带有探险性，属于极限和亚极限运动，有很大的挑战性和刺激性。拥抱自然，挑战自我，能够培养个人的毅力、团队之间合作精神，提高野外生存能力，深受青年人的欢迎。户外运动越来越吸引了人们的目光，日益成为关注的焦点。另外，由于我国地理条件的得天独厚，拥有良好的广大自然资源，也为户外运动提供了一个广阔的空间。

◎户外需要什么装备

户外离不开装备器材。一般来说，户外的装备可分为两个方面，一是基本装备，如帐篷、背包、睡袋、服装、鞋、炊具、地图、指北针、头灯（含备用灯泡与电池）、备用粮食、备用衣物、太阳眼镜、刀、火种、急救箱等。二是不同运动需要的专业性很强装备，如探险队的卫星定位器、登冰山用的冰抓、登山的登山索、滑雪运动的滑雪板、潜水运动的潜水器材等。

◎户外活动如何安全保护

我们在野外活动中，会经常遇到陡峭的冰雪坡、岩壁、湍急的河流、冰雪、岩石裂缝等难以越过的地形。你将如何确保安全的通过，这就需要你初步掌握自我保护和相互保护的技术和方法。

在野外活动必备品中，都需有一根直径8毫米以上的尼龙绳，这条绳索是你和同伴越过困难地段的保障。

另外，在野外登山、探险活动中经常采用结组保护，一般一个结组为3—4人。通过一条40—50米长的保护绳索连接在一起，在通过困难、危险地段时相互保护通过。一个结组必须要有两个以上有攀登和保护经验的人。如果全是没有经验的，结组保护有时不但不能起到保护作用，反而会造成更大的事故损失。

◎怎样加入驴友队伍

"驴友"最初由新浪旅游论坛传出，是"旅游"的"旅"的谐音，泛指参加旅游，自助游的朋友，这类朋友互称"驴友"。新浪旅游论坛也改称为"新浪驴坛"。

在驴坛上参加老驴发布的活动前，最好还是先参加两三次俱乐部组织的活动锻炼一下。水上摩托和冲浪运动，让您充分体验在蓝天碧水间风驰电掣、搏击海浪的潇洒；白浪蛮牛、激流皮划艇和白水漂流让您在万流奔腾中历经一泻千里、惊涛骇浪的激越；蹦极跳、攀岩运动又使您感受到了"跃向重力、扶摇直下"的惊险；山地自然这个博大精深、美丽而凶险的演练场里，我们抛弃了现代文明带来的舒适与慵懒，拥有了与自然共存的能力，充分体会到一种回归人的本性与初衷、检验人的智慧与力量的乐趣。

◎什么是攀岩运动？攀岩运动是什么意思

攀岩是从登山衍生出的一项运动。攀岩运动是利用人类原始的攀爬本能，借以各种装备作安全保护，攀登一些岩石所构成的峭壁、裂缝、大圆石以及人工岩壁的运动。

攀登时虽设有安全保护装置，如绳索、铁锁等，但不允许使用，只能靠运动员的两手两脚蹬抓岩面上突起的支点、棱角或裂缝，移动四点中的一点（三点不动一点动）向上攀登，这就需要勇往直前的气魄和精湛的攀登技巧，因而使这项运动极富刺激性。尤其在紧张的比赛中，运动员不但必须发挥出自身的全部力量，还要集耐力、柔韧和平衡能力于一体，利用岩壁上那些难以把握的支点向上攀登、完成腾挪、穿越、引体向上等动作，使观众在惊险的表演中得到一种美的享受。所以，人们把这项运动誉为"峭壁上的艺术体操"和"岩壁芭蕾"。

◎攀岩运动有哪几种类型

1. 攀登悬崖峭壁。在欧美等国及亚洲的日本十分盛行，因为这是登山者必须掌握的一项基本技术，因而吸引着大批的登山和攀岩爱好者。

2. 休闲式攀岩（或称抱石攀登）。实际上攀岩是攀石的扩大和延伸，抱石攀登更具活力和现实意义。利用天然巨石进行一项特殊运动——攀石（抱石）。那种单独一个人在光秃秃的石头上攀岩时产生的令人紧张而兴奋的刺激吸引着众多爱好者。

3. 人工岩壁攀登。1989 年开始的"世界杯攀岩赛"，一年之内要分别在好几个国家分段比赛，然后再总排名，这项比赛都是在室内人工岩壁举行。

这三种攀岩类型都是攀岩运动发展过程逐渐形成而被人们公认为高雅、文明的高层次体育、休闲活动。随着社会经济的不断发展，人们生活水平的不断提高，这项运动也逐步被更多的年轻人所接受并喜爱。我国的攀岩水平还很低，很多人从电视或报刊上看到了攀岩运动，觉得很新奇、很刺激，但最深的印象是太危险。其实攀岩并不危险，准确地说是有惊无险，学习攀岩就是为了更安全的攀登。

◎漂流的技巧

漂流于水上，顺水流动。随着社会的发展，生活水平的提高，回归自然，挑战自然成为现代人们追求的时尚。漂流运动以其特有的运动形式成为现代人们融入自然，挑战自然的工具。激流皮划艇、障碍回旋、激流马拉松、漂流、皮艇球等项目应运而生，这些项目的出现立即得到了人们特别的追求时尚，热衷户外运动的年轻人的喜爱独特、惊险和优美，迅速在世界各地得到普及。

漂流是一种体能与胆量的挑战，在你寻求刺激、享受快乐的同时，要注意安全，并掌握一些技巧。漂流过程中，由于全程跌水区及大落差区很多，不要携带怕沾水的东西，以避免掉落或损坏。戴眼镜的朋友事先用皮筋系上。必须全程穿着救生衣，防止不注意的时候翻艇。在漂流的过程中需注意沿途的箭头及标语，可以帮助你提早警觉跌水区。在下急流时，要抓住艇身内侧的扶手带，坐在后面的人身子略向后倾，双人保证艇身平衡并与河道平行，顺流而下。当艇受卡时不能着急站起，应稳住艇身，找好落脚点后才能站起。

◎参加漂流应注意哪些事项

1. 漂流的时期为每年的 4 月至 10 月。

2. 出发时，最好携带一套干净的衣服，以备下船时更换，同时最好携带一双塑料拖鞋，以备在船上穿。

3. 漂流时不可携带现金和贵重物品上船，若有翻船或其它意外事情发生，漂流公司和保险公司不会赔偿游客所遗失的现金和物品。

4. 上船第一件事是仔细阅读漂流须知，听从工作人员的安排，穿好救生衣，找到安全绳。

5. 在天气气温不高的情况下参加漂流，可在漂流出发地购买雨衣。

6. 漂流船通过险滩时要听从工作人员的指挥，不要随便乱动，应紧抓安全绳，收紧双脚，身体向船体中央倾斜。

7. 若遇翻船，您完全不用慌张，要沉着，

因为您穿有救生衣。

8. 不得随便下船游泳，即使游泳也应按照船工的意见在平静的水面游，不得远离船体独立行动。

9. 请一定要带好求救口哨，漂艇偶尔会漏气。10. 水上交通沿途有箭头及标语，请不要视而不见，进入跌水区时请作好心理准备。

11. 要勇敢。误入其他水道被卡或搁浅时，一般自己处理，护漂人员一般只处理关涉生命危险的情况。

12. 当你遇上意外，请不要着急沮丧，要庆幸，因为漂流的最大乐趣就是意外。

◎山地行走应该注意什么

在山地行进，容易迷失方向，为了避免迷路，节省体力，提高穿行速度，应本着有道路不穿林翻山、不走小路走大道的原则。如实在没有道路，可选择在纵向的山梁、山脊、山腰、河流小溪边缘，以及树高、林稀、空隙大、草丛低疏的地形上前行。不要走纵深大的深沟峡谷和草丛繁茂、藤竹交织的地方，正所谓"走梁不走沟，走纵不走横"。此外行进时将步幅加大，三步并作两步走，几十公里下来，就可以少迈许多步，节省许多体力。

山地行走途中，经常会遇到各种各样的岩石坡和峭壁。因此，攀登岩石是登山的基本技能。在攀登岩石之前，应对岩石进行细致地观察，慎重地识别岩石的质量和风化程度，然后确定攀登的方向和通过的路线。攀登岩石最基本的方法是"三点固定"法，要求登山者手和脚能很好地做配合动作。两手一脚或两脚一手固定后，

再移动其他一点，使身体重心逐渐上升。运用此法时，要防上窜跳和猛进，并避免两点同时移动，而且一定要稳、轻、快，根据自己的情况，选择最合适的距离和最稳固的支点，不要跨大步和抓、蹬过远的点。草坡和碎石坡是山间分布最广泛的一种地形。攀登 30 度以下的山坡，可沿直线上升。身体稍向前倾，脚掌着地，两膝弯曲，两脚呈外八字形，迈步切勿过大过快。当坡度大于 30 度时，则较难用此法攀登。攀登此类岩石坡应采取"之"字形上升法。即按照"之"字形路线横上斜进。攀登时，腿稍曲，上体前倾，内侧脚尖向前，全脚掌着地，外侧脚尖稍向外撇。通过草坡时，注意不要乱抓树木和攀引草，以免拔断使人摔倒。在碎石坡上行进，要特别注意脚要踏实，抬脚要轻，以免碎石滚动。在行进中不小心滑会时，应立即面向山坡。

◎徒步走——风靡全球的时尚运动

"徒步走"作为一个新兴的集运动和休闲为一体的新生运动，在刚刚兴起之时只是作为少数人寻求刺激、挑战自身极限的游戏。但随着时间的推移和各国经济的发展，在环境状况日趋恶化和人与人的竞争更加激烈的情况下，人们要求亲近自然，渴望放松自己在竞争中紧张的心情，户外运动逐步普及起来。

"徒步走"现在已成为世界性的时尚健康运动，它不仅锻炼人的体魄与耐力，陶冶人的心灵和性情，促进人际交流，同时能够激发人们热爱自然、热爱生活的情感，使久居都市的疲惫心灵得到休憩。

◎女性时尚运动健美

对都市女性而言，健身已经成为她们生活中非常重要的一部分。当今有四项热门健身运动最适合都市女性，分别是搏击操、踏板操、拉丁舞和瑜珈。

1. 搏击操快速有效地减肥

搏击操将拳击、空手道、跆拳道甚至一些舞蹈动作混合在一起，要求练习者随着音乐出拳、踢腿，在不知不觉中减掉多余的脂肪，自从进入各大健身房后，便受到了很多年轻女性的青睐。搏击操要求速度和力度的完美结合，可以消耗大量的热量。

2. 瑜珈柔软的身体语言

瑜珈能用于预防和治疗各种与身心相关的疾病。瑜珈最大的特点是无论男女老幼都可以练习，对人体没有什么特殊的要求。

3. 拉丁舞塑造完美腰臀

跳拉丁舞能充分释放情绪、减轻压力、提升身体灵活度、强化心肺功能，几乎可以锻炼人体的每个部位，对身材塑形，尤其是腰、腹、臀部曲线的塑造作用格外明显。

4. 踏板操上下律动的享受

踏板操作为有氧健美操的一种，要求练习者在供氧充足的状态下进行长时间的、中低强度的运动。因为踏板本身所具有的高度，加上运动的强度，完成同样一个动作所消耗的能量要比在平地上多，从而使腿部更结实，肌肉线条更优美，能有效地解决臀部下垂的问题。此外，踏板操的舒展与伸拉动作，还能有效改善心肺功能。

第二节　轻松都市休闲

◎都市休闲方式——汽车野营

说起近几年来最流行的休闲方式，恐怕还得首推"汽车野营"了。所谓汽车野营，就是拉上野外生活所需的用品，举家开车前往设在郊外的露营地。

开着爱车直奔那些毗邻青山绿水的景色秀丽之地，然后在汽车旁边支起帐篷，孩子和父亲睡在帐篷里，而把汽车里座椅靠背放倒就又为母亲提供了一张舒适的床。

远离都市的喧嚣，与大自然的优美环境相约在湖光山色的静谧之中，这就是今天汽车野营的概念。孩子们在清澈的溪流中嬉水，大人们在幽静的自然环境中漫步、垂钓，欣赏着鸟语花香的景色，品尝着野外烧烤的美味，全家人在一起度过一段美好的时光。

◎都市白领10种休闲生活方式

在都市人的休闲活动中，有10项休闲活动已逐渐受到青睐，并且已成为一种时尚。这10项休闲活动是：钓鱼、学画、跳舞、登山、耕田、击剑、出海、骑马、驾驶飞机、打高尔夫球。

跳舞是陶冶性情、愉悦身心的一种活动，也是一种易学难精的技艺，跳舞除了可增强心肺功能外，还有利于身材健美。

学画、写毛笔字是一种既高雅又怡情养性的活动。过去，琴棋书画是衡量一个人是否受过良好教育的标志。在当今工作学习生活节奏紧张的条件下，抽出一点时间来学画写字也是一种很好的休闲活动。

登山也是一种时尚的运动，既可以锻炼一个人的意志和体魄，又可以欣赏大自然的美景和呼吸新鲜空气。

扬帆出海是西方国家一种很时髦的休闲活动，同时也是颇为讲究技巧的运动。

在绿草如茵的草地上策马奔驰，实在是都市人惬意、浪漫的享受。

驾驶飞机在蓝天上自由翱翔，可能是每个人的梦想。但是由于此种休闲活动要受到种种客观条件的限制，只有极少数人才会有机会实现这一梦想。

◎钓鱼给人以无限的情思和遐想

钓鱼是一项培养个人耐性的休闲活动。普通的装备很简单，一根钓竿、一些鱼饵和一个水桶就可以出发了。

钓鱼是人们钟爱的休闲项目，很多名人、文人都喜欢钓鱼。垂钓可以磨炼性格、锻炼身心，还可以陶冶情操、以鱼会友、切磋技艺……久居城市的人来到郊外，投身到大自然的怀抱中，呼吸绿水青山中的新鲜空气，安坐河塘边，甩上几钩，撒上几网，心胸也会随之开朗许多。

有人喜欢在雨中垂钓。阴雨季节，鱼儿异常活跃，由于气压低，水中缺氧，鱼会浮到水面吸氧，索吃食物，是上钩率极高的时候。阴天下雨时，天气凉爽，空气新鲜，田野滴翠，尤其是河湖塘边的雨中之景，更是令人心醉。那蒙蒙烟雨笼罩下的远山近水，那朦朦胧胧若隐若现的水边杨柳、弯弯的石桥，那碧波浩渺、雾锁雨洒的水泊湖面以及湖心的渔船、塘边的渔翁、水面上的飞鸟……这一切，将给人以无限的情思和遐想。

◎ "回归田林"去乡村"种地"

耕田可以说是一种返璞归真的时尚。在空气污染严重、生活节奏紧张的都市呆久了，难免要怀念乡村的生活方式。

住惯城市看腻了钢筋混凝土结构的人，想来都十分向往秀美的田园风光，而且耕田一直是堪称返璞归真的时尚。但若要真正做到"回归田林"耕作，似乎也不太可能了，因此一般以植树或者采摘代替。都市人现在偏爱去乡村"种地"，这是一种有过乡村经历的人难免要怀念乡村的生活方式，没有乡村经历的人自然也就是想图个新鲜。

现在的都市人都很崇尚自然、健康。所以相比城市的拥挤和嘈杂，更多人喜欢到郊区体验淳朴、自然的生活情趣，呼吸新鲜的空气，陶冶身心。一到放假就会去乡村"种地"，在第一次有收获时可以把几个朋友拉到家里吃饭尝鲜，毕竟是自己亲手种植出来的蔬菜，这自种的蔬菜味道感觉就会和市场的不同。而且去乡村"种地"也会给没有体验过农家生活的人一种返璞归真的感觉。

◎ "骑乐无穷"中让压力烟消云散

现在也有着越来越多的都市人选择在天气晴朗的周末，约三五知己，抛掉工作的压力，选择城市的一个方向执着前行。

自行车在他们眼中不再是传统的代步工具，一到周末，或者不需要为工作烦恼的时候，他们会推开一切樊篱，换上骑行服、跨上自行车去感受沿途的美丽风景。

这与自行车样式与价钱无关，可以是三五百元一辆连入门级都算不上的山地车，也可以是数万元一辆自己心爱的公路赛车或者专业山地自行车。也许这会使有些人觉得他们太疯狂，但这项运动能让乐此不疲的人感受到身体和精神的愉悦，而工作和生活的压力也会在挥汗如雨中释放殆尽。

自行车旅游贵在保持速度，途中休息也可保持每二至三个小时一次，不要想停就停，应坚持到时间或预定地点再休息。在特殊的道路条件下行行车，适当地掌握行车速度更为重要。无论是山间小路，还是又长又陡的下坡道，车速度既不可太快，也不可太慢，应因地制宜选择速度。

◎休闲的"佐罗情怀"——击剑

击剑本是中世纪欧洲贵族爱好的一种运动，如今也为许多青年男女所喜爱。

击剑，被誉为"格斗中的芭蕾"，集娱乐休闲、美体健身于一体，是目前世界上最流行的十大休闲运动之一，在欧美国家非常普及，广受欢迎，在上海正日益为年轻人、尤其是公司白领所喜爱。

◎高端休闲新宠——打高尔夫

打高尔夫球也逐渐受到都市人的青睐，

但由于消费过于高昂，一般的人是玩不起的，被人们称为贵族运动。

"高尔夫"是荷兰文 kolf 的音译，意思是"在绿地和新鲜氧气中的美好生活"。由此可以知道，高尔夫球是一种在优美环境中进行的高尚娱乐活动。

高尔夫球起源于 15 世纪的苏格兰。当时的牧羊人常用赶羊的棍子玩一种击石子的游戏，比比谁击得远击得准，这种游戏后来就演变成为高尔夫球。

打高尔夫球可称得上是高雅运动的典范，由于运动强度不高、动作幽雅、场地宜人，深受有一定经济实力的成功人士的喜爱。

打高尔夫球对健康的好处：1. 环境宜人：由于高尔夫球场一般都被大量的绿色植物覆盖，空气中的氧含量较高，空气新鲜，对于长期生活在都市中的上班族，无非是一个排毒的好机会。2、运动量小：由于运动量相对小，比较适合不经常从事体育锻炼的人士。

◎短期出家寻求宁静放松

蹦迪、泡吧……当越来越多的都市人逐渐腻味这些已不新鲜的玩法时，一群别出心裁的人士找到了一种新方式——到寺院"短期出家"。穿僧衣、僧鞋，与僧人一起吃素食、打扫寺庙，寻求一种宁静、放松的生活方式。

每天工作都承受着巨大的压力，让身心疲惫。而短期的出家减压，远离了城市的喧嚣，在寂静中自由地舒展，感受不同于钢筋水泥里的纯自然心情，体验山野寺院的空气，体验具有挑战意味的生活。

平静的心态是在慢慢学佛修行中提炼

出来的。短短的几天"出家"，也许会让人在以后面对压力的时候，不再像原来一样焦虑，而学会了沉着冷静。

◎注意时尚生活也损健康

时尚方式之一：夜生活

泡吧、卡拉 OK 是城市夜生活的潮流表现。但酒吧和卡拉 OK 厅里污浊的空气和噪声并不是养精蓄锐的好地方。

时尚方式之二：网络生活

上网时间长，不光是对眼睛造成伤害，电磁波辐射经长年累月地在身体里蓄积，对血液系统也会造成伤害。

时尚方式之三：空调生活

空调病已是现代都市病之一，面部神经麻痹、脑血管疾病很多都是夏季人造凉风惹的祸。即便是冬日的暖风，危害也不小，造成风湿性关节炎的恰恰是暖风。

时尚方式之四：塑身生活

由于瘦身衣将腹部紧紧包裹，腹腔内的肾、脾、肝、胃、肠等器官受到压迫，使内脏及其神经系统长期处于紧张状态，导致胃肠功能降低，消化系统功能减弱，从而造成便秘。

时尚方式之五：排毒生活

流行的洗肠排毒方法容易让肠管变粗，长时间反复刺激还会使肠管麻痹，最终导致一些人为因素疾病。断食排毒法也要因人而异。如果你是超负荷工作者，到该吃饭的时候不吃，身体会出现乏力、眩晕、低血糖症状，对健康会有影响。

第三节　长假休闲旅游

◎充满田园气息的乡村旅游

随着我国经济持续快速增长、人民生活水平大幅提高、多元化休假制度日渐成熟，以及旅游者消费观念的不断提升，乡村旅游成为旅游的新热点。乡村旅游是指以农业文化景观、农业生态环境、农事生产活动以及传统的民族习俗为资源载体，融观赏、考察、学习、娱乐、购物、度假于一体的旅游活动。旅游是到乡村去了解一些乡村民情、礼仪风俗等、还有当时种植的一些乡村土产（水稻、玉米、高粱、小麦等）、果树、小溪、小桥的观赏。

旅游者在乡村（通常是偏远地区的传统乡村）及其附近逗留、学习、体验乡村生活模式。

◎观光型乡村旅游

观光型乡村旅游是以优美的乡村绿色景观和田园风光及独特的农业生产过程作为旅游吸项目引城市居民前往参观、参与、购物和游玩。主要有传统型和科技型。

传统型乡村观光旅游。例如村庄旅游是法国人喜爱的一种旅游休闲方式，每年有数百万游客到远离城市的偏远村庄，住进条件简陋的农舍，让家长带孩子参观农庄，看牛羊、看挤奶、观看制作奶酪和酿酒过程，游

客还可以品尝这些美味。

科技型乡村观光旅游。主要是利用现代高科技手段建立小型的农产基地，既可以生产农副产品，又给旅游者提供了游览的场所。新加坡将高科技农业与旅游相结合，兴建了十个农业科技公园。农业公园内应用最新科学技术管理，各种设施造型艺术化，合理安排作物种植，精心布局娱乐场所。养鱼池由配有循环处理系统的"水道"组成；菜园由造型新颖的栽培池组成，里面种上各种蔬菜，由计算机控制养分；田间林荫大道的两边也种上了各种瓜果。美国则建立了多处供观光的基因农场，用基因方法培植马铃薯、薯茄，在发展农业的同时也在向游客普及基因科学知识。

◎休闲娱乐型乡村旅游

乡村旅游是现代都市人为了缓解工作生活压力、利用假日外出进行令精神和身体放松的一种较高层次的旅游形式，娱乐需求成为旅游者基本的旅游需求之一。国外在开发乡村旅游时积极开发娱乐性强、互动参与性大、表现形式新颖的休闲娱乐项目以满足游客多层次需求。

日本各地的农场用富有诗情画意的田园风光和各种具有特色的服务设施开发"务农"旅游，旅游者可以自由参观园内的农作物，亲自参与劳务活动，现场采摘农作物并

做成美味的佳肴；在沿海地区参加捕捞虹鳟鱼和海带的采集及加工等活动，给人以全新的劳动体验。

在美国，每当瓜果成熟的季节，城里人就纷纷涌进各大农场参加摘水果的度假活动，以获得别有情趣的度假享受，缓解工作压力。

德国的乡村旅游十分简洁，以乡村的自然风貌为主，主要项目有瓜果采摘、集市体验、亲近动物、农家住宿、自租自种等。

在意大利，农业旅游区则是一个典型的具有教育、游憩、文化等多种功能的"生态教育农业园"，旅游者可以从事各种农业健身运动，例如体验农业原始耕作、狩猎、亲手制作工艺纪念品、烹调学习活动等。

法国为满足不同偏好度假旅游者的需求，开发了不同主题、种类齐全的休闲农场，包括农场客栈、点心农场、农产品农场、骑马农场、教学农场、探索农场、狩猎农场、民宿农场、露营农场。

◎康体疗养型乡村旅游

随着旅游者越来越关注旅游产品的医疗保健功能，国外许多乡村旅游目的地针对性地强化了其产品的医疗保健功能，开发诸如体检、按摩、理疗等与健康相关的乡村度假项目。这不仅能够满足游客的健康需求，而且能为其带来不菲的利润回报。例如古巴的医疗旅游、日本的温泉旅游、法国的森林旅游、西班牙的海滨旅游等都以旅游服务项目的医疗保健功能而闻名。

◎自我发展型乡村旅游

自我发展型乡村旅游是乡村度假地为旅游者提供一个轻松舒适的学习环境，通过团队合作交流、自主探索学习等方式而不是专业人士做教练，让游客在没有任何压力的情况下学习新知识、熟练新技能，既享受了轻松的休闲，又学习到了知识。日本的许多地方为迎合人们关注野生鸟类生活的情趣而专门开发设计了观鸟旅游，让旅游者亲临野鸟栖息地观察鸟类生活，随行配备鸟类专家指导，使游客在旅游中既观赏到了鸟类的生活，也学到了许多关于鸟类生活的知识。美国的农场、牧场旅游不仅能使游客欣赏美丽的田园风光、体验乡村生活的乐趣，而且在专人授课的农场学校能够学到很多农业知识。这种兼有娱乐和教育培训意义的参与式的乡村旅游形式深受旅游者欢迎。

乡村文化旅游

乡村文化旅游是以乡村民俗、乡村民族风情以及传统民族文化为主题，将乡村旅游与文化旅游结合在一起。匈牙利是乡村文化旅游的典范，其开发的乡村文化旅游产品使游人在领略匈牙利田园风光的同时在乡村野店、山歌牧笛、乡间野味中感受到丰富多彩的民俗风情，欣赏充满情趣的文化艺术以及体味着几千年历史淀积下来的民族文化。西班牙开发的满足游客多种文化需求的文化旅游线路很多就是乡村旅游产品的重要组成部分，如城堡游、葡萄酒之旅、美食之旅等。

权益篇

第一节 消费者权益保护

◎消费者协会有哪些职能

（1）向消费者提供消费信息和咨询服务；

（2）参与有关行政部门对商品和服务的监督、检查；

（3）就有关消费者合法权益的问题，向有关行政部门反映、查询，提出建议；

（4）受理消费者的投诉，并对投诉事项进行调查、调解；

（5）投诉事项涉及商品和服务质量问题的，可以提请鉴定部门鉴定，鉴定部门应当告知鉴定结论；

（6）就损害消费者合法权益的行为，支持受损的消费者提起诉讼；

（7）对损害消费者合法权益的行为，通过大众传播媒介予以揭露、批评。

消费者组织不得从事商品经营和营利性服务，不得以牟利为目的向社会推荐商品和服务。

◎产品质量责任应由谁承担

产品质量责任包括产品责任、民事责任、行政责任和刑事责任。《中华人民共和国产品质量法》中的产品责任是指产品的生产者、销售者因生产或销售有缺陷的产品给购买者、使用者或其他相关的人造成人身伤害或者财产损失的，应当承担赔偿责任。产品责任只是民事责任的一种。对于违法行为性质恶劣、危害后果严重的，由司法机关追究刑事责任；对一般违法行为，构不成犯罪的，由行政机关追究行政责任。一般情况下，违法行为人承担刑事、行政责任，同时，不免除应承担的民事责任。《产品质量法》规定，生产者、销售者应当承担产品质量责任。

◎消费者投诉举报的受理部门

目前，我国受理产品质量问题的部门有工商行政管理部门、质量技术监督部门、消费者协会、企业主管部门、商检部门和人民法院。国务院在产品质量监督检查方面，对国家工商行政管理局和国家质量技术监督局明确分工如下：

1. 在生产、流通领域中，凡属产品质量责任问题，均由国家质量技术监督局及其所属各级质量技术监督机构负责查处；需要工商行政管理机关协助的，工商行政管理机关予以配合。

2、在市场管理和商标管理中发现生产、经销掺假产品、冒牌产品的违法行为，由工商行政管理机构查处，质量技术监督部门予以配合。

3、在市场上倒卖、骗卖劣质商品的行为，凡属工商行政管理机关发现的，由工商行政管理机关予以查处；需要质量技术监督部门协助的，质量技术监督部门予以协助。凡是质量技术监督部门发现的，由质量技术监督部门予以查处；需要工商行政管理机关协助的，工商行政管理机关予以协助。同一问题，不得重复处理。消费者协会是保护消费者利益的社团组织，涉及的面比较广，并挂靠工商行政管理部门，解决问题相应比较容易，所以消费者在购买商品发现问题后，可以找消费者协会。企业主管部门是企业的上级主管单位，直接制约下属企业。向它投诉质量问题，容易得到解决。对不易解决的商品质量问题，消费者也可以直接向人民法院起诉。

◎ 消费者解决产品质量纠纷的途径有哪些

1. 协商。消费者发现产品质量存在问题，生产者、销售者应当与用户、消费者首先通过协商，达成和解。

2. 调解。包括民间调解、行政调解和法院调解。民间调解是采取协商、说服教育的方式；处理解决一定范围内人民内部矛盾的一种社会基层管理方式，又称人民调解；行政调解是指由工商行政管理部门、产品质量监督管理部门及其他有关部门主持的调解；法院调解是以诉讼途径解决纠纷时，先进行的一种调解。

用调解解决产品质量纠纷的范围和程序，一般没有严格的规定，但调解必须遵循合法和自愿原则。调解协议不能违反国家法律、法规，不能损害公共利益和他人利益，调解不能强加于人，调解人不能强迫当事人接受调解或必须达成协议。调解成功后当事人之间要签订协议，但协议不具备强制执行的法律效力，一方当事人也不能向法院申请强制执行。

3. 向有关行政部门申诉。

4. 仲裁。

5. 诉讼。

◎ 仲裁和调解有什么区别

仲裁是指双方当事人自愿而且达成书面协议将纠纷交给第三方（仲裁委员会）作出裁决，纠纷双方有义务执行该裁决，从而解决纠纷的法律制度。仲裁裁决一裁终局而且具有强制性，表现在当事人一旦选择仲裁解决纠纷，仲裁者所作的裁决就具有法津效力，权利人可以向人民法院申请强制执行。这是仲裁和调解的区别。

◎ 如何进行产品质量纠纷诉讼

当产品质量发生民事纠纷，当事人各方可以向人民法院起诉。这是法律规定的解决产品质量民事争议的最后途径。诉讼由起诉、审判、执行三个基本阶段构成，根据诉讼所要解决问题性质分为民事诉讼、刑事诉讼和行政诉讼。产品质量纠纷属于民事纠纷，采用民事诉讼。当事人向人民法院起诉，请求司法保护，必须经过以下步骤：

1. 起诉和受理。提起诉讼的人称原告。原告起诉须具备四个条件：一是原告与纠纷有直接利害关系。二是有明确被告，即原告认为侵犯其权益的人或组织。三是有具体的诉讼请求和事实、理由。四是属于人民法院受理范围和受诉人民法院管辖。起诉应向人民法院递交起诉状，并按被告人数提交副本。特殊情况下也可口头起诉。人民法院收到起诉状或口头起诉后，依法进行审理，对符合条件的，决定立案管理，对不符合条件的，裁定不予受理。

2. 审判。案件决定受理后，开庭前人民法院要做好准备工作，包括发送起诉书副本、审阅诉讼材料、调查收集证据以及更换或追加当事人等，准备就绪，通知开庭。

3. 执行。如果有义务的一方当事人自觉履行了判决内容，就不必请求人民法院强制执行了。如果负有义务的一方当事人无故拒不履行义务，另一方当事人就可以申请人民法院强制执行。

◎消费者如何运用"三包"

为保护消费者合法权益，明确销售者、修理者、生产者承担的部分商品的修理、更换、退货（即"三包"）的责任和义务。根据产品质量法和消费者权益保护法及有关规定，1995 年 8 月国家经贸委、国家技术监督局、国家工商局、财政部印发了《部分商品修理、更换、退货责任规定》。

修理、更换、退货责任是承担三包责任的三种形式，但消费者要求赔偿的方式并不仅限于这三种。如果消费者买到的产品给其造成损失时，消费者还可以要求赔偿损失，如误工费、大件商品运输费等。新三包规定，由修理者提供应当进行修理的大件产品合理运输费用。

◎销售者应承担三包责任吗

消费者买到不符合法律规定的质量要求的产品或不符合合同约定要求的产品时，有权要求销售者承担三包责任。"谁经销、谁负责"。

在有些情况下消费者也可以找修理者、产品生产者承担三包责任，如修理者在法定期限内未能将产品修复；生产者自己承诺对产品实行三包；消费者要求对产品修理，销售者已委托维修者进行修理的等等。按照新三包规定，销售者无权与生产者、供货者、修理者通过合同约定，免除自己的三包责任。如销售者不能说产品维修由保修单上所列的修理者负责修理，而免除自己的三包责任。

◎"三包"的产品范围有哪些

1. 第一批实施三包的部分产品共 18 种：自行车、彩电、黑白电视、家用录像机、摄像机、收录机、电子琴、家用电冰箱、洗衣机、电风扇、微波炉、吸尘器、家用空调器、吸排油烟机、燃气热水器、缝纫机、钟表、摩托车。

2. 新三包规定中明确，实行三包的产品目录将由国务院有关部门制定和调整。国家将根据消费水平的提高，采用《实施三包的部分商品目录》的形式，逐批公布三包产品适用范围。

3. 进口产品同样适用于新三包规定。

4. 未纳入新三包规定的产品，出现了质量问题，销售者均应依法负责修理、更换、退货并赔偿由此而受到的损失。

◎"三包"的责任范围有哪些

消费者购买的产品出现以下情况，有权要求经销者承担三包责任。

1. 不具备产品应当具备的使用性能，而事先没有说明的；

2. 不符合明示采用的产品标准要求；

3. 不符合以产品说明、实物样品等方式表明的质量状况；

4. 产品经技术监督行政部门等法定部门检验不合格；

5. 产品修理两次仍不能正常使用。

◎ "三包"责任的时间是如何规定的

1. "7日"规定：产品自售出之日起7日内，发生性能故障，消费者可以选择退货、换货或修理。

2. "15日"规定：产品自售出之日起15日内，发生性能故障，消费者可以选择换货或修理。

3. "三包有效期"规定。

3. "90日"规定和"30日"规定。

4. "30日"和"5年"的规定：修理者应保证修理后的产品能够正常使用30日以上，生产者应保证在产品停产后5年内继续提供符合技术要求的零配件。

◎什么是"三包有效期"

"三包"有效期指自开具发票之日起计算。在国家发布的第一批实施"三包"的18种商品中，如彩电、手表等的"三包"有效期，整机分别分半年至一年，主要部件为一年至三年。在"三包"有效期内修理两次，仍不能正常使用的产品，消费者可凭修理记录和证明，调换同型号同规格的产品或按有关规定退货，"三包"有效期应扣除因修理占用和无零配件待修的时间。换货后的"三包"有效期自换货之日起重新计算。

在"三包"有效期内，因生产者未供应零配件，自送修之日起超过90日未修好的，修理者应当在修理状况中注明，销售者凭此据免费为消费者调换同型号同规格产品。因修理者自身原因使修理超过30日的，由其免费为消费者调换同型号同规格产品，费用由修理者承担。

◎在哪些情况下销售者和生产者可以不实行三包

对属于下列情况之一的，销售者和生产者可以不实行三包，但是可以实行收费修理：

1. 消费者因使用、维护、保管不当造成损坏的；

2. 非承担三包修理者拆动造成损坏的；

3. 无三包凭证及有效发票的；

4. 三包凭证型号与修理产品型号不符或者涂改的；

5. 因不可抗拒力造成损坏的。

◎消费者在购买产品时应注意什么

在三包有效期内，消费者依法办理修理、换货、退货时，要以购货发票及三包凭证作为依据。因此，在购买产品时，一定要销售者出具发票，检查是否附有三包凭证。购货凭证对消费者而言，记载了买卖合同或服务合同的基本内容和证明合同的履行情况，为日后双方可能发生的商品或服务质量等方面争议的处理，提供一个最基本的依据。

办理修理、换货、退货时，要带上三包凭证和有效发票；在日常生活中要妥善保管好上述证明。对于已经使用过的产品，符合三包规定换货条件，而消费者不愿调换同型号、同规格产品而要求退货的，销售者应予以退货，但要向消费者收取折旧费。

◎消费者享有哪些权利

《消法》第二章规定了消费者的九项权利，在法律保护下，消费者有权作出一定的行为或者要求他人作出一定行为。消费者的九项权利是：安全权、知情权、自主选择权、公平交易权、求偿权、结社权、获得有关知识权、人格尊严和民族风俗习惯受尊重权、监督权。

此外，《消法》还对消费者在消费活动中容易忽略或经常发生争议的问题作了一些具体规定，如第21条规定："经营者提供商品或服务，应当按照国家有关规定或者商业惯例向消费者出具购货凭证或者服务单据；消费者索要购货凭证或服务单据时，经营者必须出具。"

◎什么是消费者安全权

消费者的安全权分为人身安全权和财产安全权。

消费者在购买、使用商品和接受服务时，首先考虑的便是商品和服务的卫生、安全因素，不希望因卫生安全方面存在问题，导致生病、身体受到伤害，甚至产生生命危险。财产安全不仅指购买、使用的商品或接受的服务是否安全，更重要的是指购买、使用的商品或接受的服务以外的其他财产的安全。只要是在购买、使用商品或接受服务过

程中，消费者的人身、财产安全受到损害，消费者就有权要求赔偿。

◎什么是消费者知情权和自主选择权

作为经营者，诚实信用是交易双方应遵守的基本准测，不得隐瞒实情，不得作虚假承诺，否则就构成消费者知情权的侵犯，一旦发生争议或造成损害，消费者有权要求经营者给予赔偿。

消费者选购商品或接受服务的行为必须是自愿的，不必以经营者的意愿为自己的意志，主动权在自己手中。同时消费者自主选择商品和服务的行为必须合法，不能把自主选择权建立在侵害国家、集体和他人合法权益之上。此外自主选择权通常只能限定在购买商品或接受服务的范围内，不能扩大到使用商品上。

◎什么是消费者公平交易权和求偿权

经营者在提供商品或服务时，必须保证质量、价格合理、计量正确，不得违反平等自愿、公平交易的市场准则，违背消费者的意愿强制交易。

消费者在购买、使用商品或接受服务时，由于经营者的过失或故意，可能会使人身权和财产权受到侵害。这里的人身权包括消费者的生命健康权、姓名权、名誉权、荣誉权等；财产权包括直接的财产损失和间接的财产损失。对于商品的购买者、商品的使用者、接受服务者以及在别人购买、使用商

品或接受服务的过程中受到人身或财产损害的其他人而言，只要其人身、财产损害是因购买、使用商品或接受服务而引起的，都享有求偿权；商品的生产者、销售者或服务者均要承担赔偿责任，而不论其是否有过错；除非是出于受害者自己的过错，如违反使用说明造成的损害，则商品的制造者、经销者不承担责任。

按照法律规定，消费者除因人身、财产的损害而要求获得赔偿损失这一最基本、最常见的方式之外，还可以要求其他多种民事责任承担方式，如修理、重作、更换、恢复原状、消除影响、恢复名誉、赔礼道歉等等。

◎什么是消费者结社权

消费者可以组织起来依法成立消费者社会团体，形成对商品和服务的广泛社会监督，及时处理侵害消费者权益的行为，指导消费者提高自我保护意识和能力，通过调解、仲裁等方式，及时解决消费纠纷。

◎为什么消费者要获得有关知识权

所谓消费知识，包括消费态度知识，使消费者科学指导自己消费行为；了解有关商品和服务的基本知识及有关市场的基本知识，以指导自己作出正确消费选择。

消费者权益保护方面的知识，包括有关消费者权益保护的法律、法规和政策，消费者权益保护机构，以及消费者和经营者发生争议时的解决途径等。

◎人格尊严和民族风俗习惯受尊重权

尊重消费者在消费活动中的人格尊严是消费者享有的最起码权利，任何人都无权加以污辱和诽谤。公民的人格尊严权利包括姓名权、名誉权、荣誉权、肖像权等。对于侵犯消费者人格尊严的行为，法律视情节轻重予以相应民事制裁。情节特别严重构成犯罪的，还应予以刑事制裁。

我国有众多民族，各民族饮食、服饰、居住、婚葬、节庆、娱乐、礼节、禁忌等风俗习惯有所不同，都应受到尊重，保护少数民族消费者的合法权益是关系到民族平等团结、促进安定团结的大事。

◎什么是消费者监督权

消费者享有对商品和服务以及保护消费者权益工作进行监督的权利。有权检举、控告侵害消费者权益的行为和国家机关及其工作人员在保护消费者权益工作中的违法失职行为，有权对保护消费者权益工作提出批评、建议。

◎欺诈消费者行为有哪些

根据国家工商局发布的《欺诈消费者行为处罚办法》的规定，经营者在向消费者提供商品时，有下列情况之一的，属于欺诈消费者行为，消费者可以要求双倍赔偿（即买一赔二）：

1. 销售掺杂、掺假，以假充真，以次

充好的商品；

2. 采取虚假或者其他不正当手段使销售的商品分量不足的；

3. 销售"处理品"、"残次品"、"等外品"等商品而谎称是正品的；

4. 以虚假的"清仓价"、"甩卖价"、"最低价"、"优惠价"或者其他欺骗性价格表示销售商品的；

5. 以虚假的商品说明、商品标准、实物样品等方式销售商品的；

6. 不以自己的真实名称和标记销售商品的；

7. 采取雇用他人等方式进行欺骗性的销售诱导的；

8. 做虚假的现场演示和说明的；

9. 利用广播、电视、电影、报刊等大众传播媒介对商品作虚假宣传的；

10. 骗取消费者预付款的；

11. 利用邮购销售骗取价款而不提供或者不按照约定条件提供商品的；

12. 以虚假的"有奖销售"、"还本销售"等方式销售商品的；

13. 以其他虚假或者不正当手段欺诈消费者的行为。当消费者受到经营者的欺诈行为侵害时，可通过以下途径要求经营者给予双倍赔偿：与经营者协商解决；请求消费者协会调解；向有关行政部门申诉；根据与经营者达成的仲裁协议提请仲裁机构仲裁；向人民法院提出诉讼。

第二节　妇女权益保护

权利。"

◎妇女权益的人身权利包括哪些内容

妇女的人身权是指妇女依法享有的，与妇女自身不可分离的，没有直接财产内容的一种民事权利，任何人或组织都不能任意地剥夺其人身权利或妨碍其权利的行使。妇女权益保障法对第六章人身权利进行了完善，加强了对妇女的生命健康权、人身自由权、姓名权、名誉权、肖像权、隐私权、荣誉权、人格尊严等各项权利的保护。

妇女权益保障法遵循了"法律面前人人平等"这一宪法原则，在第36条明确规定："国家保障妇女享有与男子平等的人身

◎妇女的婚姻家庭权益包括哪些内容

妇女权益保障法规定的婚姻家庭权益，包括以下几个方面的内容：①关于保障妇女享有与男子平等的婚姻家庭权利的原则性规定；②妇女的婚姻自主权；③为了保护孕、产妇女身心健康，在一定期限内限制男方的离婚请求权；④禁止对妇女实施家庭暴力；⑤女方对夫妻共同财产享有与其配偶平等的权利；离婚时在住房问题上对女方的保护；⑦母亲对未成年子女的监护权；⑧在法定情形下照顾女方抚养子女的合理要求；⑨保障

妇女的生育权和生殖健康。

◎什么是对妇女的权益实行特殊保护

《妇女权益保障法》第2条第3款规定："国家保护妇女依法享有的特殊权益。"对妇女权益实特殊保护原则有两层内容：（1）国家依法保护妇女基于其性别特征的特殊权益。如妇女在经期、孕期、产期、哺乳期中的权益，国家应当给予充分保护。（2）对妇女的权益实行特殊保护。为了消除男女之间事实上的不平等，国家有必要在法律上采取具有针对性的特殊保护措施，逐步完善对妇女的权益保障制度，以保障妇女权益得到全面实现。这也是国家的义务。

◎妇联、工会在维护妇女权益方面承担什么职责

妇女联合会是代表妇女利益的群众性组织，是党和政府联系全国妇女群众的纽带和桥梁。保护妇女合法权益不受侵害，是各级妇联的根本宗旨。中国工会是中国共产党领导的职工自愿结合的工人阶级群众组织，是党联系职工群众的桥梁和纽带，是国家政权的重要社会支柱，是会员和职工利益的代表。《工会法》第22条规定，企业、事业单位违反劳动法律、法规规定，侵犯女职工特殊权益的，工会应当代表女职工与企业、事业单位交涉，要求企业、事业单位采取措施予以改正；企业、事业单位应当予以研究处理，并向工会作出答复；企业、事业单位拒不改正的，工会可以请求当地人民政府依

法作出处理。因此，工会有责任在自己的工作范围内，做好维护妇女权益的工作。

◎妇女行使政治权利的途径和形式有哪些

妇女行使政治权利的途径和形式主要包括：（1）选举、监督、罢免人民代表大会代表，通过国家权力机关管理国家事务；（2）以干部身份直接管理国家事务；（3）通过言论、出版、集会、结社、游行、示威的途径和形式，表达自己的意见和建议；（4）对国家机关和国家工作人员提出批评、建议；（5）对于任何国家机关和国家工作人员的违法失职行为，向有关国家机关提出申诉、控告或者检举；（6）参加妇女组织、工会、共青团等，参与民主管理活动。

◎妇女享有与男子平等的文化教育权利

文化教育权利是重要的人权。所谓文化教育权利，是指公民享有受教育的权利和从事科学、技术、文学、艺术等文化活动的自由。由于妇女是否享有文化教育权利以及享有的程度如何直接关系到国民经济和社会发展，关系到民族的文明程度，关系到妇女自身的解放，因此，国家保障妇女享有与男子平等的文化教育权利是非常重要的。

◎为什么不得以性别为由拒绝录用妇女

《妇女权益保障法》第23条第1款规定：

"各单位在录用职工时，除不适合妇女的工种或者岗位外，不得以性别为由拒绝录用妇女或者提高对妇女的录用标准。"《劳动法》第13条明确规定了禁止就业机会性别歧视："妇女享有与男子平等的就业权利。在录用职工时，除国家规定的不适合妇女的工种或者岗位外，不得以性别为由拒绝录用妇女或者提高对妇女的录用标准。"

◎为什么要保护妇女的人格权

《妇女权益保障法》第42条第1款规定："妇女的名誉权、荣誉权、隐私权、肖像权等人格权受法律保护。"人格权是人身权的一种，是指人所固有的为维护自身独立人格所必备的、以人格为客体的权利。妇女的名誉权是指妇女保持并维护自己名誉的权利。妇女的荣誉权是指妇女获得、保持、利用荣誉并享有其所生利益的权利。妇女的隐私权是指妇女享有的对其个人的、与公共利益无关的个人信息、私人活动和私有领域进行支配的一种人格权。妇女的肖像权是指妇女对通过造型艺术或其他形式在客观上再现自己形象所享有的专有权。

◎如何保护妇女的劳动就业权益

用人单位在录用职工的时候，除了那些不适合妇女从事的工种或者工作岗位以外，均不得以性别为由拒绝录用妇女或者提高对妇女的录用标准。用人单位在录用职工时，应当依照法律规定与女职工签订劳动(聘用)

合同或者服务协议，并不得在合同或协议中有规定限制女职工结婚、生育的内容。用人单位不得因结婚、怀孕、产假和哺乳等情形降低女职工的工资、辞退女职工、单方解除劳动（聘用）合同或者服务协议。用人单位应当执行国家退休制度，不得以性别为由歧视妇女。

◎什么是对妇女的性骚扰

国际上一般把性骚扰定义为："以语言或行动形式，带有黄色或性要求性质，具有性取向的不受欢迎的身体接触和冒犯，或带有性色彩的话语。"我国法律没有对性骚扰进行明确界定，不少学者认为广义的性骚扰包括强奸、猥亵等性侵害犯罪，非直接的、语言文字或形体上的性暗示、性挑逗、性胁迫等；狭义的性骚扰，例如老百姓俗称的要流氓、动手动脚、占便宜以及新出现的发送黄色短信等。

◎妇女受到性骚扰时如何维护自己的权利

（1）向对方所在的单位投诉；（2）到公安机关报案，构成违反治安管理行为的，给予行政处罚；（3）直接向法院起诉；（4）可以到妇联投诉，请求帮助。值得特别提出的是，受害妇女一定要提高证据意识，收集一切能够证明对方实施性骚扰行为的证据，包括证言、书面材料、录音等。

第三节　老年人权益保护

◎为什么要特别保护老人的权益

特别保护老人的权益，是婚姻法的一项重要原则，是社会主义家庭的重要任务。赡养老人，是我国人民的美德。父母为了子女的健康成长，长期付出了辛勤的劳动，尽了自己的职责。当他们年老多病、丧失劳动能力或生活发生困难的时候，子女就要承担起赡养的义务。社会主义社会的赡养与封建的孝道，有着本质的不同。在社会主义制度下，对老人的生活照顾，首先是国家、集体承担的，但国家、集体的物质帮助，不能取代家庭成员对老人的赡养责任。作为子女要自觉履行赡养义务，尊老养老，使老人安然度过晚年。

◎老年人该如何维护自己的权益

老年人要记住五种权益，分别是受赡养权、扶助权、再婚自由权、自由处分遗产权以及继承权。

老年人的合法权益受到侵害时，可以向各级法律服务中心求助，要求有关部门处理，或者依法向人民法院提起诉讼。投诉的老年人行动不方便的，有关部门应当上门调查、处理。

老年人与家庭成员因赡养、扶养或者因住房、财产发生纠纷，可以向居住地的居民委员会、村民委员会、街道办事处、乡（镇）人民政府或者家庭成员所在单位要求调解，也可以直接向人民法院提起诉讼。

老年人的人身安全受到威胁时，可以请求公安机关予以保护。公安机关接到请求后应当立即采取措施。公安机关不采取措施的，受侵害人可以依法向人民法院提起行政诉讼。

◎学会科学立遗嘱

遗嘱有五种立法：公正遗嘱、自书遗嘱、代书遗嘱、录音遗嘱、口头遗嘱。其中公正遗嘱要到公正机关办理；自书遗嘱由立遗嘱人亲笔书写、签名，并详细注明年月日；代书遗嘱应有两个以上非财产继承人在场见证，由其中一人代书，注明年月日及代书人，其他见证人和遗产人均要签名；录音遗嘱与代书遗嘱一样，当有两个以上非财产继承人在场见证；立口头遗嘱一般在危急情况下采用，应有两个以上见证人在场见证，如果危急情况解除，遗嘱人能够用书面或录音形式重新立遗嘱，口头遗嘱则无效。在一些案例中，常遇到老人立无效遗嘱，因此老年人一定要学会科学立遗嘱，其中需要强调的是代书遗嘱要由非遗产继承人书写，如果由遗产继承人书写，就算有立遗产人的签名或手印，仍属无效。

◎不要轻易将房产记于子女名下

将房产记于子女名下而引发诉讼的案件已发生多起，无论最后结果如何，老人都会受到伤害。有这样一个案例：当初老人为规避房产过户的税费，直接把产权证办在了儿子名下。儿子结婚后品行日渐恶劣，最后竟把老人赶出家门，并把房子卖给了别人。面对这样的情况，法律有心无力，因为将自己的合法财产预先过户给已婚子女，该财产的所有权就发生了转移。所以为保障自己的权益，老年朋友们还是不要轻易把房产记于子女名下。

◎老年人的居住权和房产权有何规定

老年人权益保障法规定，不得强迫老年人迁居条件低劣的住房；不得擅自改变老年人房屋租赁关系或私有房屋的产权关系；子女所在单位分配住房含有老年人份额的，老年人应享有居住权；子女分配新房的，不得再挤占父母的住房；老年人对自己的私有房屋有处分权；共有房屋的出卖应取得老年人共有人的同意；老年人私房经子女翻建后，老年人对新房享有共有权等。

◎赡养人应对老年人尽哪些义务

赡养人是指老年人的子女及其他依法负有赡养义务的人。包括：被收养人、具有抚养关系的继子女、父母已去世的孙子女、外孙子女等。赡养人应当履行对老年人经济上供应、生活上照料和精神上慰藉的义务，照顾老年人的特殊需要。赡养人不得以放弃继承权或其他理由，拒绝履行赡养义务。对赡养人不履行赡养义务的，老年人有要求赡养人付给赡养费的权利。对于推卸生活照料和精神慰藉的也应负法律责任。

◎老人可以要求哪些人赡养

老年人的子女是主要的赡养人。其他依法负有赡养义务的人是根据《继承法》和《婚姻法》规定，凡有赡养辅助能力的子女，不分男女均负有赡养父母之责。这种赡养义务，不仅发生在婚生子女和父母之间，而且也发生在非婚生子女和生父母、养子女和养父母、继子女和履行了抚养教育义务的继父或继母之间。孙子女、外孙子女对于子女已死亡的祖父母、外祖父母也有赡养的义务。女儿出嫁后，一方面继续负有赡养自己父母的责任，一方面又要协助丈夫赡养其父母。放弃继承权的子女，不能以放弃继承权为由而拒绝承担赡养父母的责任。因为在其未成年及不能独立生活时，父母已尽抚养教育的义务。

◎农村老人怎样要求"五保"供养

农村五保供养，是指在吃、穿、住、医、葬方面给予村民的生活照顾和物质帮助。老年、残疾或者未满16周岁的村民，无劳动能力、无生活来源又无法定赡养、抚养、扶养义务人，或者其法定赡养、抚养、扶养义务人无赡养、抚养、扶养能力的，享受农村五保供养待遇。

农村五保供养包括供给粮油、副食品和生活用燃料；供给服装、被褥等生活用品和零用钱；提供符合基本居住条件的住房；提供疾病治疗，对生活不能自理的给予照料；办理丧葬事宜。供养标准不得低于当地村民的平均生活水平，并根据当地平均生活水平的提高适时调整。对未满16周岁或者已满16周岁仍在接受义务教育的供养对象，应当保障他们依法接受义务教育所需费用。

◎暴力干涉老年人婚姻算不算犯罪

根据《老年人权益保障法》的规定，下列行为应依照《治安管理处罚法》的有关规定处罚：（1）以暴力或其他方法公然侮辱老年人、捏造事实诽谤老年人或者虐待老年人，情节较轻的，依照《治安管理处罚法》的有关规定处罚。（2）家庭成员有盗窃、诈骗、抢夺、勒索、故意毁坏老年人财务，情节较轻的，应当依照《治安管理处罚法》的有关规定处罚。

根据《老年人权益保障法》规定，以暴力或其他方法公然侮辱老年人、捏造事实诽谤或虐待老年人，情节严重的；暴力干涉老年人婚姻自由或者没有对老年人进行赡养、抚养，情节严重的；家庭成员有盗窃、诈骗、抢夺、勒索、故意毁坏老年人财物，情节严重的。有这三类行为应当追究刑事责任，但一般情况下只有受害人主动向人民法院起诉，法院才处理。

◎如何保护农村老年人的财产

农村老年人的财产保护有以下内容：（1）老年人对个人财产的处分权。老年人有权依法处分个人财产，子女或者其他亲属不得干涉，不得强行索取老年人的财物。（2）老年人的继承权和受赠权。老年人有依法继承父母、配偶、子女或者其他亲属遗产的权利，有接受赠予的权利。（3）老年人财产的不受侵犯权。老年人参加劳动的合法收入受法律保护。家庭成员有盗窃、诈骗、抢夺、勒索、故意毁坏老年人财物，情节较轻的，依照《治安管理处罚条例》的有关规定处罚；构成犯罪的，依法追究刑事责任。（4）老年人的居住权。赡养人应当妥善安排老年人的住房，不得强迫老年人迁居条件低劣的房屋。老年人自有的或者承租的住房，子女不得侵占，不得擅自改变产权关系或者租赁关系。老年人自有的住房，赡养人有维修的义务。

◎子女侵犯老年人权益怎么办

子女侵犯老年人的合法权益或虐待老年人的，老年人可以向子女所在组织或当地居民委员会要求调解，也可以直接向人民法院提起诉讼。对给老年人人身权益、财产权益造成损失的，子女必须承担民事责任，给予赔偿。对于虐待老年人情节严重的，《继承法》规定丧失继承权，构成犯罪的，依法追究刑事责任。

第四节　儿童权益保护

◎为什么要保护儿童的权益

保护儿童的权益，是婚姻法的一项重要原则。保护儿童，是培养未来接班人的需要。为了孩子们的健康成长，婚姻法规定：父母有抚养子女的义务，这种义务不因离婚而免除，保障婚生子女、非婚生子女、养子女、继子女的权益，禁止溺婴、弃婴和其他残害婴儿的行为。收养法中禁止借收养名义拐骗、买卖儿童。民法通则为未成年人设立监护制度。这些都是对儿童的法律保护。抚育子女，是父母不可推诿的天职。父母要关心子女的身心健康，履行抚养职责，使子女在德、智、体、美、劳诸方面全面发展。

◎儿童权益司法保护

中国在司法程序中十分重视保护未成年人的合法权益，许多重要的法律对此都有特殊规定。中国对违法犯罪的未成年人，实行教育、感化、挽救的方针，并坚持教育为主、惩罚为辅的原则。公安机关、人民检察院、人民法院在办理未成年人犯罪的案件时，充分考虑未成年人的身心特点，尊重违法犯罪的未成年人的人格尊严，保障他们的合法权益。中国的公安机关、人民检察院、人民法院和司法行政机关对审前羁押的未成年人，

采取与羁押的成年人分别看管的办法，对经人民法院判决服刑的未成年人，也采取与服刑的成年人分别关押、管理的办法。中国法院对14周岁以上不满16周岁的未成年人犯罪案件，一律不公开审理。对16周岁以上不满18周岁的未成年人犯罪案件，一般也不公开审理。对未成年人犯罪案件，在判决前，新闻报道、影视节目、公开出版物不得披露该未成年人的姓名、住所、照片及可能推断出该未成年人的资料。

◎《儿童权利公约》的主要内容是什么

1. 生存权：所有儿童有存活的权利，以及有权接受可行的最高标准的医疗保健服务。

2、保护权：保护儿童免受歧视，免受身体及经济剥削和虐待，免受战乱、遗弃、照料疏忽；当儿童需要时，随时提供适当的照料或康复服务。

3、发展权：包括接受一切形式的教育（正规的和非正规的）教育，向儿童提供良好的道德和社会环境，以满足儿童发展过程中的身体、心理、精神的需要。

4、参与权：儿童参与家庭、文化和社会生活的权利。包括儿童有权对影响他(她)的任何事情发表意见。

◎ 儿童具有的四种最基本的权利是什么

《儿童权利公约》指出，儿童具有的最基本的权利可概括为四种，即：生存权、受保护权、发展权和参与权。

对家长来说，重要的是如何根据孩子身心发展的需要为他提供有益信息。保护同年龄、生活在不同环境中的每个孩子都有自己的特殊需要。家长的任务是了解这些需要，为孩子提供有益身心发展的信息，而不应该对孩子封锁信息，或者只要求孩子接触家长自己喜欢的信息，忽略孩子的自身需要和选择。

◎ 什么是儿童的生存权

生存权包括生命安全权和生活保障权。

大多数父母都很关心孩子的生存状态，包括采用母乳喂养，照料患病儿童，争取最好的医疗条件，保证孩子身体健康，提高儿童的营养标准，指导儿童的社会行为以防止意外伤害。但是，也有个别父母严重侵犯儿童的生存权。根据我国《未成年人保护法》规定，凡侵犯未成年人的人身权利构成犯罪的、负有抚养义务而拒绝抚养的、溺婴及弃婴的行为将被追究法律责任。

什么是儿童的受保护权

儿童的受保护权包括三部分内容：反对一切形式的儿童歧视；每一个儿童将得到平等对待；保护儿童一切人身权利及关于处于危机、紧急情况下的儿童保护；脱离家庭的儿童保护。

在我们国家，"保护儿童"的口号日益深入人心，但是，对保护儿童以及怎样保护儿童，我们还缺少明确的认识，结果常常无意识地造成对儿童权利的忽略和侵犯。

例如：在城市的学校里，农村孩子比城市孩子更容易受到歧视；对儿童的容貌、形体歧视；对学习成绩较差的儿童的歧视。

又如，不尊重儿童隐私。对一些家长、教师来说，儿童没有隐私可言，看孩子的日记是经常的事。实际上，私拆孩子的信件也是对孩子的不尊重。其他的，如对儿童照料不周、对儿童进行有辱人格的惩罚、让孩子承担过重、家庭责任、社会责任与利用、剥削儿童，这些都是没有尊重儿童的权利。

◎ 什么是儿童的发展权

发展权是指儿童拥有充分发展其全部体能和智能的权利。在《儿童权利公约》里，发展权利主要指信息权、受教育权、娱乐权、文化与社会生活的参与权、思想和宗教自由、个性发展权等。其主旨是要保证儿童在身体、智力、精神、道德、个性和社会性等诸方面均得到充分的发展。

在发展权里，包括信息权、受教育权和娱乐权。儿童有权使用大众传播媒介，以获得有益其身心健康的信息和资料。现在最突出的就是网吧问题，很多网吧不按规定，接受未成年人进入，并提供色情、暴力等内容，严重损害了儿童的身心健康。

◎如何对儿童的健康权保护

吸烟、吸毒危害健康，尤其是对生体尚未发育成熟的儿童来说，危害更为严重，而且更会对儿童的心理、意志品质带来不良影响。家长有义务对孩子进行监督、引导和教育。

《未成年人保护法》第 10 条：父母或者其他监护人应当以健康的思想、品德和适当的方法教育未成年人，引导未成年人进行有益身心健康的活动，预防和制止未成年人吸烟、酗酒、流浪以及聚赌、吸毒、卖淫。

◎如何保护儿童的健康权、姓名权、肖像权、国籍权

儿童和其他公民一样，享有姓名权、肖像权和国籍权，不容许受到非法侵犯，否则，可以请求停止侵权并要求赔偿。

《民法通则》第 99 条：公民享有姓名权，有权决定、使用和依照规定改变自己的姓名，禁止他人干涉、盗用、假冒。第 100 条：公民享有肖像权，未经本人同意，不得以营利为目的使用公民肖像。

《国籍法》第 4 条：父母双方或一方为中国公民，本人出生在中国，具有中国国籍。第 5、第 6 条也有具体规定。

◎如何保护儿童的名誉权、荣誉权和智力成果权

名誉权是人格权的一种。荣誉权指公民依法享有自己所得的嘉奖、光荣称号等荣誉，

并不受非法剥夺的权利。智力成果权即知识产权，指公民或法人对自己创造的智力活动成果依法享有的人身权利和财产权利，如著作权、专利权、商标权、发明权等。任何人不得以任何形式侵害儿童的名誉权、荣誉权和智力成果权。

《宪法》第 38 条：中华人民共和国公民的人格尊严不受侵犯。禁止用任何方法对公民进行侮辱、诽谤和诬告陷害。

《未成年人保护法》第 15 条：学校、幼儿园的教职员应当尊重未成年人的人格尊严，不得对未成年学生和儿童实施体罚、变相体罚或者其他侮辱人格尊严的行为。第 36 条：国家依法保护未成年人的智力成果和荣誉权不受侵犯。

◎如何保护儿童的教育权

接受教育，既是未成年人的权利，对于接受九年义务制教育的学生来说，也是义务。家长不让适龄孩子读书，是一种违法行为，不能简单地认为这是自家的事。

《宪法》第 46 条：中华人民共和国公民有受教育的权利和义务。

《义务教育法》第 4 条：国家、社会、学校和家庭依法保障适龄儿童、少年接受义务教育的权利。第 11 条：父母或者其他监护人必须使适龄的子女或者被监护人按时入学，接受规定年限的义务教育。《未成年人保护法》第 9 条：父母或者其他监护人应当尊重未成年人接受教育的权利，必须使适龄未成年人按照规定接受义务教育，不得使在校接受义务教育的未成年人辍学。

第五节　劳动者权益保护

◎失业保险享受待遇

失业保险连续缴纳一年以上，档案退回街道后。可以在街道享受失业保险待遇。

1. 失业保险金：是指失业保险经办机构按规定支付给符合条件的失业人员的基本生活费用，它是最主要的失业保险待遇。

2. 领取失业保险金期间的医疗补助金：是指支付给失业人员领取失业保险金期间发生的医疗费用的补助。领取失业保险金期间死亡的失业人员的丧葬补助金和其供养的配偶、直系亲属的抚恤金按有关规定执行。

◎工伤保险享受待遇

在合同期内不幸发生意外，需向企业索取情况说明，并加盖企业公章，尽快（最好在三个工作日内）申请工伤认定并需提供下列材料：

1. 初次治疗诊断书或住院病历；

2. 职业病诊断证明（原件、复印件各一份）；

3. 交通事故需提供交通大队的事故裁决书或交通部门的交通事故证明；

4. 身份证复印件；

5. 有效期内的劳动合同原件。

生育保险享受待遇

报销范围包括：生育津贴、生育医疗费用、计划生育手术医疗费用、国家和本市规定的其他与生育有关的费用。

生育津贴按照女职工本人生育当月的缴费基数除以 30 再乘以产假天数计算。生育津贴为女职工产假期间的工资，生育津贴低于本人工资标准的,差额部分由企业补足。

生育医疗费用包括女职工因怀孕、生育发生的医疗检查费、接生费、手术费、住院费和药品费。

计划生育手术医疗费用包括职工因计划生育发生的医疗费用。

◎签订劳动合同时应注意的问题

1. 应遵循两个基本原则：平等自愿、协商一致的原则；遵守法律的原则。

2. 应采用书面形式鉴定劳动合同。

3. 了解劳动合同所必须具备的条款：合同期限、工作内容、性质、工作地点；工资报酬奖金、津贴等标准；劳动保护和劳动条件；劳动纪律和奖惩规程，劳动合同终止条件；违约责任等。

◎什么是人身权

人身权是指民事主体依法享有的与其人身不可分离而又不直接具有财产内容的民事权利。它与财产权共同构成了民法中的两大类基本民事权利。人身权包括人格权和身份权两大类，其中人格权包括生命权、身体权、健康权、姓名权、名称权、名誉权、肖像权、隐私权。身份权包括亲权、配偶权、亲属权、荣誉权。人身权具有以下法律特征：（一）人身权是一种与特定民事主体的人身密不可分，具有专属性的民事权利。通常情况下，人身权不得以任何形式让与他人，即不得买卖、转移、赠与或继承。（二）人身权是一种没有直接财产内容，不直接体现为一定的财产利益的民事权利。因此人身权不能用金钱去衡量，只能用一定的观念对其作出评价。但这并不意味着人身权与财产没有任何关系。（三）人身权是一种具有绝对性和支配性的民事权利。

◎什么是健康权

所谓"健康权"，是指自然人以其身体外在组织的完整和身体内部生理机能的完善，进而以保障肌体生理机能正常运作和功能完善发挥为其具体内容的人格权。一般当健康权受到侵害时，可以经过医治而康复以维持人体的生命能力；而生命权的侵害是以其具有"不可逆转性"为根本特征的。故侵害的动机可能是针对健康，但如果肌体功能的严重受损最终导致了生命的丧失，法律以最终结果论，只能认定该侵权行为侵害的是

生命权。因为，健康权以维持人体的正常生命活动为根本利益，其利益不在于生命安全和生命价值。

◎什么是生命权

生命权是以自然人的性命维持和安全利益为内容的人格权。我国《民法通则》第89条规定："公民享有生命健康权"，这里的生命健康权，实际上是生命权、健康权与身体权的总称。生命是生物体所具有的活动能力，而法律意义上的生命仅指自然人的生命，是人体维持生存的基本的物质活动能力。生命是不可以替代和不可逆转的，是人得以存在的体现，是公民享有权利和承担义务的前提和基础，是自然人的最高人格利益。生命权是自然人的一项根本的人格权，它在维护自然人的生命安全的同时，也成为自然人享有有其它人格权的前提和基础。公民的各项人格权均以公民的生存为前提，一旦公民的生命权遭到侵害而丧失生命，则其他人格权也不复存在。

◎生命权包括哪些具体内容

包括"生命安全维护权"和"生命利益支配权"。（一）生命权首先表现为"生命安全维护权"。生命是人的最高人格利益，故生命权的基本内容，说到底就是维护生命的延续，也就是保护人的生命不受非法侵害。特别是在日常生活中，当自己的生命权遭受不法侵害时，生命安全维护权的意义尤显突出。权利主体不但可向司法机关提出给以保护的请求，而且可以采取正当防卫或紧急避

险等措施。生命权的内容实际上就是维护生命安全，禁止别人非法剥夺人的生命，而且还表现为对生命利益的维护问题。（二）"生命利益支配权"问题。生命权中是否包含"生命利益支配权"，实际上意味着生命权的主体是否可以处分自己的生命的问题。

◎ 什么是姓名权

姓名是自然人所使用的与他人相区别的文字符号的总称。从构成上讲，自然人的姓名一般包括姓氏和名称两个部分；从现实生活中姓名的使用来看，广义的姓名还包括笔名、艺名、字号、网名等，而狭义的姓名则是指本名或正式场合下使用的姓氏名称。

姓名权是自然人依法享有的决定、变更和使用自己姓名并可以排除他人干涉或非法使用的权利。

姓名权的内容包括姓名决定权、姓名更改权和姓名使用权。

任何权利都不能没有限制。自然人在行使其姓名权时，也应受到一定的限制。如依法登记正式姓名、不得基于不正当目的而与他人重名、不得滥用姓名权等。

◎ 什么是肖像权

所谓"肖像权"，就是自然人所享有的，以与自己的肖像有关的人格利益为内容的人格权。肖像上所体现的人格利益包括精神利益和物质利益两部分。肖像权具有如下的特征：

1. 肖像权首先表现为精神方面的利益。自然人对自己的形象享有维护其完美性的权利，有权禁止他人非法毁损、恶意玷污和歪曲，以维护自己的人格尊严。法律保护自然人的肖像权，就是为了维护自然人形象完美这种精神利益。2. 肖像权还体现着相当的物质利益。肖像权相对于其他的人格权，与财产有着更为密切的联系。自然人的肖像的美学价值，在市场经济中可以直接转化为财产上的利益，对肖像权的利用，就可以由精神利益直接派生出物质上的利益。3. 肖像权是自然人专有的民事权利。这里所谓"专有性"首先是指形象再现的专有性，即是否允许他人再现自己的形象是特定的自然人专有的权利。肖像权的专有性还表现为肖像使用的专有处分性，即只有肖像权人才可以将对自己肖像的使用权转让给他人。

◎ 肖像权包括哪些具体权能

肖像权主要包括"肖像制作权"、"肖像完整维护权"和"肖像使用权"三个方面的权能。"肖像制作权"是指自然人决定是否可以制作、包括以何种手段来制作自己肖像的权利。肖像权人既可以允许或委托他人制作通过照相、描绘、雕塑、绣制等手段来为自己制作肖像；亦可以自己制作自己的肖像，如自拍、自画、自己雕塑等，但未经肖像权人的同意，他人不得擅自制作肖像，并公之于众。"肖像完美维护权"，即指自然人有权维护自己肖像的完整性并有权禁止他人的毁坏、歪曲及玷污行为。

"肖像使用权"即指自然人有权决定对自己的肖像是否可以使用、如何进行使用、由何人以何种方式予以使用以及使用肖像的目的等问题。未经肖像权人同意，他人不得随意使用他人的肖像；而且获准使用肖像的人不得违反肖像权人的授权使用范围。

◎什么是隐私权

隐私是对公共或者与群体利益没有直接关系的，当事人不愿意别人干涉或者他人也不便干涉的那些事情。隐私权就是法律所确认自然人享有的，支配其个人和公共利益没有直接关系的那些个人信息和私人活动、隐秘领域的这样一种权利。

1. 隐私保守权。指对作为隐私权标的的隐私，权利主体享有拒绝他人的探知的权利，有权保守隐私的秘密性。2、隐私维护权。就是当有人非法侵扰权利主体的隐私领域时，权利人有权请求司法保护，排除他人的干涉。

3. 隐私权的可处分性。作为民事权利，权利主体当然有权依据自己的自由意志处分其隐私权，既可以将原来不愿意为人所知的个人秘密加以披露，也可以允许他人介入自己的私人生活，甚至完全放弃对自己隐私的保守，前提是只要不违背法律的规定和善良风俗，均可以其换取其他的报偿，包括非常规的报偿。

◎隐私权包括哪些权能

隐私权具体包括以下几种权能：

（一）个人生活安宁权。即指权利主体能够完全依自己的意志来支配自己的个人私生活，不受他人的非法干涉与破坏的权利。包括普通人的私生活不受非法窥视和骚扰、

公民的住宅神圣不侵犯等。保障自然人个人生活的安宁显然是为了维护民事主体的起码人格，特别是其人格尊严，所以其是隐私权制度的重要内容。（二）个人信息的控制与保守权。即指民事主体对自己的个人信息的收集、储存、传播等行为所享有的排他性的控制与保守的权利。凡是仅与特定的自然人相联系的信息和资料，包括诸如个人的身高、体重、病史、生活经历、信仰、爱好、婚姻、财产状况以及社会关系等情况，权利主体有权禁止他人非法调查、收集、公布。比如，目前药品销售人员无孔不入，通过各种渠道找到患者的电话号码或家庭住址，推销药品。

（三）隐私的利用权。权利主体有权依照自己的意志来利用自己的隐私从事自己愿意从事的有关的活动，以实现自己的利益而不受他人的非法干涉。

◎隐私权和名誉权有什么区别

隐私权是指个人私事、个人信息等个人生活领域内的事情不为他人知悉、禁止他人干涉的权利。名誉权是公民或法人对自己在社会生活中所获得的社会评价即自己的名誉，依法所享有的不可侵犯的权利。隐私权与名誉权二者在主体、性质、侵权方式不同。侵害名誉权的行为一般是采取无中生有，侮辱、诽谤等方式贬损他人的人格，从而使其名誉受到损害；而侵犯隐私权的行为则多为非法获取、扩散有关他人私生活的事实，干涉他人私生活等等，从而使他人的内心安宁受到打扰。前者散布的是虚假的情节，后者披露的则是真实的情况。

车房篇

第一节　购车常识

◎警惕"一条龙服务"

现在有个别经销商提供的"一条龙服务"在合同里有欺诈的行为。如：经销商擅自挪用您的买车首付款，造成您不能及时买到车；经销商指定的保险公司保费过高；您购车后没有及时上牌；汽车保修条款在汽车买卖合同生效后未执行等问题。针对这些问题，您就要多留个心眼。

一定要定好"一条龙服务"的期限。保险要按约定好的公司、险种、价格来投保，如果有任何变化，拒绝交款。向经销商索要购车、保险发票的复印件，待办理完保险、验车上牌后向经销商索要全部票据。把您购车的风险降到最低。

◎汽车选购应知道的常识

1. 越重越大的车就越耗油。从节油观点来看，汽车的自重与油耗成正比，小型车自重每增加 40 公斤要多耗燃油 1%。但是大也有大的好处，自重大的车稳定性好，特别是急转弯和急刹车的时候，优势很明显。

2. 自动档的车不省钱。在城市里面行车经常会遇到红灯和行人横穿，所以手动排档的车很麻烦，自动档就轻松多了；但是轻松也要付出代价的，代价就是你要比别人多付一些汽油费。以上是指相同品牌相同型号的车比较。

3. 选用子午线真空轮胎。子午线轮胎与斜交轮胎相比，耐磨性可以提高 50%—100%，阻力降低 20%—30%，而且可以节油 6%—8%；真空胎在高速行驶时基本不会爆胎，安全性很好。

4. 零公里汽车。零公里汽车是指车辆出厂后未经任何运营，直接售出或经专用运输工具送到经销商处，其行驶里程为零。不要选择已经行驶了一定里程的新车；因为送车司机常常会为了赶时间面超速行驶，造成发动机磨损严重，这种车不要买。5. 维修。进口车从质量上看要优于国产车，但是其维修网点没有国产车多，维修费用也远高于国产车，所以还是国产车方便。

◎选择购车时机会买到便宜的车

同一种车极有可能在相差只有几周的时间内购买价格会相差很多。一般来讲，秋冬季节汽车销售量大，春夏季会清淡许多；在汽车销售淡旺季交割期以及年末、年初或汽车销售政策的调整公布阶段，汽车的价位及销售、付款方式等一般来讲往往会发生一定的变化。在淡季买车，此时商家服务对象少，服务力度就会加大。

第二节　汽车四季保养常识

◎春季保养主要部位

1. 汽车漆面：春季雨水较多，雨水中的酸性物质会损害汽车漆面，应养成雨后洗车打蜡的习惯。2、内饰：内饰的清洁是换季保养的重要工作，清洁舒适的内饰给你带来焕然一新的感觉。3、底盘：长假期间自驾车出游回来后，仔细检查底盘是否有擦伤，如有应及时修补，做好密封防锈工作。4、冷却系统：清洗发动机水套，清除冷却系统中的水垢，检测、调试节温器效能。5、机油：如果你现在使用的机油黏度过高，应及时改换为夏季用润滑油。6、蓄电池：检查蓄电池的工作性能是否良好，有必要的话到维修站去做以检测。7、轮胎：汽车轮胎是驾游期间最任劳任怨的部位之一，因此远行回来后一定要给汽车轮胎做一次系统的检修工作，最好是做一次四轮定位。

◎注意冷却液不要换成清水

春季来临，气温的逐渐回升，发现水箱里的冷却液不足，就随意地用清水来补充。这时汽车防冻已不是主题，但清水易生成水碱、水锈，而且沸点低，极易造成"开锅"。因此不能随意将冷却液换成清水。同时换冷却液时顺便检查左右两侧排水孔是否被堵塞，以免下雨后，雨水排放不畅，倒灌进车。

◎保养和修理有什么区别

（1）作业技术措施不同。保养以计划预防为主，通常采取强制实施的作业。而修理是按计划视需要进行的作业。（2）作业时间不同。保养通常是在车辆发生故障之前进行作业。而修理通常是车辆发生故障之后进行作业。（3）作业目的不同。保养通常是降低零件磨损速度，预防故障发生，延长汽车使用寿命；而修理通常维修出现故障或失去工作能力的机件、总成，恢复汽车良好的技术状况、工作能力，延长使用寿命。

修理中有保养，保养中有修理。在车辆保养过程中可能发现某一部位或机件将要发生故障或损坏的前兆，因而可利用保养时机，对其进行修理。而在修理的过程中，对一些没有损坏的机件也要进行保养，这是很自然的事情。

在日常活动中，坚持以保养为重点，要"三分修七分养"。

◎夏季汽车保养小常识

夏季高温高湿，对车的保养也与其他的季节不同。需做好下列"五防"：

一防爆胎。夏天气温高，轮胎温度随着增高，橡胶易软化，严重时会出现烧胎现象。车辆高速行驶中遇到坚硬物极易爆胎。因此，在行车中要随时检查轮胎气压，发现轮胎过热、气压过高，应将车停在阴凉处降温，不可用冷水泼冲，也不要放气，否则会导致途中爆胎和轮胎的早期损坏。

二防气阻。由于夏天气温高，散热速度受到限制，汽车行驶途中行驶速度慢，发动机转速高，散热困难，易出现行驶"气阻"。有时发动机稍停熄几分钟就难以启动，使供应油中断。一旦发生气阻，驾驶员应立即停车降温，排除故障。如果您的车是液压制动，在高温高速下行驶，制动液易出现空气"气阻"，使得制动器突然失灵造成事故。

三防缺水。高温天气行车，水箱内的水蒸发加快，要时刻注意检查冷却水量，注意水温表。

四防打滑。经常检查水泵工作情况和风扇皮带张紧力。风扇皮带不可沾油，防止风扇皮带打滑。

五防泄漏。对汽车上使用的蓄电池来说，由于夏季气温高，蒸发量大，电解液水分随着蒸发的加剧而不断减少，因此要及时补充蒸馏水。

◎汽车秋季保养

在经过一个炎热、高温、多雨的夏季后，终于迎来了凉爽的秋天，这是一个适宜自驾游的好季节，那么，如何保养您的爱车，才能使您的自驾游安心、开心呢？

秋天的早上，露水较多，汽车表面往往很潮湿，如果您的爱车表面有明显的刮痕，就应及时做喷漆处理，以免刮痕部位受潮而锈蚀。另外，由于夏季雨水中雨酸的腐蚀和夏季强光的直射，汽车漆面难免会被氧化，在换季之时，您最好为您爱车的表面做一次

从清洗、抛光到打蜡、封釉或镀膜的一系列美容养护。

秋天天气转凉，气温较低时会出现白霜，在这个季节，您要特别注意风挡玻璃下的除霜出风口出风是否正常、热量是否够，如果出现问题，要及时解决，否则，会给您的驾驶带来不安全因素。

在秋天，汽车蓄电池的电极接线处是最容易出问题的地方，检查时，如果发现电极接线处有绿色氧化物，一定要用开水冲掉，这些绿色氧化物会引起发电机电量不足，使电瓶处于亏电状态，严重时还会引起电瓶报废，或者打不着车。

◎润滑系统如何深化保养

润滑系统主要作用就是对汽车发动机的各个部件进行有效的润滑，以防过度磨损。在常规情况下，汽车每行驶 5000km－10000km 时就需清洗保养一次，在遇到发动机噪音过大、加速无力、水温过高时也需清洗保养一次、清洗发动机内部的油泥和其它积物，避免机油高温下的氧化稠化，减少发动机部件的磨损，延长发动机寿命，提高发动机动力。

◎冷却系统如何清洗保养

一般情况下，汽车在冬夏换季时应清洗保养一次，正常行驶中每 6 个月至 8 个月清洗保养一次，或者遇水温过高、漏水、开锅时清洗保养一次。清除导致发动机过热的痕迹和水垢，防止有害的腐蚀发生，避免密封件和水箱的渗漏，彻底更换旧的冷却液。

第三节　安全行驶常识

◎雾天如何走高速公路

遇雾天，汽车不应上高速公路行驶，应沿着与高速公路同方向的普通公路低速行驶，待浓雾散去后，上高速公路行驶。如已上高速公路行驶，浓雾突然来临，不要贸然行驶，较安全的方法是将车驶向最近的服务区或停车场暂避，来不及驶向服务区或停车场时，安全的方法是把车驶向路肩或紧急停车带停下，开启宽灯、尾灯、后防雾灯，当视距恢复到一定程度后，尽快驶离路肩或紧急停车带。

◎雪天和路面结冰时驾车技巧

（1）降低车速，按情报板及标志牌上预告的车速行驶，或者以50公里/小时左右的速度行驶，有利于防止车辆侧滑，缩短制动的距离。

（2）加大行车间距，雪天行车间距应为干燥路面的2－3倍以上。

（3）沿着前车的车辙行驶，一般情况下不要超车、急转弯和紧急制动。需要停车时，要提前采取措施，多用换档，少用制动，并可以利用发动机的制动作用来控制车速，力求防止各种原因制造成的侧滑。

（4）在冰雪弯道或坡道上行驶时，提前减速，一气通过。避免途中变速、停车或熄火。

（5）积雪路面上行车如有条件可安装防滑措施。雪天驾驶员的视野受阻也是行车的一大障碍，必要时可使用雨刷器，雪后天气比较寒冷，积雪被压湿后比较滑，此时行车就必须参照冰路上原则进行。

（6）路面结冰时，应将车辆立即驶到服务区或停车场。及时安装轮胎防滑链或换用雪地轮胎。在高速公路上使用防滑设置一定严格遵守高速公路的有关规定，因为防滑装置不是绝对的安全装置。

（7）如遇前轮滑溜，应及时松开刹车。修正方向；如遇后轮滑溜，就向滑溜一方纠正方向盘；如遇动力滑溜应及时抬起加速踏板；如遇横向滑溜，汽车进入旋转状态，不要慌乱采取措施，等汽车停稳后重新起步。

◎强风天气下如何行车

当高速行驶的汽车侧面受到横风作用时，阵风或强风对汽车的作用，往往是诱发车祸的原因。横风对箱形汽车如面包车、大型客车、帆布篷货车等影响较大，因为这类车辆的整体重心较高，侧向面积较大。另外，重量轻的小汽车，同样也容易受到横风的影响。而且，横风的作用是随车速的提高而加剧的。汽车从隧道驶出的瞬间，或驶向风力贯穿的桥梁、高路堤等路段时，往往会突然遭到强横风的袭击。另外，在山区行车，往往会遇到突如其来的山风，时间短而风力强，吹动车辆偏离行车路线。由于风速和风向的非连续变化，驾驶员会感到汽车发漂。由横向强风引发的交通事故主要有：车辆偏离车道，冲向路边护栏或中央分隔带；偏离行驶路线，用转向盘校正方向时被后面的车辆追尾等。

◎高速公路上弯道行驶注意哪些

首先，要注意离心力的影响。高速公路往往因地形形成弯道。同时，为了刺激驾驶员的注意力，防止发生"高速催眠"现象，高速公路每隔一定的长度设计一个弯道。汽车沿弯道行驶要产生离心力，如果离心力达到横向附着极限时，汽车要发生侧滑或侧翻。

其次，弯道行驶时要注意：（1）转动方向盘不要过急。汽车转弯时，要控制好方向，方向盘不要打得过急，避免出现较大离心力。（2）尽可能不使用制动器。汽车转弯时，使用制动器因左右车轮制动力不平衡等原因极易发生侧滑。（3）尽可能不要超车。（4）转弯处如设有限速交通标志，驾驶员要严格按标志规定的速度行驶，不能超速，否则，侧滑或翻车的可能性极大。

◎严禁在高速公路上随意停车

在高速行驶的车流中，如果有一辆车突然停车，其危险性是可想而知的。由于车速很高，驾驶员很难判断前方车辆是在移动还是停止；在夜间更难于判断，特别是有些车辆停车后既不设标志也不开车灯，当驾驶员判明情况时，采取措施已晚，往往造成追尾事故。因此，《高速公路交通管理办法》对

高速公路停车做了严格的规定。机动车在高速公路上正常行驶时，除遇障碍、发生故障等必须停车的情况外，不准随意停车，更不准停车上下人或者装卸贷物。

◎汽车翻车如何处置

汽车在翻车前，一般都会有先兆有感觉，例如，急转弯或躲避险情猛打方向，由于车身向外侧倾斜，驾驶员有向外侧飘起的感觉；在路肩外边沟横坡翻车时，车身先慢慢倾斜，然后才会翻车，纵向翻车时，车辆先后倾。驾驶员会有头下沉，车尾翘起的感觉；车辆后倾，驾驶员有后仰，车头提起的感觉，然后才会翻车。驾驶员遇此险情，应首先疾呼乘车人握紧椅上的扶手等物件，借以固定身体或用手抱头，尽量往座位下躲藏，避免身体在车内滚动而受伤，驾驶员自己也应用手紧握方向盘，两脚钩住脚踏固定好身体，随车体一起翻转，如果车辆向深沟边连续翻滚时，尽力避免将身体甩出车外被碾压。

◎汽车维修陷阱揭秘

陷阱一：配件以次充好

维修厂将价高质次的零件当作好的零件安装是常见的问题，有的价格甚至一翻好几倍。

一位从事维修的人士介绍，其中更换汽车制动片最容易鱼目混珠。特别是欧美进口车原装的制动片，售价一般都比较高，而国产及东南亚地区出产的制动片价格便宜，有些修车铺便用它们冒充进口货。

对策：车主要求修车铺出示该配件的代

理公司的发票，这样就可以知道制动片产自何地。另外，消费者还可以自行向代理公司购买零件，再交给修车铺代为更换。

陷阱二：小题大做

将车子的小毛病说成大毛病，是不少违规维修点的作法。

对策：如果不知真假，最好把车送往品牌店或指定维修店检验，确诊毛病是否属实，或者向多家修车铺征询意见作为参考。

陷阱三：先斩后奏

先斩后奏是很多个体维修商惯用的伎俩，在交车时才告诉你检查发现车另有问题，并已一并修复，而账单往往把你吓一跳。

对策：维修前一定问清楚什么问题，收费多少。

陷阱四："水货医生"上岗

一些路边店为了节省成本，用低廉的工资招收一些没有经过多少技术培训的人作为维修员，结果小毛病演变成大毛病。

对策：对技术性强、自己搞不清楚的问题，一定要到品牌店维修。

陷阱五：强要拆装费

一些维修店坑宰外地车主、漫天要价的现象也不容忽视。碰上外地车，一些维修店不管好不好先换上零件，不行再拆了。你说有问题，我咔咔往下拆，你说不修了，行，你给我拆装费。

对策：消费者不能总是吃哑巴亏，遇到这种情况，要向相关部门反映。

◎谨防口头承诺往往隐藏骗局

一位消费者在某汽车市场订了一部汽车。商家当初以降价补偿的销售策略吸引他，

在双方的合同中承诺：售卖方包上车牌、包缴纳一切车险。这位车主上路不到三个月与其他车辆发生擦碰，才发现车辆的交强险没有买。他与商家进行交涉时，商家以各种理由不履行合同上所承诺。无奈之下，车主向消委会提出了投诉。

为了使自己在售后服务或投诉中立于不败之地，首先，消费者购车后要将有关保险及合同的各项条款看清问明，最好由自己亲自签定，千万不要轻信经销商的口头承诺，以避免日后纠纷的发生；其次，缴费时应确认每笔费用收取的理由，当对所收费用有质疑时，应当即与经销商沟通，或及时向相关部门咨询、确认；还有，交费后须妥善保管相关票据，以免在发生争议时无据可依。

◎购车险哪些汽车保险种类省不得

一、"车损险"一定要上

无论是新车还是旧车，车损险是一定要上的。即使你的开车技术再高，俗话说得好，"不怕一万就怕万一"，保不定哪天碰了、刮了，修理厂稍微修修就要不少钱，投了车损险就不用着急了。

二、三者险：最好买 20 万额度

三者险的每次事故最高赔偿限额分几个赔偿档次：5 万元、10 万元、20 万元、30 万、50 万元、100 万元，100 万元以上。专家建议，最好能将三者险投保到 20 万元或 50 万元保额，尤其是那些刚购车的新手，他们属于发生车祸的高风险人群，这样即使一不小心发生车祸，也不必担心事后无力承担责任了。如果在两档保额之间选择的话，可以

上浮一个档次投保。

◎车上责任险投保有窍门

如果您的车上经常乘坐家人，而且您和家人都已经投意外伤害保险和意外医疗保险，那么作为私家车，就没有必要投保车上人员责任险了。因为意外伤害和意外医疗保险所提供的保障范围基本涵盖了车上人员责任保险所能提供的保障。不过，如果您的车上经常乘坐不同的人员，最好还是投保车上人员责任险，车上人员责任险最高赔偿限额分几个赔偿档次：1万、2万、5万、10万。

◎不计免赔险要选择

建议您最好投保不计免赔特约保险。据统计，出险的时候车主们用到最多的险种就是车损险和第三者责任险，通过投保不计免赔特约保险，在这两个险种上才能得到您所应该承担损失的100%赔偿。当然，针对不同的保险公司，并不是所有附加险都有不计免赔；还有买了不计免赔险，也还有车主自己承担部分费用的。因此，广大车主在购买车险时一定要问清险种再选择购买。

◎车险必须知道的7大要点

1. 适量减少三者险保额。交强险提高了赔偿限额，但是由于交强险在赔偿方式上还是采用分限额赔付的原则，同时考虑到医疗费用和财产损失赔偿限额不足以应付

目前较高的医疗成本及发生频率较高的财产损失，建议以商业第三者责任险作为补充保障，而在第三者责任险保额的选择上可以适当降低。

2. 网络、电销渠道更省钱。险种眼花缭乱，保险渠道也很多，除了保险公司直销、代理人销售，越来越多的汽车销售网点、保险超市、电话销售、网络销售也成了主流市场的竞争平台，通过电话、网络等渠道购买相对更优惠。

3. 合理搭配险种。除了必不可少的交强险外，车主应根据车子的具体情况和实际需要选择合适的车险险种，对于不必要或不划算的险种可以不必买。

4. 车险保额要合适。车险并非是保得多就会赔得多，保险公司对超额投保部分并不负责理赔。因此，车主在投保时要注意车价变动并相应调整保额，不要白花钱。

5. 避免"车险真空期"造成损失。购买二手车时，及时给车险"过户"。按照保险法的有关规定，二手车过户后，车险也要办理过户手续，保险公司才能理陪，而且保险单的生效日期是从开单日期算起的。

6. 二手车投保看清历史记录。有赔付记录的二手车保费肯定比无赔付记录的高，如果二手车无赔付记录，车辆续保时保险公司会给予一定比例的优惠。

7. 车龄也要考虑。如果你的车已经步入"夕阳期"，那么再投车损险、车身划痕险、玻璃单独破碎险等等就显得多余，投保交强险、第三者责任险基本就能满足需要。

第四节 购房合同常识

◎如何确定与您签约的就是开发商呢

第一，签合同前，请您首先审查商品房买卖合同上的"出卖人"与《商品房预售许可证》上记载的销售单位是否一致，《商品房预售许可证》上记载的销售单位就是楼盘的开发商。

第二，您还可以查验营业执照正本或是上网查一下"出卖人"一栏填写的营业执照注册号、企业资质证书号和法定代表人是否属实。

第三，您还可以核对商品房买卖合同上的"出卖人"与《国有土地使用权证》上记载的土地使用权人是否相同。

第四，如果是现房，您还可以核对商品房买卖合同上的"出卖人"与《房屋所有权证》上记载的所有权人是否一致。

此外，交付钱款之后，一定要索要开发商签字盖章的收款凭证。

◎谨慎对代理人签约

从看房、选房、签约到交房的过程中，您经常会遇到开发商的"代理人"，比如，开发商会把销售事务委托给专门的销售公司或房地产经纪机构进行，面对这些代理人，您应该注意，弄清楚您要跟谁签约。

只有开发商才有权利、也有能力把房屋转让给您，因此您应该与开发商签约。具体说来就是看《商品房买卖合同》上"出卖人"一栏填写的单位是否为开发商，即是否为预售许可证上记载的售房单位。

按照《中华人民共和国民法通则》的规定，代理人应该在代理权限内，以被代理人的名义实施民事法律行为。只有这样，被代理人才对代理人的代理行为承担民事责任。

如果《商品房买卖合同》上"出卖人"一栏填写的单位不是开发商，而是销售公司或房地产经纪机构，在签约付款时请一定要三思而后行，以避免"付了钱、签了约，开发商却说从未签订过这份合同"的情况发生。

◎查验房地产经纪机构资质

开发商通常会委托房地产经纪机构作代理人，部分地区对房地产经纪机构进行年度资质审查，并颁发《房地产经纪机构资质证书》。房地产经纪机构资质划分级别，通常一级经纪机构的注册资本比较雄厚，从业人员要求较高。二、三级经纪机构则条件逐渐降低。因此通过《房地产经纪机构资质证书》上级别的记载可以初步判断房地产经纪机构的实力。

同时还应注意查验《房地产经纪机构资质证书》是否经过年检。

◎要认真查看《授权委托书》

代理人或代理机构没有委托书或超越委托书的授权委托范围签订合同，只有经过开发商的追认，开发商才承担民事责任。否则，开发商不承担责任。

开发商有时也会委托销售公司作为《商品房买卖合同》的出卖人与购房者签合同，此时最关键的问题是在合同中明确：一旦房屋出现问题由谁来负责，应由开发商对房产最终负责。

一旦遇到开发商委托代理人或代理机构进行销售，购房人一定要看清委托书中开发商委托的权限范围。如果出卖人授权代理人或代理机构代表开发商签字，购房人一定要仔细审查一下授权书的正本，同时要求将该授权书作为合同的附件。

◎沙盘、样板间与实际房屋不一样怎么办

很多购房的朋友心目中的房屋停留在五光十色的广告、沙盘和楼书所展现出来的"梦幻"状态，但是，即使不考虑开发商的刻意夸张和销售人员的信口承诺，通过电脑特技、色彩夸张、调整比例等方法而炮制出来的房屋与实际交付的房屋之间的差距往往也很大。因此一旦交房的时候，就会有购房人因为房屋与广告、沙盘、楼书、样板间不一致而表示不满，甚至引起纠纷或诉讼。

无论是广告、沙盘、楼书还是样板间，它们本身都不是《商品房买卖合同》，对付上述情况的唯一方法是：要求开发商把您认

为最重要的内容都写进《商品房买卖合同》，让它们成为商品房买卖合同的一个组成部分。只有写进了合同，您才有权利要求开发商履行。

◎仔细阅读范本的每一个条文再签字

范本的每一个条文都涉及双方的切身权利和义务，因此对于每一个条款都要仔细阅读，否则，一旦签字就要承担责任。

尤其是合同中的空白处已经被开发商填写好的情况，这样的内容仅代表房地产商一方的意愿，购房人有权不接受。

对于合同条款含义不清楚的地方，一定要要求开发商予以解释，必要的时候将开发商的解释写入合同，以免糊里糊涂地丧失自己的权益。

◎补充协议有什么作用

从认购到签约的整个过程中，开发商随时会拿出几张小纸片要求您签字，对于这些小纸片，请您不要小视。在法律上，这些小纸片就是"补充协议"，其内容可能对《商品房买卖合同》的内容作出修改或变更，即使起诉到法院，法官也会认定这种修改或变更的效力。

因此，在这些小纸片上签字之前，请您仔细阅读上面的每一个条款，了解条款的含义和后果，如果难以接受，就要坚决拒绝，以免为自己增添麻烦。对于那些拿不准的条款，最好能够向专业律师咨询，以最大限度地保护自己的合法权益。

◎如何避免模糊约定

模糊的约定最终可能导致购房者的权益受损。比如，房地产商的广告中表示卧室将采用中空玻璃。购房者咨询的时候，销售人员可能回答"卧室的整个窗户的玻璃都是中空的"，但是购房者并没有要求房地产商将其写入合同条款。等到了交房时，购房者很可能发现卧室窗户只有下面一小部分是中空的，而上面却是普通玻璃。如果诉至法院，法院就很有可能以"约定不明"驳回购房者的诉讼请求，因为合同并没有约定整个玻璃窗都是中空的，也没有任何证据能够证明曾经有一位销售人员作出过承诺。

因此，购房者一定要尽力将《商品房买卖合同》中的每一个条款的含义都约定清楚，避免模糊约定，只有这样才能切实保障自己的利益。但是《商品房买卖合同》的内容太多了，想要把任何问题都约定清楚并不容易。

◎什么样的《商品房买卖合同》难以生效

1. 一方以欺诈、胁迫的手段订立合同，损害国家利益；

2. 恶意串通，损害国家、集体或者第三人利益；

例如开发商和第三人恶意串通，另行订立《商品房买卖合同》并将房屋交付给第三人使用，导致购房者无法取得房屋，购房者有权请求确认开发商与第三人订立的《商品房买卖合同》无效。

3. 以合法形式掩盖非法目的；

4. 损害社会公共利益；

5. 违反法律、行政法规的强制性规定；

发生了这五种情况，《商品房买卖合同》属无效合同，您可以不必履行，即使对方要求您履行，法院也不会支持对方的请求。

◎什么样的《商品房买卖合同》可以起诉

1. 销售人员没有代理权、超越代理权或者代理权终止后以被代理人名义订立的合同；

通常，遇上了这样的情况，您可以发出通知，询问开发商是否愿意为此事负责，如果开发商在1个月内不予理睬或明确表示拒绝，您只能起诉代理人要求赔偿；如果开发商表示愿意为此事负责，《商品房买卖合同》就是有效的，开发商就要按照约定把房屋交付给您。不过，通常情况下，只要没有好处，开发商是不会选择后一种做法的。

2. 出卖人未取得商品房预售许可证明，与买受人订立商品房预售合同的；

也就是说，如果您买了开发商没有取得《商品房预售许可证》的房子，这表明房屋最终是无法办理产权证的，这时候可以向法院起诉，要求法院确认《商品房买卖合同》无效。只要是在起诉前，开发商都没有取得《商品房预售许可证》，您的要求一定会得到支持。

◎怎样解除《商品房买卖合同》

（一）约定解除。《商品房买卖合同》是购房者与开发商共同约定的结果，如果双方愿意，也可以共同达成解除合同的协议，解除《商品房买卖合同》。

（二）法定解除。约定解除需要征得双方当事人的同意，但是在有些情况下，如果对方已经违约，合同继续履行对于守约一方"百害而无一利"，守约一方就可以单方面要求解除合同。

◎不要忽视合同附件

《商品房买卖合同》的后面，往往会附加很多文件，请不要因为是"附件"而忽视这些文件。因为合同条款大多是概括性的规定，对于一些细节往往无法描述，而这些细节恰恰关系到购房者最终的舒适和方便。合同附件则可以补充这种不足，从这个意义上来说，合同附件应该是越详尽越具体越好。

合同附件是《商品房买卖合同》的有机组成部分，因此您在《商品房买卖合同》上签名之前，一定要仔细阅读附件中的每一句话。

◎合同附件一般包括哪些内容

合同附件一般包括以下内容：

1. 房屋平面图及在整个楼栋中的位置图；
2. 共用部位与共用房屋分摊建筑面积构成说明；
3. 该商品房取得抵押权人同意销售的证明及抵押当事人的相关约定；
4. 计价方式与房款的其他约定；
5. 付款方式及期限的约定；
6. 装饰和设备标准的约定。

如果您认为还有其他文件应该写入合同，也可以要求把这些文件作为附件，附在

《商品房买卖合同》之后。

◎签订物业管理合同的八项原则

购房人将房款付清或办妥分期付款手续后，到由房产商指定的房屋物业管理公司签订合同。

签订合同前，须带好应支付的物业管理费和下列证件：与房产商签订的"购房合同"、购房付款发票、身份证、房地产管理部门办理产权的收据。物业管理合同应具备以下主要条款：

1. 双方当事人的姓名或名称、住所。
2. 管理项目。即接受管理的房地产名称、坐落位置、面积、四周界限。
3. 管理内容。即具体管理事项，包括房屋的使用、维修、养护、消防、电梯、机电设备、路灯、园林绿化地、道路、停车场等公用设施的使用、维修、养护和管理等方面。
4. 管理费用。即物业管理公司向业主或使用人收取的管理费。这些收费，能明确的都应当在合同中明确规定。
5. 明确业主和物业双方的权利和义务。
6. 合同期限。即该合同的起止日期。
7. 违约责任。双方约定不履行或不完全履行合同时各自所应承担的责任。
8. 其他事项。双方可以在合同中约定其他未尽事宜，如风险责任、调解与仲裁、合同的更改、补充与终止等。

◎住宅交付使用的五项标准是什么

1. 住宅用电根据电力部门的供电方案，

纳入城市供电网络，不用临时施工用电和其他不符合要求的用电。2、住宅生活用水纳入城市自来水管网；使用地下水的，必须经过市公用事业管理部门审核批准。住宅的雨、污水排放纳入永久性城乡雨、污排放系统。确因客观条件限制，一时无法纳入的，要具有市主管部门审批同意的实施计划，并经环保、水务部门同意后，可以在规定的期限内，采取临时性排放措施。3、住宅周边做到场地清洁、道路平整，与施工工地有明显有效的隔离设施。经审核合格的新建住宅，由审核机关按幢颁发《住宅交付使用许可证》。4、居住区及居住小区按照规划要求配建教育、医疗保健、环卫、邮电、商业服务、社区服务、行政管理等公共建筑设施；由于住宅项目建设周期影响暂未配建的，附近区域必须有可供过渡使用的公共建筑设施。5、住宅与外界交通干道之间有直达的道路相连。居住区及居住小区按照规划要求配建公交站。暂未建成的居住小区与工交、地铁站点之间距离超过2公里的，建设单位应有自行配备的短途交通车辆。

哪些私宅禁止出售

1. 逼迁型。一些房主原已将房屋租给了承租人，承租人也已长年居住，房主在房客无力购买的情况下逼迫房客搬迁的，该房不得出售。2、不合法型。有些私房，原产权人死亡而继承人未按规定办理过户手续，或法院未对房产分割进行判决的，或共有产权人意见不一的，或房屋归属不明的，或私自扩建、自建、搭建的违章建筑，那么这些

私房不得出售。3、规划型。私房已列入成片改造规划，靠近改建、改造地段，或属于搬迁的范围，其户口已冻结，这种私房不得出售。4、自住型。出卖私房必须是自住有余的私房主。5、欠费型。尚欠建房的贷款、修缮费、土地使用税、房产税等的私房，在没有还清以上税费之前，不得出售。6、向单位或房管部门购买由政府或单位补贴的廉价商品房，不得私自转卖。特殊情况需要出售的，必须折价出售，原补贴单位或房管部门有权优先购买。

◎购房十个小窍门

第一招，晴天不看雨天看。看房屋最好在雨天，因为这是了解房屋承受能力的最好时机。

第二招，白天看晚上看。了解入夜后房屋附近的噪音、照明、安全情况等。

第三招，不看建材看格局。

第四招，不看地面看墙角。看墙角是否平整，有没有裂缝，有没有渗水。

第五招，不看装潢看做工。尤其是每个接角、窗沿、墙角、天花板等做工是否细致。

第六招，不看窗帘看窗外。

第七招，不看电器看插座。

第八招，不看电梯看楼梯，即安全梯。对于高层建筑来说，如发生火灾，安全梯是唯一逃生之路。

第九招，不看家具看空屋。

第十招，不问房主问警卫。任何房屋在房主的嘴里都可能是最好的，而管理员或警卫却了解房屋环境和治安上的情况。

第五节　如何追究开发商的违约责任

◎最无奈的办法——修改

如果是一些小毛病，您又不想退房，那就只能采取这种无奈的办法了。具体的方式可以是口头要求对方修理或改进，但是如果口头方式不管用，还可以借用上面介绍的发书面通知的方式。

由于开发商可能会将楼盘委托给物业公司打理，因此在提出要求的时候，一定要咬住一方不放松，以免被当作"皮球"踢来踢去。

◎最实用的办法——索赔

无论您选择采用上面的哪一种方法，只要对方违约了，您都可以要求对方进行赔偿，因此这种方法是最万用的。

根据您在合同中的约定不同、索赔的方法也有所不同：

一种情况是《商品房买卖合同》中约定了"如果开发商……（就是开发商违约的情况），应当向购房人赔偿xxx元违约金（或是已经交付房款的xx%）"。这种情况下，只要开发商违约，您就可以要求开发商按照约定的数额进行赔偿，如果对方不给，可以理直气壮地向法院起诉。

另一种情况是《商品房买卖合同》约定"如果开发商……（就是开发商违约的情况），应当赔偿因此给购房人造成的损失"。如果是这种情况，您首先要准备一些材料，就是证明自己存在损失的证据，比如发票之类的。

◎不能追究责任的情况——不可抗力

现实生活中，总会发生一些大家都无法预见，也无法避免或克服的情况，最典型的就是地震或是战争，遇到这样的情况，对方就是想履行也是有心无力，如果还要求对方承担违约责任，未免有些不太公平。因此法律规定，如果发生了类似事件（法律上的名词叫做"不可抗力"），未能履行合同的当事人可以免除违约责任。

但是，开发商也可能在《商品房买卖合同》中把"不可抗力"的范围无限扩大，借此来逃避责任。比如说约定"施工中遇到异常困难及重大技术问题不能及时解决"或"市政配套的批准与安装出现延误"属于不可抗力，开发商可以免除责任等，而这些问题是开发商开发楼盘之初就应当解决的，不能算作不可抗力。遇到这样的约定，请争取删除。

此外，开发商还可能约定某些"特殊情况"下免除违约责任，这样的条款也应当争取删除。

但是在双方地位不平等的条件下，删除有时候是无法做到的，那就要请您三思，是否还要签订这份合同，毕竟开发商还是有所顾虑才会在合同中增加这类条款的，日后难保会发生这些情况。

第六节　　商铺投资

◎投资商铺风险一：资金成本

商铺作为本小利大的投资品种一直为投资者所青睐。因为商铺虽然单价较高，但总面积相对不大，总价相对住宅而言不是很高。但实际上衡量商铺投资回报率如何是通过净投入与净产出之差来计算的，投入中除了投资者的购买投入外，还包括税费、贷款利息、物业管理费用、取暖费用及折旧费用等，同时还受制于通货膨胀带来的价格贬值、央行加息后造成的利差，以及商铺的一定空置期等多方面因素。

商铺由于存在一定的空置期，投资者如果指望以租还贷，风险比较大。商铺贷款额度一般不超过拟购商业用房评估价值的60%，贷款期限最长不超过10年。

风险防范：投资者应量力而行，选择适当的按揭成数及年限，充分估计未来的收入水平及支付能力；此外投资时应将商铺初始售价的高低作为重要因素考虑进去。因为商铺初始售价越高，投资收益率越低，资金风险也就越高，将影响商铺投资的收益。

◎投资商铺风险二：延期交房

《商品房销售管理办法》中曾明确规定：房地产开发企业不得采取售后包租的方式销售未竣工的商品房。因此开发商先与小业主签订买卖合同，之后开发商另成立一家物业管理公司进行后期招租和经营管理，让小业主再与物管公司签订包租协议。这样看似并不违规，但里面却暗藏危机。该商铺开发商延期交房，业主依照买卖合同追究违约责任，但紧接着物业经营管理公司依据包租合同追究业主延期交房的违约责任，且包租合同约定的违约金为买卖合同约定的3倍。最终导致业主陷入连环官司。

风险防范：消费者不能被开发商许诺的高收益率冲昏头脑，一定要仔细审察合同。交房日期应予以明确注明，并对违约责任进行具体约定。另外，要注意两份合同中关于违约条款的不对等。投资者一定要谨防暗藏的陷阱，保护好自己的权益。

◎投资商铺风险三：售后包租

所谓"售后包租"，就是开发商售房给购房者，但购房者并不实际使用该房，而是与开发商或中介机构签订包租协议，或以包租期间的租金冲抵部分房款，或收取一定租金回报。

"售后包租"暗藏法律风险，比如售价虚高、回报落空问题、资金挪用问题，另外还有经营风险等问题。

风险防范：1. 业主在投资之前，应当进行充分的调查。主要调查所要投资购买的楼盘所处位置、升值潜力以及开发商的资信能力、声誉，承租人或受托包租人的履约能力、声誉等。尤其是商业铺面，要对该项目的前景有比较清醒的认识和分析。从某种意义上讲，这既是风险防范的第一步，也是至关重要的一步。2. 在签约时，要将开发商、中介公司或租赁公司的承诺载入合同条款。3. 让开发商成为租赁合同或委托合同的担保人。

◎投资商铺风险四：经营管理

如果商场整体营销没有跟上，商场不统一进行季节性或节日性活动，难以积聚消费者人气。甚至一些经营不好的商铺退出后，没有后续者经营。闲置商铺的数量如果不断增加，对周边商铺将带来相当不利的影响。大量购买小铺位的投资客们期待的巨额回报根本无法实现。另一方面商铺本身的经营者如果缺乏经营管理经验，不懂养铺技巧，"生铺"就不可能做成"熟铺"，也会形成投资风险。

风险防范：经营管理是商铺投资成败的关键。地段相同，但不同的经营管理水准决定了商铺价值的高低。现在的商铺除非整体出租给龙头大型商家，一般都要面对发展商自己招商和经营管理的问题。因此，投资商铺，一定要选择信誉良好，且具有统一、强大的经营管理能力的开发商，要多了解开发商的信誉，了解其过去开发项目的业绩和管理能力。自营商铺时，要

选择有前景、毛利高、成长性好、良性竞争的行业。行业前景不佳、毛利薄、恶性竞争的商业难以维持稳定、坚挺的租金，因此倒闭或转行的风险也会加大。

◎投资商铺风险五：回购兑现

为打消购房者的顾虑，为促销并表示对商铺前景的自信，不少开发商在销售时打出"回购"招牌，同意在和购房者签订的买卖合同中注明回购方案。双方除签了包租协议作为买卖合同的附件，约定租期和租金外，还约定若到期后购房者不愿再出租房屋，则由开发商以高于原房价回购。

风险防范：面对回购促销一定要谨慎。合同中对"回购"承诺应明确注明，并约定相对严厉的违约责任，一旦违约要赔偿相应的违约金。但是这样也不能保证完全防范风险。实际上，一旦回购时开发公司破产，只能清偿资产还债。此时该公司若存心转移资产或资不抵债，购房者也只能自认倒霉。另外，要注意该公司的营业执照上的经营期限，是否能够经营到合同约定的回购期限。一旦出现问题根本无法追究责任。总之，回购兑现有风险，购房者切勿轻信。

第七节 家庭装修常识

◎家庭装修的项目主要有哪些

家庭装修工程可概括为结构工程、装修工程、安装工程和装饰工程四个类别。

1. 结构工程。在家庭装修中主要有阳台的封闭和改造、非承重墙的移位改造、电线电路的改造、上下水的改造、门窗的拆改、暖气管线和设施的改造等。

2. 装修工程。主要包括顶棚装修、墙

体装修、地面装修、门窗装修等、厨房设备安装和其他配件的安装等内容。

3. 安装与装饰工程。主要包括室内配套家具制作、窗帘布艺设计安装、美术作品及艺术品的安装与摆放、各类装饰物的制作等内容。

◎装修工程有哪些？具体内容是什么

1. 吊顶工程的目的和内容。吊顶工程的目的，一是封闭室内的管道，使空间整洁、规矩；二是增加顶部艺　术性，使顶部通过层次的增加提高装修的效果；三是调整室内空间的照明，使空间的照明协调、均匀、柔和。吊顶工程主要通过吊顶造型、花饰工程、照明灯及装饰灯的安装、饰面的涂刷和被糊、饰面板的粘贴等来达到装修要求。

2. 墙面工程的目的和内容。墙面工程的目的是保护结构，提高墙面的艺术性，便于日后维护清洁，提高使用过程中的安全性。墙面工程的内容是墙裙制作、暖气罩制作、墙面涂料涂刷、壁纸壁布的裱糊和安装陶瓷墙砖及装饰板的粘贴、装饰角线的安装、壁灯的安装、开关插座的移位和增加、墙面装饰造型及挂镜线的安装等。

3. 地面工程的目的和内容。地面工程的目的是保护结构安全，增强地面的美化功能，保证脚感舒适、使用安全、清理方便、易于保持。地面工程的内容是实木或复合地板的铺装、陶瓷地砖的铺粘、地毯或涂料的装饰等。

4. 门窗工程的目的和内容。门窗工程的目的是提高门窗的坚固性、安全性、隔间性、隔热性和防风雨能力，提高门窗的封闭性，增强门窗的美化作用，调整室内采光。

门窗工程的内容是窗户的加层或材料的调整、门窗的制作或更换及门窗套框的制作等。

5. 配套电器安装的目的和内容。配套电器安装的目的是提高室内环境质量，调控室内温度、湿度、气味、提高日常生活质量，减少家务劳作的强度和难度，使生活变得方便、舒适。其内容有电路的改造、插座的增加及空调、电热水器、抽油烟机等系列家用电器的安装、调试。

◎什么是装修误区

装修误区是指可以做成，但装修艺术效果极差、有损于主体结构安全、有害于居住者身体健康、不利于环境保护的装修项目。

装修误区大致上有以下几方面：

（1）把居室装修成"皇宫"。富丽堂皇、主人深居简出，把客人拒之门外。（2）把居室当作娱乐城。（3）把居室封得严实。居室的外窗长年挂严厚的窗帘，白天开灯，没有空调就感到不适。（4）居室内摆设过时家具。在居室摆设用了几十年的旧式家具、体大又笨重，主人却不舍得处理，弄得居室内无多大的活动余地。（5）把阳台当仓库。（6）局部装修材料选择不当。如顶棚面上贴壁纸；大理石板、花岗石板铺卧室地面；客厅内铺深色地砖；厨房、卫生间内做水磨石地面；贴塑料壁纸又铺塑料地板；同一房间各装修部位的颜色不协调等等。（7）小装修配件不配套。（8）盲目迷信进口货。洋货质量不见得比国货好。（9）装修标准定得太高。（10）装不防盗的"防盗网"。这样做不但防不了盗贼，一旦发生火灾，消防人员不能从外窗口入室救护，居住者被困在火焰之中。

◎家庭居室装饰装修合同包括哪些内容

家庭居室装饰装修合同应当包括以下内容：

（1）委托人和被委托人的姓名或单位名称、住所地址、联系电话、邮政编码，其中个体装饰装修从业者还应当填写本人身份证和个体装饰装修从业者上岗证书的号码；

（2）家庭居室装饰装修的间数、面积，装饰装修的项目、方式、规格、质量要求以及质量验收方式；

（3）装饰装修工程的开工、完工时间；

（4）工程保修的内容、期限；

（5）装饰工程价格及支付的方式、时间；

（6）合同变更和解除的条件；

（7）违约责任及解决纠纷的途径；

（8）合同的生效方式；

（9）双方认为需要明确的其它条款。

◎在家庭居室装修过程中业主应做些什么事务

1. 在居室装修工程开工之前，应做好以下几方面的事务：

①检查验收土建工程质量；②委托或自行装修设计；③委托装饰施工企业来装修；④采购主要装修材料；⑤向物业管理部门申报；⑥安排好本职工作，做到工作与装修两不误。

2. 在居室装修工程施工期间，业主应做好以下几方面的事务：

①引导装修工人进场；②检查进场材料；③装修工程工序及质量检查；④工程变更签证；⑤补购材料；⑥与物业管理部门取得联系；⑦处理有关装修工程施工过程中发生的纠纷。

3. 在居室装修工程竣工时，业主应做好以下几方面的事务：

①竣工验收；②收回余料；③收回钥匙；④向物业管理部门申报竣工。业主应在竣工后即向物业管理部门报告自家装修已竣工，请他们来人检查结构的安全，如物业管理部门人员认为无损伤或破坏结构的安全，业主应向他们要退回的结构安全保证金⑤清理。业主及家人共同清理装修工程现场，扫净地面、擦亮门窗，换门锁，装防盗门等。

◎如何防范家庭装修合同陷阱

陷阱一：混淆概念

在合同里，装修公司要注明"资质等级"，有些装修公司将建委的"设计资质"与"施工资质"混为一谈，或者利用其他公司的资质证书来蒙骗消费者。

陷阱二：明知故"漏"

建设部在《住宅室内装饰装修管理办法》中已经规定：进入小区承接家庭装修的装修公司必须具备相应的建筑业企业资质证书。但现在小区内的一些施工队伍是挂靠在有资质的公司下的，也就是公司并不对施工队伍的施工质量和服务负责。

陷阱三：故意埋伏笔

一些装修公司利用消费者的不内行，特别拟制了一些不具体或可做多种解释的条款。如很多装修合同上都有这样的条款：装修中如原品牌材料没货时，乙方（家装公司）可临时更换相同材料。实际上，这种"相同材料"却可有多种解释：是同质量的、同品牌的，还是同价格的均没有写明，弄假空间非常大。

网络篇

第一节 电子商务

◎什么是电子商务

电子商务系指交易当事人或参与人利用计算机技术和网络技术（主要是因特网）等现代信息技术所进行的各类商务活动，包括货物贸易、服务贸易和知识产权贸易。

可以从狭义和广义两个方面来理解国际电子商务。狭义国际电子商务是指买卖双方的交易活动，就是企业利用电子商务运作的各种手段部分或全部地完成国际贸易的整个交易过程。即利用现代通信技术、计算机技术和网络技术，以电了数据传输方式完成从申请配额许可证、建立贸易关系、商务谈判、电子合同签订，到租船、订舱、报检、报关及货款结算全过程的交易方式。广义的国际电子商务是利用国际互联网络能够安全地进行全部的国际贸易活动以及与国际贸易有关的管理和服务活动，不仅包括买卖双方的交易活动，而且还有中介机构提供的服务活动和各国政府的管理活动。

与传统商业模式相比，电子商务无疑具有革命性意义。其巨大魅力是毋庸置疑的，其高速成长性也是不言而喻的。几乎所有的专家都预言，在未来的几年里，电子商务将更加迅速地发展。

◎什么是电子货币

货币本质上是起一般等价物作用的特殊商品，同时体现一定的社会生产关系。货币的形态有实物货币、金属货币、纸币、存款货币、电子货币等。

电子货币是指以电子化器具和各类交易卡为媒介，以计算机技术和通信技术为手段，以电子数据形式存储在银行的计算机系统并通过计算机网络以信息传递形式实现流通和支付功能的货币。

电子支付是以金融电子化网络为基础，以商用电子化工具为媒介，以计算机技术和通信技术为手段，以电子数据形式存储在银行的计算机系统中，并通过计算机网络系统以电子信息传递形式实现流通和支付。

◎什么是电子银行

电子银行是基于电子商务平台和银行支付系统的网上金融服务系统，用户使用电子银行可以在网上实现银行账户资金查询、银企对账、银企转账、银行账号挂失、公共信息查询等银行业务；还可以通过网上银行实现网上购物、网上缴费等应用。由 CTCA 提供网上安全认证服务，可保证网上交易的安全性和不可抵赖性，将极大地方便您的生活和工作，提高您的工作效率。个人或企业客户可以足不出户地通过网上银行或电话银行办理从查询、转账、汇款、缴费到证券、外汇、基金等一系列业务，享受更贴身、更值得信赖的金融服务。电子银行是电话银行、网上银行、手机银行、自助银行的统称。目前电话银行和网上银行被广大客户使用。

◎什么是网上银行

网上银行，又称网络银行、在线银行，是指银行利用网络技术，通过网络向客户提供开户、销户、查询、对账、行内转账、跨行转账、信贷、网上证券、投资理财等传统服务项目，使客户可以足不出户就能够安全便捷地管理活期和定期存款、支票、信用卡及个人投资等。可以说，网上银行是在网络上的虚拟银行柜台。按目前各家银行开通的网上银行服务系统，一般分为个人网上银行和企业网上银行。

◎如何确保网上银行账户的安全

网上银行的安全问题最不容忽视。如何做才能确保网上银行个人账户的安全呢？

为了确保安全，在日常使用网上银行的过程中，要养成以下良好习惯：保管好卡号、密码和个人客户证书。网上银行注册卡号和登录密码是客户登录网上银行系统时银行鉴别客户身份的唯一标志，插入个人客户证书进行电子签名是顺利完成重要交易的必备条件。他人取得了卡号、密码等有关信息，也就是得到了进入网上银行的"钥匙"。因此，客户一定要妥善保管好登录信息和硬件证书，同时，不要把登录密码、支付密码设

成一致，并经常更改。由于个人客户证书密码一般是统一初始密码，用户在取得客户证书时，还应及时修改证书密码。要安装正规软件公司的杀毒软件，及时升级病毒库，定期对系统进行检测，发现问题，要立即请专业人员及时妥善处置，有效防范黑客、病毒侵入，为网上银行的使用创造一个良好的环境。此外还要注意网上银行使用过程中的系统提示。一旦发现登录网上银行系统提示前次登录的时间、交易过程中碰到过异常情况，都应引起高度重视，并及时仔细查看您的交易，发现疑问或异常，就要及时妥善处置，或请专业人员帮助解决。

◎网上银行账户余额查询方法

我们经常需要查询自己账户中的余额，以前没有网上银行时需要到柜台或者ATM中查询，现在有了个人网上银行后我们可以坐在家里方便地查询各个账户中的余额，不用为了查查余额再去排队了。在网上银行查询余额还是比较简单的，点击三下就可以，我们看看工商银行个人网上银行账户余额的查询方法：

1。登录工行的个人网上银行后，页面顶部有三行菜单，点击最左边"我的账户"进入；

2。进入后会看到在页面右方有个比较大的灰色背景的"查询余额"的按钮；

3。点击"查询余额"的按钮后就能看到你的工行网上银行中的账户余额了。

如果你绑定了多个银行卡，还可以通过下拉框来选择注册账户和下挂账户来逐个查询。

◎什么是网络营销

网络营销是组织或个人借助互联网资源进行的营销思想传播、目标客户寻找、网上销售等营销活动。

网络的优势在于传播、资源和便利。

信息在网络上以光速传播,一夜间可以传遍全世界的所有联网用户,企业花很少的成本就可以得到巨大的收获,企业产品价值越大,网络营销就越划算,可说是低成本、高回报;网络上的资源浩如烟海,客户信息、行业信息、产品信息、技术、产权、市场信息等等,想到的和想不到的,在网上都能找到,您只需很少的成本便可获得以往无法想象的信息资源;由于电子商务、EDI(电子数据交换)等的应用,只需轻点鼠标,以往大量冗杂、繁复的交易作业,现在只需轻点鼠标就可以完成,网络真正实现了无纸化作业。

◎网络营销有哪些方法

最基本的是企业网站的建设,围绕网站建设衍生了许多其他的工作,如网站策划设计、SEO(针对搜索引擎的网站优化)、网站流量分析、网站宣传——搜索引擎广告、排名、网络广告、链接等。

主动营销,包括客户信息搜集、网上市场调查、许可 EMAIL 营销、EMAIL 列表营销、信息群发、利用论坛、BBS、留言板、新闻组等进行宣传等。

交互式营销,具体有网络会员制、网络超市、博客营销、B2B(企业间电子商务)

网站营销、FAQ(常见问题解答)等等。

值得说明的是,以上每种方法都有各自的技巧,这里不予展开。

◎什么是网上商店

所谓网上商店(或称为网络商店、网上开店、网店),是指建立在第三方提供的电子商务平台上的、由商家自行开展电子商务的一种形式,正如同在大型商场中租用场地开设商家的专卖店一样。

网上开店是电子商务在应用过程中的一种重要表现形式,这样的模式,扩大了电子商务和网络营销在互联网大众中的影响和普及。电子商务的发展给网店的发展带来了更多的技术和应用,而网店的发展扩展了电子商务的实际价值,增加了电子商务的实用性。

◎网上商店对网络营销有作用吗

网上商店在网络营销中的主要作用表现在:

(1)缩短了企业开展电子商务的投入周期;(2)简化了开展电子商务的复杂过程;(3)增加了网上展示产品的窗口;(4)直接获得网上销售收入;(5)不需要太多的专业知识,便于管理。

建设一个功能完善的电子商务网站需要投入大量资金,还要涉及到网上支付、网络安全、商品配送等等一系列复杂的问题。对于许多人来说,不仅进入壁垒很高,而且由于网上销售还没有成为产品销售的主流渠道,即使有实力建立一个具备网上交易功能的网站，实际上也不一定合算。因此，网上商店作为一种网络营销和网上销售方式，有其独特的作用。

◎网上开店的经营方式有哪些

如果你正在考虑网上开店，应该根据个人的实际情况，选择一种适合自己的经营方式。网上开店的经营方式主要有以下三种：

1。网上开店与网下开店相结合的经营方式。此种网店因为有网下店铺的支持，在商品的价位、销售的技巧方面都更高一筹，也容易取得消费者的认可与信任。

2。全职经营网店。经营者将全部的精力都投入到网站的经营上，将网上开店作为自己的全部工作，将网店的收入作为个人收入的主要来源。

3。兼职经营网店。经营者将经营网店作为自己的副业，比如现在许多在校学生利用课余时间经营网店。也有一些职场人员利用工作的便利开设网店，增加收入来源。

◎合适网上开店销售的商品有哪些

合适网上开店销售的商品一般具备下面的特点：

1.体积较小：主要是方便运输，降低运输的成本。

2.附加值较高：价值低过运费的单件商品是不适合网上销售的。

3.具备独特性或时尚性：网店销售不错的商品往往都是独具特色或者十分时尚的。

4.价格较合理：如果网下可以用相同的价格买到，就不会有人在网上购买了。

5.通过网站了解就可以激起浏览者的购买欲：如果这件商品必须要亲自见到才可以达到购买所需要的信任，那么就不适合在网上开店销售。

6.网下没有，只有网上才能买到，比如外贸定单产品或者直接从国外带回来的产品。

◎网上商店如何经营

1.尽量经营有特点的商品（如果大家都卖衣服，那你就卖裤子）。网上开店卖什么取决于市场的需求和资源、条件和爱好等在内的具体情况。

2.装修好"门面"。网上商店建好之后，最重要的问题就是如何让更多的顾客浏览并购买。

3.随时增加新货，让人有的看得不会觉得厌烦。

4.学会抓住一切机会宣传自己的小店，尽可能多地在其他论坛上发言，多发好文章，让别人对你有印象（签名档一定不要忘了）；把自己开店铺的事情告诉你认识的所有朋友，通过口碑的力量宣传；到一定的时间，有了些感想的时候，可以写心情故事，放在平台的首页里推荐，知名度又会增加许多。

5.店铺开了一阵子后，可以私下里和别人联系，交换友情链接。大家通过交换链接，可以形成一个小的网络，能增进彼此的影响力。

6.在网上开店铺，应保证充足的上网时间，及时回答买家对你商品的提问。

7.最重要的是诚信，不管是买东西，还是卖东西。

8. 多在论坛转悠，学习别人的好经验。

◎网上开店需要什么费用

一、主要包括硬件和软件两部分。硬件包括可以上网的电脑、扫描仪、数码相机、联系电话等。软件包括安全稳定的电子邮箱、有效的网下通信地址、网上的即时通讯工具（如 MSN、QQ 等）。

二、选择你要开店尝试的专业平台，比如淘宝、易趣等。一般来说要经过以下步骤：

1。注册会员；进入注册界面，注册网站会员，目前注册会员基本是免费的。

2。获得卖家认证；注册会员之后，要想开始网上销售服务需要通过网站进行的卖家认证，目前主要通过身份证认证、手机认证、固定电话认证、地址认证等方式。

3。通过卖家认证：上传商品，正式开展网上销售。

目前一些网站大都对会员提供免费开店服务，不过也有收费的，如易趣网登录物品需要支付登录费。如果物品卖出，还需要支付交易服务费。因此，卖出一件物品的总成本为：登录费加上交易服务费。

◎什么是网上购物

网上购物，就是通过互联网检索商品信息，并通过电子订购单发出购物请求，然后填上私人支票帐号或信用卡的号码，厂商通过邮购的方式发货，或是通过快递公司送货上门。国内的网上购物，一般付款方式是款到发货（直接银行转帐，在线汇款）。比如购铺商城、亿人购物商城、瑞丽时尚商品批发网，担保交易（淘宝支付宝、百度百付宝、腾讯财付通等的担保交易），货到付款（如惠极商城）等。为消费者提供网上购物服务的大型网站有购铺商城等，与传统商店联系的有本地购物网。

随着互联网在中国的进一步普及应用，网上购物逐渐成为人们的网上行为之一。

网上购物有什么好处

网上购物突破了传统商务的障碍，无论对消费者、企业，还是对市场都有着巨大的吸引力和影响力，在新经济时期无疑是达到"多赢"效果的理想模式。

对于消费者来说，第一，可以在家"逛商店"，订货不受时间的限制；第二，获得较大量的商品信息，可以买到当地没有的商品；第三，网上支付较传统拿现金支付更加安全，可避免现金丢失或遭到抢劫；但要保存好自己各种支付账号和密码，防止他人获得。第四，从订货、买货到货物上门无需亲临现场，既省时又省力；第五，由于网上商品省去租店面、召雇员及储存保管等一系列费用，总的来说其价格较一般商场的同类商品更便宜。

对于商家来说，由于网上销售没有库存压力、经营成本低、经营规模不受场地限制等，在将来会有更多的企业选择网上销售，通过互联网对市场信息的及时反馈，适时调整经营战略，以此提高企业的经济效益和参与国际竞争的能力。

第二节　网络娱乐

◎网络新媒体催生新娱乐

在传统的网络结构中，服务器和个人计算机构成"星状"结构。服务器好比中央节点，各个下载的计算机则构成了周边节点。在星状结构里，下载必须依靠服务器支持。而目前已经成熟的 P2P 点对点网络方式，则把每一个电脑都作为服务器，在作为下载者的同时，又把自己储存的内容，提供给别的下载者。

与此同时，"网络电视"也从概念走向成熟，视频分享、电视节目、电影点播等内容平台见诸于网络。其中与娱乐相关的有影视、最新电影、热门电影、热门剧集、热门动漫、游戏、网络游戏、单机游戏、音乐、热门歌曲、热门新歌等。

播客和维客使任何人都可以制作声音和视频节目并将其传到互联网与所有人分享，同时也可以选择或订阅别人提供的节目，下载到 MP3 和视频播放器中可随时收听收看。播客和维客让很多普通人享受到了做主持人和编导的感觉。

◎网络电影颠覆传统娱乐

1895 年，当法国人鲁米埃尔兄弟在巴黎公开地放映世界上第一部电影短片《火车到站》的时候，那些站在硕大的白色幕布前对着流动的影象惊叹不已的人们万万没想

到，100 多年后，高大宽敞的电影院已经不再是众多电影观众的第一选择，影视娱乐的首选载体正在被互联网取而代之。

一份调查报告显示，目前每个互联网用户通过互联网每年观看的电影已经超过 15 部，这也意味着观影次数不会少于 15 次。跨越了带宽局限，并实现了流畅播放的网络电影如今已经能够带给观众足够震撼的视听享受。相比于日益昂贵的传统电影消费，这种基于网络的电影观赏模式则不但经济而且便捷，不用再受到电影档期的限制。在线网络电影播放将逐渐替代传统电影院和 DVD，成为网民首选观赏渠道。

◎如何衡量播放器软件的好坏

播放器，是指能播放以数字信号形式存储的视频或音频文件的软件，也指具有播放视频或音频文件功能的电子器件产品，如基于闪存的 mp3 播放器和基于移动硬盘的 iPod。

除了少数波形文件外，大多数播放器携带解码器以还原经过压缩的媒体文件，播放器还要内置一整套转换频率以及缓冲的算法。

衡量一款播放器软件的好坏可以从内核、交互界面和播放模式三方面入手。内核主要指解码、缓冲、频率转换等诸多涉及音质的算法，交互界面主要指用户与软件交互的外部接口，播放模式主要指播放器以何种方式播放哪些歌曲以满足用户对

播放习惯和播放心理。内核、交互界面、播放模式三方面在播放器设计中受重视的程度依次递减，以致大多数播放器的播放模式都很类似。

◎什么是电子杂志

电子杂志，又称网络杂志、互动杂志。目前已经进入第三代，以 flash 为主要载体独立于网站存在。电子杂志是一种非常好的媒体表现形式，它兼具了平面与互联网两个特点，且融入了图像、文字、声音、视频、游戏等相互动态结合来呈现给读者，此外，还有超链接、及时互动等网络元素，是很享受的一种阅读方式。电子杂志延展性强，未来可移植到 PDA、OBILE、MP4、PSP 及 TV（数字电视、机顶盒）等多种个人终端进行阅读。

电子杂志在国内的发展经历了三个阶段：第一代是传统杂志简单的数字化，第二代是数字媒体的杂志化，而强调互动性和多媒体、利用 P2P 平台发送，是目前第三代电子杂志的三大标签。

◎什么是电子竞技

国家体育总局给出了电子竞技的定义：电子竞技运动就是利用高科技软硬件设备作为运动器械进行的、人与人之间的智力对抗运动。通过运动，可以锻炼和提高参与者的思维能力、反应能力、心眼四肢协调能力和意志力，培养团队精神。

电子竞技运动是以信息技术为核心的软硬件设备为器械、在信息技术营造的虚拟环境中、在统一的竞赛规则下进行的对抗性益智电子游戏运动。电子竞技运动作为一项体育项目，可以锻炼和提高参与者的思维能力、反应能力、协调能力、团队精神和毅力，以及对现代信息社会的适应能力，从而促进其全面发展。

◎电子竞技与网络游戏的区别

1. 电子竞技运动是体育项目，网络游戏是娱乐游戏，这是两者本质的不同。

网络游戏的目的和方式是建立一个虚拟的世界，在这个世界里的所有玩家都像是生活在一个全新的社会里。这个社会有它自己的各种"法律"，生活在这个社会里的玩家必须要遵守这些法律。电子竞技运动是一项体育项目，只不过其器械、比赛环境等等是通过信息技术来实现的而已。这是其与网络游戏最本质的区别。

2. 从技术层面上看，两者所依托的网络环境或者说载体不同，网络游戏是完全建立在国际互联网上的，它离开了互联网，根本就无法存在。而电子竞技运动所依赖的是局域网环境，甚至可以是两台电脑的直接联接，互联网只是电子竞技运动用来训练或娱乐的一种手段而已。

3. 两者对软件的依赖、赢利手段和运营方式等也不同。

当然，用发展的眼光看，电子竞技运动与网络游戏并不是决然分开的。网络游戏经过发展，在补充和强化了体育的特性后，其中一些类型可能转化发展成为新的电子竞技运动项目。

第三节 网"客"大全

◎什么是黑客

黑客（hacker），源于英语动词 hack，意为"劈，砍"，引申为"干了一件非常漂亮的工作"。在早期麻省理工学院的校园俚语中，"黑客"则有"恶作剧"之意，尤指手法巧妙、技术高明的恶作剧。在日本《新黑客词典》中，对黑客的定义是"喜欢探索软件程序奥秘，并从中增长了其个人才干的人。他们不像绝大多数电脑使用者那样，只规规矩矩地了解别人指定了解的狭小部分知识。"由这些定义中，我们还看不出太贬义的意味。他们通常具有硬件和软件的高级知识，并有能力通过创新的方法剖析系统。"黑客"能使更多的网络趋于完善和安全，他们以保护网络为目的，而以不正当侵入为手段找出网络漏洞。

◎什么是赳客

"赳客"取自英文 JOKE，意为"笑话"的意思，也可叫快乐电影。赳客电影是通过新媒体来作为载体传播的，主要依赖于互联网、手机、PDA 等移动工具作为载体，它的播放格式多为 MP4 或者 MediaPlay 等。赳客电影具备短小、精悍的特征，适合当下快餐文化一族的消费观念。赳客电影还可通过以上网下载随时随地观看，对注重速度消费的一代人来说，是一种休验性极强、短时

间内便能感受到电影内涵的一种新型娱乐模式。

在赳客里，你可以自己攒剧本儿——恶搞、爱情、惊悚、时装戏……你可以自编自演，想当导演可以自编自导。也可以发挥你的绘画才能做动画，把你生活中想干想说的一股脑儿地表现出来。

◎什么是奇客

极客，即 Geek，也称"奇客"。"Geek"的原意是指在狂欢节进行奇怪表演的小丑，虽然现在的 Geek 已经大相径庭，但是还很难进行精确的定义。一般认为在电脑和网络上进行生活的人就是 Geek。这可以被解释成使用各种 Internet 和电脑工具。但是和工作中必须使用电脑的人不同，Geek 需要把他们的休闲时间也在电脑中度过。而且 Geek 的定义也正在逐渐地更加特指那些有较高电脑能力的人。在 PC 革命初期，Geek 开始延伸为一般人对电脑黑客的贬称，他们具有极高的技术能力，对计算机与网络的痴迷有时会达到不正常状态，将自己生活的大部分精力和时间都消耗在电脑和网络上。

◎什么是换客

换客，是指通过互联网交换物品的用户。在易物网上，"换客"们可以通过各种

便捷的方式搜索自己的换物需求。只要输入自己想要换出或者换得的货物名称，"换客"就可以得到各种相关的匹配信息。一旦和对方达成换物意向，双方就可以在线下进行交易。这就是易物网创业初期开展的"个人对个人"的换物业务。在这里，从鸵鸟、个人翻唱的CD、家里的钥匙到虚拟的爱心、点子、童年回忆、时间都可以发布到交换物品中。

◎什么是拼客

"拼"表示集中、联合、一起，"客"代表人，指的是几个人甚至上百上千人集中在一起共同完成一件事或活动，AA制消费，目的是分摊成本、共享优惠、享受快乐并可以从中交友识友。目前常见"拼客"方式有拼房（合租）、拼饭（拼餐）、拼玩、拼卡、拼用、拼车（顺风车）、拼游（拼团或自助游）、拼购（团购）等等。

◎什么是红客

对网络和计算机稍微了解的人，一定还记得2001年5月那场轰动全球的中美黑客大战，而当时中国一方的"主力军"就是名噪一时的红客。在中国，红色有着特定的价值含义，正义、道德、进步、强大等等，那红客到底是什么？红客是一种精神，他是趋于技术能力之前的。他是一种热爱祖国、坚持正义、开拓进取的精神。所以只要具备这种精神并热爱着计算机技术的都可称为红客。这是网上一位红客对自己的定义，我们不难看出他们除了一味地强调爱国之外，与黑客在本质上并无区别。

◎什么是维客

Wiki是一种多人协作的写作工具。Wiki站点可以有多人（甚至任何访问者）维护，每个人都可以发表自己的意见，或者对共同的主题进行扩展或者探讨；同时也包括一组支持这种写作的辅助工具。我们可以在Web的基础上对Wiki文本进行浏览、创建、更改，而且创建、更改、发布的代价远比HTML文本为小；同时Wiki系统还支持面向社群的协作式写作，为协作式写作提供必要帮助；最后，Wiki的作者构成了一个社群，Wiki系统为该社群提供简单的交流工具。与其他超文本系统相比，Wiki有使用方便及开放的特点，所以Wiki系统可以帮助我们在一个社群内共享某领域的知识。

◎什么是粉客

"粉客"与"粉丝"有着密切的联系。"粉丝"一词在中文原指一种食品，由于与英文中"Fans"（爱好者们、迷）谐音，因此也成为国内众多歌迷的通称。"粉客"即具有一定技术水平的"职业粉丝"，他们的任务是去热门网站发帖子，为选手制作个人网页、博客，扩大选手的影响面。由于其特殊性，可以成为文化创意产业中对文化演艺人员或创意产品等的扩大宣传力度的一种有效的补充渠道。相比文化创意产业的传统的扩大宣传的渠道（如电视、广播、报纸、杂志等），粉客具有更好的平民亲和力与更广泛的群众基础。

◎什么是晒客

译自英文 share，就是把自己的淘宝收获、心爱之物，所有生活中的零件拿出来晒晒太阳。统统放在网络上，与人分享，由您评说。晒客＝暴露＝开放隐私＝炫耀＝自恋＝博客。其实博客就是大晒场，晒文字，晒思想，晒情绪。

◎什么是印客

也称 IN 客，是 2006 年中国互联网的又一新词汇。它以互联网为沟通、联系渠道，把网民所写的、画的、摘录的任何文字和图片变成具有永久保存价值的个性化印刷品，有的还提供网上销售服务。

还有一种"测客"，指那些喜欢在网上出一些题目，来测试朋友和身边的人，来了解朋友。简单而言，测客就是一类人，这些人喜欢在网上出题来考大家。

◎什么是拍客

就是这样一个不需要技巧，没有束缚来展示你生活的空间。只要有灵感，只要有兴致就可以拿起你的相机，拿起你的手机，拍下生活中的点点滴滴，而你喜欢的，觉得有意思，愿意和大家分享的图片也可以发表出来你的空间中任你安排。说不定今天你家的爱宠，明天就会成为网络上的流行宝贝。

◎什么是闪客

所谓"闪"就是指 Flash（英文单词，本意是指闪光、闪现），而"客"则是指从事某事的人，那么，闪客就是指做 Flash 的人。所谓"闪客"，也指经常使用 flash 的人。"闪客"这个词源起于"闪客帝国"个人网站。1999 年正要开始建设，但是名字还没有想好。在回声资讯的"Flash 论坛"上，有一天有人无意中说出"闪客"，等到"闪客帝国"开通的时候，"闪客"概念已经深入人心了。如今，"闪客"已经与"黑客"、"博客"等概念一起，构成了风起云涌的网络亚文化浪潮。关于闪客，一位研究者这样描述：每当夜幕降临，他们选择了"闪光"，用一种叫 Flash 的软件，把隐藏在心里那些若隐若现的感觉做成动画，也许是一段 MTV，也许是一段伤感的故事，也许仅仅是一个幽默。这些作品传播到网上，博得大家开怀一笑，或是赚取几滴眼泪。日复一日，乐此不疲。

◎什么是博客

"博客"是继 Email、BBS、ICQ（IM）之后出现的第四种网络交流方式。它是英文单词"Blog"的音译，来源于"WebLog（网络日志）"的缩写，一般认为是 Peter Merholz 在 1999 年命名的。

博客，是一种特殊的网络个人出版形式：一个 Blog 就是一个网页，通常由简短、经常更新的帖子构成。这些帖子按照年份和日期倒序排列，所以也称为"网络日志"。"博客"的原意是指写 Blog 的人（即

Blogger），但后来逐渐把它用作 Blog 的中文称呼。

博客并不完全等同于网络日记（WebDiary）。两者的侧重点不同。日记个人性、私密性较强，博客是个人性和公共性的结合体，其精髓不是表达个人思想和记录个人日常经历；而是以个人的视角，以整个互联网为视野，精选和记录自己在网上看到的精彩内容，为他人提供帮助，使其具有更高的共享价值。

博客现象始于 1998 年，当时全世界只有 30 多个博客网站。到了 2002 年 8 月，《新闻周刊》称"全世界自觉实践的博客数量，已经达到 50 万到 100 万之众，每 40 秒钟，都有一名新的博客加盟进来。"

博客最主要的应用有三方面：一是新的个人人际交流方式；二是以个人为中心的信息过滤和知识管理；三是以个人为中心的传播出版。其中，尤以具有鲜明个人特色的传播出版而引人瞩目。以个人为中心的博客，以独特的视角、敏锐的观察力，逐渐冲击着传统媒体，尤其是新闻界多年形成的传统观念和道德规范。

在中国，"博客中国（Blogchina）"于 2002 年 8 月率先引入博客理念。至今，各类博客网站已经发展到五六百个，但基本还处于初级阶段，大多数由民间个人网站提供服务，还缺乏主流网站的加入，资源有限，技术手段不完善，管理力量缺乏。如何更好地认识博客，促进博客的健康发展还任重道远。

◎什么是播客

"苹果中国"译为播客，除"播客"外，其他的中文译名包括"爱波"、"广波"、"波刻"、"网播"、"聚播"、"随身播"、"自由播"等等。"播客"又被称作"有声博客"，是 Podcast 的中文直译。用户可以利用"播客"将自己制作的"广播节目"上传到网上与广大网友分享。"播客"这个词来源自苹果电脑的 "iPod" 与"广播"（broadcast）的合成词，指的是一种在互联网上发布文件并允许用户订阅 feed 以自动接收新文件的方法，或用此方法来制作的电台节目。这种新方法在 2004 年下半年开始在互联网上流行以用于发布音频文件。

◎什么是掘客

掘客类网站其实是一个文章投票评论站点，它结合了书签、博客、RSS 以及无等级的评论控制。它的独特在于它没有职业网站编辑，编辑全部取决于用户。用户可以随意提交文章，然后由阅读者来判断该文章是否有用，收藏文章的用户人数越多，说明该文章越有热点。即用户认为这篇文章不错，那么 dig 一下，当 dig 数达到一定程度，那么该文章就会出现在首页或者其他页面上。

210

第四节　网络安全

◎什么是计算机病毒

计算机病毒是指编制或者在计算机程序中插入的破坏计算机功能或者毁坏数据，影响计算机使用，并能自我复制的一组计算机指令或者程序代码，就像生物病毒一样，计算机病毒有独特的复制能力。计算机病毒可以很快地蔓延，又常常难以根除。它们能把自身附着在各种类型的文件上。当文件被复制或从一个用户传送到另一个用户时，它们就随同文件一起蔓延开来。

◎计算机病毒的主要来源

1. 引进的计算机系统和软件中带有病毒。

2. 各类出国人员带回的机器和软件染有病毒。

3. 一些染有病毒的游戏软件。

4. 非法拷贝中毒。

5. 计算机生产、经营单位销售的机器和软件染有病毒。

6. 维修部门交叉感染。

7. 有人研制、改造病毒。

8. 敌对分子以病毒进行宣传和破坏。

9. 通过国际计算机网络传入的。

◎计算机病毒的特征

（一）非授权可执行性。计算机病毒是非法程序，正常用户不会明知是病毒程序，而故意调用执行。

（二）隐蔽性。计算机病毒是一种具有很高编程技巧、短小精悍的可执行程序。计算机病毒想方设法隐藏自身，就是为了防止用户察觉。

（三）传染性。传染性是计算机病毒最重要的特征，是判断一段程序代码是否为计算机病毒的依据。病毒程序一旦侵入计算机系统就开始搜索可以传染的程序或者磁介质，然后通过自我复制迅速传播。由于目前计算机网络日益发达，计算机病毒可以在极短的时间内，通过像 Internet 这样的网络传遍世界。

（四）潜伏性。依靠病毒的寄生能力，病毒传染合法的程序和系统后，不立即发作，而是悄悄隐藏起来，然后在用户不察觉的情况下进行传染。这样，病毒的潜伏性越好，它在系统中存在的时间也就越长，病毒传染的范围也越广，其危害性也越大。

（五）表现性或破坏性。无论何种病毒程序，一旦侵入系统都会对操作系统的运行造成不同程度的影响；即使不直接产生破坏作用的病毒程序也要占用系统资源（如占用内存空间，占用磁盘存储空间以及系统运行时间等），而绝大多数病毒程序要显示一些文字或图像，影响系统的正常运行；还有一些病毒程序删除文件，加密磁盘中的数据，甚至摧毁整个系统和数据，使之无法恢复，造成无可挽回的损失。

（六）可触发性。计算机病毒一般都有一个或者几个触发条件。

◎什么是计算机网络安全

计算机网络安全不仅包括组网的硬件、治理控制网络的软件，也包括共享的资源及快捷的网络服务，所以定义网络安全应考虑涵盖计算机网络所涉及的全部内容。参照 ISO 给出的计算机安全定义，计算机网络安全是指："保护计算机网络系统中的硬件、软件和数据资源，不因偶然或恶意的原因遭到破坏、更改、泄露，使网络系统连续可靠性地正常运行，网络服务正常有序。"

◎计算机病毒有哪些危害

1. 计算机运行缓慢。病毒运行时不仅要占用内存，还会抢占、中断、干扰系统运行，这必然会使系统运行缓慢。有些病毒能控制程式或系统的启动程式，当系统刚开始启动或是个应用程序被载入时，这些病毒将执行他们的动作，因此会花更多时间来载入程式；对一个简单的工作，磁盘似乎花了比预期长的时间，例如：储存一页的文字若需一秒，但病毒可能会花更长时间来寻找未感染文件。

2. 消耗内存及磁盘空间。如果你并没有存取磁盘，但磁盘指示灯狂闪不停，这可能预示着计算机已受到病毒感染了。非常多病毒在活动状态下都是常驻内存的，如果你发现你并没有运行多少程式时却发现系统已被占用了不少内存，这就有可能是病毒在作怪了；一些文件型病毒传染速度非常快，在短时间内感染大量文件，每个文件都不同程度地加长了，就造成磁盘空间的严重浪费。

3. 破坏硬盘及计算机数据。引导区病毒会破坏硬盘引导区信息，使计算机无法启动，硬盘分区丢失。如果某一天，你的机器读取了软盘后，再也无法启动，而且即其他的系统引导盘也无法进入，则非常有可能是中了引导区病毒。

4. 狂发垃圾邮件或其他信息，造成网络堵塞或瘫痪。

5. 窃取用户隐私、机密文件、账号信息等。如今已是木马大行其道的时代，据统计，如今木马在病毒中，已占七成左右。而其中大部分都是以窃取用户信息、以获取经济利益为目的，如窃取用户资料、网银账号密码、网游账号密码等。一旦这些信息失窃，将给用户带来不少经济损失。

◎中了蠕虫病毒有什么现象

蠕虫病毒发作的一大症状是疯狂向外发送病毒邮件，如果哪天你的朋友莫名其妙地抱怨你给他发送了许多病毒邮件，则能肯定，你中了蠕虫病毒了。蠕虫病毒还能向外发送大量数据，严重导致网络堵塞或瘫痪等现象。而利用即时通讯软件狂发信息，这则是近来这些蠕虫病毒的另一种传播新途径。

◎什么是计算机犯罪

计算机犯罪乃是通过非法（未经授权使用）或合法（计算机使用权人）利用计算机和网络系统，采取具有计算机运行特点的手段，侵害了计算机和网络系统的安全运行状态，或者违反计算机或网络安全管理规定，给计算机或网络安全造成重大损失等给社会带来了严重的社会危害，违反了刑事法律，依法应受刑事处罚的行为。

◎什么是计算机漏洞

漏洞是在硬件、软件、协议的具体实现或系统安全策略上存在的缺陷，从而可以使攻击者能够在未授权的情况下访问或破坏系统。具体举例来说，比如在 IntelPentium 芯片中存在的逻辑错误、在 Sendmail 早期版本中的编程错误、在 NFS 协议中认证方式上的弱点、在 Unix 系统管理员设置匿名 Ftp 服务时，配置不当的问题都可能被攻击者使用，威胁到系统的安全。因而这些都可以认为是系统中存在的安全漏洞。

◎什么是网络钓鱼

网络钓鱼是指利用欺骗性很强、伪造的 Web 站点来进行诈骗活动，目的在于钓取用户的账户资料。攻击者利用欺骗性的电子邮件和伪造的 Web 站点来进行网络诈骗活动，受骗者往往会泄露自己的私人资料，如信用卡号、银行卡账户、身份证号等内容。诈骗者通常会将自己伪装成网络银行、在线

零售商和信用卡公司等可信的品牌，骗取用户的私人信息。"网络钓鱼"的作案手法主要有以下几种：发送电子邮件，以虚假信息引诱用户中圈套；建立假冒的网上银行、网上证券网站、骗取用户账号密码实施盗窃；利用虚假的电子商务进行诈骗；利用木马和黑客技术等手段窃取用户信息后实施盗窃；利用用户弱口令的漏洞，破解、猜测用户账号和密码等。

◎如何防备网络钓鱼

不要在网上留下可以证明自己身份的任何资料，包括手机号码、身份证号、银行卡号码等。不要把自己的隐私资料通过网络传输，包括银行卡号码、身份证号、电子商务网站账户等资料不要通过 QQ、MSN、Email 等软件传播，这些途径往往可能被黑客利用来进行诈骗。

不要相信网上流传的消息，除非得到权威途径的证明。如网络论坛、新闻组、QQ 等往往有人发布谣言，伺机窃取用户的身份资料等。

不要在网站注册时透露自己的真实资料。例如住址、住宅电话、手机号码、自己使用的银行账户、自己经常去的消费场所等。骗子们可能利用这些资料去欺骗你的朋友。

如果涉及到金钱交易、商业合同、工作安排等重大事项，不要仅仅通过网络完成，有心计的骗子们可能通过这些途径了解用户的资料，伺机进行诈骗。

不要轻易相信通过电子邮件、网络论坛等发布的中奖信息、促销信息等，除非得到另外途径的证明。正规公司一般不会通过电

子邮件给用户发送中奖信息和促销信息，而骗子们往往喜欢这样进行诈骗。

◎计算机如何设置密码

密码设置的原则是不要太过于简单，密码设置过于简单，或者使用有特别意义的数字（比如：生日、纪念日等）作为密码，容易导致帐号被盗。

原因在于：

1. 密码设置过于简短和大众化，比如：类似 123456 的密码，容易被猜中而盗取您的帐号。

2. 用有特别意义的数字作为密码。比如：您的生日密码（19850120），银行卡密码，容易被他人剽窃、推测到。

3. 全数字、全字母密码，容易被盗号者使用软件暴力破解。

4. 密码最好不要搞得全部一样，如果所有密码相同，要是其中一个密码被泄密或者是被破解，那么其他密码全部都被破解了。

密码设置的办法：要使用位数大于 6 位、有字母和数字交替组成的复杂密码，可以增加猜中和破解难度，保障您的密码安全。

◎什么样的文件会隐藏病毒

现在被挂有网页木马的网站越来越多了，平时千万不要随便打开来历不明的网站、不要随便运行可执行文件。

可执行文件专指 .exe,.com 等直接可运行的文件：可执行文件 .exe、.bat、.pif、.scr、.cmd、.com 等；可以带直接运行脚本的 .htm、.chm、.html、.asp、.htt. 等；.wav、

mp3.、mid.、doc. 等类型的文件也有可能被人捆绑木马。运行可执行文件一定要经过严格的检验，切勿随便打开来历不明的可执行文件。平时运行文件的时候一定要慎重，特别是 .exe 后缀的文件运行要特别慎重。

◎发现电脑中有电脑病毒怎么办

1. 当发现电脑中有电脑病毒时，如果确定是启动型病毒的话，请马上关机（关闭电源），将干净的启动盘放入光驱中以磁盘启动（打开电源），在提示符号下键入回车，将启动扇区的数据更新成无毒的状态。

2. 当所发现的病毒是属于文件型的病毒的话，如果受感染的文件不是相当重要或者你有原版备份磁盘的话，可以考虑将该文件删除掉。否则就必须要利用防毒软件进行解毒，病毒是能够完全被清除掉，但是并没有办法能够确定该解完毒的文件还能够使用；所以如果这个文件对你相当重要而且你有没有备份数据的话，最好能够请专家来帮你处理，以免造成电脑系统更大的损害。

3. 互联网络病毒要密切注意，请不要随意从全世界各地传回许多来路不明的文件，以免全世界最新的病毒都传染到你的电脑！另外如果使用了电子邮件的话，对于来路不明的邮件数据尤其是夹带文件的信件尽量要小心读取。

4. 为了保障电脑内数据的安全，最好能够定期扫描你的硬盘数据，并且能够随时以工具软件重整你硬盘内的数据。可以的话，最好将重要的数据先备份起来，以备不时之需。

第五节　网络文明

◎网上不文明行为有哪些

制造和传播谣言；骂脏话、污言秽语；张贴淫秽图片和发表淫秽、色情文字；张贴"过火"、血腥场面照片；传播占星、算命、占卜等封建迷信等内容；炒作和夸大负面新闻；盗用他人用户名和密码；介绍成人网站链接；登陆、浏览黄色网站；在同一论坛反复发表同样内容的帖文；发表大量没有实质内容的灌水贴；标题与内容严重不符；发帖与论坛主题无关；随意张贴或 PS 他人照片；用诅咒性语言强迫回帖；刷屏；开发攻击性软件；传播网络病毒；网上骗钱骗色；侵犯他人知识产权；群发广告性电子邮件；发布虚假广告；裸聊；制造恶作剧；利用论坛或博客恶意中伤他人等。

◎网络成瘾症状有什么表现

1. 对网络的使用有强烈的渴求或冲动感。2. 减少或停止上网时会出现周身不适、烦躁、易激惹、注意力不集中、睡眠障碍等戒断反应；上述戒断反应可通过使用其他类似的电子媒介，如电视、掌上游戏机等来缓解。3. 下述 5 条内至少符合 1 条：为达到满足感而不断增加使用网络的时间和投入的程度；使用网络的开始、结束及持续时间难以控制，经多次努力后均未成

功；固执使用网络而不顾其明显的危害性后果，即使知道网络使用的危害仍难以停止；因使用网络而减少或放弃了其他的兴趣、娱乐或社交活动；将使用网络作为一种逃避问题或缓解不良情绪的途径。网络成瘾的病程标准为平均每日连续使用网络时间达到或超过 6 个小时，且符合症状标准已达到或超过 3 个月。

◎青少年沉溺网络游戏危害多

网络娱乐、体育运动、电视和手机娱乐已成为当今青少年娱乐的四大主要内容。但长时间沉溺于网络游戏对青少年的生理和心理上的负面影响很大，除了头脑发育受到影响，还会导致植物神经紊、体内激素水平失衡，使免疫功能降低，引发紧张性头疼、焦虑，甚至可能导致死亡；同时，一些网络游戏存在暴力、欺诈、赌博、色情等不健康内容和倾向，成为青少年违法犯罪的诱因。针对网络游戏引发的青少年犯罪现象增多的现象，警方提示：

1. 青少年要正确认识网络游戏，自觉培育良好的兴趣与爱好，用道德、知识观念约束自己的行为。

2、学校和广大家长也要对孩子上网的时间和内容有所监督和提醒，对学生加强网络知识的普及和引导。

3、全社会要形成共同的防范意识，为下一代创造安全有益的成长环境。

◎让孩子远离网络色情

色情信息是网络上的毒瘤，严重危害着网络的健康发展，伤害青少年身心健康，它已成为诱发犯罪的重要因素。警方提示广大家长：

1. 把上网搜索变为家庭活动。家长主动帮孩子选择优良网站，尽可能把电脑放在客厅或家人一起活动的区域。

2、寻找适当的网络反黄软件，最好是在电信骨干网上能够对色情信息做出根本性拦击的软件。

3、随时注意孩子浏览的网站中是否包含了暴力或色情的内容。

4、注意异常现象。例如：电话帐单或信用卡帐单是否有异常支出，孩子是否常深夜上网，而且沉湎于网络中。

5、发现网上色情违法犯罪行为，立即举报，努力营造健康的网络空间。

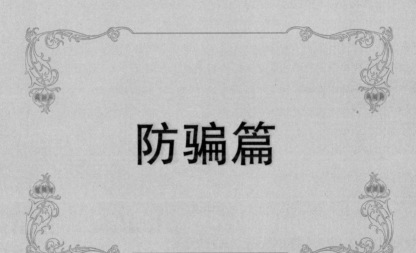

防骗篇

第一节　行骗伎俩与防骗

◎骗子作案的手段有哪些

虽然各种骗术层出不穷，花招屡屡翻新，但只要公众增强心理防范意识，相信天上不会掉馅饼、相信科学，破除封建迷信，坚决不贪意外之财，不滥用同情心，再"精明"的骗子也无法得逞。

骗子的手段一般来说有五种：

1. 利用名人的名誉和地位。一些骗子堂而皇之地冒充领导人、专家、演员、名人或者他们的亲属、至交，使一些人受骗上当。

2、利用钱物。有些人见钱眼开，很容易在金钱迷雾中晕头转向。骗子利用一些人贪财心理，或空头许诺，或小利勾引，结果"姜太公钓鱼，愿者上钩"的不少。

3、利用女色。一些女骗子常常卖弄风骚，勾引一些花心男性的魂魄，继而从他们那里骗取钱物。

4、利用比较亲密的人际关系。有些行骗者喜欢与人拉亲属、攀老乡，借此来瓦解受骗者的警惕性，达到行骗的目的。

5、利用封建迷信。一些骗子以替人消灾为名骗取钱财。

◎防骗"十要素"

1. 做个老实人，不贪横财。

2、要有强烈的防骗意识。

3、要学会察言观色。

4、旅途中对陌生人提供的香烟、饮料、食品等，要婉言谢绝，防止犯罪分子的"迷魂药"。

5、莫充内行，以免被骗。

6、不贪美色，谨防中计。

7、买药要走正当途径，有难言之隐，要去正规医院就医。

8、不要到街头地摊上"测字"、"看相"、"算命"，那些都是骗人的把戏。

9、对街头向您求助或乞讨的"可怜人"，要细加识别，防止上当受骗。

10、遭到骗子的"暗算"，一定要就近快速报案，万万不要"哑巴吃黄连"。

◎行骗伎俩一：迷信行骗

这类案件的作案人一般是两男一女，选择的对象以中老年人、疾病患者居多。作案人利用受骗者相信封建迷信的心理，通过闲聊取得信任后，谎称受骗者家人有"血光之灾"，可以帮其"消灾除病"。紧接着，会告诉受骗者如何才能破财消灾。如果受骗者照他们所说将家里的钱或贵重物品包好放于某处，那么，骗子们很快就会设法把财物调包卷走。

此类诈骗受害者大都是中老年人，尤其是中老年妇女。他们以一颗虔诚的心为家人祈福消灾，却被敬重的"大师"、"高人"把养老钱骗得一文不剩。犯罪分子正是抓住事主这种迷信心理，假冒和尚、尼姑、道士或

"算命先生"，称事主家人将有疾病或血光之灾，事主必须拿出一定钱财"作法"才能消灾。犯罪分子要求事主用纸包住钱，贴上符咒，放入箱中"作法"，并吩咐事主在数天后才能开箱取钱，否则不能免灾。待事主开箱取钱，才发现真金实银已被调换。

小提示：广大群众尤其是中年老人、妇女以及疾病患者等，要破除封建迷信思想，相信科学，有病及时到医院治疗，切勿相信"天降灾祸"等迷信之说。

◎行骗伎俩二：外币兑换骗现金

一般由2至3名左右犯罪嫌疑人合伙，多数案件其中一人冒充银行工作人员，利用秘鲁或巴西等国家货币冒充其他比值高的外国货币，选择年龄稍大（女性居多）且文化水平较低的人为行骗对象，利用事主求财、赚钱心切，接连给受害人下套、大肆行骗，使受害人蒙受巨大的经济损失。具体作案手法一般为：犯罪嫌疑人"甲"在马路上以问路为由与事主搭识，以出车祸、出国或其他急事为由需调换随身外币。此时，路过的犯罪嫌疑人"乙"扮演银行工作人员来确定为某国的真币，乙蒙骗事主换取外币合适、可赚取差价，待事主上当后，其诈骗得手后立即逃离现场。

小提示：不是所有的外币都值钱。在此类诈骗中，犯罪分子抓住一般群众"崇尚洋币"的心理，以低值外币（如越南币、秘鲁币）冒充高值外币（如美元、欧元、英镑、法郎等），诱骗群众用人民币进行兑换。私下倒卖外币是违法的，外币兑换应在指定的银行办理。如遇到有人要与您兑换时，在辨别不出外币是何币种及真伪情况下，最好不要理睬这些人，以免上当。

◎行骗伎俩三：办事诈骗

此类诈骗中，犯罪分子就是抓住事主急于求成的心理，吹嘘认识某领导或假冒国家工作人员身份，谎称可以走捷径帮助解决工作、子女上学、走私车入户、办理农转非户口、办理护照、办理各种证件等，索要"活动费"、"疏通费"、"办证费"等，骗取钱财。

小提示：找工作、婚姻介绍等要找正规中介机构；办事不要抱着侥幸心理，一定要通过正当途径；与人交往要深入了解，涉及钱财要慎之又慎，切勿为求快落入骗子的圈套。

◎行骗伎俩四：合伙做生意法

骗子多为三人。当有人当街怂恿您购买电子元件、羊毛衫、微波炉、古币、旧币等物时，这时您要当心，骗子盯上您了。一人在路上向您兜售手中物品，吹嘘有一批货，因急需用钱，准备低价处理。当您不理睬继续行走时，对面又过来一人，问您哪有卖上述物品的地方，这人还说他们急需这种产品，并给您一个价格（该价格远远高于第一人售价）。在您心有所动，继续往前行走时，又有人问您某产品的事，骗您同他一起购买赚取差价，您仔细盘算盘算确实有利可图，掏钱购买后，要货的人不见了，找人打听打听您买的东西竟然 分不值，亏大了。

小提示：在大街上邀您合伙做生意赚大钱的事可能吗？记住不可能，绝对不可能，他是想骗您的钱。

◎行骗伎俩五：买卖"神药"法

日常生活中，一些人相信世上有医治百病的"神丹妙药"，一些违法犯罪分子往往利用他们这种错误愚昧的想法，假借不存在的药材之名诈骗钱财。作案分子能言善道，精心布局，使您不知不觉中钻进了他们设计的骗局中而痛失钱财。

小提示：一是神丹妙药本身纯属乌有，实际生活中不可能有包治百病的特效药，当有人向您兜售药时要多个心眼，多加提防，不要上当。二是有病时，特别是有疑难杂症时，一定要到正规医院去接受检查，对症下药，慢慢的治疗恢复。三是别贪心，要正确认识药的价值，一些贪心的人往往就成了违法犯罪分子引诱、骗取钱财的对象。四是遇到此类犯罪分子时要巧妙周旋，争取时间报警。

◎行骗伎俩六：帮忙购票骗行李

这类骗子常在车站物色那些人生路不熟、缺乏社会经验的外地年轻女事主，称可以帮其买火车票；如事主已购票，则诈称事主搭乘的火车发生事故，自己可以找熟人帮忙换票，然后假意带事主乘出租车找熟人换票，路上借机将事主行李骗走。作案地点一般选择在火车站地段。

小提示：对借故套近乎、帮忙的陌生人要多加留神，不要轻信他们的花言巧语。

◎行骗伎俩七："捡"钱与你平分骗局

犯罪分子一般三人以上组成诈骗搭档，他们事先经过周密策划，选择在银行、邮局或医院等群众易携带大量现金的场所物色对象。骗子选择的作案对象一般为中老年人为主，并且女性居多，先在银行内窥探单身存、取大量现金的人，然后尾随跟踪到路边或汽车站附近或僻静路段，预设圈套。总的说来，整个诈骗过程分为六步：即"掉、捡、分、缠、调、溜"。具体描述：犯罪嫌疑人Ａ在事先物色好的作案对象前"掉钱"，犯罪嫌疑人Ｂ"捡钱"，犯罪嫌疑人Ｂ给事主看厚厚一叠钞票，这些钱中，除了前后两张为真币外，当中夹放的多是裁剪整齐的纸、银行练数钞的假币或冥币。骗子会说是刚才捡的，并以"见面分一半"为诱饵骗事主到某偏僻处与其"分钱"。在分钱时，犯罪嫌疑人Ａ找来问谁捡到了钱，然后执意认为事主捡到钱，进行"无理纠缠"。事主被逼拿出或被搜出自己的存款与其理论，一时也难以说清。这时犯罪嫌疑人Ｃ充当"中间人或证人"出现并从中调解时，Ｃ借混乱之机将事主的钱掉包后与同伙溜之大吉。在争执的过程中，骗术一旦被事主识破，事主不上当，这伙人干脆就直接翻包检查，从而趁机盗取钱财，更有甚者直接就抢包。

小提示：还有的犯罪分子用几张百元真钞夹白纸，捆成一捆，故意摆放在显眼的地方让您发现，然后以"见者有份"的理由，提出分钱，捡到的"纸钱"归您，而您的现金、首饰则归犯罪分子。除了分钱外，犯罪分子还会以抵押、中奖、许诺给高额利息回报等手段骗取当事人钱财。

◎行骗伎俩八：易拉罐中奖诈骗

采用易拉罐行骗的人员往往在3人以上。二人装出互不相识的样子，其中一人暗藏一只伪造的中奖易拉罐前来商店，向店主要求买罐同品牌的易拉罐饮料。当老板给他后，另一个同伙假装买香烟，引开老板的注意力。于是这人就暗中施展掉包手法，然后当着老板的面，打开易拉罐的拉环，谎称中奖，这拉环上印有"剪开有奖"几个红字。接着，他问老板要来剪刀，当场剪开了易拉罐，罐盖上面有四行红字，写着："已中奖，可兑换"、"现金人民币5000元"、"截止XX年XX月XX日"以及三组8位数的电话号码。然后，这个"中奖"男子又借用小店里的电话，拨通了另一个同伙正候着接听的公用电话，谎称是这家饮料公司的兑奖电话，并"喜滋滋"地让老板帮着接听和证实。电话那端的一位"先生"说，中奖者必须带着上海的身份证，到上海某地去兑奖。这中奖男子便称自己是出差到上海的，外地的身份证不能用。正在他"焦急"的时候，边上那位买烟的男子便鼓动老板花钱买下这易拉罐。于是有的老板花了1000多元，有的花了2500元，换下了这人手中的易拉罐。当老板兴冲冲地专程赶到所谓的兑奖地点，却扑了个空；而这罐上的所谓兑奖电话也再无人接听了。

小提示：此类骗术通常发生在公园、汽车站以及汽车、火车、轮船等交通工具，骗子多为三人。犯罪分子往往拿一个易拉罐作道具，告诉受害人中奖，然后其同伙假意购买，并鼓动受害人听中奖查询电话内容证实确实中奖（此电话实为另一同伙接听），骗受害人购中奖拉环。如果他们出现，一不要相信；二要稳住对方悄悄报警，帮助警方为民除害。

◎行骗伎俩九：高薪招聘设陷阱

从某偏远农村到城市打工的小兰姑娘，最近在街头广告栏上看到一则广告："招聘公关、桑拿小姐，月薪2万元。要求相貌气质佳或有特别才能。免费培训上岗，绝对保密，包食包住，免收中介费……"

眼看打工妹就要摇身一变成为月薪2万元的富姐了，小兰心花怒放，不假思索就把辛苦两个月挣来的800元如数存入阳某的户头。后来，她多次给对方电话却都是忙音，天天等通知，却毫无消息。800元制衣费如泥牛入海。这时，小兰才如梦初醒，知道上了当。

小提示：找工作要到合法的正规劳务中介市场，千万不要听信街头的小广告。所谓"高薪诚聘"小广告不仅非法，而且充满骗局，千万不能相信！这些骗子每次开口让您掏的钱并不是很多，但他们编造的各种理由确实很像真的，不仅使农村求职和打工的人员受骗，也会使警惕性不高的居民上当。如果被害人早警觉，可以减少损失；如果迟悟，可能被骗得倾家荡产。对于一些没有工商注册的中介机构招工启示，不要轻易地的去交报名费和抵押金，因为很可能是人走楼空。所以，居民一定要到正规的职业介绍所找工作，远离街头小广告。

◎行骗伎俩十：告急电话骗汇款

作案手法：骗子掌握到事主家的电话号码后，设法使事主关闭手机，然后假冒医务人员打电话给事主家属，以事主出车祸、突发重病住院急需用钱等由，要求家属往指定储蓄卡里汇款。事主家属闻讯非常着急，经反复与事主打电话联系不上，愈发相信事主出事，匆忙汇款。待事主打开手机后家人与其取得联系后，方知受骗上当，汇出的钱自然也成了肉包子打狗，一去不回。

小提示：不要随便相信出门在外的家人遭遇车祸的消息，不要惊慌，拨打"114"查询当地公安局、医院电话求证，到时再汇款也来的及。

◎行骗伎俩十一：设局赌博法

在车上、街头、旅馆或其他公共场所，以扑克、象棋、铁瓜子、套红绿铅笔、套杯子等设局，利用人们的赌博心理进行诈骗。这种骗术，往往有五六个人搭配进行诈骗，俗称"连档模子"。行骗时一人设置赌局，旁边几个"托"参赌。利用从众心理，当事主看到别人赢钱心动一起参与时，开始先让事主小赢一点，然后再骗光事主口袋里的钱财。

小提示：这种把戏中掺有魔术技巧，外人是永远赢不了的，最好的办法是远离赌博。

◎行骗伎俩十二：手机短信诈骗

骗子向您的手机发送虚假短信息或直接打您的固定电话或小灵通告知您中奖的消息，骗取您的汇款。通常有两种方法：一是发送手机短信息谎称海关罚没的走私汽车、手提电脑、手机等物品低价出售，并称钱到即发货；二是谎称您的手机号码系幸运抽奖活动的中奖号码，有可观的奖品等您拿，并告知您需支付奖品的邮寄费用，等您将第一笔钱款打到其留下的银行账户内，又告诉您还需交别的费用，再寄钱过去，左等右等，奖品还是没到手。另外还有一种手机短信打着"短信速配"、"网上恋人"的旗号，引诱手机用户回复短信。如果回复的话，您的手机号码有可能会被一些非法短信网站锁定，您会不知不觉中付出高额话费。

小提示：手机号码中奖全部是骗人的。骗子骗人的花样是越来越多了，什么中奖电话、中奖产品、中奖信息等都莫名其妙地飞到许多百姓的家中、手中，搅得人心神不安，还有不少人上当受骗，因此损失了一笔笔钱财。面对类似情况，大家应该仔细想一想，骗子虽然不断地翻新骗人的花样、打不同的旗号、喊时髦的口号，但万变不离其宗，都是以小小的诱饵骗取钱财的。是骗就必然有漏洞，只要多想想，多打几个电话，就能弄清真伪，就可以避免上当受骗。天上不会掉馅饼。防范被骗的最佳办法不是技巧，而是心理。不受非正当欲望驱使，洁身自好，要走只走社会允许的中彩之路，自然不会上当受骗了。

◎行骗伎俩十三：卷钱骗局

路上卖水果或者别的什么的，当你买他东西的时候，他说零钱太多不好放，会找你把零钱换成整钱。他当面数钱给了你，你看到数好了接过来，他又要拿过去再数一下，一样不错，还给你的时候因为先前数目是对的，你一般不会再数，其实这时候就少给你了，在他第二次数的时候卷走了几张。

小提示：一定每次接过钱都要自己再数一次，一般4、5次之后他就知道你明白他的手法就不敢行骗了。

◎行骗伎俩十四：以假乱真骗局

采用以假乱真骗术骗人的道具多种多样，除了有假邮票外，还有假药、假首饰、假字画、假古董、假钻石、假宝石等。甭管道具千变万化，只要我们不管别人说得多么天花乱坠，不理他，绝对不会上当受骗。这些骗子通常先在火车站、汽车站、农贸市场、街道上与受害人搭讪，自称家中有难，急需脱手祖上遗传宝物或某文物店失火遗失的宝物等，并远远低于市场价的价格出售或作抵押，从而刺激他人购买的欲望。为了让受害人信以为真，有的还出示遗书、鉴定书等证明。有时骗子为进一步打消受害人的顾虑，还引领受害人到银行或其他部门找人鉴定。在银行等部门门口，骗子的同伙过来，自称是这方面的"鉴定专家"，对"宝物"进行鉴定并予以肯定。这时受害人还不上钩的话，他们还有一招，又有一人出场，以高于市价收购，购买后一倒手就赢利不菲，这时受害人心动了，掏了钱，骗子的骗术自然也就得逞了。

小提示：骗子抓住事主欲发横财的心理弱点而得逞，谨记不义之财不可得。天上不

会掉馅饼，哪有这等好事。记住勤劳才能致富，不劳而获是万万不可能的。

◎行骗伎俩十五：麻醉骗局

一些犯罪分子把目光盯上了旅途中的乘客，他们在列车上、候车室、旅店内将麻醉药放入饮料中诱骗旅客喝下，然后劫取钱财。

2005年9月6日21时许，齐齐哈尔火车站值勤民警在巡视中发现，候车室二楼北厅有一中年男子躺在椅子上昏睡，旁边放着一部爱立信388手机，地上散落着90多元钱。23时，这名男子才清醒过来。经询问，此人是河北省某医药公司的业务员。当日17时许，他在车站附近吃饭时，一名自称也是河北人的中年男人主动和他搭话，饭后二人来到候车室，中年男子买了两瓶饮料，他喝下后便失去了知觉，醒来时发现内衣口袋被刀片割破，7900元现金被盗。

小提示：旅途中不要吃或喝陌生人给的食物或饮料，睡觉或上洗手间前要收藏好自己的食品，要记住存放状态，回来时一旦发现食物被人动过，就不要再吃，以防不测。

◎行骗伎俩十六：魔术诈骗

公园总有一些神秘的魔术表演或自称有特异功能的骗子，利用魔术造成人们视觉上的误差，让您参与进来，而有的人过分地轻信，总以为眼见为实，结果损失钱财追悔莫及。对此，不要抱有大发横财的心理，不要参与任何赌博、投机取巧性质的活动。犯

罪分子通常为两人。一人以合伙做生意先与受害人搭讪，在闲谈的过程中自称可以将小钱变大钱，并当场演示，利用魔术手法将受害人手中的一元钱变成十元钱，十元钱变成一百元钱，令受害人信以为真回家拿钱变钱，然后以掉包的方式骗走受害人的钱财。

小提示：如果果真有如此神技，还做生意干吗！

◎行骗伎俩十七：托运诈骗

犯罪分子打着经营货运业务的幌子，以悬挂伪造车牌的货车招揽生意，待与货主商定运费后，将伪造的身份证、驾驶证、行驶证等复印给事主，骗取事主信任。货物装车后没几天，司机与货车一并"人间蒸发"，再也无法联系。

小提示：一要通过正当的货物运输市场办理托运业务，切勿轻信中介；二在办理货物托运前要仔细查验对方的证件，发现对方有伪造证件嫌疑的，要及时向货运市场的管理人员了解该车的经营情况，不可抱有侥幸心理；三在托运过程中最好安排专人随货跟车，并保持警惕，防止路途中被甩致使货物被骗；四在被骗后要及时报警，尽可能多为警方提供有关罪犯特征等案件线索。

◎行骗伎俩十八：借用物品诈骗

违法犯罪分子利用朋友、同学等身份主动与事主套近乎，然后热情邀请事主吃饭、喝酒或娱乐，席间提出借用手机、车辆等物办急事，或者以伪造的房屋所有权证作为抵押借款，一去不返。此类骗子多为一人，常选择出租车司机、网友、军人、学生行骗。还有的骗子说他的手机没电或忘带手机，向您借用手机回复电话，您出于善心借给他使用时，他以当您的面说话不方便室内人声嘈杂听不清、没有信号等为借口，边打边走，从您的视野中消失，一去不回。

小提示：与不甚熟悉的人交往要保持戒心，尤其当对方借用物品时，绝对不能让财物离开自己视线范围，借出贵重物品更加应该小心。

◎行骗伎俩十九：合同诈骗

合同诈骗存在下列方式：一是犯罪分子故意隐瞒自身履约能力，以虚假的公司名义与事主签订供销合同，提货后以货物不合格为由拒付货款或只付小额货款，或取得货款（或订金）后关闭公司潜逃；二是假意与事主签订工程承包合同，然后席卷材料款、工程款潜逃；三是虚构拥有某"项目"的经营权，骗取事主的投资款；四是事主将货物送达后，犯罪分子以请吃饭等方法分散事主注意力，再将货物运走。

小提示：一是在订立合同前要多方了解对方公司的真实性、信用度、财务状况，核实签约人身份以及货物等方面权属的真实性，在未了解对方情况下不能轻易交付定金、保证金或预付货款。二是履行合同过程中看管好货物。三是交付货款之前，一定要仔细检验货物是否存在瑕疵。

第二节　网络骗术

◎什么是网络诈骗

网络骗术即通过网络为手段散发信息，寻找诈骗目标，并依托网络来实行诈骗钱财的行为。网络征婚骗局是一种新型骗术，是一种抓住受骗者急于结婚的心理，利用现今网络的虚拟、不实、难以查证寻找等特点，构筑陷阱骗取钱财的行骗手段。

骗子如魔术，看似高明，方法也五花八门，让人防不胜防；但不是拿它没办法，骗子最无奈的是，它吸引不了你，打动不了你的心，因此我们一要少些贪欲多些防范意识；二要增加网络知识，识别诈骗伎俩；三要相信法律，一旦上当，要保存证据，及时报警。

◎网络骗术有什么特点

这些网络骗术为什么能屡禁不绝、屡屡得逞呢？主要是有以下特点：

一、它抓住人们想不劳而获、一夜暴富等心态，标榜自己神通广大，可以为你带来神奇的财富。让你欲罢不能，总想尝试一下。

二、它利用虚拟的网络环境，一般人难以辨别。在这种情况下，你即使被骗之后报警，手头都没有什么有用的证据或线索，警方也很无奈。

三、它经常打一枪换一个地方。

四、它一般会通过花言巧语让你先交钱，这是大多数骗子的做法。还有一种是名义上先给你汇钱，但是要你按它的提示操作输入账号和密码，达到骗钱的目的。

五、它通常不会一下子让你给很多钱，会一步步诱你深入，如果你有贪念，就会被它牵着牛鼻子走，越陷越深。

六、这些人骗钱之后马上兑现、转移账户，通常会让你汇款之后告知他们。

◎骗术一：彩票预测陷阱深

买彩票，凭运气，已成为很多彩民的共识，可时下有很多网站打着"神算"、"预测"的旗号，什么双色球、福彩3D、七星彩一应俱全，让很大一部分想发财的人跳入了陷阱，结果受害不浅。这些骗子公司正是抓住了人们想发财致富的贪欲，先骗你交纳几百上千元会员费，然后再编很多理由骗你多次缴费，彩民朋友千万不要误信这些所谓的"神算"、"预测"，以免上当受骗。

◎骗术二：克隆网站骗密码

随着互联网的发展，越来越多的人开始使用网上银行进行购物交易。于是骗子的目光盯上了网上银行。通常情况下，骗子会伪造一个跟目标网站类似的网页，骗人登录，等您输入账号和密码后他就可以轻而易举地盗取您卡上的钱了。

所以，广大网民要擦亮眼睛，再逼真的网站终究是冒牌的，使用网上银行交易时一定要仔细鉴别，登录银行的官方网站，不要轻易泄露自己的账号和密码，同时不要轻易在网吧使用网上银行。

◎骗术三：假冒腾讯送大礼

经常有网友在玩 QQ 游戏时突然接到这样类似的消息：通知他获得由腾讯公司与某某公司送出的惊喜大奖，但前提是要先缴纳 700 元手续费。现在借助网络和手机短信以"中奖"名义骗人的花招层出不穷，您一定要留意以防上当。腾讯公司也提醒，他们公司的信息都会发布在腾讯的官方网站上，现在有很多假冒 QQ 的网站，网民千万要擦亮眼睛。

◎骗术四：借贷诈骗

骗子经常使用的借口有以下几种，请会员朋友们在与他人联系的过程中多加注意。

1. 女孩声称没钱上学，寻求经济援助。

2、男性冒充海归，声称患病或受到政治迫害，要女方借钱支援。

3、女性声称父母家人患病，急需医治，寻求帮助。

4、男性冒充老板，声称资金周转不足或钱包丢失，向女性借取钱财。

5、在约会过程中，来电谎称途中发生车祸，要对方把钱打到自己卡上。

◎骗术五：花篮托

网站一小部分不法分子一般谎称事业有成人士，年龄由三十岁至五十岁不等，多

为男性，也有女性。资料中声称经历感情波折，希望找一个可靠的终身伴侣，或声称自己帮助不会上网的朋友或亲戚寻找姻缘的。

这类人首先假借婚恋交友的名义与其他会员频繁联系，每天都有数次短信及电话，着急与对方确立关系，以骗取对方的信任。然后骗子会找来所谓的"亲属"，使会员对其身份、地位、财力产生信任，之后以公司开业、店面开张为由，要求对方到指定花店买花，或直接往账号汇款。

◎骗术六：酒吧托

此类酒吧托（饭托）利用男会员的好感骗取其去某某娱乐场所消费，并与该场所对消费进行分成，以此为生；

酒吧托及饭托通常使用一套连环套型的诈骗手段：

首先，酒吧托及饭托一般为女性，且一般所上传的照片都较为漂亮，而在进行联系时第一封信或第一封回信中就带有联系方式或直接索取男方联系方式（手机号、QQ 号码、或 MSN 等）；

接着，在联系之后，女方很快便愿意或要求出来约会见面，并且具体指定了某个酒吧或其他娱乐场所作为约会地点（而这些场所并不知名）；

然后，当男会员赴约之后，发现一般的饮料酒水或食品价格极其昂贵，一次消费在一千元到三千元左右。

◎骗术七：机票托

不法分子通常为团伙性质，一人负责与

会员进行联系，建立信任，在一定程度的交往后，不法分子告知与其联系的会员，要乘坐飞机前往看望或出差。之后会打来电话，谎称钱包被盗等多种理由，要求会员给其汇款购买机票。并利用事先录好的机场录音来迷惑会员，团伙内其他不法分子则假扮机场工作人员等其他角色与会员通话，骗取信任，以达成其目的。

机票托通过事前较长时间的联系来建立一定的信任基础，利用各种可以人工营造的环境来欺骗事主，从而达到其诈骗钱财的目的。机票托是一种新型的诈骗手段，构思精密、环环相扣、防不慎防。

◎骗术八：网络钓鱼

网络钓鱼骗术在不断发展，让人越来越难以防范。网络钓鱼是经常在网上出现的一种诈骗方式，它通过向别人发送垃圾邮件，将受害者引导到一个假的网站，这种网站通常会做得与电子银行等网站一模一样，某些粗心的用户往往就会不辨真假，乖乖填入自己的账户和密码。不过随着媒体对这种骗术的广泛曝光，公众对此已有足够警觉了。

新的网络"鸡尾酒钓鱼术"以假乱真到了不可思议的地步。与过去的钓鱼术通常使用的是仿冒站点和假链接不同，如今的骗子们直接利用真的站点行骗，即使是有经验的用户一不小心也会中招。

◎网络诈骗的主要形式

1. 利用手机短信息进行诈骗。作案人员利用手机向用户发送虚假信息，骗取被害

人邮寄费、信息费、预付款、定金等。

2. 利用网上拍卖进行诈骗。作案人员使用假身份证在各大网站商品拍卖平台注册，提供虚假供货信息，或以极低的价格引诱网民，交易成功后，欺骗被害人将钱汇入指定的银行帐号，却不邮寄货物或邮寄不符合要求的商品。

3. 在网上发布虚假信息进行诈骗。作案人员通过发布"出售高考、四六级考试试题"等虚假信息诈骗钱财。

4. 通过网上聊天进行诈骗的。作案人员利用网上聊天结识网友，骗取信任后，伺机骗财骗色。

5. 假借网络购物、网络招工、网络婚介等骗取钱财。

◎网络消费三大陷阱

网络消费陷阱主要有色情话费陷阱、购物陷阱、感情陷阱等。

色情话费陷阱。目前出现了一种依托色情网站的恶意拨号软件，用户在浏览该网页时会受到诱惑而下载运行，此时配有"猫"（调制解调器）的电脑会自动拨打国际长途，给用户造成巨额话费；某些网站以色情为诱饵，在消费者查看一些资料和图片时要求输入手机号码，消费者盲目输入，将会带来经济损失。据调查，设置色情话费陷阱的公司多来自圭亚那、爱尔兰、乌拉圭、所罗门、鲁阿图等国家和地区。

购物陷阱。消费者在网上购买的食品有的已过保质期、VCD盘放不出声音、化妆品是伪劣产品，还有的网页上所标注的商品与消费者购得的实物不符。例如，有的消

费者在网站看到一部数码相机，经网上竞拍购得，按指定账号汇去足额的购物款，最终未收到照相机，汇出的购物款也石沉大海。

感情陷阱。不少人热衷于网上聊天、寻找异性网友，耗费了大量精力，因网恋造成骗色骗财被杀的事件屡屡发生。

◎网上购物要当心

随着电子商务的兴起，网上购物以其方便快捷、价格低廉的优点日益受到人们的青睐。但是，一些不法之徒也利用计算机网络设置购物陷阱，如发布虚假广告、售卖伪劣商品等，使不少消费者上当受骗。警方提示：

第一，消费者对网上购物要保持高度的警惕，应选择访问量较高、口碑好、诚信度高的网站购物。要尽可能对售货网站的合法性进行核实，了解网站有无通信管理局核发的 ICP 证或经工商部门认可的标志、公司具体地址、固定电话号码等基本情况，只留联系手机号码的网站不可轻信，并尽量采用货到付款、同城交易的方式。

第二，切莫泄漏个人密码，同时应避免采用容易联想的密码，如：电话号码和生日等。

第三，消费者购物前必须要知道卖家的固定电话及具体地址，必要时应打电话加以核实。对以公司名义进行交易活动，但却要求消费者将钱款打入个人账户的行为，尤其应当谨慎对待，千万不要贸然付款。

第四，不要轻易相信所谓的低价，若网上购买物品售价与市场价格差距大，要注意防止价格陷阱。

◎与网友见面要当心

一些不法分子以与网友见面为名实施违法犯罪：一是骗取手机不还。网友相约在茶馆、餐馆、游戏机室等公共场所，借故用被害人手机"回电"，便一去不回；二是骗不成就抢。违法犯罪分子在聊天室里专门寻找一些警惕性较差的女中学生聊天，一旦打探到对方带有手机，就迫不及待地热情邀请女生到他所在的网吧一起玩游戏，一般女生所走的路线都会经过偏僻的小巷或街心花园，当经过此处时，早已守候在好里的歹徒便一拥而上，将其所带的手机和随身财物一抢而空；三是针对女学生实施性侵害。有些社会闲散青年通过网上聊天，认识女学生后，便盛情邀请见面，对其实施性侵害。警方提醒青少年朋友：

与网友见面，最好征得父母的同意，并在有人陪同下前往，而且地点要选在公共场所。见面时，不要轻易将自己的手机借给他人使用，如要借出，应让借用者在你的视线之内使用，如果发现他有持机溜走的迹象，应克服害羞心理大声制止，并及时报警。对总想与女生套近乎或老打听女生有关信息的网上聊天者，女同学应该不予理睬。尽量不要与素未谋面的异性网友见面，更不要轻易地单独跟对方到一些陌生的地方去。

◎网上售车莫轻信

对网上售车一定要加强自身防范，警方提醒：

1. 车辆买卖必须通过公安机关的车辆管理所或正规的二手车市场进行，切莫进行场外交易。

2、时刻保持冷静头脑，当网上车价明显低于市场价时，不要贪便宜，要多长个心眼，想想是否是个陷阱。

3、开展必要的调查和查询，网络是个虚拟世界，对其标榜的所谓公司，可通过工商部门开展资质调查，以确定其真伪。

4、坚持当面交易，要求对方提供出售车辆的有效证明，包括正规发票、生产厂家、维修卡等。

◎网上邮件骗局

人们在上网时，或多或少地会收到一些大谈让你发财致富的邮件，警方提示，天上绝不会掉下馅饼。

邮件骗局主要有：

1. 连锁电子邮件——以"幸运邮件"为名，在信中要求收信人寄出小额金钱给邮件名单里的人，然后等着其他人寄钱给你，否则就会惨遭不幸。

2、高价回收骗局——刊登启事要求应征者花巨资买回生产材料生产商品，他们负责回收，但回收时又以"质量未达标准"为由拒绝回收，使许多人损失惨重。

3、不劳而获的秘方——其实是利用非法的"套汇"方法，通过电子结算让网民在国际货币市场赚取利润。

4、免费赠品的诱惑——"恭喜你中大奖，可以免费获得电脑、手机等高价商品"，但总是通知你先支付一笔不菲的"邮资"。结果是付钱后，奖品就遥遥无期了。

5、丰富投资的回报——在电子邮件中承诺可观的投资回报率，吸引消费者。事实上是利用"老鼠会"模式吸收资金，最后使你血本无归。

◎网络防骗简易查询方法

俗话说，雁过留声，人过留名，骗子在网上行骗，总有蛛丝马迹留在网上，你可以用下列方法查询一下，不妨为粗选的一个方法。

·利用手机属地查询，如果手机属地与标示公司地距离太大的，就值得怀疑；

·利用搜索引擎查询，以手机号为查询要件，得到结果为同一手机主人在网络上公布信息为不同公司或商品的，就要小心；

·利用搜索引擎查询，以你所需商品为查询要件，得到商品价格与市场价格差距太大的，低价格的可能就是陷阱；

·利用搜索引擎查询，以标示公司为查询要件，看其所标示的公司是否有网友被骗记录公布；

·利用搜索引擎查询，以标示联系人为查询要件，看其所标示的联系人是否有网友被骗记录公布；

·利用搜索引擎查询，以手机号为查询要件，看是否有网友公布的受骗记录；

·请不要相信"走私罚没"、"低价抛售"、"走私商品，暗线交易"等谎言。

第三节　专门针对老年人的骗术

◎手段一：消灾解难

作案人员采用问路的方式选择对象，借口请求对方带路，途中趁机以事主"脸色不好"、"近期家里人可能有灾难"等话套事主，称可帮事主"驱邪消灾"，骗得事主信任，然后叫事主回家或到银行取出财物用以"拜神作法"。在事主拿出财物后，将事主财物放进一个包里，然后以要买几个苹果"做法事"等为借口支开事主，取走事主财物，又或者用同样款式、重量的包将事主包掉换后骗走。

◎手段二：高利润的外币兑换

作案人员物色到作案目标后，谎称要急于将欧元、加币等外币兑换人民币救人，博取事主的同情；再以到银行兑换汇率过低，与事主平分兑换差价的高利润打动事主与其兑换；然后将事主带到附近银行旁边，假称认识银行的工作人员，然后致电联系假扮银行工作人员的同伙出来进一步取得事主信任，在事主取出财物后再以掉包等形式实施诈骗。

◎手段三：神医骗局

这是骗子比较老套的骗术，以团伙作案居多，成员中包括女性。一般是谎称寻找所谓"神医"与事主搭讪，骗子的同伙自称认识带两人同往，2个骗子趁机套问事主家庭的情况，第3个骗子则暗中窃取并将信息回传给第4个骗子。事主与2个骗子来到某居民楼以后，由第4个骗子装扮的"神医"或者其亲属粉墨登场，说对事主家庭的情况了如指掌，并胡说什么有"血光之灾"，诱导事主拿出家中的财物来"驱魔"，等事主发觉不对时骗子连同财物已经消失得无影无踪。

◎手段四：发财陷阱

如果乞丐在大街上散发钞票，你相信吗？中老年人普遍希望赚点钱养老，却被骗子抓住了机会。这种骗局是团伙作案，骗子以珍贵邮票、古董字画、金银钱币为幌子，自称需要购买这些物品与事主搭讪；第2个骗子则"刚好"路过，说他朋友有货，然后将事主拉到一边，诱以价格差价；最后第3个骗子则露面，3个骗子当着事主的面，以钱财做抵押顺利成交，让事主以为自己从头到尾都是亲眼目睹从而相信；这时骗子假装还要货，可是身上的钱财不够，2个骗子一唱一合撺掇事主把随身财物交出，抵给其同伙，说什么"赚钱大家平分"，等钱物到手后，3个骗子会立即开溜。

第四节　大学生如何防骗

◎大学生防骗注意什么

1. 不要将个人有效证件借给他人，以防被冒用。2、不要将个人信息资料如存折（金融卡）密码、住址、电话、手机、呼机号码等轻意告诉他人，以防被人利用。3、对陌生人不可轻信，不要将钱物借出。4、防止以"求助"或利诱为名的诈骗行为，一旦发现可疑情形，应及时向父母、老师或保卫处（派出所）报告。5、切不可轻信张贴广告或网上勤工助学、求职应聘等信息。

◎诈骗手段一：假冒身份，流窜作案

诈骗分子往往利用假名片、假身份证与人进行交往，有的还利用捡到的身份证等在银行设立账号提取骗款。骗子为了既能骗得财物又不露出马脚，通常采取游击方式流窜作案，财物到手后即逃离。还有人以骗到的钱财、名片、身份证、信誉等为资本，再去诈骗他人，重复作案。

◎诈骗手段二：投其所好，引诱上钩

一些诈骗分子往往利用被害人急于就业和出国等心理，投其所好，应其所急施展诡计而骗取财物。某高校应届毕业生李某为找工作，经过人托人再托人结识了自称与某公司经理儿媳妇有深交的哥儿们何某，何某称"只要交 800 元介绍费，找工作没问题"，何某等拿到了介绍费以后便无影无踪了。

◎诈骗手段三：真实身份，虚假合同

利用合同或无效合同诈骗的案件，近几年有所增加。一些骗子利用高校学生经验少、法律意识差、急于赚钱补贴生活的心理，常以公司名义、真实的身份让学生为其推销产品，事后却不兑现诺言和酬金而使学生上当受骗。对于类似的案件，由于事先没有完备的合同手续，处理起来比较困难，往往时间拖得很长，花费了许多精力却得不到应有的回报。

◎诈骗手段四：借贷为名，骗钱为实

有的骗子利用人们贪图便宜的心理，以高利集资为诱饵，使部分教师和学生上当受骗。个别学生常以"急于用钱"为借口向其他同学借钱，然后却挥霍一空，要债的追紧了就再向其他同学借款补洞，拖到毕业一走了之。

◎诈骗手段五：以次充好，恶意行骗

一些骗子利用教师、学生"识货"经验少又苛求物美价廉的特点，上门推销各种产品而使师生上当受骗。更有一些到办公室、学生宿舍推销产品的人，一发现室内无人，就会顺手牵羊、溜之大吉。

◎诈骗手段六：招聘为名，设置骗局

随着高校体制改革和社会主义市场经济的发展，高校学生分担培养费的比重逐步加大。为了减轻家庭负担，勤工俭学已成为大学生求学的重要手段。诈骗分子往往利用这一机会，用招聘的名义对一些"无知"学生设置骗局，骗取介绍费、押金、报名费等。某高校几位学生通过所谓的"家教中介"机构联系家教业务，交了中介费后，拿到手的只是几个联系的电话号码。其实，对方并不需要家教，或者"联系迟了"，但要想要回中介费是绝对不可能的。

◎诈骗手段七：骗取信任，寻机作案

诈骗分子常利用一切机会与大学生拉关系、套近乎，或表现出相见恨晚而故作热情，或表现得十分感慨以朋友相称，骗取信任后常寻机作案。诈骗分子何某在火车上遇到某高校回家度假的学电子商务的杨某，交谈中摸清了该生家庭和同学的一些情况。何

某得知杨某同班好友李某假期留校后，便返身到该校去找李某，骗得李某的信任后受到了热情款待。第二天，8个学生寝室遂被洗劫一空，而何某却不辞而别了。

◎防范措施一：提高防范意识，学会自我保护

社会环境千变万化，青年大学生必须尽快适应环境，学会保护自我。要积极参加学校组织的法制和安全防范教育活动，多知道、多了解、多掌握一些防范知识，对自己有百利而无一害。在日常生活中要做到不贪图便宜、不谋取私利；在提倡助人为乐、奉献爱心的同时，要提高警惕性，不能轻信花言巧语；不要把自己的家庭地址等情况随便告诉陌生人，以免上当受骗；不能用不正当的手段谋求择业和出国；发现可疑人员要及时报告，上当受骗后要及时报案、大胆揭发，使犯罪分子受到应有的法律制裁。

◎防范措施二：交友要谨慎，避免以感情代替理智

人的感情是主体与客体的交流，既是主观体验也是对外界的反映，本身应该包含合理的理智成分。如果只凭感情用事，一味"跟着感觉走"，往往容易上当受骗。交友最基本的原则有两条：一是择其善者而从之，真正的朋友应该建立在志同道合、高尚的道德情操基础之上，是真诚的感情交流而不是简单的利益关系，要学会了解、理解和谅解；二是严格做到"四戒"，即戒交低级下流之辈、戒交挥金如土之流、戒交吃喝嫖赌之徒、戒

交游手好闲之人。与人交往要区别对待，保持应有的理智。对于熟人或朋友介绍的人，要学会"听其言、察其色、辨其行"，而不能"一是朋友，都是朋友"。对于"初相识的朋友"，不要轻易"掏心窝子"，更不能言听计从、受其摆布利用。对于那些"来如风雨，去如微尘"的上门客，态度要热情、处置要小心，尽量不为他们提供单独行动的时间和空间，以避免给犯罪分子创造作案条件。

◎大学生兼职如何防骗

兼职现象在大学校园里，已是司空见惯的事了，从校园里走向社会，是许多学生渴望成长、渴望锻炼的一种途径。一方面，大多数人想通过兼职学到校园里学不到的东西；另一方面，兼职里额外的收入能够使一部分人缓冲一下紧张的经济压力，甚至是过上"小康"生活。而一些非法兼职机构也正是瞄准了同学们的这一心态，趁机在人才市场或相关网站上发布虚假信息来设下一个个兼职陷阱。

骗子行骗无非是骗财骗色，只要看紧自己的钱包，女生多注意保护自己，不法之徒就不会有可乘之机。正规的机构如果要招兼职，绝对不会收你中介费、押金、培训费、学生证之类的财物，报酬也比较合理。记住"天上不会掉馅饼"，那些承诺高额报酬的信息，往往是骗子行骗的第一步。

◎大学生兼职陷阱有哪些

1. 骗中介费。社会上仍存在大量不规范的中介机构，收取中介费。一旦交完费，"工作"则遥遥无期，或者找几个做"托"的单位让学生前去联系。

2. 收押金。一些用人单位在招聘时，往往收取不同金额的抵押金或收取身份证、学生证作为抵押物。一般在招工广告上称有文秘、打印、公关等比较轻松的岗位或以优厚的报酬等作为诱饵吸引大学生，求职者只需交一定的保证金或者其他一些费用，如服装费、建档费等等即可上班。但往往学生交钱后，招聘单位又推托目前职位已满，要学生回家听消息，接下来便石沉大海。

3. 拖欠费用。一些不法之徒到处发布信息，利用学生涉世未深的弱点，先以高薪诱惑，等做完以后，却如石沉大海，迟迟领不到报酬。

4. 骗培训费。一些单位要求应聘学生在"上岗"前先进行培训，同时要求学生自己掏腰包付培训费。但往往是培训进行后则以尚无工作等借口推脱学生。更有甚者在收取培训费后连所谓的"培训班"都尚未开班，就已经消失得无影无踪。

5. 骗色。有的娱乐场所以高薪来吸引求职者。工种有代客泊车、侍者、伴游，有的甚至是不正当交易。年轻学生到这些场所打工，往往容易误入歧途。这点女生需要特别注意。

6. 传销骗人。社会上有许多人以销售人员的名义诱骗学生去上岗工作，然后公司让学生交纳一定的提货款，再让学生如法炮制去哄骗他人。有的同学在高回扣的诱饵下，甚至去欺骗自己的同学、朋友。上当之后又往往骑虎难下，最终只得自己白搭上一笔钱。

第五节 购车陷阱与对策

◎陷阱1：偷梁换柱

骗术：目前很多消费者缺乏基本的汽车知识，甚至对所选购车型缺乏必要的了解，这一弱点常被不法车商利用，从中牟利。

某车商知道张先生对车辆基本配置不清楚，于是把一辆基本型轿车稍做改造当做豪华车型卖给他，从中牟利近万元。个别车商还擅自对汽车在外观、内饰上采用豪华配置，转移消费者关注点，而对发动机、安全配置等关键部分有意淡化或回避、欺瞒消费者。个别不良车商甚至将汽车内部配置价格较高的配件偷换为价格便宜的。

对策：选择规模较大的汽车专营店或大型汽车交易市场，它们较为专业，可信度高，很大程度上可避免上述情况的发生。

◎陷阱2：低价为幌

骗术：在消费者和市场的多重挤压下，越来越"精明"的汽车经销商用低价车做幌子，尽可能地扩大车价范围，重点卖高价位车，以此坑骗消费者。

李女士到汽车市场看车，对某款新车情有独钟，最低售价仅 2.98 万元。但该车既没收放机，又无空调，配置又低。最后她再三权衡后，终于以不菲的价格

去买配置较为齐全的该车型。在这个个案中，厂家既作了低价的姿态，又获得了高利润。

对策：想好自己要花多少钱买车，再去车市。否则，极易中了厂家的销售花招而一次一次地提高买车标准。

◎陷阱3：赠送车内装饰

骗术：目前购车赠送车内装饰是现在很多经销商惯用的促销手法。但不良经销商赠送的装饰大多包含了水分，其实际价值往往会在经销商宣传的标准上大打折扣，而以次充好的现象也极为普遍。

一些汽车经销商赠送配置号称进口或优质产品，其实是一些质量极为低劣的廉价产品，容易埋下安全隐患。他们将普通的贴膜、地胶、皮椅等价格翻番，以"购车赠送××元豪华装饰"诱惑消费者。

对策：消费者在选购这些有"大礼包"赠送的车型时，务必小心谨慎，应该首先向比较了解市场的朋友咨询一下，或者亲自去汽车装饰市场看看这些"礼单"上的东西到底值多少钱，之后再做选择。

◎陷阱4：炒新概念

骗术：汽车经销商经常会给新车找卖点，但有些厂商为制造卖点而蓄意炒作，大打新概念的牌子，动不动就标榜"技术创新"、

"与世界同步"等。

目前，汽车电子装备的名词五花八门、层出不穷：ABS、EBD、ASR、ESP 等等，再加上厂商的大肆宣传甚至夸大性能，令消费者目不暇接、无所适从。在这种情况下，很多消费者往往就为这些"看不懂的高科技装备"买了高价单，殊不知，有很多装备在国外是标配的。

对策：别单看广告，多请教专业人士，多去车市看看，做到对汽车市场心里有数。对汽车销售人员讲的不可不信，但不能全信。

◎陷阱5：谎称降价补偿

骗术：降价补偿，请你入瓮。

看着各个品牌的车价纷纷跳水，吴小姐始终举棋不定，怕自己刚买车价就跌了。可没多久就有经销商打出了"降价补偿"的大旗，于是狠狠心买了车，并约定如果半年内该车降价了经销商就将差价如数奉还。可还真是倒霉，不到半个月，吴小姐的一个朋友买了同样的车却便宜了 10000 多元。这让吴小姐很难接受，怒气冲冲找到经销商要求补偿，得到冷冷的一句话："我们说的是如果厂商降价，我们才补偿给你，现在价格便宜只是我们在让利促销，不算降价，当然不能给你补偿。"

对策：要知道，经销商不是傻子，他们知道厂商降价的机会不大，而实际的车价确实自己说了算，浮动的幅度很大。

◎陷阱6：水货充优

骗术：现在还有一些经销商将国外的

"水货车"翻新，然后按照新车的价格销售。

有一位消费者买了辆某品牌的进口车，结果才开了两个多月，爱车竟成了一辆加了油却无法提速、上坡时排气管冒黑烟的"问题车"。他找经销商理论，人家却说："你这是'水货车'，在中国既无配件、也不保修。"由于当时经销商答应购车时便宜，但不开发票，结果搞得消费者有苦无处诉。

对策：两点注意。一、"水货车"行车电脑所显示的多为德文、法文或中东地区的阿拉伯文；第二，"水货车"一般会出现在大型汽车交易集中地区。此外，"水货车"一般不会有中文说明书和中文的保修手册。

◎陷阱7：地下室提车

骗术：提车在光线昏暗的地下室进行，有问题一般不会被车主发现。

某先生花了大价钱买了辆进口车，在提车时被告知到经销商的车库去验车。车库位于地下室内，没有开灯，光线很昏暗，这位先生拿到钥匙后稍微看了看外表就把车开走了。可没过多久在保养时才发现车子的发动机上锈迹斑斑，似乎受到了很严重的侵蚀。买卖双方陷入了漫长的争吵中。

对策：消费者购车时要认真仔细按照交接所列内容逐项进行验收，确实没有问题才能签字。一旦用户签字后发现瑕疵，有些质量纠纷很难分清责任。

◎陷阱8：卖"柠檬车"

骗术："柠檬车"在美国指有缺陷的汽

车，是美国汽车召回制度的一个产物。如果一辆新车出现的故障在一定次数的修理中没有修好，那么消费者就可以把车退回厂家，而厂家修好之后可以再拿到市场上去销售，但必须标明是"柠檬车"。目前，一些"精明"的进口车商通过非正规的渠道把这种车引入中国市场，并隐瞒了其不光彩的历史进行销售。

对策：由于"柠檬车"没有什么太大的毛病，一般购车者很难识别。一辆曾被碰撞过的"柠檬车"，如果是经过局部喷漆，在太阳光下仔细观察，会发现经过重新喷漆的地方会比其他地方色泽更亮一些。如果是全部车身喷漆，可以拿色卡与轿车现有的颜色作比较。另外，从汽车的内部仔细观察，会发现那些被碰撞过的地方有稍许的不平。

◎陷阱9：加价销售

骗术：随着汽车消费的升温，一些别有用心的经营者设置加价的"陷阱"，吸引消费者上当。紧俏车型加价卖，一直是车市公开的秘密。还有一种是打新车上市和批量供应的时间差，吸引消费者排队预订，进而加价卖车。

对策：消费者可根据自己的实际需求制定消费计划，不要盲目跟从，不管厂家怎样调整产量计划和价格政策，都是由消费者决定的，要掌握一套科学的考量方法。例如：可以搜索加价新车厂家的安排计划，你就会看到，它庞大的产量计划，供应不足是完全不可能的，个别加价完全是炒作，自己的血汗钱完全没必要白白送给别人。

◎陷阱10：零公里陷阱

骗术：车主试乘试驾时，有的经销商把路码表、传感器拔掉，使路码表不走来确保零公里，这类车其实已行驶了较远的路程。

对策：一看轮胎。零公里新车的轮胎，是完全没有磨损的，包括轮胎制造过程中产生的细小痕迹以及刺状的凸起。只要发现哪怕是最细小的轮胎磨损，而里程表显示为"0"的时候，很有可能隐藏问题。二看"跑冒滴漏"。所谓"跑冒滴漏"，是指车子行驶了一段里程，出现的漏油、漏水、漏气等现象。打开引擎盖，观察发动机汽缸体和汽缸盖、油底壳之间有无机油渗漏；水箱周围有无水渍；电瓶装头附近有无污染和锈蚀；空调管路的接口处有无尘土沾上。

◎陷阱11：贷款陷阱

骗术：有部分经销商会利用贷款手续和计算方式的复杂性以及消费者对车贷知识缺乏必要的了解，从而赚取不义之财。

对策：首先要清楚商家会在哪些方面有机可乘，例如消费者在办理贷款购车手续时，经销商故意多收取款项，且不向消费者提供银行的借贷合同；又如贷款买车时，经营者强制消费者到指定银行贷款或到指定保险公司办理保险，并收取高额手续费。了解了这些，就要在实际行动中注意这些方面，贷款购车时仔细查看汽车买卖合同的相关条款，然后每一环节都追问到底，在双方对合同条款无争议的情况下再签字盖章。

第六节　购房陷阱与防陷

◎陷阱1：内部认购

内部认购是指房地产开发商小规模、不公开地预售商品房。由于内部认购的商品房价格相对较低，对那些买房人自然有吸引力。在此过程中，买房人认为自己得到了便宜，开发商也借此机会筹到了资金。然而，内部认购的商品房是在开发商未取得《商品房预售许可证》的情况下销售的，其销售行为是不合法的，因此，一旦出了问题，购房者的合法权益往往无法受到法律的充分保障。这样，买房人的投资就充满了风险。

防陷绝招：既然购房者明白了内部认购是不合法的变相销售，那么最好不要购买这类商品房。至于想买低价房的人士或投资者，应选择信誉好、实力雄厚、名牌大型楼盘，相对安全一些。

◎陷阱2：配套设施虎头蛇尾

配套设施虎头蛇尾是指房地产开发商提供的配套设施在房屋销售时看似正常运作，在业主入住后就难以避免存在的陷阱。

防陷绝招：购房者应冷静分析各种配套设施存在的可能性和合理性，不为表面现象所迷惑。如开发商提供免费交通车，能长期免费吗？二是调查教育设施是否为教育行政部门所认可。三是看周围是否有替换的配套设施。假如缺乏上述措施，一旦开发商提供

的配套设施不配套，麻烦就多了。

◎陷阱3：合同空白处有奥秘

合同可能会有空白的地方，合同留有空白处是指房屋买卖合同留有空白处，为开发商作弊提供了条件。

防陷绝招：购房者签订合同时，一定要耐心看完全文，遇到空白处应填上自己应有权益的内容。如无需填写时，也应划上横线，防止对方在空白处私自填上对其有利的内容。

◎陷阱4：合同与广告不符

预售合同与广告不符是指房地产开发商的商品房预售合同的内容与广告宣传不一致。造成合同与广告不符的原因，有房地产开发商的原因，也有房地产销售代理商的原因。为了卖掉房子，开发商往往会在售楼广告中（包括沙盘、售楼书等）对项目做美好的描述，但对于这种承诺又不写在合同里。而购房者因常被图文并茂的广告吸引，草率签订合同，却不仔细阅读合同，想当然地认为广告宣传的内容应当记载于合同中。结果当出现规划变更、绿地变停车场、房屋底下有大水泵、道路开通遥遥无期等情况，买房人要求有一个说法时，开发商却以规划变更已经通过规划部门批准为由，推卸责任，或以合同约定不清搪塞，消费者一般很难得到补偿。

防陷绝招：要避免这种陷阱，就只有把

广告宣传的内容全部载入正式的合同中，才有保障。购房者应注意下列几点：1. 自己或委托亲友现场考察，核实其内容。2. 仔细观察与《商品房预售许可证》共同使用的设计图，与广告的内容相对比是否相符。若广告中称小区有 200 平方米的自选商场，购房者就从设计图上找，若有，才可能是真实的。3. 认真研究《商品房预售合同》的内容。在签订《房地产认购书》和支付定金前，可以要求提供空白预售合同书，以核实广告内容是否包含在内。

◎陷阱5：面积"多退少补"

面积"多退少补"圈套及公用分摊面积是一种隐形欺诈。不良开发商一般会在最终面积核算中，和面积测绘单位串通一气，增加你的公摊面积，让套内建筑面积缩水，最终的总面积增加且增加的幅度往往不突破3%。

防陷绝招：按最高法院有关司法解释，房屋建筑面积与约定面积不符时，合同有约定的从约定，无约定的误差比例在3%以内的双方据实结算，面积误差比超出3%部分的房价款由开发商承担，所有权归你。此外，买房人收房时，要向开发商索要《商品房面积测绘技术报告书》，如对面积有异议，可委托相关测绘单位对面积重测。

◎陷阱6：房屋中介陷阱

用房屋中介提供虚假房源信息骗取介绍费，是指不法的房屋中介机构在收取介绍费后，故意提供虚假或无效的房源信息，不提供真实的中介服务。

防陷绝招：购房者怎样防止这类陷阱呢？1. 找有信誉的房屋中介机构。可通过朋友介绍，或通过政府部门、新闻媒体报道，加以了解。最为可行的是，向成功通过中介机构购房、租房的朋友了解其服务机构的服务质量。2. 慎订书面合同。一要订立书面合同，否则口说无凭；二要详细写明顾客的要求，越具体明确越好。因为它是"订货样板"或服务成果标准，没有它，就无法确认房屋中介机构违约；三要确定履行期限；四要规定中介机构的违约责任。

◎陷阱7：开发商搭售物业管理

物业管理陷阱——强迫业主接受物业管理公司，是指房地产开发商强迫业主接受其指定的物业管理公司的服务，损害业主权益的行为。

防陷绝招：怎样防止房地产开发商搭售物业管理服务呢？一是购房者在签订房屋买卖合同时，对指定的物业管理公司服务期限超出一年的，应提出反对意见，因为这属于不合理的违反购房者意愿的附加条件；二是如果包括上述条款的房屋买卖合同已签时，可以该条款违反《反不正当竞争法》《消费者权益保护法》为由，请求法院判决其无效。

◎陷阱8：物业乱收费

物业管理公司乱收费是指物业管理公司不依据物价局核准的文件及物业管理合同，自定标准额外收取业主费用。物业管理公司乱收费，通常表现在下列几方面：1.

超出核准的价格收取管理费。2. 擅自提高收费标准，赚取收费差价。3. 擅自增加项目建设，而将费用分摊给业主。

防陷绝招：1. 业主积极参与，选出为全体业主服务的业主委员会。依照法律规定，业主委员会有权选聘物业管理公司。这样业主委员会可以挑选信誉好的物业管理公司，或解除与信誉不好的物业管理公司之间的合同，并有权监督物业管理公司的行为，重大事项须经业主大会同意。2. 订好物业管理合同。物业管理合同是业主委员会与物业管理公司签订的规定业主与物业管理公司之间的权利与义务的合同。该合同应当规定收费事项、新建项目的批准权、财务收支公开、合同解除条件等重大事项，以合同限制物业管理公司的权力。3. 要求物业管理公司出示有关收费文件。

◎陷阱9：破产陷阱

借破产逃债是许多公司常用的逃债伎俩。如果这些公司真的破产了，那债权人只好自认倒霉。可是，他们常常将资产转移到另一项目中，或隐匿财产，抽逃资金，做假账造成破产的假象，搞假破产，真逃债。

防陷绝招：怎样防止项目公司借破产逃债呢？业主可通过下列途径尽量避免损失：1. 选择信誉好的开发商，要分清股东与公司的关系。如购买房产时，卖方是有信誉的开发商，就好于卖主是开发商作为股东组建的项目公司，因为股东是不帮项目公司还债的。此外，选择股东有实力、有信誉的项目公司作卖方，好过选择股东默默无闻甚至有劣迹的项目公司作卖方。2. 明查暗访项目

公司的实际财产。假账终归是假的，如果另有财产存在，就可以执行了。3. 申请法院查账。4. 找关系请银行查账，寻找资金去向，追究有关人员的责任。

◎陷阱10：出售集资房

单位不征求集资的职工同意出售集资房是指职工所在单位不征得参加集资并已取得集资房的职工的同意，将其集资房另行出售给他人的陷阱。根据我国有关房改的政策和行政法规，职工对房改房含集资房拥有部分或完全产权。

防陷绝招：职工对集资房或房改房拥有部分或全部产权，单位无权擅自单方处理房屋，否则构成侵权，职工有权向法院起诉，依法维护自己的合法权益。

◎陷阱11：铺面租赁合同

铺面租赁合同未规定不可抗力条款，是指双方未在铺面租赁合同中规定遇到不可抗力，可单方终止合同的条款，以致出现某些不可抗力时，无法解除合同的陷阱。

防陷绝招：铺面租户应争取在铺面租赁合同中载入下列条款：承租方在出现下列情形之一，无法继续经营时，有权通知出租方终止铺面租赁合同，并不赔偿出租方的损失：出现战争、地震、台风、雷暴、城市暴动等情形；政府决定拆迁铺面；政府在铺面前50米内、左右两边各200米内修路、改路、扩路、建桥、整治市容或其他政府行为；承租方因经营不善严重亏损达三个月以上。

第七节　旅游防骗

◎旅游防骗：车站码头"野马导游"

凡是旅游业发达的城市，都在车站、码头等旅客集散地聚集了大量身份不明的打着各式各样招牌的人员，有兜售车票的，也有拉旅馆住宿的，还有拉人去参加旅游的。他们肯定不具有合法的资格，但他们大都具有非常强的察言观色的本领，能投其所好，又能言善辨，先是以高价出售，如果不行，又以超低价进行诱骗，只要一旦得逞，立即倒卖客源，转瞬就找不到人。其实，这里面有很多问题，他们既然能亏本低价接，自然就有宰客的办法。

◎旅游防骗：旅行社资质

旅行社分为不同类型，目前中国将旅行社分为两类：一是"国际旅行社"，二是"国内旅行社"。"国际旅行社"又分为二类：一类是可以经营出境旅游，另一类是可以经营入境旅游及国内旅游。"国内旅行社"与"国际旅行社"有何差别呢？（1）保证金收取不同。（2）"国内旅行社"不能接待除中国大陆以外的游客，比如港、澳、台同胞等，他们是不能接待的，游客也不能参加他们组织的旅游团队，很多游客忽视这一点，其实是很危险的。现在全国的旅行社必须实行责任保险，"国内旅行社"与"国际旅行社"投保的金额及范围是不一样的，如果大陆之外的人士参加国内旅行社所组织的团队，一旦出事，由于"国内旅行社"的投保范围没有国外人士这一条，所以您有可能根本得不到赔偿，即使按大陆人士的金额进行赔偿，金额可差2-3倍之多。

◎旅游防骗：注意鉴别旅行社

检查旅行社是门市部还是总部，这一点很重要。有些有品牌的大旅行社一般采取承包的方式批发大量的门市部，而总部与门市部的关系只是交钱的关系，经营思想、经营方式等等一概不问不管。按国家政策，所有与总部不在一起的旅游部门只能是为总部接待游客，他们没有资格像旅行社一样进行操作。旅游投诉绝大部分出于这些违规操作的门市部，所以识别这些门市部就至关重要。首先要看他们是否在显著位置悬挂营业执照，其次看有没有旅游局颁发的许可证，还有是否悬挂旅游局的投诉牌，千万不要看复印件，是否有旅游局监制的正规旅游合同，是否能出具正规发票，如果以上缺少一样，您最好先走为妙。

另外，还要看一下旅行社的营业设施是否齐全，办公室是否正规，从业人员是否正规等。

◎ 旅游防骗：自费项目陷阱

个别旅游服务导游人员为牟取不义之财，与当地旅游服务企业及人员相互串通，利用旅游自费项目，从中赚取消费者的旅游观光费用。团体票价按零售价收费，有的景点一个套一个，让消费者进退两难。

自费项目原则上只能游客自愿，不得强迫，所以您要仔细选择自费项目，千万不要落入自费项目的陷阱，因为有很多自费项目与其实质价值不符。

◎ 旅游防骗：免费陷阱

为了吸引游客，很多非法旅行社或违规旅游部门会采取免费赠送某些景点等方式来吸引游客，俗话说："世上没有免费的午餐。"其实这些赠送要么是已经含在所收的旅游费中，要么就是另有陷阱，要特别注意。比如，在九寨沟的途中有一嘎米寺，很多违规旅游部门以前都采取免费赠送的方式送客人游览，其实进去之后，会以烧香敬佛的名义或购买商品的名义诈取游客很多的钱，如有不从，则会被假装的和尚诅咒甚至辱骂；其实，里面的和尚都是当地农民装扮的，与非法旅行社联合起来欺骗游客，捞取好处。

◎ 如何识别假车票

假票主要有"回头票"、"挖补、涂改票"、"整版假票"三种。

回头票。是将已到站还未过期的中转签字票低价回收，盖上私刻的车站中转签字章后，重新卖给旅客，此类票一般票面较旧，且已被剪口。

挖补、涂改票。把废旧票或短途票的票价、日期、到站等涂掉，使废票变成有价票，挖补过的地方，由于刮掉了一部分纤维，因此对光观察，颜色会有些发白；整个票面颜色不统一，用手摸票面会凹凸不平。

整版假票。是制假人员利用一张真票票面的图案及相关文字、数字等扫描至电脑，通过高清晰度彩色打印机打印出来的，仿真度极高。但这种假票纸质厚薄不一，手感粗糙。真票票面油墨在充足光线的照射下有柔和的光泽，且能看到防伪水印。而假票票面"中国铁路"标志以及背面的水印较为模糊，用手轻揉票面文字及数字时，油墨即会沾在手上。再者，假票的条形码与票面上的编号不符，往往几张假票票面中的条形码数字完全一样。

◎ 当心出租车的陷阱

部分出租车守候在飞机场以及一些大的宾馆酒店周围，守株待兔，用一些花言巧语骗取游客的信任，以介绍住宿、介绍客人地方风味餐馆就餐以及介绍客人去旅游的方式，赚取高额的回扣。其中以跟随出租车司机去吃风味和参加旅游风险最大，而且一旦发现上当受骗，将投诉无门。因为出租车司机会辩称"是应客人的要求"而带客人去的。

第八节　经商防骗

◎商业防骗六大原则

一、轻而易举发大财的生意不干。轻而易举就能赚到大钱的生意不能说完全没有，但是，往往背后有着极大的风险甚至陷阱。

二、说得天花乱坠的生意不信。世界上的事情没有完美的，打仗没有只胜不败的，做生意没有只赚不赔的。凡是把生意说得一点风险都没有的，千万不要相信。凡是没有风险的生意其中多数有诈。

三、过分热情的生意人不沾。生意如外交。常言说："外交无真友，利与势也。"社会上人们的各种表演，都是为了追求利益。真诚有度的热情是生意场上你来我往的必然应酬，过分的热情必然对你有过分的企盼或目的。遇到这种对象或场合，就要时时提醒自己为什么了。

四、额外的甜头和小利不贪。生意场上，凡是一开始故意给你点蝇头小利或点滴甜头，往往都是为了对你放长线、钓大鱼。吃了亏为了占大的便宜。常言说："小不忍则乱大谋"。凡是见小利而眼开者，不但商场上成就不了大的事业，很可能会跌入骗子的陷阱。

五、不见兔子不撒鹰。凡是没有经过长期交往的关系和没有经过考查的单位，坚持货出去、钱进来，钱货两清、贱卖不赊。尤其是对那些拍胸膛、说大话、乱将军的人，

更要多加小心。

◎生意场骗术1：外贸骗子

这是我们在网上最常见、接触最多的一类骗局。他们往往谎称有外商看中你的产品，叫你报价，寄样本甚至样品，而后又通知你去他们公司签订合同，拿30%的货款定金。结果被骗者兴冲冲地到了骗子公司，却被骗去好处费、香烟、名酒等，而骗子总是叫你去指定的酒店住下，以备你万一识破骗局、一毛不拔时他坐收酒店给他的"介绍费"。还有一种外贸"公司"，叫你做他的会员，承诺介绍出口业务给你，一年交上几万到几千不等的会员费，实际上，他收了会员费不办事，几年也不会给你成交一笔生意。另外一种所谓的"外贸公司"，他们是利用特有的地理位置，以边贸生意为由行骗。

◎生意场骗术2：工矿骗子

假托是某某工厂的供应科干部，以工厂采购劳保、福利、奖品等为由，打电话过来，叫你去他那边签订供货合同，然后骗吃骗喝骗回扣。他们所称的单位99%是假冒的，最好通过114查一下真实单位的底细，再做决定。这类骗子一般在节日前夕行骗，那是他们行骗的旺季。

◎生意场骗术3：招标陷阱

称有成套设备、大型工程招标，收取报名费、手续费、抵押金、好处费……此种陷阱有真的，也有假的，假的容易识破，而真的却是"姜太公钓鱼，愿者上钩"的勾当。

有的投资公司与政府签订了投资合同。但投资公司根本就没有实力融资，只是用政府提供的资料不停地进行工程招标，以达到收取资料费、投标保证金以及手续费等目的。然后在合同上设立种种借口和条件陷阱，当投标者交纳了第一笔费用后，就落进圈套。一旦不交钱或满足不了苛刻条件，就造成投标者违约在先，已经花的钱再别想收回。

◎生意场骗术4：骗货骗物

假称财大气粗，叫你放心发货过去，又以第一批为要挟，叫你发第二批、第三批，然后欠欠不还，你奈何我怎么样？还有就是落地杀价，先发货，到他方后，说你质量如何如何不行，要你"跳楼价"给他，弄得你欲哭无泪，只得就范。

◎生意场骗术5："代理"骗子

先打来电话，煞有介事地问一下你公司的基本情况，然后再叫你做代理。过几天，一封印制精美，附有公司简介、产品介绍、样品、价格表、印有你公司名称联系方式的彩印广告的信件出现在你的案头。再过若干天，会有一个某公司的电话打过来，说要这批货，请你抓紧时间备货。你如果信以为真，进货以后，这个要货的公司居然消失得无影无踪，似乎在人间蒸发一般。

◎生意场骗术6："托儿"骗子

做生意要有很多促销、营销手段来达到盈利的目的，"托儿"也就在各行各业也迅速发展壮大起来。社会上现有"婚托"、"医托"、"店托"，股市有"股托儿"，房市有"房托儿"等等。"托儿"的作用和骗子如出一辙，都是通过正面或侧面的教唆和夸大行为来迷惑消费者从而间接达到某种目的，"托儿"一般都是知道事情或事物真相的，其明知故犯的行为是为了达到某种目的。类似"托儿"的行为已经多到泛滥的地步了，只要是经营行为都有可能存在"托儿"，消费者在这个"托儿"和骗子的世界中需要有一双慧眼。

◎生意场骗术7：来料加工骗子

一些人以支付高回报的加工费及回收产品为诱饵，以达到收取加工管理费、骗取押金的目的。广告称只要交保证金，就可免费领料组装、回收产品，让你获取丰厚的组装费。当你交付保证金领料组装完产品送交时，广告主常以组装不合格为由拒收，目的是骗你几千元的保证金。

附录：报警常识

◎ 及时拨打"110"报警

"110"是公安机关为方便公众报警而设置的全国统一电话号码。它具有数字少，便于记忆、接通快、使用方便的特点。当发生刑事案件或治安案件时，就可以通过"110"报告情况，使公安机关尽快做出反应，赶赴现场处理。

需要报警、求助或警务投诉时，可通过有线电话（普通市话、投币电话、磁卡电话）、移动电话（手提电话）等，不用拨区号，直接拨"110"三个号码，即可接通当地公安机关"110"报警电话。"110"电话是免费电话，投币、磁卡电话等公用电话不用投币或插磁卡，直接拿起话筒即可拨打。

同时，你应当了解"119"、"122"、"120"三个电话号码，"119"是火警电话，"122"是交通事故报警电话，"120"是急救电话，他们的拨打方法与"110"类似。

◎ "110"受理报警、求助、投诉范围

"110"受理警情的范围：（1）刑事案件；（2）治安案（事）件；（3）危及人身、财产安全或者社会治安秩序的群体性事件；（4）自然灾害、治安灾害事故；（5）其他需要公安机关处置的与违法犯罪有关的报警。

◎ 拨打"110"应注意事项

拨打"110"时要注意做到以下四点：一是要快。报警快，无论对抓获犯罪嫌疑人，还是得到帮助，解救危难或排除险情都是十分重要的。任何有电话的单位、个人及公用电话都应当为报警人提供方便。二是要准。报警时对所报的案（事）件情况，要实事求是，不要夸大其词，以免影响民警正确判断问题的性质，不利处置。三是要具体。报警时要讲清案发的具体地点、时间、姓名及联系方法等。如对案发地不熟悉，可将现场附近的明显建筑物提供给"110"，并在报警地等候民警，以便民警能准确地找到您。四是不要谎报警情。对谎报警情扰乱"110"正常接处警秩序者将给予警告或罚款、拘留等行政处罚。

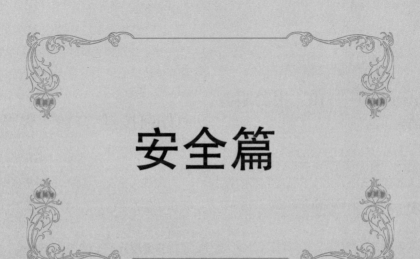

安全篇

第一节　紧急呼救常识

◎常用应急号码

报警求助——110

火警——119

医疗救护——120

交通事故——122

◎如何拨打"110"报警服务电话

发现刑事、治安案（事）件以及危及公共与人身财产安全、工作学习与生活秩序的案（事）件时，及时报警是每位公民应尽的义务。

应急要点：

（1）发现斗殴、盗窃、抢劫、强奸、杀人等刑事、治安案（事）件，应立即报警。若情况危急，无法及时报警，则应在制服犯罪嫌疑人或脱离险情后，迅速报警。（2）发现溺水、坠楼、自杀，老人、儿童或智障人员、精神疾病患者走失，公众遇到危难孤立无援，水、电、气、热等公共设施出现险情，均可免费拨打110报警。

◎拨打"110"应注意哪些问题

（1）报警时请讲清案发的时间、方位，您的姓名及联系方式等。如对案发地不熟悉，可提供现场附近具有明显标志的建筑物、大型场所、公交车站、单位名称等。

（2）报警后，要保护现场，以便民警到场后提取物证、痕迹。

（3）遇到刑事案件时，应首先保护好自身安全。

（4）实施正当防卫时，应避免防卫过当。

（5）谎报警情或恶意滋扰110的行为，要受到法律惩处。

◎如何拨打"119"火警报警电话

发现火情及时报警，是每个公民应尽的义务。任何单位、个人都应无偿为报警提供方便。

应急要点：

（1）拨打119免费电话时，必须准确报出失火详细地址（街、路、门牌号码）。如果不知道失火地址，也应尽可能说清楚周围明显的标志，如建筑物等，并留下电话及姓名以便消防人员进行联系。（2）尽量讲清楚起火部位、着火物资、火势大小、是否有人被困等情况。（3）应派人在道路两旁或交叉路口处接应消防车，以便消防车尽快到达起火地点。（4）应在消防车到达现场前设法扑灭初起火灾，以免火势扩大蔓延。扑救时需注意自身安全。

◎拨打"119"应注意哪些问题

（1）119还参加其他灾害或事故的抢险救援工作，包括：各种危险化学品泄漏事故的救援；水灾、风灾、地震等重大自然灾害的抢险救灾；空难及重大事故的抢险救援；建筑物倒塌事故的抢险救援；恐怖袭击等突发公共事件的应急救援；单位和群众遇险求助时的救援救助等。（2）谎报警情或恶意滋扰119的行为，要受到法律惩处。

◎如何拨打"122"交通事故报警电话

发生交通事故或交通纠纷，可以免费拨打122或110报警电话。

应急要点：

（1）拨打122或110时，必须准确报出事故发生的地点及人员、车辆伤损情况。（2）双方认为可以自行解决的事故，应把车辆移至不妨碍交通的地点，协商处理；其他事故，需变动现场的，必须标明事故现场位置，把车辆移至不妨碍交通的地点，等候交通警察处理。（3）遇到交通事故逃逸车辆，应记下肇事车辆的车牌号；如没看清车牌号，应记下车辆的车型、颜色等主要特征。（4）

交通事故造成人员伤亡时，应立即拨打120急救求助电话，同时不要破坏现场和随意移动伤员。

注意：找交通警察处理交通事故是最好的解决办法。在交通警察到达现场之前，应注意保护现场。

◎如何拨打"120"医疗急救求助电话

需要急救服务时，可拨打120免费急救求助电话。

应急要点：

（1）拨通电话后，应说清楚病人所在方位、年龄、性别和病情。如不知道确切的地址，应说明大致方位，如在哪条大街、哪个方向等。（2）尽可能说明病人典型的发病表现，如胸痛、意识不清、呕血、呕吐不止、呼吸困难等。尽可能说明病人患病或受伤的时间。如意外伤害，要说明伤害的性质，如触电、爆炸、塌方、溺水、火灾、中毒、交通事故等，并报告受害人受伤的部位和情况。尽可能说明您的特殊需要，了解清楚救护车到达的大致时间，准备接车。专家提示如果了解病人的病史，在呼叫急救服务时应提供给急救人员参考。

第二节 居家安全防范

◎居家安全的要点

就寝前确认"五关"；水、电、燃气、门、窗。

遗失钥匙应尽快通知家人，并视情况配换新锁。

重要证件、银行卡、钥匙、身份证、名片等物要分散放置，不要集中放在一个包里。记录证件号码及服务电话，保留证件复印件。若不慎遗失应尽快电话挂失。

日常外出确认"五关"，随身带钥匙、出门要有随手关门、锁门的习惯。

夜间返家，到家之前提前准备钥匙，不要在门口寻找。迅速进屋，并随时注意是否有人跟踪或藏匿在住处附近死角。

送朋友回家，等朋友平安进入再离开。

走进家门发现门窗异常，如门锁被毁、门虚掩着，这时千万不要急于进屋，冷静观察，并立刻通知警方。

外出旅游请朋友、邻居代为处理信件、报纸、小广告等，以免盗贼就此判断家中无人。拜托邻居、居委会和保安多关照，留下自己的联系方式。

◎谨防入室盗窃

入室盗窃、抢劫容易造成受害人较大的财物损失，甚至对生命安全构成直接威胁。

（1）夜间遭遇入室盗窃，应沉着应对，能力许可时可将犯罪嫌疑人制服，或报警求助。千万不能一时冲动，造成不必要的人身伤害。（2）家中无人时遭遇盗窃，发现后应及时报警，不要翻动现场。（3）遭遇入室抢劫，受害人应放弃财物，以确保人身安全。（4）遭遇入室抢劫，应尽量与犯罪嫌疑人周旋，找时机脱身；尽量记住犯罪嫌疑人的人数、体貌特征、所持何种凶器等情况，待处于安全状态时，尽快报警。

◎居家防盗六注意

1. 选择过硬的防盗门。睡觉、出门要关严门窗。反锁防盗门，注意厨房、厕所、阳台窗户关好，切忌开窗户睡觉，贵重物品及衣物应该远离窗口。

2. 长期不在家莫露痕迹，重要财物莫放家中。贵重财物，最好也别放在盗贼容易找到的地方。

3. 防护窗不一定安全。室外防护栏，有很多隐患：一是容易被犯罪分子利用，成为进高楼层住户作案时的攀登物；二是容易引起麻痹大意，给罪犯留下可乘之机；三是一旦发生火灾，阻碍室内人员逃生。

4. 家居的各个门、窗要经常检查，窗、门损坏要及时更换，门锁损坏或钥匙遗失要及时更换。门框主要是要注意是否坚固，门缝是否密封，固定锁体锁、扣部位的门体、门框是否牢固、结实。

5. 入室盗窃易发的地方一是新搬迁的商品住宅，二是独居独院的住宅，三是楼房顶层或低层以及楼下安装了外凸式防护栏的住宅易钻窗入室；四是长时间无人居住的住宅。

6. 如果事后发现被盗，一要及时报警，保护好现场，不要急于入室核对损失的财物；二要阻止旁观人触摸、接近现场，以免现场被破坏，等待公安机关前来调查。

◎家居防抢

做好家庭安全防范工作是防抢的第一道防线。

在城市新建住宅，底层住户的窗户一般都要设计安装防护栏，合格的防盗门更是一项必备的防范设施。从防范角度看，安装门铃配以单向窥视孔，附带金属链的暗锁，是较为理想的防范措施。

有些家庭的门窗虽安装坚固，但由于思想麻痹，门窗不关或关得不实，或轻易让人进入室内，致使抢劫案件发生。因此，在心理上绷紧防抢这根弦是很必要的。如果遇到有人敲门或按电铃，不要急于去开门，可先通过单向窥视孔观察一下，来人是什么模样的，行迹是否可疑；也可先询问来者的用意，再决定是否开门。

◎细微处的家庭火灾防范

如果家里有上年纪的老年人，他们又有吸烟的嗜好，应将他们日常居住的环境加以清理，将那些易燃物品妥善保管，同时应不断地提醒他们注意安全并经常检查他们的周围情况。家中有少年儿童时，要教育儿童不要玩火。家中有炉火时，要格外小心。要经常检查火炉周边是否有易燃物品。此外，平时要注意房屋各处通道畅通，应配备家庭消防器材，并掌握使用方法。在节假日期间应注意防止因燃放爆竹引发火灾。

◎停电事故应急处理

突然停电可能会毁坏电器，并直接影响人们的正常生活。

应急要点：

（1）遇到停电，应利用手电筒等照明工具，首先检查内部配电开关、漏电保护器是否跳开。

（2）室内有焦煳味、冒烟和放电等现象，应立即切断所有电源，以免发生火灾。

（3）保险丝熔断，应及时更换，但不能用铜、铁、铝丝代替。

专家提示：（1）家中应备有蜡烛、手电筒等应急照明光源，并放置在固定的位置。

（2）电线老化易造成停电事故，应尽快报告有关部门更换。

（3）如果发现不是室内原因造成停电，应及时与物业管理人员联系。

◎五种错误的逃生行为

1. 原路脱险。这是人们最常见的火灾逃生行为模式。因为大多数建筑物内部的平面布置、道路出口一般不为人们所熟悉，一旦发生火灾时，人们总是习惯沿着进来的出口和楼道进行逃生，当发现此路被封死时，才被迫去寻找其他出入口。殊不知，此时已失去最佳逃生时间。因此，当我们进入一个新的大楼或宾馆时，一定要对周围的环境和出入口进行必要的了解与熟悉。多想万一，以备不测。

2. 向光朝亮。这是在紧急危险情况下，由于人的本能、生理、心理所决定，人们总是向着有光、明亮的方向逃生。光和亮就意味着生存的希望，它能为逃生者指明方向道路、避免瞎摸乱撞而更易逃生。而这时的火场中，90% 的可能是电源已被切断或已造成短路、跳闸等，光和亮之地正是火魔肆无忌惮地逞威之处。

3、盲目追随。当人的生命突然面临危险状态时，极易因惊惶失措而失去正常的判断思维能力，当听到或看到有什么人在前面跑动时，第一反应就是盲目地紧紧追随其后。常见的盲目追随行为模式有跳窗、跳楼、逃（躲）进厕所、浴室、门角等。只要前面有人带头，追随者也会毫不犹豫地跟随其后。克服盲目追随的方法是平时要多了解与掌握一定的消防自救与逃生知识，避免事到临头没有主见而随波逐流。

4、自高向下。俗话说：人往高处走，火焰向上飘。当高楼大厦发生火灾，特别是高层建筑一旦失火，人们总是习惯地认为：火是从下往上着的，越高越危险，越往下越安全，只有尽快逃到一层，跑出室外，才有生的希望。殊不知，这时的下层可能是一片火海，盲目地朝楼下逃生，岂不自投火海吗？随着消防装备现代化的不断提高，在发生火灾时，有条件的可登上房顶或在房间内采取有效的防烟、防火措施后等待救援也不失为明智之举。

5、冒险跳楼。人们在开始发现火灾时，会立即作出第一反应。这时的反应大多数还是比较理智的分析与判断。但是，当选择的路线逃生失败即发现判断失误而逃生之路又被大火封死，火势愈来愈大，烟雾愈来愈浓时，人们就很容易失去理智。此时的人们也不要跳楼、跳窗等，而应另谋生路，万万不可盲目采取冒险行为，以避免未入火海而摔下地狱。

◎火中逃生的五种方式

一旦发生火灾，应当尽量利用室内有限的空间寻找逃生线路，可以采取下列方式：

1. 门窗逃生。利用门窗逃生的前提是火势不大，还没有蔓延到整个楼房。逃生者可把被子、毛毯或褥子用水淋湿裹住身体，低身冲出受困区。或者将绳索一端系于窗户横框或室内其他固定构件上，无绳索可用床单或窗帘撕成布条代替，另一端系于小孩或老人的两腋和腹部，将其沿窗放在地面或下层的窗口，然后破窗入室从通道疏散，其他人可沿索滑下。

2. 阳台逃生。当火势较大，无法从门窗逃生时可利用阳台逃生。如果楼道走廊已被浓烟充满无法通过时，可紧闭与阳台相通的门窗，站在阳台上避难，等待消防人员来营救。

3. 室内逃生。在室内空间较大而火情不严重时可利用这个方法。可将室内（卫生间、厨房都可以，室内有水源最佳）的可燃物清除干净，同时清除与此室相连室内的可燃物，消除明火对门窗的威胁，然后紧闭与燃烧区相通的门窗，防止烟和有毒气体的进入，等待火势熄灭或消防人员的援救。

4. 利用时间差逃生。遇到局部火势，逃生者可先疏散到离火势远的房间内，在室内准备被子、毛毯等，将其淋湿裹住身体，再利用门窗逃生。

◎煤气中毒的常见原因

1. 在密闭居室中使用煤炉取暖、做饭，由于通风不良，供氧不充分，可产生大量一氧化碳积蓄在室内。

2、门窗紧闭，又无通风措施，未安装或不正确安装风斗。

3、平房烟筒安装不合理，筒口正对风口，使煤气倒流。

4、城区居民使用管道煤气，管道中一氧化碳浓度为 25% 至 30%，如果管道漏气、开关不紧或烧煮中火焰被扑灭后，煤气大量溢出，可造成中毒。

5、使用燃气热水器，通风不良，洗浴时间过长；冬季在车库内发动汽车或开动车内空调后在车内睡着，也可能引起煤气中毒。

◎家庭为何要禁赌

赌博本身是违法犯罪行为。《中华人民共和国治安管理处罚条例》规定：严厉禁止赌博，对参与赌博者，给予拘留、罚款处罚；情节严重的，实行劳动教养；构成犯罪的，要给予刑事处罚。

赌博是一种恶习。它不但腐蚀人们的思想，而且对家庭危害很大，特别是赌博为各种刑事犯罪活动提供了温床，常常是赢了钱，就要腐化、堕落，输了钱，就要打架斗殴、偷窃、诈骗、贪污。这样可使家庭不和以致夫妻离婚，家庭破裂。因此，赌博恶习的存在，是犯罪现象的又一诱因。家庭的每一个成员都应自觉地抵制赌博，这是保证家庭和睦与安全的一个重要条件。

◎烫伤的处理

1. 烫伤后应立即把烫伤部位浸入洁净的冷水中。烫伤后愈早用冷水浸泡，效果愈佳；水温低，效果好，但不能低于零下 6 度。用冷水浸泡时间一般应持续半个小时以上，这样经及时散热可减轻疼痛或烫伤程度。

2、烫伤不严重，一般可在家中先做处理。用冷开水（或淡盐水）冲洗清洁创面。

对发生在四肢和躯干上的创面，可涂上紫草油或烫伤药膏，外用纱布包敷即可。

3、烫伤病人以去医院处理为佳。

◎饮用水污染怎么办

水源污染、管网污染、二次供水污染等各种因素，都能导致饮用水中出现致病病菌或有毒、有害物质。

当自来水或者饮水机的桶装水颜色浑浊、有悬浮物、有异味或水温出现明显异常时，很可能发生了水污染。（1）自来水出现问题时，应立即停止使用，及时向卫生监督部门或疾病预防控制中心报告情况，并告知居委会、物业部门和周围邻居停止使用。（2）用干净的容器留取 3 至 5 升水作为样本，提供给卫生防疫部门。（3）不慎饮用了被污染的水，要密切关注自己的身体有无不适。如果出现异常，应立即到医院就诊。（4）接到管理部门有关水污染问题被解决的正式通知后，才能恢复使用自来水。

◎居家如何做好防震措施

1. 家中应准备急救箱及减火器，并告知家人所储放的地方，了解使用方法。

2. 知道煤气、自来水及电源安全阀如何开关。

3. 家中高悬的物品应绑牢，橱柜门闩宜锁紧。

4. 重物不要置于高架上，栓牢笨重家具。

5. 事先找好家中安全避难处。

第三节　户外安全常识

◎防尾随抢劫

在街面、偏僻小路或家门口发现有陌生人尾随时，要沉着冷静，利用通讯工具与家人或亲朋取得联系，必要时拨打"110"求助，尤其在进家门口时，一定要与陌生人保持行进距离，防止对方突然袭击。

◎遇到抢劫或抢夺如何处理

在突然遭抢的紧急头头，确保人身免遭歹徒伤害是最重要的，在此基础上寻找机会大声呼救或与歹徒搏斗，特别是在周围有人的情况下，一定要大声呼救，以引起人们的注意和警觉。为了人身安全，在与歹徒搏斗时一定要讲究策略。

1. 冷静观察，注意捕捉抢劫、抢夺者的各种特征。这些特征主要包括：一是歹徒的发型、体形、身高、肤色、脸型、口音及身体的其他明显特征；二是作案使用车辆的颜色、大小、型号、车牌号码。如有可能，最好留下一点抢劫者的实物罪证，有利于案件侦破。

2. 及时报警。万一遇到歹徒抢夺或抢劫，要及时拨打"110"报警。

3. 挺身相助，勇于检举。用您的手机、电话帮助被害人及时报警，并记住歹徒特征，为警方提供线索。

◎正确行使正当防卫权利

当您遇到抢劫或抢夺时，把握时机正确行使法律赋予的正当防卫权利是非常重要的。根据《刑法》第二十条规定，为了使国家、公共利益、本人或者他人的人身、财产和其他权利免受正在进行的不法侵害，而采取的制止不法侵害的行为，对不法侵害人造成损害的，属于正当防卫，不负刑事责任。正当防卫明显超过必要限度造成重大损害的，应当负刑事责任。对正在进行行凶、杀人、抢劫、强奸、绑架以及其他严重危及人身安全的暴力犯罪，采取防卫行为，造成不法侵害人伤亡的，不属于防卫过当，不负刑事责任。

◎持戒备心理防出行被抢

居民在出行时保持一定的戒备心理十分必要。出行时边走边察看行走沿线的地形地貌，留意可疑人员，行走过程中特别要注意与可疑陌生人或障碍物保持必要的安全距离。不要随身携带贵重物品，做到财不外露。无论白天、夜间外出，手机、现金及贵重物品最好放在包里，买东西、打电话时注意身边是否有可疑的陌生人，骑自行车和摩托车的人在停车时一定要将车锁好，提包、皮包应随身携带，而不能将提包、皮包放在车筐内或挂在车把上。当你在上下楼梯内、楼梯口或院子门口遇到生人时要留心，发现生人尾随要警惕，特别是进家门，勿与陌生人一同进楼，防止对方突然袭击。

◎斜挎包防飞车抢夺

作案手法大体有三种：一是流动作案，两人共骑一辆摩托车靠近目标，趁人不备抢走财物；二是定点作案，一人在车站或候车点抢夺后，马上乘摩托车逃离现场；三是流动和定点相结合，先寻找目标，再伺机作案。发现目标后一人抢夺，一人接应，随后，逃离现场。作案时间多选择在晚上；侵害对象主要是女性，尤其是独身行走或者骑自行车带包的。地点多在路况好、行人少、易于逃跑的地段，有红灯的十字路口、金融网点门口也是案件发地。

许多人习惯单肩直挎包，众多案例证明这样很不安全，歹徒趁人不备用力一拉便可得手。如果行人斜挎包，虽然只是小小一变，但歹徒的作案难度大大增加，防抢安全系数大大增加。

◎夜间独行如何防抢

1. 晚上的过街天桥及地下通道，过往人员稀少，应等待同路者一起通过，不要孤军深入，一旦坏人来袭，将会无所适从。

2. 灯光昏暗的过街桥、通道，宁可不走，应舍近求远，绕道而行。

3. 发现有人跟踪，可直接向小卖部、保安室或灯亮处走，借问路、买东西或装作和人打招呼支走可疑人。

4. 假如有可疑人员已跟到楼下，不要急于打开自家房门，以免可疑人员尾随入室抢劫，正确的做法是面向灯亮的窗户呼喊熟人或邻居的名字，待可疑人走后再快速打开门进入房门。

5. 女子晚上最好不要孤身一人在路偏人稀的道路上行走，如万不得已的情况下，可以考虑在包中装一瓶发胶或用矿泉水瓶装一瓶辣椒水（盖子事先打好小孔）。当遇歹徒劫财劫色时，趁歹徒疏忽之际，将发胶或辣椒水喷向歹徒的眼睛，然后迅速脱身。

◎提防被麻痹后抢劫

麻痹抢劫作案一般由三个阶段组成。一是投石问路，选定目标；二是设法接近，选择时机；三是摸清钱财，下手作案。从作案手法上看，多是提供事先准备好的掺有麻痹药品的饮料、茶水，使你在不经意中被麻醉。因此，预防麻醉抢劫的关键是加强自我防范的意识，提高识别和抵御能力。对试图与自己表示亲近的陌生人，在无法确认其真实意图的情况下，不能随意接受其提供的饮料、茶水及香烟、食物等。不要轻易地让对方获悉自己随身携带的钱财，一般情况下，作案人不会对一个没有"价值"的目标下手。对不知底细的生意人，最好安排在自己选择的场所交谈，或者提前告诉家人、同事自己的具体去向、事由、时间，或让人定时与自己联系，尽量不给有歹心的人以可乘之机。

◎提款防抢应注意哪些

作案过程：抢夺银行提款人的歹徒先选择好作案目标，一般由三个人合伙作案。一个人审进银行偷窥提款数额，另两个乘坐摩托车在银行外"待命"，当在银行内的同伙确定目标提完款准备离开时，便溜出去打手势或打手机给乘坐摩托车的同伙，叫他们跟踪提款人伺机行抢。

注意事项：

1. 注意四周异常情况。在取款时，要当心身边鬼鬼祟祟之人；离开时，要提防尾随者，特别是突然在路上来回穿梭的摩托车。

2. 提取现金数量较大时，最好两人同行。实践证明，无论是在银行柜面，还是在ATM机上取款时，如果有一个家人或同事站在身边，注意四周情况，可以时时给予安全提醒。同时，取款后与取款人若即若离地保持一段距离一同返还，这样能有效地震慑歹徒，防范抢劫案件的发生。

3. 资料显示，被歹徒尾随抢劫的被害人大多为老年人或妇女。因此，单位或家里如果有反应敏捷、身强力壮的男子汉，最好请他们出行或"护驾"。

4. 只在柜面上清点现金，并尽量勿让旁人看到。有些取款人喜好在营业大厅旁若无人地清点钱款，这样过于"露富"，容易被歹徒作为下手目标。

5. 最好乘坐封闭式交通工具快速离开。如果是为家事提取巨款，取款后最好"打的"离开。

6. 取款后避免在过于偏静的道路行走。这些地点往往是抢劫案件的多发地，如果实在无法避免，请一定要保持一份警惕。

7. 切勿将装钱款的包袋放在车筐里。许多取款人返回途中被抢，就是因为误将车筐当作了保险箱。其实，放在车筐里最容易被歹徒下手。

◎办公室防盗三要点

1. 坚持人走锁门，养成好习惯。

2. 见到陌生人要仔细盘问。

3. 办公桌上不要摆放贵重物品，抽屉内不要存放大量现金。

◎扒手用什么方式作案

出行防盗主要是防扒手。扒手作案主要有四种方式：1. 掏包。不借助作案工具，趁被害人不备时，迅速贴近，快速下手，常常以衣物、皮包、报纸等物品作为道具来掩护，从被害人的衣袋等处窃取钱包、现金或手机等。

2. 拉包。利用被害人的背包被挤到身后无法顾及时，用自己或同伙的身体或借用衣物、皮包、报纸等物品作为道具来遮挡别人的视线，快速拉开拉链，窃取钱包、现金或手机等财物。

3. 割包。扒手用剃须刀、裁纸刀等锋利的刀片将被害人的包或衣袋割破，窃取钱包、现金或手机等财物。

4. 拎包。扒手一般手持一个较大的黑色不透明塑料袋或开口的大包，在热闹的商场、饭店等地假装购物或就餐，寻找挂于一边或放在柜上、桌上、凳上的皮包，一旦被害人前去试衣或转身、低头吃饭，便迅速接近目标，顺手拿起皮包放入自己的大包内，大摇大摆地离开。有的是在集贸市场内趁受害人专心买菜、讨价还价、注意力分散之时，顺手牵羊拿走车筐内的包。

◎在嘈杂的街道上防掏包

这类扒窃案件，扒手行窃的对象通常是骑自行车正准备加速或减速或者背包行走的女士，动手偷的通常为10岁左右的小孩，有一个或几个大人在一旁操纵小孩子去实施扒窃。主要有两种作案方式：(一)随车奔跑。他们利用人们骑自行车刚刚加速或者是减速时注意力集中，背包通常斜背的特点，尾随车子奔跑，伺机拉开包链行窃。(二)贴身紧逼。这是现阶段扒手们用得较多的手法。他们一旦确定目标后，就会不分场合不分地点，跟着她们的走动步伐频率贴身跟着，在她们身体上下颤动时下手拉开拉链、掏出钱包，有时还会把拉链再拉死，延迟失主发现时间。在一些繁华路口，当人们等待交通指示灯的时候开始行窃。对付这类扒手，最好的方法是把背包从身后放回到身前、夹在腋下或者是视野和感觉所能触及的地方，加强自身防范。另外，可以把钱物放在包内带拉链的夹层里。

◎公交车上扒手如何偷窃

天气寒冷的季节，是扒手相对活跃的季节，因为这时乘坐公交车的人们穿的衣服较多，可感知度较弱。在选择男性行窃对象时，扒手往往会选择那些身体不健壮、看上去比较富有的人。同时，一些乘客的习惯动作也给扒手提供了下手的机会。比如，有的男士会把钱包习惯放在裤子后面的口袋里或把钱、手机放在上衣外兜里。那些把包向后背、看起来比较粗心的女士，也是扒手们经常选择的行窃对象。

所以，坐公交车要先备好零钱，最好不要临时从包里掏钱。上下车时，切勿与人拥挤，遇到有人故意往您身体上挤、撞、贴，应格外提防。上车后最好往车厢中间走，不要挤在车门口，把包护在胸前或放在两腿中间，贵重物品要放在内衣兜里。在车上还要注意身边的人，扒手作案大都有同伙，一个去挤，另一个则在后方伺机行窃，有的还会有"道具"，他们用衣服、报纸或书本杂志挡住自己作案的手。因此，在车上看到身边有这样的人，并且四处张望，就要多加小心。

◎乘坐公交车如何防窃

(1)刷卡亮卡之时最危险。(2)乘客上车时最好把包放到自己身体前面来，不要把手机别在腰间，衣服的插袋里不要放东西。排队上车，不要挤，不要乱，小偷就无机可乘了。(3)不要和陌生人挤作一团。(4)警惕撞你的人。(5)随身物品要在视线所及范围内。(6)不要在公交车上睡着。(7)学会识别小偷：一看眼神、二看衣着、三看随身物品、四看表现。(8)下车，尽量避免太拥挤。(9)及时报案，及时与公安机关取得联系。

◎扒手喜欢光顾哪些地方

商场、商店、超市、快餐厅等都是扒手喜欢光顾的地方，由于人群蜂拥，就给扒窃分子带来十分有利的机会。他们通常采用在顾客集中精力购买物品或者是吃饭聊天、无暇顾及自己财物时，将他们的财物拎走。如果是多人作案的话，一人或多人在顾客身旁推挤，或者是吸引他们的注意力，另一人则会趁机掏包。

在购物、进餐时一定要把自己的财物随身携带，不要随意扔在座位上，应该存放在这些场所中的寄存处，在超市购物一定不要把钱包放在购物车里。尤其是在试换衣服时或者是挑选货物时，一定要把自己的物品放在自己的身边或视线可及的地方。

◎识别扒手小知识

1. 看神色。扒手寻找行窃目标时，两眼总是注视顾客的衣兜、皮包、背包，选准目标后，一般要环顾四周，若无他人注意便迅速下手，此时因精神比较紧张，往往有两眼发直、发case、脸色时红时白等现象。

2. 观举止。扒手选择侵害目标时，往往在人群中窜动，选择目标后即咬住不放，紧紧尾随，乘人拥挤或车体晃动的机会，用胳膊和手背试探"目标"的衣兜。

3. 听语言。扒手之间为了方便联络，常常使用黑话、隐语。他们把上衣兜称"天窗"，下衣口袋称"平台"，裤兜称"地道"，把妇女的裤兜称"二夹皮"等。

4. 看动作。扒手在动手作案时，一般借车体运行晃动或乘客拥挤的机会，紧贴被窃对象的身子，利用他人或同伙作掩护，或用自己的胳膊、提包、衣服、书报等遮住被窃对象的视线，实施作案。

◎旅途中如何防盗

出行最好改变携带现金的方式，利用银行卡取款，就不必一路上担心被盗而神经紧张，而能真正实现轻轻松松出门，平平安安观光了。同时要注意：

1. 售票处如果有人突然在旁边聚集起哄，最好不要去看热闹，因为此时人多，最易被扒。

2. 不要请陌生人照看行李。中途停车如果是夜间，要随时留心自己的行李包。

3. 乘火车坐硬（软）座时，对个人随身的行李物要放在视线之内的行李架上，并随时观察，特别是火车到站前，上下旅客人多拥挤时，更要注意自己的行李。

4. 在夜间乘火车时，若是两人同行，可以交替休息，切不可两人同时入睡；若是单人乘火车，较近的要坚持一下，切不可以睡觉，更不可以让其他旅客帮着照看行李，以防不测。若需要睡觉时，可将放有贵重财物的包锁好，放在身边或用链条锁固定在行李架上，茶几腿上，证件等应放置内衣口袋内，可防别人趁您入睡时，偷走这些钱物。乘坐卧铺车厢时，除将个人行李妥善保管好外，入睡时，切不可把装有现金的外衣盖在身上，要叠好放在头下枕着，或者把现金、皮夹放在内衣口袋。

5. 在火车到站时，乘客下车走动、购买食品，活动的范围以靠近放置行李的窗口为宜，不可走得太远，在上下火车时，要防止随身携带的钱物被偷。

◎乘船如何防盗

1. 对现金和贵重物品要保管好，在购物、就餐、看电视、看风景时，应尽量避开人多拥挤的地方，以防被扒。

2. 装有贵重物品的小型手提包，要随身携带，切不可乱丢乱放，以防被别人拎走或用套包的方法盗走。

3. 夜晚入睡时，应将小包放置在枕头下再入睡。

4. 到轮船的洗脸室、洗澡间洗浴时，不可将手表、金银珠宝饰品摘下乱放，以防遗忘而被别人拿走。

5. 在船到码头后，不可只顾站在甲板上观赏风景而不顾行李，以防扒手乘此机会窃走行李后上岸。此时应留在舱房内看管行李，待舱内上下船的旅客就位后，才可离舱去甲板上观看风景。

◎机动车防盗技巧

盗窃机动车犯罪通常发生在子夜至凌晨 4 时这段时间，发案地点主要集中在路边、居民楼下及临时停车场等光线昏暗、行人稀少的僻静处，这些地点停放的车辆很容易成为盗贼的猎物。

1. 停车时，尽量选择地势开阔、行人繁多的场地，最好停放在有人看守的停车场，要避免将车停放在没有灯光或光线昏暗的地方。

2. 如果有时万不得已必须把车停放在较为隐蔽的角落时，尽可能将车头朝外，这样就算真有盗贼"光顾"您的车，也容易被人发现。

3. 选择汽车防盗装置一定要选择正规厂家、科技含量较高的产品。

4. 人离车时尽量不要将现金、手机等贵重物品和包放在车内，以免诱使窃贼铤而走险。

5. 有条件尽量安装 GPS 卫星定位系统，使用该系统的好处在于一旦车辆被盗，监控中心会及时与您联系，征得您的同意后采取汽车停电、断油的反控制措施，并指派警务人员到现场处置，确保您车辆的安全。

◎驾车出行防盗

1. 生人敲门须警惕。驾车至路口或较僻静的路段时，突然有人来到车旁，或敲打车门，或对轮胎指指点点，您的第一反应可能是轮胎有了问题，当您紧急停车，下车查看时，另一侧可能会闪出一人，将放在副驾驶座上的手提包、手机等财物窃走。一旦遭遇上述情况，停车检查前，一要关好车门；二要将财物随身拿好。如发现两人以上伺机作案，不要马上停车，而是慢慢将车开到人多热闹的地段，或在车内马上用电话报警。

2. 短暂停车要关门，不能心存侥幸，认为是短暂停车，放松警惕；在加油、洗车甚至是在接受交通违章处理时，都不要疏忽了车门。

3. 行李箱存物不保险。有人将汽车后备箱当成了保险箱，将重要物品存放其中。汽车后箱盖保险系数并不高，箱盖锁并没有特别防盗功能，对窃贼而言，打开绝非难事。

此外，停车过夜有讲究。如驾车在外停车过夜，不要随意将车停在路边或无人看管的居民小区，不要把财物遗留在车内。应选择专门的停车场地，如果实在没有条件的话，应将车停放在小区通道、出入口、街灯下等有人出现、易于观察的地方，避免偏僻和视线死角。

◎购物、用餐防盗

购物、用餐时不要毫无目的的携带大量现金，有目的购物时，现金也应妥善保管。

1. 当您一个人在商场试衣服时，一定要时刻记得包不要离身，别怕麻烦，把包一起带进去就是了。千万不要让售货员帮您看管，当顾客多的时候，售货员根本就照顾不过来。

2. 在外用餐，衣服和手包应不脱离视线，且不可喝得忘乎所以、人事不知，将个人物品安全抛到九霄云外。

3. 在理发店或饭店等公共场所，一定不要让包脱离自己的视线。在饭店就餐时，如想将外衣搭在身后的椅子靠背上，要把外衣中的现金和贵重物品拿出，贴身保管。

4. 在超市购物时，因为包都是封在相同的袋子里，在挑选商品时，很容易给作案人可乘之机，实施掉包。因此，在顾客较多的超市内购物时，一定要看好自己封包的袋子，谨防掉包。

商场防窃的主要地点：重点防范地点一：试衣间。重点防范地点二：鞋帽店。

◎马路边防窃

你在马路上行走时要注意以下几点：（1）如果你背的是双肩背包，请把包背在胸前，以防被偷。（2）如果是俩人同行，请把包放在俩人中间的一侧。（3）如果是长背带的包，请斜挎背较安全，并将包斜向远离马路一侧。不要单手提包，或单挎

在肩上，应该把包摆在胸前，双手紧紧抓住。（4）手机不要挂在腰带上，揣在胸前口袋里更为安全些；

◎坐火车防窃

（1）不要将装有钱、证件、手机等贵重物品的衣服挂在衣帽钩上。（2）不要经常清点贵重的钱物，以免引起扒手们的注意。（3）长途旅行的旅客，在睡觉时要警醒一些，尤其是在深夜行车时，更要留神小心。（4）不吃陌生人给的饮料和食品。不能委托陌生人帮补车票或看管行李。（5）在遇到财物丢失时，可向列车上的乘警报告，并向乘警说明案件发生的时间、地点，回忆遇窃前后的情况，提供可疑人的特征，供乘警参考。失盗后要找借口离开车厢，如表示头晕，要到其他车厢去找药；或拿起水杯去车厢外打水等，借机向乘警报告情况。（6）遇到突发事件，旅客可以使用列车110报警装置报警，亦可到列车中部的餐车找到乘警。

◎如何防范抢劫案的发生

不露富：外出不带大量现金、贵重物品和重要证件。

行走警惕：走人行道，不要靠马路太近，提包等背在右侧。

保护自己：若遭遇飞车抢夺不要生拉硬夺，避免伤害自己。

迅速报警：记住不法分子及所乘用交通工具的特征并尽快报案。

◎行路安全常识

·随身携带本人信息卡，以便在自己发生意外时他人可以与家人取得联系。

·外出前将自己的行程和大致返回的时间明确告诉家庭其他成员。

·远离偏僻的街巷、黑暗的地下通道，不独自到偏远地带游玩。

·外出游玩、购物等最好结伴而行。

·衣着须朴素，钱财勿露白。

·不搭乘陌生人的便车。

·不接受陌生人的钱财、礼物、玩具、食品，与陌生人交谈要提高警惕。

·包不离身，不委托陌生人代为看管自己的行李物品。

·不接受陌生人的同行或作客邀请。

·随时注意周围是否有可疑人士跟踪或注意你。

·莫贪小便宜。街头兜售文物、金元宝、金银首饰等物品的人十有八九为骗子，切勿为花言巧语所动，切勿购买。

·与街头小贩交易时要小心，并提防在街上主动为你服务的人。

·按时回家，如有特殊情况不能按时返回，应设法告知家庭其他成员。

◎野外生存的求救信号

在野外，生存环境非常恶劣，各种灾难会不期而至。对野外生存者来说，及时了解自己所面临的困境，通知别人，求得救援，是非常重要的。遇险求救时，要通过各种方式与别人取得联系。发出的信号要足以引起人们的注意。

根据自身的情况和周围的环境条件，发出不同的求救信号。一般情况下，重复三次的行动都象征寻求援助。

1. 烟火信号

火光作为联络信号是非常有效的。遇险时可根据自身的情况：为保证其可靠程度，白天可在火堆上放些苔藓、青嫩树枝、橡皮等使之产生浓烟；晚上可放些干柴，使火烧旺，使火升高。燃放三堆火焰是国际通行的求救信号，将火堆摆成三角形，每堆之间的间隔相等最为理想，这样安排也方便点燃。

2. 旗语信号

一面旗子或一块色泽亮艳的布料系在木棒上，持棒运动时，在左侧长划，右侧短划，加大动作的幅度，做"8"字形运动。如果双方距离较近，不必做"8"字形运动。一个简单的划行动作就可以，在左侧长划一次，在右边短划一次，前者应比后者用时稍长。

3. 声音信号

如隔得较近、可大声呼喊，三声短三声长，再三声短；间隔1分钟之后再重复。

4. 反光信号

利用阳光和一个反射镜即可射出信号光。任何明亮的材料都可加以利用，如罐头盒盖、玻璃、一片金属铂片，有面镜子当然更加理想。持续的反射将规律性地产生一条长线和一个圆点，这是莫尔斯代码的一种。即使你不懂莫尔斯代码，随意反照，也可能引人注目。无论如何，至少应掌握SOS代码。

第四节 女性人身安全防卫

◎女性外出注意的环节

外出某地，最好能提前告知家人或者同事，或者在自己的办公桌、书桌上留言，告诉他们自己何时出去的、到哪里去、大约何时能回去、与谁约见、通过什么方式联系较为方便。要随身带有放自己的名字及亲友名字、电话的小卡片，方便发生情况下别人可以及时与您的亲友联系。

独自一个人在外面，必须与亲友保持定期联系，改变联系方式应当及时告知。

初到外地，选择住宿的地方时，不要轻易相信拉客者的花言巧语，最好不要一个人前往，与其他的准备住宿者一同前往比较安全。

住宿的宾馆，要事先考查一下其安全情况，一般来说，档次越高越安全。

出外旅游住宿时，到了住宿的宾馆、饭店、旅馆，首先应找到除电梯、楼梯以外的紧急出口处，以备万一。将所住宾馆的名称、地址、房号、电话总机和分机号码等写在一张小卡片上，带在身上，以备急用。

◎在路上注意的事项

外出的路上，人多的地方不去，人少的地方莫留，应尽可能地与陌生人保持适当距离，以免遭受抢夺或者抢劫。

外出时应随身携带防卫工具，如喷雾

器、哨子等。夜晚单独外出，要带手电筒等物品，万一被袭击，可用手电照射歹徒面部。

去不熟悉的地方尽量问警察或保安，最好不要让陌生人带路。

走路时，应走在人行道的中央，可避开车辆，也可防止歹徒骑机车从后面攻击或者抢皮包。

出门最好结伴而行，减少单独外出，减少夜出晚归。危险性高的地方，女性在无男性陪同的情况下，最好不要外出。

走在路上，若发现有人跟踪，迅速跑到人多的地方或走进商店，必要时打电话报警。

◎夜间独行注意什么

避免夜晚出门活动，避免在一些人迹罕至的地方行走。通过天桥、地下人行通道时，要确认一下身边有没有人，速度最好快些，发现有可疑人员最好绕道行走。

单独一人不要到一些不安全的地方，比如人迹罕至的公园或河边、荒郊野外。

单独外出要走灯光明亮的大道，不抄近道小路。在僻静的马路上，面对车流行走，不背对车流，以免有人停车袭击。

◎乘车安全注意什么

不搭乘陌生人的顺路车。

乘地铁时，和其他乘客坐在一起，尽可能坐在靠近站台出口的车厢，生靠近车门的位置。

乘公共汽车，尽量靠近司机和售票员。

晚上很晚离开办公室时，最好结伴行走或搭出租车。

◎ 在公共场合的安全

不要养成围观的习惯，路边的热闹尽量不要围观，比如有人捡到钱、耍猴、摆棋局、打架、聚众赌博等。很多犯罪分子就是这样设局然后实施作案的。

尽量不要接受街头派发的传单或宣传资料（可能被有些图谋不轨的不法分子预先喷上麻醉性药物），特别是在独自外出时，尤其要警惕。万一误接了上述资料，并感觉身体不适，请立即向就近的警察求助，尽快就医。切忌硬撑，一旦晕倒，后果不堪设想。

不要在公共场所，和一个初次见面或者认识不深的人一起离开。

◎ 避免与陌生人打交道

孤身出门在外，尽量别和陌生人打交道，若对方问时间、问路，知道的话，可以告诉对方；若对方提出带路或者帮忙，可请对方向别人或交警求援。回复停车在路边的人，应当保持一定距离，以免被强行掳走。

与陌生人约见，见面时要进行身份确认。如互相打手机尝试，或者要求提供身份证明。不要因为是老乡或者朋友介绍的朋友而感觉要求不妥。

不知道对方的为人、姓名、公司（家里）电话、地址时，不要轻易和对方约会。尤其在现在的信息化社会，许多在网络上结识的朋友，在未深入了解对方的情况下，便冒险与别人约会，以致发生被抢劫、强奸的后果，此类现象并不鲜见。

不要轻易和陌生人说话，不要随便接受陌生人的帮助，更不要随便接受陌生人的吃请，也不要随便帮助别人。此点似乎不符合我们社会主义国家的道德标准，但为了个人的安全，请三思而后行。

◎ 遇到有人跟踪怎么办

快到家门时，发现有人跟过来，此时不要立刻进家门，最好快脚步跑到人多较亮之处，甚至可以随便找个路人说话假装认识，以吓退歹徒。

若在暗巷内被跟踪，可踢路边停放的车辆，让车辆警报器大响，以吓退歹徒。

经常查看公寓走廊、电梯、楼梯间的灯光照明是否有损坏故障，如有问题，及时报修。

◎ 警惕各种各样的骗局

注意您打的 IC 电话，有些可能被做了手脚。如果条件允许，最好去打公用电话。同时，在通话过程中，要注意个人信息的保密，别被别有用心的人窃听。

不要只把各类联系方式只保存于手机里，最好在手机之外，置备一个《电话号码本》，以防手机丢失后难以联系亲友。

牢记单位 24 小时应急求助电话，并告知您的家人，任何有需要时均可电话求助。

及时更新自己在《电话号码本》中的记录，包括手机号码、办公电话、单位信息，甚至家人相关信息。

◎求职要注意哪些

求职或者租房子，不要单独前往，最好有家人或者朋友陪伴。

在求职过程中还要当心一些犯罪分子借机抢劫或者性侵犯。

不要相信一些非正规途径得来的招聘信息，不要相信一些没有正规执照的黑中介。

如果面试的地点是一个偏僻的地方，要当心，最好找一个男伴。

如果与人合租，必须确定对方的身份，避免租房过程中可能存在的骗局，必须约法三章，不得随意将钥匙交给其他人，以免出入复杂。

◎如何防窃防盗

当不熟悉的人问您是否一个人在家时，最好说有几个亲人或者朋友在一块。对于陌生人打来的电话，最好不要让对方知道只有您一人在家。

回到家门之前准备好开门的锁匙，不要站在门口才来找锁匙。

回家时，若发现家中来了小偷，如果在门外发现家里好像有人在偷东西，请不要大声喊叫，更不要贸然进屋。

如果确定家中来了小偷，不要进去质问对方，应迅速拨打派出所电话或 110 报警。

遇到情况不要害怕，不要慌，千万不要自己冲进屋或大喊大叫，以免自己人小力单受伤害。

如果发现家里有被偷过的迹象，自己千万不要乱动任何东西，要保护现场，以便破案，应该迅速到打电话报警。

若在睡眠中，发现有歹徒闯入，若歹徒小心翼翼不想吵醒屋主的样子，此时应假装熟睡，避免和歹徒正面冲突，以免引来杀机或者不必要的伤害。

◎乘"的士"应注意的细节

打的士时，若车窗不够明净，由外看不见内部者，没有营业登记者或驾驶人与登记照片不符者，拒绝搭乘。上了的士后记得摇下车窗留点空隙，若有状况，可向外呼叫求援。上车时，注意的士司机是否由座位上直接开门，如果是座位上装了控制锁，若由他控制车门，最好不要搭乘。乘坐的士，最安全的位置是司机座的正后方，若碰上司机伸出魔爪，应保持冷静，使用防身器对付，如果没有，原子笔、发夹、高跟鞋等都可作为"临时武器"；若发现司机驶往郊区，应提醒司机走错了，若司机不听迳自开往郊区（非目的地），可抓住方向盘制造假车祸求援。若司机意图强暴，可假装配合到旅馆，再伺机寻求机会脱逃。搭乘的士，可将车号、驾驶人资料告诉友人，以防万一。在送女士上的士时，应当记下所乘计程车的车牌号码。

◎怎样看好自己的钱袋

皮夹内放有自己的名字及亲友名字、电话的小卡片，例如将自己的一张名片置于钱包里面，便于拾到者与自己或家人联系。在上面可书写如下字样：拾到后，请速与我单位或家人联系，并在名片后标注单位或家人联系方式。

到自动取款机取款，应注意四周环境有无

可疑人物，输入密码时，一手遮掩，一手按键，不要被别人看到。取款后回家或者回单位的路上，要万分小心。若取款金额较大，最好有朋友陪同。若有人持刀逼近，告诉对方只要不伤害可给钱，然后迅速逃离现场并及时报警。

平常在身上一定要备有各金额的零钞（硬币、纸币），将小面值的零钞与百元整钞分开，一般只使用零钞。

不要轻易让陌生人看见自己的钱包。出门，最好别带皮包，如若必须带，尽量拿件外套将皮包套住，应采用斜挎式背法，包不要背在靠马路一边，以防坏人抢掠。身上不要带太多现金，开两个以上的银行户口，所带信用卡只存些零用钱（出门够用就好）。希望能把意外降到最低，若不幸发生了意外，也尽可能将伤害减到最少。

如果遇到危险，趁歹徒不在意，想办法抛弃、毁掉或者折断银行卡，扔掉钱包（含有联系方式）。

◎女性独自开车要注意什么

行车时，一定要把车门反锁。停车熄火熄灯后，留在车内稍稍观察片刻，开车出来，将值钱的东西放在看不见的地方。

开车送朋友回家，要等朋友进了家门再离去。停放车辆选择靠近目的地及灯光明亮之处；在地下室停车场，若发现有可疑人物在车子附近徘徊，可请停车场管理员或者警察先生陪同前往开车。

◎乘电梯万不可疏忽大意

夜里，不要进入只有您和另外一个陌

生人的电梯（视时间、场所、凭直觉而定）。进入电梯应站在控制钮旁边，以便遇到突发状况时可以立即反应；发现陌生人进入，注意其所按楼层，若对方按的是顶楼、地下室等，最好马上按最近的楼层，迅速走出。若在电梯中遭受攻击，立刻按下每一楼层的按钮，这样一来，电梯会在最短时间内停下来，等门一开，立刻喊"失火了"（喊"失火了"比喊"救命"来得有效，较能引起其他人注意），并且站在电梯门中间，让电梯无法关门。

◎女性朋友防性侵犯十招

1. 以最安全途径出入，避免夜归及走避静路径。

2. 避免单独与陌生男子乘电梯，尽量站在靠近警钟的位置。

3. 信任自己直觉，发现有人心怀不轨，立即躲避。

4. 与朋友家人多照应，让他人知道自己的行踪。

5. 小心门户，拒绝让陌生人入屋。

6. 避免与初相识男子独处。

7. 明确以"不"表达不愿意态度。

8. 学习有效自卫术,善用随身物品（如雨伞、鞋等）做反击武器。

9. 遇事保持冷静警觉，随机应变，选择时机快而准地攻击对方身体的眼睛、耳、鼻或下体等部位。

10. 面对侵害时，谨记作案者特征，运用技巧与对方谈话拖延时间。

第五节　紧急事件应急防范

◎遭遇意外如何脱险

如果在参加大型活动时遭遇意外的话，良好的心理素质是顺利逃生的最重要原因，因此若遇到意外情况，一定要保持镇定，不要盲目逃生，否则越挤越乱，场面会变得难以控制。只有保持冷静的情绪，理智应对，才能有序撤离危机现场。

◎踩踏事故已经发生该怎么办

1. 拥挤踩踏事故发生后，一方面赶快报警，等待救援，另一方面，在医务人员到达现场前，要抓紧时间用科学的方法开展自救和互救。

2. 在救治中，要遵循先救重伤者、老人、儿童及妇女的原则。判断伤势的依据有：神志不清、呼之不应者伤势较重；脉搏急促而乏力者伤势较重；血压下降、瞳孔放大者伤势较重；有明显外伤，血流不止者伤势较重。

3. 当发现伤者呼吸、心跳停止时，要赶快做人工呼吸，辅之以胸外按压。

◎出现混乱局面后的应对方法

1. 在拥挤的人群中，要时刻保持警惕，当发现有人情绪不对，或人群开始骚动时，就要做好准备保护自己和他人。

2. 发觉拥挤的人群向着自己行走的方向拥来时，应该马上避到一旁，但是不要奔跑；此时脚下要敏感些，千万不能被绊倒，避免自己成为拥挤踩踏事件的诱发因素。

3. 如果路边有商店、咖啡馆等可以暂时躲避的地方，可以暂避一时。切记不要逆着人流前进，那样非常容易被推倒。

4. 遭遇拥挤的人流时，一定不要采用体位前倾或者低重心的姿势，即便鞋子被踩掉，也不要贸然弯腰提鞋或系鞋带。

5. 当发现自己前面有人突然摔倒了，马上要停下脚步，同时大声呼救，告知后面的人不要向前靠近。

6. 若身不由己陷入人群之中，一定要先稳住双脚。切记远离店铺的玻璃窗，以免因玻璃破碎而被扎伤。

7. 当带着孩子遭遇拥挤的人群时，最好把孩子抱起来，避免其在混乱中被踩伤。

8. 若被推倒，要设法靠近墙壁。面向墙壁，身体蜷成球状，双手在颈后紧扣，以保护身体最脆弱的部位。

◎高楼着火逃生法

1. 要保持头脑清醒。火灾发生时，能够冷静地面对，是得以成功逃生的前提。

2. 逃生勿入电梯，楼梯可以救急。火场上不要轻易乘坐普通电梯。发生火灾后，电梯往往容易因断电而造成"卡壳"，给救援工作增加难度；电梯口直通大楼各层，火场上烟气涌入电梯井极易形成"烟囱效应"，人在电梯里随时会被浓烟毒气熏呛而窒息。逃生时应尽量利用建筑物内的防烟楼梯间、封闭楼梯间、有外窗的通廊、避难层等设施。

3. 寻找逃生路，向下不向上。进入楼梯间后，在确定下楼层未着火时，可以向下逃生，而决不往上跑。因为火灾发生时强大的"烟囱效应"将使火势迅速向上蔓延，使进入者晕头转向、晕厥乃至死亡。

4. 平时注意进行避难逃生训练，预先熟悉逃生路线，掌握逃生方法。

◎居民住宅火灾的逃生方法

居民住宅一般是单元式房屋，火灾发生后，具体的逃生方法有：1. 利用门窗逃生。把被子、毛毯或褥子用水淋湿裹住身体，用绳索（可用床单、窗帘撕成布条代替）一端系结于门、窗、管道或其他牢靠的固定物体上，另一端系结于老人、小孩的两肋和腹部，将其沿窗放至地面，其他人可沿绳滑下。2. 利用阳台逃生。相邻单元的阳台相互连通的，可折破分隔物，进入另一单元逃生。无连通阳台但阳台相距较近时，可将室内床板或门板置于阳台之间，搭桥通过。3. 利用空间逃生。室内空间较大而可燃物较少时将室内可燃物清除干净，同时清除相连室内可燃物，紧闭与燃烧区相通的门窗，防止烟和有毒气体进入，等待救援。4. 利用时间差逃生。火势封闭了通道貌岸然时，人员先疏散至离火势最远的房间内，争取时间、准备逃生器具，利用门窗，安全逃生。

公交车发生火灾时的逃生方法公交车是人们生活中不可缺少的交通工具，人员众多是其一个最大的特点，一旦发生火灾应采取以下几种自救的方法：1. 当发动机着火后，驾驶员应开启车门，令乘客从车门下车。然后，组织乘客用随车灭火器扑灭火焰。2. 如果着火部位在汽车中间，驾驶员打开车门，让乘客从两头车门有秩序地下车。在扑救火灾时，重点保护驾驶室和油箱部位。3. 如果火焰小但封住了车门，乘客们可用衣物蒙住头部，从车门冲下。4. 如果车门线路被火烧坏，开启不了，乘客应砸开就近的车窗翻下车。5. 开展自救、互救方法逃生。

◎客船火灾中的逃生方法

客船发生火灾时，盲目地跟着已失去控制的人乱跑乱撞是不行的，一味等待他人救援也会延误逃生时间，有效的办法是赶快自救或互救逃生。客船火灾中的逃生不同于陆地火场上逃生，应依据当时客观条件而定。当你在客船上被大火围困时可采取以下几种逃生的方法：1. 当客船在航行时机舱起火，机舱人员可利用尾舱通向上甲板的出入孔逃生。船上工作人员应引导船上乘客向客船的前部、尾部和露天甲板疏散，必要时可利用救生绳、救生梯向水中或来救援的船只上逃生，也可穿上救生衣跳进水中逃生。如果火势蔓延，封住走道时，来不及逃生者可关闭房门，不让烟气、火焰侵入。情况紧急时，也可跳入水中。2. 当客船前部某一楼层着火，还未延烧到机舱时，应采取紧急靠岸或自行搁浅措施，让船体处于相对稳定状态。被火围困人员应迅速往主甲板、露天甲板疏散，然后，借助救生器材向水中和来救援的船只上及岸上逃生。3. 当客船上某一客舱着火时，舱内人员在逃出后应随手将舱门关上，以防火势蔓延，并提醒相邻客舱内的旅客赶快疏散。若火势已窜出封住内走道时，相邻房间的旅客应关闭靠内走廊房门，从通向左右船舷的舱门逃生。

◎列车火灾中的逃生方法

旅客列车的火灾特点：一是易造成人员伤亡。二是易形成一条火龙。三是易造成前后左右迅速蔓延。四是易产生有毒气体。旅客列车火灾的逃生方法有：当列车发生火灾时，乘务员应迅速扳下紧急制动闸，使列车停下来，并组织人力迅速将车门和车窗全部打开，帮助未逃离火车厢的被困人员向外疏散被困人员可以通过各车厢互连通道逃离火场。（相邻车厢间有自动或手动门）通道被阻时，可用坚硬的物品将玻璃窗户砸破，逃离火场。摘挂钩疏散车厢。旅客列车在行驶途中或停车时发生火灾，威胁相邻车厢时，应采取摘钩的方法疏散未起火车厢。

◎地铁中遇到危急情况怎么办

1. 候车时要站在安全线后面。

2. 列车运行中发现可疑物时，应迅速利用车厢内报警器报警，并远离可疑物，切勿自行处置。

3. 停电：列车因停电滞于隧道时，耐心等待救援人员到来，不要扒车门、砸玻璃，甚至跳离车厢；站内停电，可按照导向标志确认撤离方向。

4. 火灾：使用车厢报警器通知司机，取出车厢的灭火器扑灭初起火灾；列车司机应就近停车，尽快打开车门疏散人员；如果车门开启不了，乘客可利用身边的物品破门、破窗而出。

5. 爆炸：迅速使用车厢内报警器报警，并尽可能远离爆炸事故现场。

6. 毒气：迅速报警，远离毒源，站在上风处，用随身携带的手帕、餐巾纸、衣服等用品捂住口鼻，遮住裸露皮肤。

7. 发生以上情况或其他紧急情况均应及时拨打报警电话。

注意

疏散撤离时，服从车站工作人员的指挥，沿指定路线有序撤离，不要拥挤冲撞。

◎怎么打火灾报警电话

发生火灾后，要立即拨打火警电话"119"。报警时，不要紧张，简要说清发生火灾地点，如哪个区、哪条路、哪个住宅区、第几栋楼，几层楼，烧什么东西，有条件的到路口引导消防车进来，争取时间让消防队员及时赶到现场灭火、救人。

法律篇

第一节　法律基础知识

◎公民有哪些基本权利和义务

根据我国《宪法》的规定，我国公民所享有的基本权利主要包括：(1)平等权；(2)政治权利；(3)自由权(包括:宗教信仰自由、文化活动自由、通信的自由、人身自由不受侵犯、人格尊严不受侵犯)；(4)社会权(包括:财产权、劳动权、休息权、物质帮助权、受教育权)；(5)获得权利救济的权利。

公民的基本义务：(1)维护国家统一和全国各民族团结的义务；(2)遵守宪法和法律，保守国家秘密，爱护公共财产，遵守劳动纪律，遵守公共秩序，尊重社会公德的义务；(3)维护祖国的安全、荣誉和利益的义务；(4)保卫祖国、抵抗侵略的职责和依法服兵役、参加民兵组织的义务；(5)依法纳税的义务。此外，公民还有劳动的义务、受教育的义务；夫妻双方有实行计划生育的义务；父母有抚养教育未成年子女的义务，成年子女有赡养扶助父母的义务。

◎中国现行的法有哪些

1. 宪法：国家的根本大法，最高权力机关制定和修改，具有最高的法律效力。

2. 法律：全国人大及其常委依法制定，地位和效力低于宪法，是法的形式中的二级大法。例如《中华人民共和国城市房地产管理法》《中华人民共和国土地管理法》《中华人民共和国城市规划法》等。

3、行政法规：由国务院依法制定的法规，效力低于宪法、法律，高于地方性法规、规章。例如:《城市房地产开发经营管理条例》《城市房屋拆迁管理条例》《物业管理条例》等。

4、地方性法规(自治条例、单行条例)：由省、自治区、直辖市的人民代表大会及其常务委员会在不与上述法的形式相抵触的前提下制定的规范性文件，效力不超出本行政区范围。例如:《江苏省城市房屋拆迁管理条例》。

注意：较大的市也可以制定地方性的法规，需报省、自治区的人民代表大会常务委员会批准后施行。

5、行政规章：由有关行政机关依法制定的事关行政管理的规范性法律文件的总称。

(1)部门规章：国务院各部委、中国人民银行等制定，地位低于宪法、法律、行政法规，例如:《城市商品房预售管理办法》《城市房地产中介服务管理规定》《城市房地产抵押管理办法》等。

(2)政府规章：由有权制定地方性法规的地方人民政府制定的规范性文件。政府规章除不得与宪法、法律、行政法规相抵触外，还不得与上级规章和同级地方性法规相抵触。例如:《南京市房屋拆迁管理办法》《上海市建设工程监理管理暂行办法》等。

第二节 行政法律常识

◎执法人员当场作出行政处罚的应遵守哪些规定

执法人员当场作出行政处罚决定的，应当向当事人出示执法身份证件，填写预定格式、编有号码的行政处罚决定书。行政处罚决定书应当当场交付当事人。当场交付的行政处罚决定书应当载明当事人的违法行为、行政处罚依据、罚款数额、时间、地点以及行政机关名称，并由执法人员签名或者盖章。执法人员当场作出的行政处罚决定，必须报所属行政机关备案。

◎行政机关进行案件调查时应遵循哪些规定

行政机关进行案件调查或检查时，执法人员不得少于两人，并应当向当事人或者有关人员出示证件。当事人或者有关人员应当如实回答询问，并协助调查或者检查，不得阻挠。询问或者检查应当制作笔录。行政机关在收集证据时，可以采取抽样取证的方法；在证据可能灭失或者以后难以取得的情况下，经行政机关负责人批准，可以先行登记保存，并应当在 7 日内作出处理决定，在此期间，当事人或者有关人员不得销毁或者转移证据。

◎常见的行政强制有哪些

主要有下面几种：

1. 强制拘留。如《治安管理处罚法》第 10 条规定"治安管理处罚的种类分为：（一）警告；（二）罚款；（三）行政拘留；（四）吊销公安机关发放的许可证。对违反治安管理的外国人，可以附加适用限期出境或者驱逐出境。"

2. 遣送出境。如《外国人入境出境管理法》27 条规定"对非法入境、非法居留的外国人，县级以上公安机关可以拘留审查、监视居住或者遣送出境。"

3. 强制扣缴。如《营业税暂行条例》13 条 2 款规定"纳税人以一个月为一期纳税的，自期满之日起 10 日内申报纳税；以 5 日、10 日或者 15 日为一期纳税的，自期满之日起 5 日内预缴税款，于次月 1 日起 10 日内申报纳税并结清上月应纳税款。"

4. 滞纳金。如《国营企业调节税征收办法》14 条规定"纳税人必须依照税务机关核定的期限缴纳税款。逾期不缴的，除限期追缴外，并从滞纳之日起，按日加收滞纳税款 5‰的滞纳金。税务机关向纳税人催缴税款无效时，可以通知其开户银行扣缴入库。"

5. 强制履行。如《兵役法》61 条规定"有服兵役义务的公民有下列行为之一的，由县级人民政府责令限期改正；逾期不改的，由县级人民政府强制其履行兵役义务，并可以处以罚款：（一）拒绝、逃避兵役登记和体格检查的;(二)应征公民拒绝、逃避征集的;(三)预备役人员拒绝、逃避参加军事训练和执行军事勤务的。"

此外,还有强制传唤、强制许可、强制划拨、强制收兑、强制退还、强制拆除、强制检定、强制变卖财产、强制收购、强制清除等。

◎什么是妨害公共安全的行为

妨害公共安全的行为,指行为故意或过久地实施了妨害不特定多数人的人身安全和重大公私财产的安全,尚不构成犯罪的行为。

根据《治安管理处罚条法》的规定,有妨碍公共安全行为的,公安机关可对行为人处15日以下拘留、200元以下罚款或者警告。

◎妨害公共安全的行为有哪些

1. 非法携带、存放枪支。弹药或者有其他违反枪支管理规定的行为,尚不够刑事处罚的;如违反《枪支管理办法》的规定没有申领持枪证,或在城市、集镇、居民点、风景游览区等不准鸣枪的场所任意鸣枪。

2. 违反爆炸、剧毒、易燃、放射性等危险物品管理规定,生产、销售储存、运输、携带或者使用危险物品,尚未造成严重后果,不够刑事处罚的。

3. 非法制造、贩卖、携带匕首、三棱刀。弹簧刀或者管制刀具的。如根据公安部于1983年发布的《对部分刀具实行管制的暂行规定》,非法制造销售、携带和私自保存管制范围内刀具的,公安机关应予取缔,没收刀具。并按照《治安管理处罚条例》有关条款予以处罚。少数民族由于生活习惯人要佩

带的刀具,由少数民族自治区制订办法管理。

4. 经营旅店、饭店、影剧院、娱乐场、运动场、展览馆或者其他供群众聚集的场所,违反安全规定,经公安机关通知不加改正的。

5. 组织群众集会或者文化、娱乐、体育、展览、展销等群众性活动,不采取相应的安全措施,经公安机关通知不加改正的。

6. 违反渡船、渡口安全规定,经公安机关通知不加改正的。

7. 不听劝阻抢登渡船,造成渡船超载或者强迫渡船驾驶员违反安全规定,冒险航行,尚不够刑事处罚的。

8. 在铁路、公路、水域航道、堤坝上,挖掘坑穴,放置障碍物,损毁移动指示标志,可能影响交通运输安全,尚不够刑事处罚的。

◎行政诉讼和行政复议有什么区别

公民、法人或其他组织对行政机关的具体行政行为不服,可以先向上一级行政机关或者法律法规规定的行政机关申请复议,对复议不服的,再向人民法院提起诉讼,也可以直接向人民法院提起诉讼。法律法规规定应当先向行政机关申请复议,对复议不服再向人民法院起诉的,应按照法律法规规定。

行政诉讼和行政复议是两个并行的法律救济制度。对公民、法人和其他组织而言,行政诉讼和行政复议都有对其合法权益保护的救济功能。但两者有着区别,行政复议是行政机关内部的监督制度,是在行政诉讼之前进行的。而行政诉讼是司法救济,由人民法院作出诉讼裁决,是最终的解决办法,也被称作"司法最终救济"原则。

第三节 刑事法律常识

◎什么是渎职犯罪

渎职犯罪是指国家机关工作人员滥用国家赋予的职权或者不履行、不认真履行自己的职权，致使公共财产、国家和人民利益遭受损失，破坏了国家机关正常活动的行为。国家机关工作人员的渎职行为危害极大，不仅仅表现在会给国家和人民的利益造成损失，而且损害了国家机关及其工作人员在人民群众中的形象，妨害了国家机关正常的工作和管理秩序。社会生活中最常见、多发的渎职犯罪和在国家事务管理中负有重要职责部门的渎职犯罪主要包括滥用职权罪、玩忽职守罪、泄露国家秘密罪、徇私枉法罪、私放在押人员罪、徇私舞弊不移交刑事案件罪、徇私舞弊不征、少征税款罪、放纵走私罪、环境监管失职罪、违法发放林木采伐许可证罪等。

◎什么是贪污罪

贪污罪是指国家工作人员利用职务上的便利，侵吞、窃取、骗取或者以其他手段非法占有公共财物的行为。构成贪污罪必须具备以下条件：

1. 犯贪污罪的人必须是国家工作人员，包括在国家机关中从事公务的人员、国有公司、企业、事业单位、人民团体中从事公务的人员和国家机关、国有公司、企业、事业

单位委派到非国有公司、企业事业单位、社会团体从事公务的人员，以及其他依照法律从事公务的人员。

2. 贪污罪所贪污的必须是公共财物。主要包括国有财产；劳动群众集体所有的财产；用于扶贫和其他公益事业的社会捐助或者专项基金的财产。

3. 贪污罪的主要特征主要表现为利用职务上的便利，侵吞、窃取、骗取或者以其他手段非法占有公共财物的行为。

◎什么是挪用公款罪

国家工作人员利用职务上的便利，挪用公款归个人使用，进行非法活动的，或者挪用公款数额较大、进行营利活动的，或者挪用公款数额较大、超过三个月未还的，构成挪用公款罪。

构成挪用公款罪必须具备以下几个条件：

1. 行为人的身份是国家工作人员，其他人员不能构成这个罪。

2. 行为人必须是利用了职务上的便利，并且有以下三种行为之一的才能构成本罪：（1）挪用公款归个人使用进行非法活动的。（2）挪用公款归个人使用数额较大，进行营利活动的。（3）挪用公款数额较大的。

3. 行为人具有暂时挪用的故意，即准备以后归还，不打算永久占有。这是挪用公款罪与贪污罪的根本区别。

◎什么是受贿罪

根据我国刑法的规定，国家工作人员利用职务上的便利，索取他人财物，或者非法收受他人财物，为他人谋取利益的，是受贿罪。国家工作人员在经济往来中，违反国家规定，收受各种名义的回扣、手续费，归个人所有的，以受贿罪论处。构成受贿罪必须具备以下几个条件：

1. 受贿人必须是国家工作人员，不是国家工作人员不能构成本罪。

2. 受贿罪在实践中表现为利用职务上的便利，索取他人财物，或者非法收受他人财物，为他人谋取利益的行为。

◎什么是行贿罪

根据刑法的规定，任何人为谋取不正当利益，给予国家工作人员以财物的，是行贿罪。在经济往来中，违反国家规定，给予国家工作人员以财物，数额较大的，或者违反国家规定，给予国家工作人员以各种名义的回扣、手续费的，以行贿罪论处。

根据刑法的规定，单位为谋取不正当利益而行贿，或者违反国家规定，给予国家工作人员以回扣、手续费，情节严重的，也构成行贿罪，应当依法追究刑事责任。

◎什么是巨额财产来源不明罪

刑法对巨额财产来源不明罪作了规定。根据这一规定，国家工作人员的财产或支出明显超过合法收入，差额巨大，本人不能说明其合法来源的行为是巨额财产来源不明罪。国家工作人员的财产，应当包括国家工作人员私人所有的房屋、车辆、存款、现金、股票、生活用品等一切财产。国家工作人员代表国家行使管理国家的权力，应当一切从国家和人民的利益出发，廉洁自律、克己奉公。为谋取私利而进行违法犯罪活动必将受到法律的严惩。国家对于国家工作人员合法的收入，包括工资收入、稿费等劳动收入，是严格保护的。对于其非法的收入，不但要依法追缴，还要追究国家工作人员的违法责任。国家工作人员有义务向国家说明其收入的来源，本人不能说明其来源是合法的，其支出明显超过合法收入、差额巨大的，应当按照巨额财产来源不明罪追究刑事责任。

◎什么是盗窃罪

盗窃罪，是指以非法占有为目的，秘密窃取数额较大的公私财物或者多次窃取的行为。

构成盗窃罪必须具备以下条件：

1. 行为人具有非法占有公私财物的目的。

2. 行为人实施了秘密窃取的行为。秘密窃取，就是行为人采用不易被财物所有人、保管人或者其他人发现的方法，将公私财物非法占有的行为。如溜门撬锁、挖洞跳墙、潜入他人室内窃取财物；在公共场所掏兜割包等。秘密窃取是盗窃罪的重要特征，也是区别其他侵犯财产罪的主要标志。

3. 盗窃的公私财物数额较大或者多次盗窃的。只要多次盗窃，无论数额大小都构成犯罪。

第四节　民事法律常识

◎什么是民法

民法是调整平等主体的公民之间、法人之间以及他们相互之间的财产关系和人身关系的法律规范的总称。

1. 财产关系：包括财产所有权关系、财产流转关系；

2、人身关系：包括人格权关系、身份权关系。

◎什么是民事责任

民事责任是违反民事义务的结果。《民法通则》规定，公民、法人违反合同或者不履行其他义务的，由于过错侵害国家的、集体的财产，侵害他人财产、人身的，都应当承担民事责任。承担发事责任的方式主要有下列 10 种：停止侵害；排除妨碍；消除危险；返还财产；恢复原状；修理、重做、更换；赔偿损失；支付违约金；消除影响、恢复名誉；赔礼道歉；以上承担发事责任的方式，可以单独使用，也可以合并使用。

◎什么是无效的民事行为

下列七类民事行为无效：（1）无民事行为能力人实施的；（2）限制民事行为能力依法不能独立实施的；（3）一方以欺诈、胁

迫的手段或者乘人之危，使对方在违背真实意思的情况下所为的；（4）恶意串通，损害国家、集体或者第三人利益的；（5）违反法律或者社会公共利益的；（6）经济合同违反国家指令性计划的；（7）以合法形式掩盖非法目的的。

无效的民事行为，从行为开始起就没有法律约束力。

◎常见的民事官司有哪些

1. 公民之间、公民与法人之间因财产权而发生的纠纷，多数指对财产的占有、使用收益和处分所发生的纠纷。2. 公民之间因买卖、租赁、借贷、赠与、典当等合同行为而发生的纠纷以及继承遗产所引起的纠纷。3. 因不当得利，无因管理等所产生的债务纠纷以及损坏财产引起的赔偿纠纷。4. 因人身权利引起的纠纷，这主要是指侵害公民健康权、姓名权、名誉权、荣誉权和肖像权。5. 因侵害公民的发明权（专利权）、著作权（版权）而引起的纠纷。6. 婚姻家庭引起的纠纷，主要有离婚以及因离婚引起的财产分割、子女抚养方面的纠纷，家庭成员间的赡养、抚育、扶养等纠纷。7. 因经济合同、企业劳动用工、企业承包、土地承包、相邻权等引起的纠纷。8. 法律规定的或最高人民法院司法解释文件规定的应由人民法院受理的其他民事诉讼案件。

第五节 经济法常识

◎经济法起源于哪个国家

"经济法"这一概念起源于德国。第一次世界大战以后，当时的魏玛共和国直接以经济法命名，颁布了《煤炭经济法》和《钾盐经济法》。之后，德国出版了很多以经济法为题的学术著作和教科书。这时经济法概念才有了较为完整的含义。从经济法产生的社会经济背景考察，西方国家的经济法，是在自由资本主义经济过渡到垄断资本主义经济过程中，国家为应对经济发展中出现的垄断、市场失灵和经济危机等问题，而越来越普遍采取干预措施的背景下产生和发展起来的。在我国，经济法是在改革开放和加强经济法制的背景下逐步兴起的，并随着社会主义市场经济体制建设步伐的推进而不断丰富和完善。

◎违反发票管理的法律责任

单位或者个人有下列行为之一的，应当承担刑事责任：

1. 虚开增值税专用发票的（虚开是指为他人虚开、为自己虚开、让他人自己虚开、介绍他人虚开增值税专用发票行为之一的）；

2. 伪造或出售伪造的增值税专用发票的；

3. 非法出售增值税专用发票的；

4. 非法购买增值税专用发票或者购买伪造的增值税专用发票的；

5. 虚开用于骗取出口退税、抵扣税款的其他发票的；

6. 伪造、擅自制造或者出售伪造、擅自制造的可以用于骗取出口退税、抵扣税款的其他发票的，以及以营利为目的，伪造、擅自制造或者出售伪造、擅自制造的上述规定以外的其他发票的；

7. 非法出售可以用于骗取出口退税、抵扣税款的其他发票的，以及以营利为目的，非法出售上述规定以外的其他发票的；

8. 盗窃增值税专用发票或者其他发票的。

◎违反纳税申报规定的法律责任

1. 纳税人未按照规定的期限办理纳税申报的，或者扣缴义务人、代征人未按照规定的期限向国家税务机关报送代扣代缴、代收代缴税款报告表的，由国家税务机关责令限期改正，可以处以二千元以下的罚款；逾期不改正的，可以处以二千元以上一万元以下的罚款；

2. 一般纳税人不按规定申报并核算进项税额、销项税额和应纳税额的，除按前款规定处罚外，在一定期限内取消进项税额抵扣资格和专用发票使用权，其应纳增值税，一律按销售额和规定的税计算征税。

◎税与费有什么区别

税收具有无偿性，而费则具有有偿性。费是向受益者收取的代价，是提供某种服务或准许某种作用权力而获得的补偿。

1. 征收的主体不同。税收的征收主体是代表国家的各级税务机关和海关，而费的收取主体有的是政府部门，有的是事业机关，有的是经济部门。

2. 税收具有稳定性，而费则具有灵活性。税法一经制订对全国有统一效力，相对具有稳定性，而费的收取一般由不同部门、不同地区根据实际情况灵活确定，具有灵活性。

3. 两者的使用方向不一。税收收入是由国家预算统一安排使用，用于固定资产投资、物资储备、文教、行政、国防、援外等支出，而费一般有专门的用途，专款专用。

◎税与利有什么区别

税收是国家财政收入的主要来源，国家依靠社会公共权力，根据法律法规，对纳税人包括法人企业、非法人企业和自然人强制、无偿征收，纳税人依法纳税，以满足社会公共需求和公共物品的需要。税收体现了国家主权和国家权力，带有鲜明的强制性和无偿性。在税收和税法面前，各类企业包括国有企业处于同等地位。

利润是企业或厂商出售商品后得到的销售收入扣除预付资本价值即成本后的余额。真实的利润可以真实地体现企业或厂商的资本收益即经济效益状况。

税与利二者之间的区别不仅表现在经济含义上，而且表现在法律意义和政治意义上：国家依法征税，行使的是国家行政权力；国家参与国有资本收益的分配，行使的是国有资产所有者的权益。

◎什么是纳税的期限

纳税期限是纳税人向国家交纳税款的法定期限。为保证财政收入，防止偷漏税，在纳税行为发生前预先缴纳税款。确定纳税期限，包括两方面的含义。

一是确定结算应纳税款的期限。这个结算期限，由税务机关根据应纳税款的多少，逐户核定，一般分为1天、3天、5天、10天、15天、1个月等等；

二是确定缴纳税款的期限。应纳税款到了结算期限，纳税需要有个代算税款和办理纳税手续的时间。

一般规定按1个月结算纳税的，税款应在期满7天内缴纳，其余的均在结算满5天内缴纳。

◎哪些个人应当缴纳个人所得税

个人所得税以所得人为纳税人，具体分为两种情况：

1. 在我国境内有住所的个人（指因户籍、家庭、经济利益关系而在我国境内习惯性居住者），或者无住所而在我国境内居住满1年的个人，应当就其从我国境内、境外取得的全部所得纳税。在我国境内无住所，但是居住1年以上5年以下的个人，其来源于我国境外的所得，经过主管税务机关批准，可以只就由我国境内企业和其他经济组织或者个人支付的部分纳税；居住超过5年的个人，从第6年起，应当就其来源于我国境外的全部所得纳税。

2. 在我国境内无住所，但是在一个纳税年度中在我国境内连续或者累计居住不超过90天的个人，其来源于我国境内的所得，又境外雇主支付并且不由该雇主在我国境内的机构、场所负担的部分，免纳个人所得税。

◎哪些属于不正当竞争行为

《反不正当竞争法》列举了以下不正当竞争行为：（一）是用假冒或混淆等不正当手段从事市场交易的行为；（二）商业贿赂行为；（三）引人误解的虚假宣传行为；（四）侵犯商业秘密行为；（五）不正当有奖销售行为；（六）损害他人商业信誉或商品声誉行为；（七）公用企业或者具有独占地位的经营者强制交易行为；（八）滥用行政权力限制竞争行为；（九）以排挤竞争对手为目的，以低于成本的价格销售商品的行为；（十）搭售和附加不合理交易条件行为；（十一）串通投标行为。

◎什么是虚假的商品标示行为

虚假的商品标示行为，是指经营者在商品上对商品的品质、荣誉、制造加工地、制作成分、性能用途、数量、有效期限等内容作虚伪不实或引人误解的表示或标注的行为，它属于欺诈性市场交易行为的一种。它

包括下列三种行为；（一）在商品上伪造或者冒用认证标志、名优标志等质量标志；（二）伪造产地；（三）对商品质量引人误解的虚假表示。

◎什么叫"欺诈消费者行为"

经营者在提供商品或者服务中，采取虚假或者其他不正当手段欺骗、误导消费者，使消费者的合法权益受到损害的行为均是欺诈消费者的行为。

◎无效合同包括哪几种情形

有以下情形之一的，合同无效：（一）一方以欺诈、胁迫手段订立合同损害国家利益的；（二）恶意串通，损害国家利益、集体或者第三人利益的；（三）以合法形式掩盖非法目的的；（四）损害社会公共利益的；（五）违反法律、行政法规强制性规定的。

◎合同无效或者被撤销后，有何法律后果

在合同无效或者被撤销的情形下，当事人仍应负以下几种民事责任：

（一）返还财产。即因该合同取得的财产，应当返还给对方；（二）折价补偿。如果返还财产已无必要或不可能的，应当折价补偿；（三）赔偿损失。合同无效或者被撤销后，有过错的一方应当赔偿对方因此受到的损失，双方都有过错的，应当各自承担相应的责任。

第六节　知识产权常识

◎什么是专利

专利包括发明、外观设计和实用新型。

1. 发明是指对产品、方法或者其改进所提出的新的技术方案。

2. 实用新型是指对产品的形状、构造或者其结合所提出的适于实用的新的技术方案。

3. 外观设计是指对产品的形状、图案或者其结合以及色彩与形状、图案的结合所作出的富有美感并适于工业应用的新设计。

◎可以申请专利的对象有哪些

我国专利保护的对象包括：发明、实用新型、外观设三种专利。

1. 发明是对产品的形状、方法或者其改进所提出的新的技术方案；2、实用新型是对产品的形状、构造或者其结合所提出的适于实用的新的技术方案，俗"小发明"；3、外观设计是对产品的形状、图案、色彩或者其结合所提出的富有美感并适于工业上应用的新设计。

◎专利的授予需要预备哪些条件

我国专利法对不同类型的发明创造授

予专利的条件是不同的。授予专利的发明和实用新型，应当具备新颖性、创造性和实用性。

新颖性是指在申请日之前没有同样的发明和实用新型在国内外出版物上公开发表过、在国内公开使用过或者以其他方式为公众所知，也没有同样的发明和实用新型由他人向专利局提出过申请并且记载在申请日以后公布的专利申请文件中。

创造性是指同申请日以前的以有的技术相比，该发明有突出的实质性特点和显著的进步，该实用新型有实质性特点和进步。

实用性是指该发明和实用新型能够制造或者使用，并且能够产生积极效果；授予专利权的外观设计应当同申请日以前在国内外出版物上公开发表过的外观设计不相同或者不相近似。

◎哪些发明不授予专利权

1. 科学发现；
2. 智力活动的规则和方法。
3. 疾病的诊断和治疗方法。
4. 动物和植物品种。
5. 用原子核变换方法获得的物质。
6. 违反国家法律、社会公德和妨害公共利益的发明创造，不授予专利权。

第七节　交通事故法律常识

◎绝对是汽车让人

《道路交通安全法》给了行人安全的保障。该法规规定：行人在人行横道上有绝对优先权。机动车行经人行横道，应当减速行驶。遇行人通行，必须停车让行；此外，该法规还保护了无交通信号情况下的行人横过道路权。规定在没有交通信号的道路上，机动车要主动避让行人。

◎行人违法要挨罚

尽管机动车今后要让行人先走，但行人违反交通规则还是要受到惩罚，交通法规定，对行人、乘车人、非机动车驾驶人违反道路交通安全法律、法规关于道路通行规定的，可以处5元以上50元以下罚款；非机动车驾驶人拒绝接受罚款处罚的，可以扣留其非机动车。

◎如何接受交通警察查车

1. 当交通警察发出停车信号时，驾驶员应立即降低车速，开启右转向灯，向后面正常行驶的车辆示意。在交通警察指定的停车位置按规定靠右平稳停定车辆。

2. 驾驶员将车停稳后，应关闭点火开关，带齐随车证件，立即下车，接受交通警察的检查。

3. 交通警察如果需要检查车辆时，驾驶员应主动配合，如打开车门、打开后尾箱等，并伴随交通警察检查。

4. 驾驶员如不服交通警察的处罚，也不能当场与交通警察争吵，应依照有关规定程序进行申诉。

5. 驾驶员在停车接受检查的过程中，遇到个别交通警察利用职权向驾驶员索取财物，或交通警察罚款后不开收据、扣留驾驶证或行驶证不开具暂扣凭证等违法违纪事件，驾驶员可向其所属的公安交通管理部门投诉。

◎司机肇事逃逸终生禁止开车

根据《道路交通安全法》有关规定，如果机动车驾驶人造成交通事故后逃逸，将被吊销驾照，且终生不得重新取得机动车驾驶证。

根据规定，违反道路交通安全法律、法规的规定，发生重大交通事故，构成犯罪的，将被依法追究刑事责任，并由公安机关交通管理部门吊销机动车驾驶证。造成交通事故后逃逸的，由公安机关交通管理部门吊销机动车驾驶证，且终生不得重新取得机动车驾驶证。法律规定，车辆发生交通事故后逃逸的，事故目击人和知情人举报属实的，公安机关交通管理部门应当给予奖励。

第八节　医疗纠纷常识

◎什么是医疗纠纷

所谓纠纷是指争执不下的事情，医疗纠纷，顾名思义，指因医疗发生的纠纷。狭义的医疗纠纷往往指医疗民事纠纷，即医疗合同纠纷和医疗侵权纠纷。

医疗合同纠纷是指合同当事人对医疗合同的订立、履行、变更、终止及合同权利义务的争议。医疗侵权纠纷是指医疗服务的提供者与接受者之间对医疗行为及其后果是否侵权及侵权责任的争议。

◎医疗纠纷的解决途径

医疗民事纠纷与其他民事纠纷一样，属于平等主体之间的财产关系和人身关系，属民法的调整范畴。根据"私法自治"的原则，通常情况下，国家不予干预，因此，双方当事人可以就医疗纠纷进行协商，也可以进行民间调解和行政调解，从理论上讲，医疗合同纠纷也可进行仲裁解决，但目前仲裁解决医疗纠纷还不受重视。国家对医疗民事纠纷的干预表现为民事诉讼，需要当事人起诉才能发生。

◎什么是医疗纠纷协商

协商是指为了取得一致意见而共同商量。医疗纠纷协商指纠纷双方当事人，在没有第三方介入的情况下，当事人之间就医疗纠纷进行谈判、商量取得一致意见，消除争议，建立新的权利义务关系。通常是医患双方就医疗纠纷进行交涉、谈判、达成协议。协商本身也是一种民事法律行为，只要不违法就受法律保护，协商达成的协议，与其他一切契约一样，具有合同法上的效力，因协议履行发生的争议相对于医疗纠纷具有独立性。合法的协商协议虽不具备强制执行的效力，但依法受到保护。

◎什么是医疗纠纷调解

调解是指斡旋于双方之间以便使双方和解。医疗纠纷的调解是指纠纷双方当事人，在第三方的协调、帮助、促进下，进行谈判、商量取得一致意见，消除争议，建立新的权利义务关系。第三方在调解中不为独立的意思表示，在尊重双方当事人意思的前提下，以促成当事人形成一致意思表示为目的，组织调解、促进沟通、提出建议、见证协议。调解协议与协商协议一样具有合同效力，但不具有强制执行效力。

◎什么是医疗纠纷诉讼

是人民法院在当事人和其他诉讼参与人的参加下，审理和解决医疗纠纷民事案件的活动以及在这种活动中产生的各种法律关系的总和。医疗纠纷诉讼说通俗一点就是打医疗纠纷官司。往往是在协商、调解不能达成协议的情况下，当事人选择的最后解决医疗纠纷的途径。诉讼与协商调解相比具有两面性，一方面，诉讼体现国家对民事活动的干预，具有强制性、终局性、权威性，是解决医疗纠纷的最有力的程序。另一方面，诉讼作为解决纠纷的一个最严格的程序，也是一个最繁琐的程序，与协商调解相比耗时、耗钱、费力。

◎什么医疗技术鉴定

医疗纠纷发生后，为了明确与纠纷有关的医疗技术问题，委托有关专业技术人员运用医学及法律知识与技能对这些问题进行鉴别、判定的活动。

鉴定可分为：自行鉴定、行政鉴定、司法鉴定。自行鉴定是公民对在日常生活、工作中产生争议的专门性问题委托专业性的检测机构或相关专家进行检验、评价、与判断，从而为争议问题的解决提供科学依据。行政鉴定是行政管理部门依据国家的有关法律、法规，在行政执法或依法处理行政事务纠纷时，对涉及的专门性问题委托所属的行政鉴定机构或法律法规专门指定的检验、鉴定机构进行检验、分析与评判，从而为行政执法或纠纷事件处理、解决提供科学依据。司法鉴定是指在诉讼中人民法院依其职权，或有关诉讼参与人的请求委派具有专门知识、技能或特别经验的人，对案件中涉及的某些专门性问题进行检验、鉴别和判断，从而为诉讼案件的公正裁判提供科学依据。

◎哪六种情况不属于医疗事故

医疗鉴定专家指出，尽管不少医患纠纷源自院方原因导致的医疗事故，但有六种状况并不属于医疗事故。

第一，在为抢救垂危患者生命而采取的紧急措施造成不良后果的不属于医疗事故。即：在紧急情况下为抢救病人的生命，医护人员可按照医疗操作规范采取紧急救治措施。

第二，在医疗活动中由于病情异常或者患者特殊体质而发生的医疗意外不属于医疗事故。所谓医疗意外，是指由于病情或病员体质特殊而发生难以预料和防范的不良后果的。

第三，无过错输血感染造成不良后果的不属于医疗事故。医护人员在给病人提供血源时，按照供血的有关规定进行查验，输血操作无误，而输血后病人仍出现不良后果的。

第四，因患方原因延误诊疗导致不良后果的不属于医疗事故。

第五，经患者同意，对患者实行试验性诊疗发生不良后果的不属于医疗事故。

第六，因不可抗力造成不良后果的不属于医疗事故。

◎误诊不一定构成医疗事故

从字面上理解，误诊就是错误的诊断。一旦医疗机构出现误诊，有些患者就当然地认为医疗机构就构成医疗事故。事实并非如此，误诊在临床医疗中有时是不可避免的，只有违反医疗常规与规范的误诊才有可能构成医疗事故。

第九节　住房公积金常识

◎什么是住房公积金

住房公积金是指国家机关、国有企业、城镇集体企业、外商投资企业、城镇私营企业及其他城镇企业、事业单位及其他在职职工缴存的长期住房储金。

（1）住房公积金只在城镇建立，农村不建立住房公积金制度。

（2）只有在职职工才建立住房公积金制度。无工作的城镇居民不实行住房公积金制度，离退休职工也不实行住房公积金制度。

（3）住房公积金由两部分组成，一部分由职工所在单位缴存，另一部分由职工个人缴存，职工个人缴存部分由单位代扣后，连同单位缴存部分一并缴存到住房公积金个人账户内。

（4）住房公积金缴存的长期性。住房公积金制度一经建立，职工在职期间必须不断地按规定缴存。

◎什么是"五险一金"

"五险一金"讲的是五种保险，包括养老保险、医疗保险、失业保险、工伤保险和生育保险；"一金"指的是住房公积金。

其中养老保险、医疗保险和失业保险，这三种险是由企业和个人共同缴纳的保费，工伤保险和生育保险完全是由企业承担的，个人不需要缴纳。这里要注意的是"五险"是法定的，而"一金"不是法定的。

◎"五险一金"的缴费比例是什么

目前北京市养老保险缴费比例为：单位20%（其中17%划入统筹基金，3%划入个人帐户），个人8%（全部划入个人帐户）；医疗保险缴费比例：单位10%，个人2%＋3元；失业保险缴费比例：单位1.5%，个人0.5%；工伤保险根据单位被划分的行业范围来确定它的工伤费率；生育保险缴费比例：单位0.8%，个人不交钱。

公积金缴费比例：根据企业的实际情况，选择住房公积金缴费比例。但原则上最高缴费额不得超过北京市职工平均工资300%的10%。

◎住房公积金如何结息和计息

每年6月30日为职工缴存的住房公积金结息。住房公积金存款利率由人民银行提出，征求国务院建设行政主管部门意见后，报国务院审批。在结息年度（指上年7月1日至本年6月30日）内缴存的住房公积金按照人民银行规定的活期存款利率计息，上年结转的住房公积金本息，按照人民银行三个月整存整取利率计息。经办行每年6月30日结息后，将住房公积金利息转入住房公积金本金。

第十节　物权法

◎什么是物权？物权包括哪几类

所谓物权，是指权利人依法对特定的物享有直接支配和排他的权利。物权包括所有权、用益物权和担保物权。

按照一定的标准，可对物权作如下分类：

（1）自物权和他物权。自物权是权利人对自己的物享有的权利，即所有权。他物权是指在他人的物上设立的权利，如抵押权、地役权、土地使用权等。

（2）动产物权和不动产物权。凡以动产为标的的物权为动产物权，如质权。凡以不动产为的的物为不动产物权，如抵押权。

（3）主物权和从物权。主物权是指本身就独立存在，不要需要依附于其他权利的物权，如所有权。从物权是指必须依附于其他权利而存在的物权，如抵押权。

（4）所有权和限制权。为充分发挥物的效用，法律规定，权利人可以在其所有物上为他设立权利，这种权利的直接效力是限制了所有权的效用，称为限制物权。用益物权和担保物权都是限制物权。

◎什么是动产和不动产

动产以占有为公示方式，不动产以登记为公示方式。不动产如房屋、林产等，不动产之外的，可以移动且并不减损其经济价值的物为动产，货币为特别的动产。

◎什么是流通物和限制流通物

法律充许在发事主体之间自由流转的物为流通物。法律限制或者禁止在民事主体之间自由流转的物为限制流通物，如土地、武器、弹药、麻醉品等。

◎什么是所有权

所有权人拥有特定的动产或不动产，对其动产或不动产享有支配权利。完整的所有权包括占有、使用、收益、处分四种权能。

共有是指两个或两个以上的人（自然人或法人）对一项财产享有所有权，如房屋共有权。共有可分为按份共有和共同共有。分割时可以采用实物分割、变价分割、作价补偿三种方法。

◎什么是用益物权

1. 用益物权是指对他人所有的物（其标的物是不动产），在一定范围内进行使用、收益的他物权。

2、用益物权包括承包经营权、建设用地使用权（国有土地使用权）、宅基地使用权（居住用途的集体土地使用权）、地役权、典权等。

第十一节　继承法律知识

◎哪些人可以作为被继承人

在我国，所有的公民，不论性别、年龄、精神状况、家庭出身、社会地位如何都有作被继承人的资格。但这只是具备了作为被继承人的资格，要现实地成为被继承人还须具备以下条件：

（1）公民死亡或被宣告死亡；

（2）公民死亡时必须留有个人合法财产，否则即便死亡也不会成为被继承人；

（3）公民死亡时必须有符合我国继承法规定的法定继承人，如果遗产无人继承，则应按无人继承的遗产处理，但这种处理不是继承，故死亡的公民也不能成为被继承人。

◎可继承的遗产有哪些

根据我国《继承法》第三条的规定，遗产范围包括：

（1）公民的收入；（2）公民的房屋、储蓄和生活用品；（3）公民的林木、牲畜和家禽；（4）公民的文物和图书资料；（5）法律允许公民所有的生产资料；（6）公民的著作权、专利权中的财产权利；（7）公民的其他合法财产。

◎哪些财产是不可继承的

不是所有的遗产都可继承，除《继承法》第三条规定的范围以内的遗产可依法继承外，下列遗产不能继承：

（1）与被继承人的人身密不可分的人身权不能继承。如公民的姓名权、名誉权、荣誉权、肖像权等；

（2）与公民的人身有关的债权、债务；

（3）国有资源使用权，如采矿权、渔业权、水资源使用等；

（4）承包经营权。《继承法》第四条规定："个人承包应得的个人收益，依照本法规定继承。个人承包，依照法律允许由继承人继续承包的，按照承包合同办理。"即被继承人在承包中投下的资本，应得的个人收益仍属遗产，可依法继承。但是，承包人享有的承包经营权不属于遗产，不能继承。

◎我国继承法规定的继承方式有哪几种

我国继承法规定的继承方式主要有两种：一种是法定继承，一种是遗嘱继承。此外，还有遗赠扶养协议。公民死后，如果留有合法有效的遗嘱的，财产继承应按遗嘱的内容执行。只有在下列情况下，才能按法定继承方式进行：

1. 被继承人生前未立遗嘱，或者遗嘱全部无效；

2、遗嘱继承人放弃继承或遗赠受领人放弃受领；

3、遗嘱继承人、遗赠受领人先于遗嘱人死亡；

4、遗嘱未加处分的遗产；

5、遗嘱部分无效，无效部分所涉及的遗产。

◎继承人按什么顺序继承遗产

我国《继承法》第十条规定：遗产按照下列顺序继承。第一顺序:配偶、子女（婚生子女、非婚生子女、养子女和有抚养关系的继子女）、父母（生父母、养父母和有抚养关系的继父母）。第二顺序：兄弟姐妹（同父母的兄弟姐妹、同父异母的兄弟姐妹、同母异父的兄弟姐妹）、祖父母、外祖父母。

继承开始后，由第一顺序继承人继承，第二顺序继承人不继承。没有第一顺序继承人继承的，由第二顺序继承人继承。在法定继承中，没有第一顺序继承人继承的有两种情况。一是没有第一顺序继承人或者第一顺序继承人已全部死亡；二是第一顺序继承人全部放弃了继承权。这两种情况，有第二顺序继承人的应由第二顺序继承人继承。

◎保险金可以继承吗

保险分为人身保险和财产保险。人身保险的能否作为被保险人的遗产继承，取决于投保人或被保险人是否在保险合同中指定了受益人。所谓受益人是指由人身保险的投保人或被保险人指定的有权取得保险金的人。如果保险合同中已指定了受益人，在被保险人死亡后，其人身保险金直接由受益人取得，而不能作为遗产由继承人继承。如果保险合同中未指定受益人，在被保险人死亡后，其人身保险金应作为被保险人的遗产按照继承的程序处理。

财产保险和人身保险不同，财产保险不存在指定受益人的问题。当保险合同约定的保险事故发生时，保险公司应将保险金赔偿给被保险人。当被保险人死亡后，保险金就应作为被保险人的遗产，由其继承人继承。

◎养子女能否继承养父母的遗产

我国《婚姻法》第二十条规定："国家保护合法的收养关系。养父母和养子女的权利和义务，适用本法对父母子女关系的有关规定。"这就是说，合法的收养关系一经成立，养父母和养子女之间，就具有了与亲生父母与子女之间同等的权利和义务，亲生子女与养父母之间有什么样的权利和义务，养子女和养父母之间也就有什么样的权利和义务。因此，我国《继承法》第十条明确规定，法定继承人中的子女包括养子女，养子女与亲生子女一样，享有同等的继承权。养子女是养父母的第一顺序的法定继承人。

环境篇

第一节　同在一片蓝天下

◎地球——人类共有的家园

地球，这是我们赖以生存和 幸福成长的地方。社会在进步，生活在改善，物质在丰富，时代在发展，可是，我们的地球却一天比一天不堪重负，一天比一天伤痕累累，环境日益恶化，大气越加污浊，人们在享受的现代物质文明代来的快乐的时候，由于对环境的掠夺性的摧残，我们美丽的地球正在不断地被伤害乃至加速走向死亡。保护环境已不是一句空洞的口号，它已经成了事关我们人类生死存亡的一项迫在眉睫的责任。

地球是人类的共同家园，但人类的活动却对地球造成了严重的破坏。生物赖以生存的森林、湖泊、湿地等正以惊人的速度消失；煤炭、石油、天然气等不可再生能源因过度开采而面临枯竭；能源燃烧排放的大量温室气体导致全球气候变暖，由此引发的极地冰盖融化、海平面上升等问题威胁到人类的生存发展。

我们只有一个地球，这是我们的家园，关爱环境，就是关爱地球，关爱地球，也就是关爱我们自己！

什么是环境污染

是指由于人为因素使有害有毒物质对大气、水体、土壤、动植物造成损害，使它们的构成和状态发生变化，从而破坏和干扰人类的正常生活。

引起环境污染的物质主要有以下几种：①工业"三废"，即工业生产排放出的废水、废气、废渣；②农业使用农药的残留物；③生活排放的污水、粪便、垃圾；④放射性污染物，如核能工业、核武器生产和试验排放的废弃物和飘尘等。有害的污染物质进入大气，就会造成大气污染；进入河湖，造成水污染；进入土壤，造成土壤污染等。

自从 20 世纪 20 年代以后，世界性环境污染威胁着人类的安全。人类在解决环境污染问题上，经历了工业污染治理、城市环境污染综合防治、生态环境综合防治、区域污染防治等四个历程。但在相当长的一段时间里，人们的着眼点局限在一个工厂、一个行业、一条河流、一个地区。自从 80 年代以来，人们逐渐认识到，威胁人类生存的不仅仅是局部地区，而是更大的范围甚至是全球环境污染。

◎什么是全球性污染

是指由人类活动产生的一些物质进入地球的大气圈、水圈和岩石圈上层，从而使整个生物圈的结构和功能发生某种变化，对人类和生物产生不利影响的现象。如进入大气圈中的 SO_2 和 NO_x 不仅本身有毒，还可与大气中的水滴结合形成酸雨，危害环境。这些含硫和含氮的污染物，可以在大气层中长距离迁移。矿物燃烧产生的 CO_2，进入大气，使大气中二氧化碳浓度不断增加，从而导致"温室效应"，引起全球气候变暖。这都是全球性污染的例子，海洋污染也具有全球性。例如南极水域的农药污染，就是来源于其他大陆。防止和控制全球污染，必须国际间的协作。

◎ 什么是"温室效应"

温室效应，又称"花房效应"，是大气保温效应的俗称。大气能使太阳短波辐射到达地面，但地表向外放出的长波热辐射线却被大气吸收，这样就使地表与低层大气温度增高，因其作用类似于栽培农作物的温室，故名温室效应。如果大气不存在这种效应，那么地表温度将会下降约3度或更多。反之，若温室效应不断加强，全球温度也必将逐年持续升高。自工业革命以来，人类向大气中排入的二氧化碳等吸热性强的温室气体逐年增加，大气的温室效应也随之增强，已引起全球气候变暖等一系列严重问题，引起了全世界各国的关注。

◎ "温室效应"的后果

温室有两个特点：温度较室外高，不散热。生活中我们可以见到的玻璃育花房和蔬菜大棚就是典型的温室。由环境污染引起的温室效应是指地球表面变热的现象，它会带来以下列几种严重恶果：（1）地球上的病虫害和传染疾病增加；（2）海平面上升；（3）气候反常，海洋风暴增多；（4）土地干旱，沙漠化面积增大。

◎ 史前致命病毒可能威胁人类

美国科学家发出警告，由于全球气温上升令北极冰层溶化，被冰封十几万年的史前致命病毒可能会重见天日，导致全球陷入疫症恐慌，人类生命受到严重威胁。

纽约锡拉丘兹大学的科学家在《科学家杂志》中撰文指出，早前他们发现一种植物病毒 TOMV，由于该病毒在大气中广泛扩散，推断在北极冰层也有其踪迹。于是研究员从格陵兰抽取4块年龄由500至14万年的冰块，结果在冰层中发现 TOMV 病毒。研究员指该病毒表层被坚固的蛋白质包围，因此可在逆境生存。

这项新发现令研究员相信，一系列的流行性感冒、小儿麻痹症和天花等疫症病毒可能藏在冰块深处，目前人类对这些原始病毒没有抵抗能力，当全球气温上升令冰层溶化时，这些埋藏在冰层千年或更长的病毒便可能会复活，形成疫症。虽然人们不知道这些病毒的生存希望，但肯定不能抹煞病毒卷土重来的可能性。

◎ 全球暖化南太小岛即将没顶

全球暖化使南北极的冰层迅速融化，海平面不断上升，世界银行的一份报告显示，即使海平面只小幅上升1米，也足以导致5600万发展中国家人民沦为难民。而全球第一个被海水淹没的有人居住岛屿即将产生——位于南太平洋国家巴布亚新几内亚的岛屿卡特瑞岛，目下岛上主要道路水深及腰，农地也全变成烂泥巴地。

科学家预测：如果地球表面温度的升高按现在的速度继续发展，到2050年全球温度将上升2－4摄氏度，南北极地冰山将大幅度融化，导致海平面大大上升，一些岛屿国家和沿海城市将淹于水中，其中包括几个著名的国际大城市：纽约，上海，东京和悉尼。

◎亚马逊热带雨林消失的后果

位于南美洲的亚马逊河是世界上流域最广、流量最大的河流。它水量终年充沛，滋润着800万平方公里的广袤土地，孕育了世界最大的热带雨林，并被公认为世界上最神秘的"生命王国"。亚马逊热带雨林依靠亚马逊流域非常湿润的气候，亚马逊河和她的100多个支流缓慢地流过这片高差非常小的平原。

号称"地球之肺"的亚马逊热带雨林是世界上最大的雨林，具有相当重要的生态学意义，它涵盖了地球表面5%的面积，制造了全世界20%的氧气及30%的生物物种，它的生物量足以吸收大量的二氧化碳。保护亚马逊热带雨林已经成为今天一个重要的论题了。

亚马逊雨林是世界面积最大的热带雨林，如今，它正渐渐消失，让全球暖化危机雪上加霜。由于遭到盗伐和滥垦，亚马逊雨林正以每年7700平方英里的面积消退，相当于一个新泽西州的大小，雨林的消退除了会让全球暖化加剧之外，更让许多只能够生存在雨林内的生物，面临灭种的危机，在过去的40年，雨林已经消失了两成。

◎新的冰川期会来临吗

全球暖化还有个非常严重的后果，就是导致冰川期来临。

南极冰盖的融化导致大量淡水注入海洋，海水浓度降低。"大洋输送带"因此而逐渐停止：暖流不能到达寒冷海域；寒流不能到达温暖海域。全球温度降低，另一个冰河时代来临。北半球大部被冰封，一阵接着一阵的暴风雪和龙卷风将横扫大陆。

第二节　地球环境污染和破坏现象

◎世界六大污染事故

在20世纪，世界上发生了多次突发性的污染事故，其中最闻名的是"六大污染事故"。

1. 意大利塞维索化学污染事故

1976年7月意大利塞维索一家化工厂爆炸，剧毒化学品二恶英扩散，使许多人中毒。事隔多年后，当地居民的畸形儿出生率大为增加。

2. 美国三里岛核电站泄漏事故

1979年3月，美国宾夕法尼亚州三里岛核电站反应堆元件受损，放射性裂变物质泄漏，使周围50英里以内约200万人口处在极度不安之中，人们停工停课，纷纷撤离，一片混乱。

3. 墨西哥液化气爆炸事件

1984年11月，墨西哥城郊石油公司液化气站54座气储罐几乎全部爆炸起火，对周围环境造成严重危害，死亡上千人，50万居民逃难。

4. 印度博帕尔毒气泄漏事故

1984年12月，美国联合碳化物公司设在印度博帕尔市的农药厂剧毒气体外泄，使2500人死亡，20万人受害，其中5万人可能双目失明。

5. 前苏联切尔诺贝利核电站事故

1986年4月，前苏联基铺地区切尔诺贝利核电站4号反应堆爆炸起火，放射性物质外泄，上万人受到伤害，也造成了其他国家遭受放射性尘埃的污染，北京上空也检测到这样的尘埃。

6. 德国莱茵河污染事故

1986年11月，瑞士巴塞尔桑多兹化学公司的仓库起火，大量有毒化学品随灭火用水流进莱茵河，使靠近事故地段河流生物绝迹，成为死河。100英里处鳗鱼和大多数鱼类死亡，300英里处的井水不能饮用，德国和荷兰居民被迫定量供水，使几十年德国为治理莱茵河投资的210亿美元付诸东流。

◎多瑙河污染事故

多瑙河像一条蓝色的飘带蜿蜒在欧洲的大地上，被赞美为"蓝色的多瑙河"，是欧洲第二大河，是世界上流经国家最多的一条著名的国际河流。多瑙河不仅给沿岸许多城市的人民带来了美丽的家园，还为他们提供了大量的电力和便利的航运，沿岸人民对它充满了感情，世世代代都在歌唱它。

2000年1月底，罗马尼亚西北部连降了几场大雨，该地区的大小河流和水库水位暴涨。1月30日夜至31日晨，西北部城市奥拉迪亚市附近，一座由罗马尼亚和澳大利亚联合经营的巴亚马雷金矿的污水处理池出现一个大裂口，1万多立方米含剧毒的氰化物及铅、汞等重金属污水流入附近的索莫什河，而后又冲入匈牙利境内多瑙河支流蒂萨河。污水进入匈牙利境内时，从索莫什河到蒂萨河，再到多瑙河，污水流经之处，几乎所有水生生物迅速死亡，河流两岸的鸟类、野猪、狐狸等陆地动物纷纷死亡、植物渐渐枯萎。剧毒物质随着蒂萨河水又流入南斯拉夫境内，两天后，污水侵入国际水系多瑙河。

突然降临的灾难使匈牙利、南斯拉夫等国深受其害，给多瑙河沿岸居民带来了沉重的心理打击，国民经济和人民生活都受到一定程度的影响，蒂萨河沿岸世代靠打鱼为生的渔民丧失了生计。流域生态环境也遭到了严重破坏。根据欧盟专家小组的估计，在受污染地区，一些特有的生物物种将灭绝。有关专家说，至少需要20年才能恢复那里的生态平衡。

◎臭氧层为什么会破洞

臭氧层就在我们头顶的大气层中，距地表约20至30公里，那儿聚集了大量的无色、活泼的气体——臭氧，我们便称之为臭氧层。臭氧会吸收太阳光里的紫外线，大量的紫外线会导致皮肤癌的发生；而这群臭氧尖兵阻挡了近98%的紫外线，只让那些对生物有益的光线照到地球上。臭氧层是地球最好的保护伞，它吸收了来自太阳的大部分紫外线。

然而近二十年的科学研究和大气观测发现：每年春季南极大气中的臭氧层一直在变薄，在极地大气中存在一个臭氧"洞"。

这种臭氧损耗现象是一种反常现象，这是否表明这一紫外线吸收层正处于全球性灾难呢？通过不断的科学研究，人们发现，虽然这种现象受到这一地区独特的气象状态（极涡、寒冷的平流层温度、极地平流层云）的影响，但是，人类社会活动释放的物质是破坏臭氧层的重要原因。

◎什么是生物多样性变化

对植物和动物的最大威胁是生态环境的破坏。大部分生物很难离开它已适应了的环境。世界上物种最丰富的地方之一是热带雨林区，但是现在它正在遭受到越来越快的破坏。实际上，世界上所有的天然森林都受到严重威胁。程度最轻的是雨林被单一的经济林所代替，情况最严重的地方已因侵蚀而被破坏成了贫瘠的灌丛地。北美的许多草原已经或多或少地消失了。在非洲，由于要解决日益增加的人口的粮食问题，人们正在大量焚毁有丰富动物资源的热带草原。

据世界自然保护基金会估计，全球的森林正以每年 2% 的速度消失，按照这个速度，50 年后人们将看不到天然森林了。

◎什么是"白色污染"

"白色污染"主要是指塑料垃圾没有得到妥善管理和处理，对环境造成的"视觉污染"和"潜在危害"两种负面效应。

"视觉污染"是指散落在环境中的塑料

废弃物对市容、景观的破坏，如散落在自然环境、铁道两旁、江河湖泊的一次性发泡塑料餐具和漫天飞舞或悬挂枝头的超薄塑料袋，给人们的视觉带来不良刺激。

"潜在危害"是指塑料废弃物进入自然环境后难以降解而带来的长期的深层次环境问题，主要包括以下几个方面。

1. 塑料地膜废弃物在土壤中大面积残留，长期积累，造成土壤板结，影响农作物吸收养分和水分，导致农作物减产。

2. 抛弃在陆地上或水体中的塑料废弃物，被动物当作食物吞食，导致动物死亡。

3. 进入生活垃圾中的塑料废弃物质量轻、体积大，很难处理。如果将其填埋会占用大量土地，且长时间难以降解。

◎什么是荒漠化

按照 1994 年 10 月在巴黎签署的联合国防治荒漠化公约中的定义，"荒漠化系指包括气候变异和人类活动在内的种种因素造成的干旱、半干旱和亚湿润干旱地区的土地退化"。

荒漠化被称为"地球的癌症"，是 20世纪下半叶以来现代人类社会面临的四大生态环境问题之一，其他三个是全球气候变化、生物多样性保育与环境污染。

◎中国的沙漠化问题

中国是世界上沙漠面积较大、分布较广、荒漠化危害严重的国家之一。在西北、华北、东北分布着 12 块沙漠和沙地，它们绵延成北方万里风沙线。在豫东豫北平原，在唐山、北京、鄱阳湖周围，北回归线一带还分布着大片的风沙化地带。全国沙漠和荒漠化土地面积达 153.3 万平方公里，占国土面积的 15.9%。

荒漠化和干旱给中国的一些地区的工农业生产和人民生活带来严重影响。中国 60% 以上的贫困县都集中在这里，其中最严重的地区温饱问题还没有解决。

在中国，直接受荒漠化危害影响的人口约 5000 多万人。西北、华北北部、东北西部地区（简称"三北"）每年约有 2 亿亩农田遭受风沙灾害，粮食产量底而不稳定；有 15 亿亩草场严重退化；有数以千计的水利工程设施因受风沙侵袭排灌效能减弱。

◎何谓沙尘天气

沙尘天气是指强风从地面卷起大量尘沙，使空气混浊，水平能见度明显下降的一种天气现象。沙尘天气分为浮尘、扬沙、沙尘暴三类。

浮尘：均匀悬浮在大气中的沙或土壤粒子（多来源于外地，或是当地扬沙、沙尘暴天气结束后残留于空中）使水平能见度小于 10 公里。

扬沙：风将地面尘沙吹起，使空气相当混浊，水平能见度在 1 公里到 10 公里之内。

沙尘暴：强风将地面尘沙吹起，使空气很混浊，水平能见度小于 1 公里。当水平能见度小于 500 米时，定义为强沙尘暴。

◎沙尘对人体有什么危害

沙尘对人体的呼吸系统危害最大，人们

不可轻视。特别是抵抗力较差的老年人、婴幼儿以及患有呼吸道过敏性疾病的人群，更应该呆在门窗紧闭的室内，尽可能远离粉尘源

在沙尘天气中，尤其是沙尘暴发生的情况下，可能诱发人的过敏性疾病、流行病及传染病。通常情况下，人的鼻腔、肺等器官对尘埃有一定的过滤作用，但沙尘暴这种剧烈天气现象带来的细微粉尘过多过密，极有可能使患有呼吸道过敏性疾病的人群旧病复发。即使是身体健康的人，如果长时间吸入粉尘，也会出现咳嗽、气喘等多种不适症状，导致流行病发作。此外，大风跨越几千公里，将沿途的病菌吹到下风向地区，其中可能包括一些传染病菌。

◎汽车尾气与人体健康危害

汽车尾气排放的主要污染物为一氧化碳（CO）、碳氢化合物（HC）、氮氧化物（NOX）、铅（Pb）等。

一氧化碳。一氧化碳和人体红血球中的血红蛋白有很强的亲合力，它的亲合力比氧强几十倍，亲合后生成碳氧血红蛋白（COHb%），从而消弱血液向各组织输送氧的功能，造成感觉、反应、理解、记忆力等机能障碍，重者危害血液循环系统，导致生命危险。

氮氧化物：氮氧化物主要是指 NO、NO_2，都是对人体有害的气体，特别是对呼吸系统有危害。在 NO2 浓度为 9.4mg / m^2（5PPm）的空气中暴露 10 分钟，即可造成呼吸系统失调。

碳氢化合物。目前还不清楚它对人体

健康的直接危害。但是 HC 和 NOX 在大气环境中受强烈太阳光紫外线照射后，产生一种复杂的光化学反应，生成一种新的污染物——光化学烟雾。1952 年 12 月伦敦发生的光化学烟雾，4 天中死亡人数较常年同期约多 4000 人，45 岁以上的死亡最多，约为平时的 3 倍；1 岁以下的约为平时的 2 倍。事件发生的一周中，因支气管炎、冠心病、肺结核和心脏衰弱者死亡分别为事件前一周同类死亡人数的 9.3 倍、2.4 倍、5.5 倍和 2.8 倍。

◎ 全球变暖指的是什么

全球变暖是指全球气温升高。近一百多年来，全球平均气温经历了冷 – 暖 – 冷 – 暖两次波动，总体为上升趋势。全球变暖的主要原因是人类在近一个世纪以来大量使用矿物燃料，排放大量的温室气体。全球变暖的后果，会使全球降水量重新分配，冰川和冻土消融，海平面上升等，既危害自然生态系统的平衡，更威胁人类的食物供应和居住环境。

◎ 全球变暖会有什么后果

全球变暖所导致的后果可能人人都可以背出来：气温升高、冰盖融化、海平面上升。然而，地球气候变化导致的另外一些后果如加剧过敏症、令森林大火肆虐以及让北极湖泊消失等可能人们很少了解到。

暖冬使人类面临更多疾病的威胁，由于气温偏高，使各种病菌、病毒活跃，病虫害滋生蔓延，很多有害动物，比如蚊子、跳蚤、老鼠等减少了被冻死的几率，此类传染病载

体的数量大增，对人类健康构成了严重威胁。现在，疟疾已经扩散到了非洲和拉美的高海拔地区，温暖海洋地带的霍乱病人数量持续增加。一些热带疾病也开始向高纬度地区蔓延。

有人说，全球变暖危害大过核武器，这绝不是危言耸听。

◎ 全球变暖会加剧森林大火

全球变暖除了让冰川融化，飓风肆虐外，还加剧了森林大火。过去几十年中，在美国的西部各州，有更多森林大火发生，影响的区域更广。科学家发现，气温升高、冰雪提早融化都跟野火肆虐有关系。由于冰雪提早融化，森林地带变得更干燥，而且干燥时间变长，增加了起火的可能性。

◎ 全球变暖将导致古迹彻底毁掉

全球变暖很可能会令文明古迹彻底毁掉。海平面上升以及更恶劣的天气都有可能破坏这些无可替代的历史古迹。目前，全球变暖导致的洪涝灾害已经破坏了有 600 年历史的素可泰古城，这里曾经是泰国古代王朝的首都。

◎ 全球变暖将更多动植物灭绝

一份研究表明，至 2050 年，由人导致的温度上升将加剧，那时排放到空气中的二氧化碳和其他温室气体将使不下百万种的地球陆地植物和动物走向灭绝。这项研究主要调查了全球变暖与 1103 种植物、哺乳动物、

鸟类、爬行动物、青蛙和昆虫之间的联系，并且根据这一研究推断到了 2050 年的情况。近年来，全球气候变暖引起的海水温度上升，导致塞舌尔海域的浮游生物大量死亡，威胁到该国海洋生物的生存。大量死亡的浮游生物不断腐烂，迅速消耗着海水中的氧气，使该区域的其他海洋生物面临窒息的危险。与此同时，浮游生物尸体形成的沉积物为某些海藻提供了良好的生长环境，使原本清澈碧蓝的海水变成了暗绿色。

◎十大奇思妙想欲改变地球现状

据美国著名高科技杂志《连线》报道，全球变暖无疑是人类当今面临的最严峻的挑战，为解决这个问题，科学家近年来绞尽脑汁，提出了各种方法，如人造火山、轨道太空镜、海洋肥化等。科学家的目的只有一个，用这些方法来给地球降温，吸收二氧化碳。

◎噪声的污染

从环境保护的角度来说，凡是干扰人们正常休息、学习和工作的声音统称为噪声。如机器的轰鸣声，各种交通工具的马达声、鸣笛声，人的嘈杂声及各种突发的声响等，均称为噪声。

噪声污染属于感觉公害，它与人们的主观意愿有关，与人们的生活状态有关，因而它具有与其他公害不同的特点。

◎放射性污染的来源

放射性污染指的是由于人类活动排放出的放射性污染物所造成的环境污染和对人体的危害。从自然环境中释放出的天然放射，可以视为环境的背景值。

放射性污染主要来自核工业、核电站、核燃料后处理厂、核试验等。

◎现今社会第四大环境污染源

继水源污染、空气污染和噪声污染之后，电磁波辐射是现今社会第四大环境污染源。电磁波辐射对人体健康的影响，已成为人们关注的焦点。

电磁辐射对人体有两种影响：一是电磁波的热效应。当人体吸收到一定量的时候就会出现高温生理反应，最后导致神经衰弱、白细胞减少等病变。二是电磁波的非热效应或者说累积效应。当电磁波长时间作用于人体时，就会出现如心率、血压等生理改变和失眠、健忘等生理反应，对孕妇及胎儿的影响较大，后果严重者可以导致胎儿畸形或流产。世界卫生组织曾经把极低频电磁场作为可疑致癌源，与苯乙烯、电焊烟雾、汽车尾气等归属为一类致癌物。

◎电磁污染的来源

电磁污染是指天然的和人为的各种电磁波干扰以及对人体有害的电磁辐射。在环境保护工作中，主要是研究当电磁场的强度达到一定限度时，对人体机能产生的破坏作用。

人为的电磁污染来源于：①脉冲放电；②工频交变电磁场；③射频电磁辐射。电磁辐射污染的危害随频率的增高而加大。

第三节　绿色行动

◎世界气象日

1947 年 9 月 -10 月，国际气象组织在美国华盛顿召开会议，通过了《世界气象组织公约》。1950 年 3 月 23 日，《世界气象组织公约》正是生效，标志着世界气象组织正式诞生。为纪念这一对人类社会具有重要意义的事件，1960 年 6 月世界相象组织将公约生效日即 3 月 23 日定为"世界气象日"。

世界气象组织成立至今已整整 57 年，是联合国关于地球大气状况和特征、与海洋相互作用、产生和导致水源分布方面的最高权威的喉舌。组织的成员由成立初期的 30 个发展到今天的 186 个。我国于 1972 年 2 月 24 日加入世界气象组织。

每年的"世界气象日"，世界气象组织执行委员会都要选定一个主题进行宣传，以提高世界各地的公众对与自己密切相关的气象问题重要性的认识。每一个主题都集中反映了人类关注的与气象有关的问题。

◎世界水日的由来及含义

为警示世界范围内的水资源供需矛盾，1993 年 1 月 18 日，联合国第 47 次大会通过决议，决定从 1993 年开始，确定每年 3 月 22 日为"世界水日"。决议提请各国政府根据自己的国情，在这一天开展各种节约用水、保护水资源的宣传活动，促进和提高公众水资源保护意识。

1996 年，由水问题专家学者和相关国际机构组成的世界水理事会成立，并且决定在世界水日前后每隔 3 年觉醒一次大型国际会议，这就是世界水论坛。

2003 年 12 月 23 日，联合国大会的 58/217 决议宣布，从 2005 年 3 月 22 日至 2015 年为"生命之水"国际行动十年。

1988 年《中华人民共和国水法》颁布实施，中国水利部从 1989 年开始，确定每年 7 月底一周为"水法宣传周"。自 1993 年"世界水日"诞生后，

从 1994 年起，水利部决定从每年的"世界水日"即 3 月 22 日开始至 3 月 28 日为止定为"中国水周"，每年有特定的宣传主题。

◎世界地球日

"地球日"是在环境污染日益严重的背景下产生的。"世界地球日"活动起源于美国。1970 年 4 月 22 日，美国有二千多万人，一万所中小学，二千所高等院校和二千多个社区及各大团体举行集会、游行、宣讲和其他多种形式的宣传活动，呼吁所有人行动起来，保护和拯救我们的地球。这是人类历史上第一次规模宏大的群众性环境保护运动。这次活动取得了极大成功，此后，联合国将 4 月 22 日确定为"世界地球日"，并逐渐发展成为全球性的活动。"世界地球日"活动旨在唤起人类保护地球、保护家园的意识，

促进资源开发与环境保护的协调发展。中国从 20 世纪 90 年代起，每年 4 月 22 日都举办"世界地球日"活动。

◎什么是绿色GDP

绿色 GDP 就是从现行统计的 GDP 中，扣除由于环境污染、自然资源退化、教育低下、人口数量失控、管理不善等因素引起的经济损失成本。和通常的 GDP 相比，绿色 GDP 可以理解为"真实 GDP"，不但反映了经济增长的数量，更反映了质量，能更为科学地衡量一个国家和区域的真实发展和进步。

◎世界湿地日

湿地指天然或人造、永久或暂时的死水或流水、淡水、微咸水或咸水沼泽地、泥炭地或水域，包括低潮时水深不超过 6 米的海水区。

湿地与森林、海洋并称为全球三大生态系统，具有维护生态安全、保护生物多样性等功能，对促进可持续发展和保护人类生存环境具有重要意义。人们把湿地称为"地球之肾"、"天然水库"和"天然物种库"。

1996 年 3 月，国际湿地组织在澳大利亚布里斯班召开了第 6 届缔约方大会。大会通过了 1997-2002 年战略计划。1996 年 10 月常委会通过决议，宣布每年 2 月 2 日为世界湿地日。

湿地是全球生态价值最高的生态系统，联合国环境规划署研究表明，全球湿地生态系统每年创造的价值高达 1.4 万亿美元，是农田生态系统的 160 倍。

◎国际生物多样性日

1994 年 12 月 29 日，联合国大会 49/119 号决议案宣布 12 月 29 日为"国际生物多样性日"。从 2001 年起，根据第 55 届联合国大会第 201 号决议，国际生物多样性日由原来的每年 12 月 29 日改为 5 月 22 日。

生物多样性是指地球上的生物在所有形式、层次中生命的多样化，包括生态系统多样性、物种多样性和基因的多样性，是地球上生命经过几十亿年发展进化的结果，同时也是人类赖以生存的物质基础。

国际生物多样性日的确立，说明生物多样性问题已经引起各国政府的广泛关注，生物多样性保护与持续利用已成为人类发展与环境领域的中心议题之一。

◎世界环境日

1972 年 6 月 5 日至 6 月 16 日，联合国在瑞典首都斯德哥尔摩召开人类环境会议，讨论当代世界的环境问题，探讨保护全球环境的战略，并发表了《联合国人类环境宣言》。这是人类历史上第一次在全世界范围内研究保护人类环境的会议。

会议建议联合国将这次大会的开幕日 6 月 5 日定为"世界环境日"。在 1972 年 10 月召开的第 27 届联合国大会上通过了这一建议，规定每年的 6 月 5 日为"世界环境日"。

◎世界防治荒漠化和干旱日

荒漠化造成的严重后果及扩展的趋势引起了国际社会的极大关注，在 1992 年联合国环境与发展大会上，防治荒漠化被列为国际社会优先采取行动的领域，大会成立了《联合国关于在发生严重干旱和荒漠化的国家特别是在非洲防治荒漠化的公约》谈判委员会。1994 年 6 月 17 日，《公约》的正式文本完成，包括中国在内的 100 多个国家在《公约》上签字。

1994 年 12 月 19 日，第 49 届联合国大会根据联大第二委员会(经济和财政)的建议，决定从 1995 年起把每年的 6 月 17 日定为"世界防治荒漠化和干旱日"，旨在进一步提高世界各国人民对防治荒漠化重要性的认识，唤起人们防治荒漠化的责任心和紧迫感。

◎世界人口日

1987 年 7 月 11 日，南斯拉夫降生的一个婴儿被联合国象征性地认定为地球上第 50 亿位公民，地球人口从此突破 50 亿大关。联合国人口活动基金会倡议这一天为"世界 50 亿人口日"，并决定从 1988 年起把每年的 7 月 11 日定为"世界人口日"，以提高人们对世界人口问题的重视。1999 年 10 月 12 日，联合国人口活动基金会宣布全世界人口总数突破 60 亿。

◎中国人口日

每年的 6 月 11 日为中国人口日。在中国，人口从建国初期的 5 亿增加到 1964 年的 7 亿，每增加 1 亿人平均用 7 年半时间；1964 年到 1974 年，是中国人口高速增长阶段，由 7 亿增加到 9 亿，每增加 1 亿人仅用 5 年时间；改革开放 20 年来，随着计划生育政策的实行，每增加 1 亿人口所需时间又延长到 7 年多。1981 年中国人口达到 10 亿，1988 年超过 11 亿，1995 年突破 12 亿，1998 年底为 12.48 亿，占世界人口的 21%。

◎世界动物日

"世界动物日"源自 19 世纪意大利修道士坚·弗朗西斯的倡议。弗朗西斯于 1182 年诞生于意大利阿西西地区一个富裕的布商家庭。他于 1206 年摈弃了所有物质财富而创建了弗朗西斯修道院。他长期生活在阿西西岛上的森林中，热爱动物并和动物们建立了"兄弟姐妹"般的关系。他要求村民们在 10 月 4 日这天"向献爱心给人类的动物们致谢"。

弗朗西斯为人类与动物建立正常文明的关系做出了榜样。后人为了纪念他，就把 10 月 4 日定为"世界动物日"，并自 20 世纪 20 年代开始，每年的这一天，在世界各地举办各种形式的纪念活动。

爱护动物已成为目前世界十大环保工作之一。中国从 1997 年开始纪念"世界动物日"，北京各界环保志愿者自发成立了民间环保慈善机构——首都爱护动物协会，积极开展各种爱护动物的公益活动。

◎什么是"空气污染指数"

空气污染指数（Air Pollution Index，简称API）就是将常规监测的几种空气污染物浓度简化成为单一的概念性指数值形式，并分级表征空气污染程度和空气质量状况，适合于表示城市的短期空气质量状况和变化趋势。

空气污染指数是根据空气环境质量标准和各项污染物的生态环境效应及其对人体健康的影响来确定污染指数的分级数值及相应的污染物浓度限制值。空气质量周报所用的空气污染指数的分级标准是：（1）空气质量指数（API）50点对应的污染物浓度为国家空气质量日均值一级标准；（2）API100点对应的污染物浓度为国家空气质量日均值二级标准；（3）API更高值段的分级对应于各种污染物对人体健康产生不同影响时的浓度限制。

根据我国空气污染的特点和污染防治重点，目前计入空气污染指数的项目暂定为二氧化硫、氮氧化物和总悬浮颗粒物。随着环境保护工作的深入和监测技术水平的提高，将调整增加其它污染项目，以便更为客观地反映污染状况。

◎什么是"总悬浮颗粒物"

总悬浮颗粒物是指悬浮在空气中，空气动力学当量直径≤100微米的颗粒物。

总悬浮颗粒物可分为一次颗粒物和二次颗粒物。一次颗粒物是由天然污染源和认为污染源释放到大气中直接造成污染的物质，如：风扬起的灰尘、燃烧和工业烟尘。二次颗粒物是通过某些大气化学过程所产生的微粒，如：二氧化硫转化生成硫酸盐。

总悬浮颗粒物可按粒径大小和化学成分分类。颗粒物沉积在呼吸道中的位置，取决于粒径大小，在沉积位置上对组织的影响，取决于粒子的化学成分。

由于总悬浮颗粒物在大气中悬浮时间长，沉降速度慢，难与彻底自净。减轻污染需增加消烟除尘设施，减少暴露施工和露天堆放垃圾，扩大绿地面积。

◎什么是"可吸入颗粒物"

总悬浮颗粒物是指漂浮在空气中的固态和液态颗粒物的总称，有些颗粒物因粒径大或颜色黑可以为肉眼所见，比如烟尘。有些则小到使用电子显微镜才可观察到。通常把粒径在10微米以下的颗粒物称为PM10，又称为可吸入颗粒物或飘尘。

可吸入颗粒物在环境空气中持续的时间很长，对人体健康和大气能见度影响都很大。一些颗粒物来自污染源的直接排放，比如烟囱与车辆。另一些则是由环境空气中硫的氧化物、氮氧化物、挥发性有机化合物及其它化合物互相作用形成的细小颗粒物，它们的化学和物理组成依地点、气候、一年中的季节不同而变化很大。可吸入颗粒物通常来自在未铺沥青、水泥的路面上行使的机动车、材料的破碎碾磨处理过程以及被风扬起的尘土。

可吸入颗粒物被人吸入后，会累积

在呼吸系统中，引发许多疾病。对粗颗粒物的暴露可侵害呼吸系统，诱发哮喘病。细颗粒物可能引发心脏病、肺病、呼吸道疾病，降低肺功能等。因此，对于老人、儿童和已患心肺病者等敏感人群，风险是较大的。另外，环境空气中的颗粒物还是降低能见度的主要原因，并会损坏建筑物表面。

◎你会看空气质量日报吗

"日报"中涉及二氧化硫（SO_2）、一氧化碳（CO）、可吸入颗粒物（PM10）、二氧化氮（NO_2）和臭氧（O_3）五种空气中的污染物。其中，二氧化硫和一氧化碳的主要来源是燃煤。近年城市机动车数量激增，大量的尾气排放是二氧化氮和一氧化碳持续偏高的主要原因；二氧化氮在强光照下光解引起臭氧浓度升高，这又是形成光化学烟雾的基本原因。上面提到的四种污染物都是气态的。可吸入颗粒物是以颗粒形式分散在气流和大气中的污染物质，是总悬浮颗粒物中能用鼻和嘴吸入的那部分颗粒物。颗粒物的组成复杂，其中的粗颗粒主要是由风沙、灰土及机械粉碎的水泥、石灰等自然因素形成的；细颗粒是人为活动的产物，如燃料未完全燃烧形成的炭粒、污染物在空气中由于光化学反应形成的二次污染物气溶胶（如硫酸盐、硝酸盐、铵盐等）。

◎什么是空气污染指数？

空气污染指数（简称API）是世界上许多发达国家和地区用来评估空气质量状况的一种指标。用API表明空气质量可一目了然。

各种污染物的不同浓度，对环境的影响程度也是不同的。世界各国根据环境和经济状况制定了本国的环境质量标准。中国环境监测总站关于空气质量公报技术规范的分级，正是反映了我国的环境质量标准以及空气质量好坏对人群的影响。

◎"日报"中的指标对人体有何影响

长期接触污染的空气，会降低人体呼吸系统免疫力，使喉头炎、支气管炎、心肺病的发病率增加。特别是空气中可吸入颗粒物中细粒子的毒性比较大，对健康危害更大。流行病学调查结果表明，细粒子污染严重的地区，居民呼吸道疾病的患病率明显高于其它地区。

◎影响空气质量的主要因素是什么

主要有两个：一个是污染物质的排放量，再一个就是气象条件。目前政府正在采取多种措施，动员全民，削减污染源的排放。如果是同样的排放，气象条件对空气质量影响最大。天气晴好、日照充足有利于空气对流；风的作用，有利于气态污染物的扩散，降水可使二氧化硫和颗粒物的浓度降低。相反，逆温、静风天气就很容易造成污染物的积累。这也是为什么有的相邻两天空气质量有时二级，有时四级的原因。